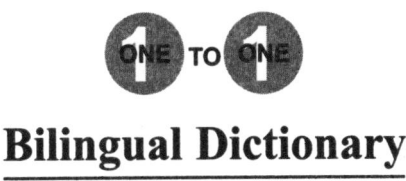

Bilingual Dictionary

English-Slovenian
Slovenian-English
Dictionary

Compiled by
Tanja Turk

STAR Foreign Language BOOKS

© Publishers

ISBN : 978 1 908357 70 0

All rights reserved with the Publishers. No part of this publication may be reproduced or transmitted in any form or by any means, electronic, mechanical, photocopying, recording or otherwise, without the prior written permission of the Publishers.

First Edition : 2017

Published by
STAR Foreign Language BOOKS
a unit of
ibs BOOKS (UK)
PH 411, Premier House
1 Canning Road, Harrow HA3 7TS
sales@starbooksuk.com
www.starbooksuk.com

Printed in India at
Star Print-O-Bind, New Delhi-110 020

About this Dictionary

Developments in science and technology today have narrowed down distances between countries, and have made the world a small place. A person living thousands of miles away can learn and understand the culture and lifestyle of another country with ease and without travelling to that country. Languages play an important role as facilitators of communication in this respect.

To promote such an understanding, STAR **Foreign Language** BOOKS has planned to bring out a series of bilingual dictionaries in which important English words have been translated into other languages, with Roman transliteration in case of languages that have different scripts. This is a humble attempt to bring people of the word closer through the medium of language, thus making communication easy and convenient.

Under this series of *one-to-one dictionaries*, we have published almost 50 languages, the list of which has been given in the opening pages. These have all been compiled and edited by teachers and scholars of the relative languages.

Publishers

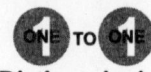

Bilingual Dictionaries in this Series

English-Afrikaans / Afrikaans-English	Abraham Venter
English-Albanian / Albanian-English	Theodhora Blushi
English-Amharic / Amharic-English	Girun Asanke
English-Arabic / Arabic-English	Rania-al-Qass
English-Bengali / Bengali-English	Amit Majumdar
English-Bosnian / Bosnian-English	Boris Kazanegra
English-Bulgarian / Bulgarian-English	Vladka Kocheshkova
English-Cantonese / Cantonese-English	Nisa Yang
English-Chinese (Mandarin) / Chinese (Mandarin)-Eng	Y. Shang & R. Yao
English-Croatian / Croatain-English	Vesna Kazanegra
English-Czech / Czech-English	Jindriska Poulova
English-Dari / Dari-English	Amir Khan
English-Dutch / Dutch-English	Lisanne Vogel
English-Estonian / Estonian-English	Lana Haleta
English-Farsi / Farsi-English	Maryam Zaman Khani
English-French / French-English	Aurélie Colin
English-Gujarati / Gujarati-English	Sujata Basaria
English-German / German-English	Bicskei Hedwig
English-Greek / Greek-English	Lina Stergiou
English-Hindi / Hindi-English	Sudhakar Chaturvedi
English-Hungarian / Hungarian-English	Lucy Mallows
English-Italian / Italian-English	Eni Lamllari
English-Korean / Korean-English	Mihee Song
English-Latvian / Latvian-English	Julija Baranovska
English-Levantine Arabic / Levantine Arabic-English	Ayman Khalaf
English-Lithuanian / Lithuanian-English	Regina Kazakeviciute
English-Nepali / Nepali-English	Anil Mandal
English-Norwegian / Norwegian-English	Samuele Narcisi
English-Pashto / Pashto-English	Amir Khan
English-Polish / Polish-English	Magdalena Herok
English-Portuguese / Portuguese-English	Dina Teresa
English-Punjabi / Punjabi-English	Teja Singh Chatwal
English-Romanian / Romanian-English	Georgeta Laura Dutulescu
English-Russian / Russian-English	Katerina Volobuyeva
English-Serbian / Serbian-English	Vesna Kazanegra
English-Sinhalese / Sinhalese-English	Naseer Salahudeen
English-Slovak / Slovak-English	Zuzana Horvathova
English-Slovenian / Slovenian-English	Tanja Turk
English-Somali / Somali-English	Ali Mohamud Omer
English-Spanish / Spanish-English	Cristina Rodriguez
English-Swedish / Swedish-English	Madelene Axelsson
English-Tagalog / Tagalog-English	Jefferson Bantayan
English-Tamil / Tamil-English	Sandhya Mahadevan
English-Thai / Thai-English	Suwan Kaewkongpan
English-Turkish / Turkish-English	Nagme Yazgin
English-Ukrainian / Ukrainian-English	Katerina Volobuyeva
English-Urdu / Urdu-English	S. A. Rahman
English-Vietnamese / Vietnamese-English	Hoa Hoang
English-Yoruba / Yoruba-English	O. A. Temitope

More languages in print

STAR Foreign Language BOOKS

English - Slovenian

A

a *a.* a
aback *adv.* nazaj
abandon *v.t.* zapustiti
abase *v.* ponižati
abashed *adj.* osramočen
abate *v.t.* zmanjšati
abbey *n.* opatija
abbot *n.* opat
abbreviate *v.t.* okrajšati
abbreviation *n.* okrajšava
abdicate *v.t.* odpovedati se
abdication *n.* odpoved
abdomen *n.* trebuh
abdominal *a.* trebušen
abduct *v.t.* ugrabiti
abduction *n.* ugrabitev
aberrant *adj.* odklonski
aberration *n.* odklon
abet *v.* podpirati
abeyance *n.* negotovost
abhor *v.* gnusiti
abhorrence *n.* gnus
abhorrent *adj.* ogaben
abide *v.i* vztrajati
abiding *adj.* stalen
ability *n.* sposobnost
abject *adj.* podel
abjure *v.* preklicati
ablaze *adv.* v plamenih
able *adj.* sposoben
ablutions *n.* obredno umivanje
abnormal *adj.* neobičajen
aboard *adv.* na krovu
abode *n.* bivališče
abolish *v.t* ukiniti
abolition *v.* ukinitev
abominable *adj.* gnusen
abominate *v.* ne prenesti
aboriginal *adj.* prvobiten
abort *v.i* splaviti
abortion *n.* splav
abortive *adj.* nedonošen
abound *v.i.* obilovati
about *adv.* naokoli
about *prep.* okoli
above *adv.* zgoraj
above *prep.* nad
abrasion *n.* razjeda
abrasive *adj.* razjedljiv
abreast *adv.* poleg
abridge *v.t* skrajšati
abroad *adv.* v tujini
abrogate *v.* razveljaviti
abrupt *adj.* nenaden
abscess *n.* ognojek
abscond *v.* skriti se
absence *n.* odsotnost
absent *adj.* odsoten
absentee *n.* tisti, ki je odsoten
absolute *adj.* popoln
absolution *n.* odveza
absolve *v.* dati odvezo
absorb *v.* vsrkati
abstain *v.* vzdržati se
abstinence *n.* vzdržnost
abstract *adj.* abstrakten
abstruse *adj.* nejasen
absurd *adj.* nesmiseln
absurdity *n.* nesmiselnost
abundance *n.* obilje
abundant *v.t.* obilen
abuse *v.* zlorabljati
abusive *adj.* zloraben
abut *v.* mejiti
abysmal *adj.* zelo globok
abyss *n.* prepad
academic *adj.* akademski
academy *n.* akademija
accede *v.* soglašati
accelerate *v.* pospešiti

accelerator *n.* pospeševalec
accent *n.* naglas
accentuate *v.* naglasiti
accept *v.* sprejeti
acceptable *adj.* sprejemljiv
acceptance *n.* sprejem
access *n.* dostop
accessible *adj.* dostopen
accession *n.* nastop
accessory *n.* dodatek
accident *n.* nesreča
accidental *adj.* slučajen
acclaim *v.* odobravati
acclimatise *v.t* navaditi se
accolade *n.* pohvala
accommodate *v.* nastaniti
accommodation *n.* nastanitev
accompaniment *n.* spremljava
accompany *v.* spremljati
accomplice *n.* sokrivec
accomplish *v.* doseči
accomplished *adj.* dosežen
accomplishment *n.* dosežek
accord *v.* soglasje
accordance *n.* skladnost
according *adv.* glede na
accordingly *adv.* torej
accost *v.* pristopiti
account *n.* račun
accountable *adj.* odgovoren
accountancy *n.* računovodstvo
accountant *n.* računovodja
accoutrement *n.* oprema
accredit *v.* pooblastiti
accredited *adj.* pooblaščen
accretion *n.* rast
accrue *v.t.* prirasti
accumulate *v.* zbrati
accumulation *n.* zbiranje
accurate *adj.* natančen
accusation *n.* obtožba
accuse *v.* obtožiti

accused *v.t.* obtožen
accustom *v.* navaditi se
accustomed *adj.* navajen
ace *n.* as
acerbic *adj.* trpek
acetate *n.* acetat
acetone *n.* aceton
ache *n.* bolečina
achieve *v.* doseči
achievement *n.* dosežek
acid *n.* kislina
acidity *n.* kislost
acknowledge *v.* priznati
acknowledgement *n.* priznanje
acme *n.* višek
acne *n.* akne
acolyte *n.* privrženec
acorn *n.* želod
acoustic *adj.* akustičen
acquaint *v.* predstaviti
acquaintance *n.* poznanstvo
acquiesce *v.* vdati se
acquiescence *n.* privolitev
acquire *v.* pridobiti
acquisition *n.* pridobitev
acquit *v.* oprostiti
acquittal *n.* oprostitev
acre *n.* aker
acrid *adj.* oster
acrimony *n.* pikrost
acrobat *n.* akrobat
acrobatic *adj.* akrobatski
across *adv.* čez
acrylic *adj.* akrilen
act *v.* delovati
acting *n.* delovanje
acting *adj.* delujoč
actinium *n.* aktinij
action *n.* dejanje
actionable *adj.* tožljiv
activate *v.* sprožiti
active *adj.* dejaven

activist *n.* aktivist
activity *n.* dejavnost
actor *n.* igralec
actress *a.* igralka
actual *adj.* dejanski
actually *adv.* dejansko
actuary *n.* aktuar
actuate *v.* pognati
acumen *n.* bistroumnost
acupuncture *n.* akupunktura
acute *adj.* pereč
adamant *adj.* kot kamen trd
adapt *v.* prilagoditi
adaptation *n.* prilagoditev
add *v.* dodati
addendum *n.* dopolnilo
addict *n.* zasvojenec
addicted *adj.* zasvojen
addiction *n.* zasvojenost
addition *n.* dodatek
additional *adj.* dodaten
additive *n.* aditiv
addled *adj.* zmešan
address *n.* naslov
addressee *n.* naslovljenec
adduce *v.* navesti
adept *adj.* spreten
adequacy *n.* ustreznost
adequate *adj.* zadosten
adhere *v.* držati se
adherence *n.* vdanost
adhesive *n.* sprijemljiv
adieu *n.* slovo
adjacent *adj.* sosednji
adjective *n.* pridevnik
adjoin *v.* privezati
adjourn *v.* odložiti
adjournment *n.* odložitev
adjudge *v.t.* prisoditi
adjudicate *v.* razsoditi
adjunct *n.* dodatek
adjust *v.* prilagoditi

adjustment *n.* prilagoditev
administer *v.* upravljati
administration *n.* upravljanje
administrative *adj.* administrativen
administrator *adj.* upravitelj
admirable *adj.* čudovit
admiral *n.* admiral
admiration *n.* občudovanje
admire *v.* občudovati
admissible *adj.* dopusten
admission *n.* priznanje
admit *v.* priznati
admittance *n.* dostop
admonish *v.* opomniti
ado *n.* hrup
adobe *n.* nežgana opeka
adolescence *n.* adolescenca
adolescent *adj.* mladostnik
adopt *v.* sprejeti
adoption *n.* posvojitev
adoptive *adj.* posvojen
adorable *adj.* ljubek
adoration *n.* oboževanje
adore *v.t.* oboževati
adorn *v.* okrasiti
adrift *adj.* prepuščen toku
adroit *adj.* spreten
adsorb *v.* prisrkavati
adulation *n.* laskanje
adult *n.* odrasel
adulterate *v.* ponarejati
adulteration *n.* ponareditev
adultery *n.* prešuštvo
advance *v.* pospešiti
advance *n.* napredovanje
advancement *n.* napredek
advantage *v.t.* podpirati
advantage *n.* prednost
advantageous *adj.* koristen
advent *n.* prihod
adventure *n.* dogodivščina

adventurous *adj.* pustolovski
adverb *n.* prislov
adversary *n.* nasprotnik
adverse *adj.* sovražen
adversity *n.* stiska
advertise *v.* oglaševati
advertisement *n.* oglas
advice *n.* nasvet
advisable *adj.* priporočljiv
advise *v.* svetovati
advocate *n.* zagovornik
advocate *v.* zagovarjati
aegis *n.* okrilje
aerial *n.* zračen
aeon *n.* vek
aerobatics *n.* umetnije z letalom
aerobics *n.* aerobika
aerodrome *n.* letališče
aeronautics *n.* aeronavtika
aeroplane *n.* letalo
aerosol *n.* razpršilo
aerospace *n.* letalski
aesthetic *adj.* estetski
aesthetics *n.* estetika
afar *adv.* od daleč
affable *adj.* priljuden
affair *n.* zadeva
affect *v.* čustvo
affectation *n.* izumetničenost
affected *adj.* ganjen
affection *n.* naklonjenost
affectionate *adj.* ljubezniv
affidavit *n.* pisna zaprisežena izjava
affiliate *v.* pridružiti
affiliation *n.* pripadnost
affinity *n.* sorodnost
affirm *v.* potrditi
affirmation *n.* potrditev
affirmative *adj.* pritrdilen
affix *v.t.* pritrditi
afflict *v.* prizadeti

affliction *n.* užaloščenje
affluence *n.* obilje
affluent *adj.* bogat
afford *v.t.* privoščiti si
afforestation *n.* pogozdovanje
affray *n.* prepir
affront *n.* žalitev
afield *adv.* proč
aflame *adj.* goreč
afloat *adj.* lebdeč
afoot *adv.* peš
afraid *adj.* zaskrbljen
afresh *adv.* znova
African *adj.* afriški
aft *adv.* na krmi
after *adv.* kasneje
after *conj.* potem ko
after *prep.* po
again *adv.* spet
against *prep.* zoper
agate *n.* ahat
age *n.* starost
aged *adj.* ostarel
ageism *n.* ageizem
ageless *adj.* večen
agency *n.* agencija
agenda *n.* dnevni red
agent *n.* povzročitelj
agglomerate *v.* kopičiti
aggravate *v.* otežiti
aggravation *n.* otežitev
aggregate *n.* skupek
aggression *n.* napad
aggressive *adj.* napadalen
aggressor *n.* napadalec
aggrieve *v.* prizadeti
aghast *adj.* zgrožen
agile *adj.* gibčen
agility *n.* gibčnost
agitate *v.* razburiti
agitation *n.* vznemirjenje
agnostic *n.* agnostik

ago *adv.* pred
agog *adj.* razburjen
agonize *v.* vznemiriti se
agony *n.* agonija
agrarian *adj.* kmetijski
agree *v.* strinjati se
agreeable *adj.* sporazumen
agreement *n.* sporazum
agricultural *adj.* kmetijski
agriculture *n.* kmetijstvo
aground *adj.* na tleh
ahead *adv.* naprej
aid *n.* pomoč
aide *n.* svetovalec
aids *n.* aids
ail *v.* bolehati
ailing *adj.* nezdrav
ailment *n.* bolezen
aim *v.i.* ciljati na kaj
aim *n.* cilj
aimless *adj.* brezciljen
air *n.* zrak
aircraft *n.* letalo
airy *adj.* zračen
aisle *n.* prehod
ajar *adv.* priprt
akin *adj.* podoben
alacritous *n.* urnost
alacrity *n.* vedrost
alarm *n* preplah
alarm *v* vznemiriti
alas *conj.* ojoj
albeit *conj.* čeprav
album *n* album
albumen *n.* beljak
alchemy *n.* alkimija
alcohol *n.* alkohol
alcoholic *adj.* alkoholen
alcove *n.* niša
ale *n.* svetlo pivo
alert *adj.* pozoren
algebra *n.* algebra

alias *adv.* z drugim imenom
alias *n.* drugo ime
alibi *n.* alibi
alien *adj.* tuj
alienate *v.i.* odtujiti
alight *v.t.* spustiti
align *v.* uvrstiti
alignment *n.* razporeditev
alike *adj.* podoben
alimony *n.* preživnina
alive *adj.* živ
alkali *n.* alkalij
all *adj.* ves
allay *v.* pomiriti
allegation *n.* navedba
allege *v.* navesti
allegiance *n.* vdanost
allegory *n.* prispodoba
allergen *n.* alergen
allergic *adj.* alergičen
allergy *n.* alergija
alleviate *v.* lajšati
alleviation *n.* lajšanje
alley *n.* ulica
alliance *n.* zavezništvo
allied *adj.* zavezniški
alligator *n.* aligator
alliterate *v.* aliterirati
alliteration *n.* aliteracija
allocate *v.* dodeliti
allocation *n.* delež
allot *v.* dodeliti
allotment *n.* dodelitev
allow *v.* dovoliti
allowance *n.* dovoljenje
alloy *n.* zlitina
allude *v.t.* namigniti
allure *n.* privlačnost
alluring *adj.* vabljiv
allusion *n.* namigovanje
ally *n.* zaveznik
almanac *n.* almanah

almighty *adj.* vsemogočen
almond *n.* mandelj
almost *adv.* skoraj
alms *n.* miloščina
aloft *adv.* visoko
alone *adv.* sam
along *prep.* po
alongside *prep.* vzdolž
aloof *adj.* vzvišen
aloud *adv.* naglas
alpha *n.* alfa
alphabet *n.* abeceda
alphabetical *adj.* abeceden
alpine *adj.* planinski
already *adv.* že
also *adv.* tudi
altar *n.* oltar
alter *v.* spremeniti
alteration *n.* sprememba
altercation *n.* prepir
alternate *v.t.* menjati
alternative *adj.* izmeničen
although *conj.* čeprav
altitude *n.* višina
altogether *adv.* povsem
altruism *n.* nesebičnost
aluminium *n.* aluminij
alumnus *n.* študent
always *adv.* vedno
amalgam *n.* amalgam
amalgamate *v.* združiti
amalgamation *n.* združitev
amass *v.* zbrati
amateur *n.* ljubitelj
amateurish *adj.* ljubiteljski
amatory *adj.* erotičen
amaze *v.* čuditi se
amazement *n.* osuplost
Amazon *n.* Amazonka
ambassador *n.* veleposlanik
amber *n.* jantar
ambient *adj.* okoliški

ambiguity *n.* dvoumnost
ambiguous *adj.* dvoumen
ambit *n.* obseg
ambition *n.* ambicija
ambitious *adj.* ambiciozen
ambivalent *adj.* protisloven
amble *v.* korakoma jahati
ambrosia *n.* ambrozija
ambulance *n.* rešilni avtomobil
ambush *n.* zaseda
ameliorate *v.* izboljšati
amelioration *n.* izboljšanje
amend *v.* popraviti
amendment *n.pl.* popravek
amenable *adj.* popravljiv
amiable *adj.* prijazen
amicable *adj.* prijateljski
amid *prep.* med
amiss *adj.* neprimeren
amity *n.* prijateljstvo
ammunition *n.* strelivo
amnesia *n.* izguba spomina
amnesty *n.* pomilostitev
amok *adv.* pobesneti
among *prep.* med
amoral *adj.* amoralen
amorous *adj.* ljubezenski
amorphous *adj.* amorfen
amount *n.* količina
ampere *n.* amper
ampersand *n.* znak "&"
amphibian *n.* dvoživka
amphitheatre *n.* amfiteater
ample *adj.* obilen
amplification *n.* ojačanje
amplifier *n.* ojačevalec
amplify *v.* ojačati
amplitude *n.* amplituda
amulet *n.* amulet
amuse *v.* zabavati
amusement *n.* zabava
an *adj.* ako

anachronism *n.* anahronizem
anaemia *n.* slabokrvnost
anaesthesia *n.* anestezija
anaesthetic *n.* narkotikum
anal *adj.* analen
analgesic *n.* blažilo
analogous *adj.* podoben
analogue *adj.* analogen
analogy *n.* analogija
analyse *v.* analizirati
analysis *n.* analiza
analyst *n.* analitik
analytical *adj.* analitičen
anarchism *n.* anarhizem
anarchist *n.* anarhist
anarchy *n.* anarhija
anatomy *n.* anatomija
ancestor *n.* prednik
ancestral *adj.* predniški
ancestry *n.* izvor
anchor *n.* sidro
anchorage *n.* sidrišče
ancient *adj.* starodaven
ancillary *adj.* pomožen
and *conj.* in
android *n.* android
anecdote *n.* anekdota
anew *adv.* znova
angel *n.* angel
anger *n.* jeza
angina *n.* angina
angle *n.* kot
angry *adj.* jezen
anguish *n.* tesnoba
angular *adj.* oglat
animal *n.* žival
animate *v.* poživiti
animated *adj.* živahen
animation *n.* animacija
animosity *n.* sovraštvo
aniseed *n.* janež
ankle *n.* gleženj

anklet *n.* nanožni obroček
annals *n.* letopisi
annex *v.* priključiti
annexation *n.* priključitev
annihilate *v.* uničiti
annihilation *n.* uničenje
anniversary *n.* obletnica
annotate *v.* razlagati
announce *v.* napovedati
announcement *n.* objava
annoy *v.* nadlegovati
annoyance *n.* nadlegovanje
annual *adj.* leten
annuity *n.* anuiteta
annul *v.* razveljaviti
anode *n.* anoda
anoint *v.* namazati
anomalous *adj.* nepravilen
anomaly *n.* nepravilnost
anonymity *n.* brezimnost
anonymous *adj.* brezimenski
anorexia *n.* anoreksija
another *adj.* drug
answer *n.* odgovor
answerable *adj.* ustrezen
ant *n.* mravlja
antacid *adj.* ki nevtralizira
antagonism *n.* nasprotovanje
antagonist *n.* nasprotnik
antagonize *v.* nasprotovati
Antarctic *adj.* antarktičen
antecedent *n.* predhoden
antedate *v.* prej se zgoditi
antelope *n.* antilopa
antenna *n.* antena
anthem *n.* himna
anthology *n.* antologija
anthropology *n.* antropologija
anthrax *n.* vranični prisad
anti *n.* nasprotnik
antibiotic *n.* antibiotik
antibody *n.* protitelo

antic *n.* šaljivec
anticipate *v.* pričakovati
anticipation *n.* pričakovanje
anticlimax *n.* padec
antidote *n.* protistrup
antioxidant *n.* antioksidant
antipathy *n.* antipatija
antiperspirant *n.* antiperspirant
antiquarian *adj.* starinski
antiquated *adj.* zastarel
antique *n.* antika
antiquity *n.* stari vek
antiseptic *adj.* razkužilen
antisocial *adj.* asocialen
antithesis *n.* antiteza
antler *n.* parožek
antonym *n.* protipomenka
anus *n.* zadnjik
anvil *n.* nakovalo
anxiety *n.* zaskrbljenost
anxious *adj.* zaskrbljen
any *adj.* neki
anyhow *adv.* kakorkoli
anyone *pron.* kdorkoli
anything *pron.* karkoli
anywhere *adv.* kamorkoli
apace *adv.* hitro
apart *adv.* posebej
apartheid *n.* apartheid
apartment *n.* stanovanje
apathy *n.* apatija
ape *n.* opica
aperture *n.* odprtina
apex *n* teme
aphorism *n.* aforizem
apiary *n.* čebelnjak
aplomb *n.* samozavest
apocalypse *n.* apokalipsa
apologize *v.* opravičiti se
apology *n.* opravičilo
apoplectic *adj.* mrtvouden
apostate *n.* odpadnik

apostle *n.* apostol
apostrophe *n.* opuščaj
appal *v.* začuditi se
apparatus *n.* orodje
apparel *n.* oblačilo
apparent *adj.* očiten
appeal *v.t.* poklicati pred sodišče
appear *v.* prikazati se
appearance *n.* videz
appease *v.* pomiriti
append *v.* dodati
appendage *n.* privesek
appendicitis *n.* vnetje slepiča
appendix *n.* priloga
appetite *n.* tek
appetizer *n.* predjed
applaud *v.* ploskati
applause *n.* ploskanje
apple *n.* jabolko
appliance *n.* aparat
applicable *adj.* primeren
applicant *n.* kandidat
application *n.* prijava
apply *v.t.* nanesti
appoint *v.* imenovati
appointment *n.* sestanek
apportion *v.t.* razdeliti
apposite *adj.* prikladen
appraise *v.* ovrednotiti
appreciable *adj.* cenljiv
appreciate *v.* ceniti
appreciation *n.* vrednotenje
apprehend *v.* razumeti
apprehension *n.* razumevanje
apprehensive *adj.* dovzeten
apprentice *n.* vajenec
apprise *v.* obvestiti
approach *v.* pristop
appropriate *adj.* primeren
appropriation *n.* prilastitev
approval *n.* odobritev
approve *v.* odobriti

approximate *adj.* približen
apricot *n.* marelica
apron *n.* predpasnik
apt *adj.* zmožen
aptitude *n.* zmožnost
aquarium *n.* akvarij
aquatic *adj.* voden
aqueous *adj.* vodni
Arab *n.* Arabec;Arabka
Arabian *n.* arabski
Arabic *n.* arabščina
arable *adj.* obdelovalen
arbiter *n.* razsodnik
arbitrary *adj.* poljuben
arbitrate *v.* razsoditi
arbitration *n.* razsodba
arbitrator *n.* razsodnik
arbour *n.* vrtna uta
arc *n.* lok
arcade *n.* arkada
arch *n.* obok
archaeology *n.* arheologija
archaic *adj.* pradaven
archangel *n.* nadangel
archbishop *n.* nadškof
archer *n.* lokostrelec
architect *n.* arhitekt
architecture *n.* arhitektura
archives *n.* arhiv
Arctic *adj.* arktičen
ardent *adj.* goreč
ardour *n.* gorečnost
arduous *adj.* naporen
area *n.* področje
arena *n.* arena
argue *v.* prerekati se
argument *n.* prerekanje
argumentative *adj.* prepirljiv
arid *adj.* izsušen
arise *v.* dvigniti se
aristocracy *n.* plemstvo
aristocrat *n.* aristokrat

arithmetic *n.* računstvo
arithmetical *adj.* aritmetičen
ark *n.* barka
arm *n.* roka
armada *n.* ladjevje
Armageddon *n.* Armagedon
armament *n.* oborožitev
armistice *n.* premirje
armour *n.* oklep
armoury *n.* orožarna
army *n.* armaden
aroma *n.* aroma
aromatherapy *n.* aromaterapija
around *adv.* okoli
arouse *v.* razvnemati
arrange *v.* dogovoriti se
arrangement *n.* dogovor
arrant *adj.* skrajen
array *n.* vrsta
arrears *n.* zaostanki
arrest *v.* aretirati
arrival *n.* prihod
arrive *v.* prispeti
arrogance *n.* predrznost
arrogant *adj.* predrzen
arrogate *v.* lastiti si
arrow *n.* puščica
arsenal *n.* tovarna orožja
arsenic *n.* arzen
arson *n.* požig
art *n.* umetnost
artefact *n.* artefakt
artery *n.* arterija
artful *adj.* zvit
arthritis *n.* artritis
artichoke *n.* artičoka
article *n.* članek
articulate *adj.* učinkovit
artifice *n.* iznajdljivost
artificial *adj.* umeten
artillery *n.* topništvo
artisan *n.* obrtnik

artist *n.* umetnik
artistic *adj.* umetniški
artless *adj.* pristen
as *adv.* kot
asbestos *n.* azbest
ascend *v.* povzpeti se
ascendant *adj.* prevlada
ascent *n.* vzpon
ascertain *v.* ugotoviti
ascetic *adj.* asketski
ascribe *v.* pripisati
aseptic *adj.* aseptičen
asexual *adj.* nespolen
ash *n.* pepel
ashamed *adj.* osramočen
ashore *adv.* na kopno
Asian *adj.* azijski
aside *adv.* na stran
asinine *adj.* trapast
ask *v.* vprašati
askance *adv.* nezaupljivo
askew *adv.* postrani
asleep *adj.* speč
asparagus *n.* beluš
aspect *n.* vidik
asperity *n.* zajedljivost
aspersions *n.* obrekovanje
asphyxiate *v.* dušiti se
aspirant *n.* prosilec
aspiration *n.* prizadevanje
aspire *v.* stremeti k
ass *n.* rit
assail *v.* napasti
assassin *n.* morilec
assassinate *v.* izvesti atentat na
assassination *n.* atentat
assault *n.* napad
assemblage *n.* zborovanje
assemble *v.* zbrati
assembly *n.* zbor
assent *n.* privolitev
assert *v.* trditi

assess *v.* ceniti
assessment *n.* ocena
asset *n.* pridobitev
assiduous *adj.* vnet
assign *v.* dodeliti
assignation *n.* dodelitev
assignment *n.* dodelitev
assimilate *v.* prilagoditi
assimilation *n.* prilagoditev
assist *v.* pomagati
assistance *n.* pomoč
assistant *n.* pomočnik
associate *v.* priključiti
association *n.* priključitev
assonance *n.* sozvočje
assorted *adj.* razporejen
assortment *n.* razporeditev
assuage *v.* blažiti
assume *v.* predpostaviti
assumption *n.* domneva
assurance *n.* zagotovilo
assure *v.* zagotoviti
assured *adj.* zagotovljen
asterisk *n.* zvezdica
asteroid *n.* asteroid
asthma *n.* astma
astigmatism *n.* astigmatizem
astonish *v.* čuditi se
astonishment *n.* osuplost
astound *v.* osupiti
astral *adj.* zvezden
astray *adv.* zmoten
astride *prep.* okobal
astrologer *n.* astrolog
astrology *n.* astrologija
astronaut *n.* astronavt
astronomer *n.* astronom
astronomy *n.* astronomija
astute *adj.* navihan
asunder *adv.* narazen
asylum *n.* azil
at *prep.* pri

atavistic *adj.* atavističen
atheism *n.* brezboštvo
atheist *n.* brezbožniški
athlete *n.* atlet
athletic *adj.* atletski
atlas *n.* atlas
atmosphere *n.* ozračje
atoll *n.* atol
atom *n.* atom
atomic *adj.* atomski
atone *v.* spokoriti
atonement *n.* pokora
atrium *n.* atrij
atrocious *adj.* grozen
atrocity *n.* grozodejstvo
attach *v.* pritrditi
attache *n.* ataše
attachment *n.* navezanost
attack *v.* napad
attain *v.* doseči
attainment *n.* dosežek
attempt *v.* poskusiti
attempt *v.* lotiti se
attend *v.* udeležiti se
attendance *n.* udeležba
attendant *n.* spremljevalec
attention *n.* pozornost
attentive *adj.* pozoren
attest *v.* pričati
attic *n.* mansarda
attire *n.* obleka
attitude *n.* odnos
attorney *n.* pravni zastopnik
attract *v.* pritegniti
attraction *n.* privlačnost
attractive *adj.* privlačen
attribute *v.* pripisovati
aubergine *n.* jajčevec
auction *n.* licitacija
audible *adj.* slišen
audience *n.* občinstvo
audio *n.* avdio

audit *n.* revizija
audition *n.* avdicija
auditorium *n.* avditorij
augment *v.* povečati
August *n* avgust
aunt *n.* teta
aura *n.* sij
auspicious *adj.* obetaven
austere *adj.* preprost
Australian *n.* Avstralec;Avstralka
authentic *adj.* verodostojen
authenticity *n.* pristnost
author *n.* avtor
authoritative *adj.* avtoritativen
authority *n.* oblast
authorize *v.* pooblastiti
autism *n.* avtizem
autobiography *n.* avtobiografija
autocracy *n.* samovlada
autocrat *n.* samovladar
autocratic *adj.* samovoljen
autograph *n.* avtogram
automatic *adj.* samodejen
automobile *n.* avtomobil
autonomous *adj.* samostojen
autopsy *n.* obdukcija
autumn *n.* jesen
auxiliary *adj.* pomožen
avail *v.* koristiti
available *adj.* razpoložljiv
avalanche *n.* plaz
avarice *n.* lakomnost
avenge *v.* maščevati
avenue *n.* avenija
average *n.* povprečen
averse *adj.* nenaklonjen
aversion *n.* nenaklonjenost
avert *v.* odvrniti
aviary *n.* ptičnica
aviation *n.* letalstvo
aviator *n.* aviator
avid *adj.* vnet

avidly *adv.* vneto
avocado *n.* avokado
avoid *v.* izogibati se
avoidance *n.* izmikanje
avow *v.* priznati
avuncular *adj.* stričevski
await *v.* čakati
awake *v.* zbuditi se
awaken *v.* prebuditi se
award *v.* dodeliti
aware *adj.* zavesten
away *adv.* proč
awe *n.* strahospoštovanje
awesome *adj.* veličasten
awful *adj.* grozen
awhile *adv.* nekaj časa
awkward *adj.* mučen
awry *adv.* poševno
axe *n.* sekira
axis *n.* os
axle *n.* os

babble *v.* blebetati
babe *n.* otročiček
Babel *n.* Babel
baboon *n.* pavijan
baby *n.* dojenček
bachelor *n.* samec
back *n.* nazaj
backbone *n.* hrbtenica
backdate *v.* nazaj datirati
backdrop *n.* kulisa
backfire *v.* izjaloviti se
background *n.* ozadje
backhand *n.* udariti bekend
backing *n.* opora
backlash *n.* reakcija

backlog *n.* zaostanek
backpack *n.* nahrbtnik
backside *n.* zadnjica
backstage *adv.* zaodrski
backtrack *v.* vrniti se
backward *adj.* nazaj obrnjen
backwater *n.* stoječa voda
bacon *n.* slanina
bacteria *n.* bakterije
bad *adj.* slab
badge *n.* značka
badly *adv.* slabo
badminton *n.* badminton
baffle *v.* zbegati
bag *n.* torba
baggage *n.* prtljaga
baggy *adj.* ohlapen
baguette *n.* bageta
bail *n.* varščina
bailiff *n.* sodnijski sluga
bait *n.* vaba
bake *v.* speči
baker *n.* pek
bakery *n.* pekarna
balance *n.* ravnotežje
balcony *n.* balkon
bald *adj.* plešast
bale *n.* bala
ball *n.* žoga
ballad *n.* balada
ballet *n.* balet
balloon *n.* balon
ballot *n.* glasovnica
balm *n.* balzam
balsam *n.* balzamovec
bamboo *n.* bambus
ban *v.* prepovedati
banal *adj.* plehek
banana *n.* banana
band *n.* trak
bandage *n.* povoj
bandit *n.* razbojnik

bane *n.* tegoba
bang *n.* pok
banger *n.* petarda
bangle *n.* obročasta zapestnica
banish *v.* izgnati
banishment *n.* izgon
banisters *n.* stopniščna ograja
banjo *n.* bendžo
bank *n.* banka
banker *n.* bančnik
bankrupt *adj.* nezmožen plačila
bankruptcy *n.* stečaj
banner *n.* prapor
banquet *n.* banket
banter *n.* draženje
baptism *n.* krst
Baptist *n.* baptist
baptize *v.* krstiti
bar *n.* palica
barb *n.* zazobek
barbarian *n.* barbar
barbaric *adj.* barbarski
barbecue *n.* raženj
barbed *adj.* z zazobkom
barber *n.* brivec
bard *n.* pesnik
bare *adj.* gol
barely *adv.* komaj
bargain *n.* dobra kupčija
barge *n.* barka
bark *n.* lajež
barley *n.* ječmen
barn *n.* skedenj
barometer *n.* barometer
baron *n.* baron
barrack *n.* baraka
barracuda *n.* barakuda
barrage *n.* zajezitev
barrel *n.* sod
barren *adj.* neploden
barricade *n.* barikada
barrier *n.* ovira

barring *prep.* razen
barrister *n.* branilec
barter *v.* zamenjavati
base *n.* osnova
baseless *adj.* neutemeljen
basement *n.* klet
bashful *adj.* sramežljiv
basic *n.* osnoven
basil *n.* bazilika
basilica *n.* bazilika
basin *n.* kotlina
basis *n.* izhodišče
bask *v.* sončiti se
basket *n.* košara
bass *n.* bas
bastard *n.* prasec
baste *v.* z velikimi šivi zašiti
bastion *n.* branik
bat *n.* netopir
batch *n.* peka
bath *n.* kopel
bathe *v.* kopati se
bathos *n.* nepričakovan razplet
batik *n.* malajsko barvanje blaga
baton *n.* taktirka
battalion *n.* bataljon
batten *n.* deska
batter *n.* testo
battery *n.* akumulator
battle *n.* bitka
bauble *n.* ničevost
baulk *v.* bruno
bawl *v.* dreti se
bay *n.* zaliv
bayonet *n.* vojaško bodalo
bazaar *n.* bazar
bazooka *n.* bazuka
be *v.* biti
beach *n.* plaža
beacon *n.* svetilnik
bead *n.* koralda
beady *adj.* bisernat

beagle *n.* pes gonič
beak *n.* kljun
beaker *n.* čaša
beam *n.* žarek
bean *n.* zrno
bear *v.t* prenašati
bear *n.* medved
beard *n.* brada
bearing *n.* ravnanje
beast *n.* zver
beastly *adj.* zverinski
beat *v.* tolči
beautician *n.* kozmetik
beautiful *adj.* lep
beautify *v.* okrasiti
beatitude *n.* blaženost
beauty *n.* lepota
beaver *n.* bober
becalmed *adj.* na mrtvi točki
because *conj.* ker
beck *n.* namig
beckon *v.* pomigniti
become *v.* postati
bed *n.* postelja
bedding *n.* posteljnina
bedlam *n.* zmeda
bedraggled *adj.* neurejen
bee *n.* čebela
beech *n.* bukev
beef *n.* govedina
beefy *adj.* goveji
beep *n.* pisk
beer *n.* pivo
beet *n.* pesa
beetle *n.* hrošč
beetroot *n.* rdeča pesa
befall *v.* doleteti
befit *v.* ustrezati
before *adv.* pred
beforehand *adv.* prej
befriend *v.* spoprijateljiti se
befuddled *adj.* zbegan

beg *v.* prositi
beget *v.* spočeti
beggar *n.* berač
begin *v.* začeti
beginning *n.* začetek
beguile *v.* premamiti
behalf *n.* korist
behave *v.* obnašati se
behaviour *n.* obnašanje
behead *v.* obglaviti
behemoth *n.* velikan
behest *n.* ukaz
behind *prep.* zadaj
behold *v.* zagledati
beholden *adj.* zadolžen
beige *n.* bež
being *n.* bitje
belabour *v.* obdelati
belated *adj.* zapoznel
belay *v.* pritrditi
belch *v.* bruhati
beleaguered *adj.* v težavah
belie *v.* razočarati
belief *n.* prepričanje
believe *v.* verjeti
belittle *v.* omalovaževati
bell *n.* zvon
belle *n.* lepotica
bellicose *adj.* bojaželjen
belligerent *adj.* bojevit
bellow *v.* rjoveti
bellows *n.* meh
belly *n.* trebuh
belong *v.* spadati
belongings *n.* lastnina
beloved *adj.* ljubljen
below *prep.* pod
belt *n.* pas
bemoan *v.* objokavati
bemused *adj.* zbegan
bench *n.* klop
bend *v.* upogniti

beneath *adv.* pod
benediction *n.* blagoslov
benefactor *n.* dobrotnik
benefice *n.* nadarbina
beneficent *adj.* radodaren
beneficial *adj.* blagodejen
benefit *n.* korist
benevolence *n.* dobrohotnost
benevolent *adj* dobrodelen
benign *adj.* blag
bent *adj.* upognjen
bequeath *v.* zapustiti
bequest *n.* zapuščina
berate *v.* ošteti
bereaved *v.* užalostiti
bereavement *n.* smrt v družini
bereft *adj.* užaloščen
bergamot *n.* bergamot
berk *n.* bedak
berry *n.* jagoda
berserk *adj.* divji
berth *n.* privez
beseech *v.* rotiti
beset *v.* pestiti
beside *prep.* zraven
besiege *v.* oblegati
besmirch *v.* oskruniti
besom *n.* metla
besotted *adj.* omamljen
bespoke *adj.* zagotoviti si
best *adj.* najboljše
bestial *adj.* zverinski
bestow *v.* podeliti
bestride *v.* zajahati
bet *v.* staviti
betake *v.* zatekati se
betray *v.* izdati
betrayal *n.* izdajstvo
better *adj.* boljše
between *adv.* med
bevel *n.* poševnik
beverage *n.* pijača

bevy *n.* jata
bewail *v.* objokovati
beware *v.* paziti se
bewilder *v.t* osupniti
bewitch *v.* začarati
beyond *adv.* onstran
bi *comb.* dvo-
biannual *adj.* polleten
bias *n.* pristranskost
biased *adj.* pristranski
bib *n.* slinček
Bible *n.* Biblija
bibliography *n.* bibliografija
bibliophile *n.* bibliofil
bicentenary *n.* dvestoletnica
biceps *n.* biceps
bicker *v.* prepirati se
bicycle *n.* kolo
bid *v.* ponuditi
biddable *adj.* ubogljiv
bidder *n.* ponudnik
bide *v.* prenesti
bidet *n.* bidé
biennial *adj.* dveleten
bier *n.* mrtvaški oder
bifocal *adj.* dvogoriščen
big *adj.* velik
bigamy *n.* bigamija
bigot *n.* pobožnjakar
bigotry *n.* pobožnjakarstvo
bike *n.* bicikel
bikini *n.* bikini
bilateral *adj.* dvostranski
bile *n.* žolč
bilingual *adj.* dvojezičen
bill *n.* račun
billet *n.* začasno bivališče
billiards *n.* biljard
billion *n.* milijarda
billionaire *n.* milijarder
billow *v.* velik val
bin *n.* smetnjak

binary *adj.* dvojiški
bind *v.* povezati
binding *n.* obvezen
binge *n.* krokarija
binocular *adj.* binokularen
biochemistry *n.* biokemija
biodegradable *adj.* biološko razgradljiv
biodiversity *n.* biološka raznolikost
biography *n.* življenjepis
biologist *n.* biolog
biology *n.* biologija
biopsy *n.* biopsija
bipartisan *adj.* dvostrankarski
birch *n.* breza
bird *n.* ptič
bird flu *n.* ptičja gripa
birth *n.* rojstvo
biscuit *n.* piškot
bisect *v.* razrezati
bisexual *adj.* biseksualen
bishop *n.* škof
bison *n.* bizon
bit *n.* ugrizniti
bitch *n.* prasica
bite *v.* ugrizniti
biting *adj.* zadirčen
bitter *adj.* zagrenjen
bizarre *adj.* bizaren
blab *v.* izblebetati
black *adj.* črn
blackberry *n.* robidnica
blackboard *n.* šolska tabla
blacken *v.* počrniti
blacklist *n.* črna lista
blackmail *n.* izsiljevanje
blackout *n.* zatemnitev
blacksmith *n.* kovač
bladder *n.* mehur
blade *n.* rezilo
blain *n.* tvor

blame *v.* grajati
blanch *v.* beliti
bland *adj.* neizrazit
blank *adj.* prazen
blanket *n.* odeja
blare *v.* trobiti
blarney *n.* prilizovanje
blast *n.* detonacija
blatant *adj.* očiten
blaze *n.* plamen
blazer *n.* blazer
bleach *adj.* belilo
bleak *adj.* pust
bleat *v. i* blejati
bleed *v.* krvaveti
bleep *n.* pisk
blemish *n.* napaka
blench *v.* trzniti
blend *v. t* zmešati
blender *n.* mešalnik
bless *v.* blagosloviti
blessed *adj.* blažen
blessing *n.* blagoslov
blight *n.* rastlinska rja
blind *adj.* slep
blindfold *v.* preveza za oči
blindness *n.* slepota
blink *v.* mežikati
blinkers *n.* plašnice
blip *n.* svetlobni signal
bliss *n.* blaženost
blister *n.* mehur
blithe *adj.* vesel
blitz *n.* bliskovita vojna
blizzard *n.* snežni metež
bloat *v.* nabrekniti
bloater *n.* prekajeni slanik
blob *n.* kaplja
bloc *n.* blok
block *n.* klada
blockade *n.* zapora
blockage *n.* zamašek

blog *n.* spletni dnevnik
bloke *n.* tip
blonde *adj.* plavolas
blood *n.* kri
bloodshed *n.* morija
bloody *adj.* krvav
bloom *v.* cveteti
bloomers *n.* športne hlače
blossom *n.* cvet
blot *n.* madež
blotch *n.* mozolj
blouse *n.* bluza
blow *v.* pihati
blowsy *adj.* zardel
blub *v.* ihteti
bludgeon *n.* gorjača
blue *adj.* moder
bluff *v.* preslepiti
blunder *n.* spodrsljaj
blunt *adj.* top
blur *v.* zabrisati
blurb *n.* oglas na ovitku knjige
blurt *v.* izblebetati
blush *v.* zardeti
blusher *n.* rdečilo
bluster *v.* besneti
boar *n.* merjasec
board *n.* tabla
boast *v.* bahati se
boat *n.* čoln
bob *v.* pozibavati se
bobble *n.* trzaj
bode *v.* napovedati
bodice *n.* životec
bodily *adv.* osebno
body *n.* telo
bodyguard *n* telesni stražar
bog *n.* barje
bogey *n.* strašilo
boggle *v.* obotavljati se
bogus *adj.* lažen
boil *v.i.* vreti

boiler *n.* grelec za vodo
boisterous *adj.* razposajen
bold *adj.* drzen
boldness *n.* drznost
bole *n.* debelo steblo
bollard *n.* priveznik
bolt *n.* zapah
bomb *n.* bomba
bombard *v.* obstreljevati
bombardment *n.* obstreljevanje
bomber *n.* bombnik
bonafide *adj.* z dobrim namenom
bonanza *n.* zlata jama
bond *n.* vez
bondage *n.* suženjstvo
bone *n.* kost
bonfire *n.* kres
bonnet *n.* čepica
bonus *n.* bonus
bony *adj.* koščen
book *n.* knjiga
booklet *n.* knjižica
bookmark *n.* knjižni znak
bookseller *n.* knjigotržec
bookish *adj.* učenjakarski
booklet *n.* knjižica
boom *n.* razcvet
boon *n.* blagodejnost
boor *n.* neolikanec
boost *v.* spodbuditi
booster *n.* tisti, ki spodbuja
boot *n.* škorenj
booth *n.* stojnica
bootleg *adj.* nezakonit
booty *n.* plen
border *n.* meja
bore *v.* dolgočasiti
born *adj.* rojen
borough *n.* trg
borrow *v.* izposoditi si
bosom *n.* prsi
boss *n.* šef

bossy *adj.* gospodovalen
botany *n.* botanika
both *adj. & pron.* oba
bother *v.* nadlegovati
bottle *n.* steklenica
bottom *n.* dno
bough *n.* veja
boulder *n.* balvan
boulevard *n.* bulvar
bounce *v.* odbijati se
bouncer *n.* bahač
bound *v.* omejiti
boundary *n.* ločnica
boundless *adj.* neizmeren
bountiful *adj.* radodaren
bounty *n.* radodarnost
bouquet *n.* šopek
bout *n.* doba
boutique *n.* butik
bow *n.* poklon
bow *v.* pokloniti se
bowel *n.* črevo
bower *n.* uta
bowl *n.* skleda
box *n.* škatla
boxer *n.* boksar
boxing *n* boks
boy *n.* fant
boycott *v.* bojkotirati
boyhood *n* deška leta
bra *n.* modrček
brace *n.* opornica
bracelet *n.* zapestnica
bracket *n.* oklepaj
brag *v.* bahati se
Braille *n.* pisava za slepe
brain *n.* možgani
brake *n.* zavora
branch *n.* veja
brand *n.* zaščitna znamka
brandish *v.* vihteti
brandy *n.* vinjak

brash *adj.* predrzen
brass *n.* medenina
brave *adj.* pogumen
bravery *n.* hrabrost
brawl *n.* pretep
bray *v.* rigati
breach *v.* kršiti
bread *n.* kruh
breadth *n.* širina
break *v.* zlomiti
breakage *n.* zlom
breakfast *n.* zajtrk
breast *n.* dojka
breath *n.* dih
breathe *v.* dihati
breech *n.* zaklepišče
breeches *n.* pumparice
breed *v.* gojiti
breeze *n.* vetrič
brevity *n.* jedrnatost
brew *v.* variti
brewery *n.* pivovarna
bribe *v. t.* podkupiti
brick *n.* opeka
bridal *adj.* poróčen
bride *n.* nevesta
bridegroom *n.* ženin
bridge *n.* most
bridle *n.* uzda
brief *adj.* kratek
briefing *n.* dajanje napotkov
brigade *n.* brigada
brigadier *n.* brigadni general
bright *adj.* svetel
brighten *v.* razsvetliti
brilliance *n.* sijaj
brilliant *adj.* lesketajoč
brim *n.* rob
brindle *adj.* pisan
brine *n.* slanica
bring *v.* prinesti
brinjal *n.* jajčevec

brink *n.* rob
brisk *adj.* uren
bristle *n.* kocina
British *adj.* britanski
brittle *adj.* krhek
broach *adj.* povrtalo
broad *adj.* širok
broadcast *v. t* oddajati
brocade *n.* brokat
broccoli *n.* brokoli
brochure *n.* brošura
broke *adj.* zbankrotiran
broken *adj.* zlomljen
broker *n.* borzni posrednik
bronchial *adj.* bronhialen
bronze *n.* bron
brood *n.* zalega
brook *n.* potok
broom *n.* metla
broth *n.* mesna juha
brothel *n.* javna hiša
brother *n.* brat
brotherhood *n.* bratovščina
brow *n.* obrv
brown *n.* rjav
browse *v.* brskati
browser *n.* brskalnik
bruise *n.* modrica
brunch *n.* zajtrk in kosilo
brunette *n.* temnolaska
brunt *n.* najtežji del
brush *n.* krtača
brusque *adj.* osoren
brutal *adj.* okruten
brute *n.* okrutnež
bubble *n.* mehurček
buck *n.* dolar
bucket *n.* vedro
buckle *n.* zaponka
bud *n.* popek
budge *v.* premakniti
budget *n.* proračun

buffalo *n.* bivol
buffer *n.* odbojnik
buffet *n.* bife
buffoon *n.* burkež
bug *n.* žuželka
buggy *n.* voziček
bugle *n.* rog
build *v.* graditi
building *n.* stavba
bulb *n.* žarnica
bulge *n.* izboklina
bulimia *n.* bulimija
bulk *n.* glavnina
bulky *adj.* obsežen
bull *n.* bik
bulldog *n.* buldog
bullet *n.* krogla
bulletin *n.* bilten
bullion *n.* surovo zlato ali srebro
bullish *adj.* volovski
bullock *n.* vol
bully *n.* nasilnež
bulwark *n.* branik
bum *n.* potepuh
bumble *v.* prebijati se
bump *n.* buška
bumper *n.* odbijač
bumpkin *n.* teleban
bumpy *adj.* poln jam
bun *n.* kolaček
bunch *n.* šop
bundle *n.* cula
bung *n.* zamašek
bungalow *n.* bungalov
bungle *v.* šušmariti
bunk *n.* pograd
bunker *n.* bunker
buoy *n.* plovka
buoyant *adj.* plavajoč
buoyancy *n.* plovnost
burble *v.* brbotati
burden *n.* breme

bureau *n.* biro
bureaucracy *n.* birokracija
bureaucrat *n.* birokrat
burgeon *v.* brsteti
burger *n.* hamburger
burglar *n.* vlomilec
burglary *n.* vlom
burial *n.* pogreb
burlesque *n.* burleska
burn *v.* zažgati
burner *n.* gorilnik
burning *adj.* goreč
burrow *n.* brlog
bursar *n.* blagajnik
bursary *n.* blagajna
burst *v.* počiti
bury *v.* zakopati
bus *n.* avtobus
bush *n.* grm
bushy *adj.* košat
business *n.* posel
businessman *n.* podjetnik
bust *n.* doprsje
bustle *v.* vrvež
busy *adj.* zaposlen
but *conj.* ampak
butcher *n.* mesar
butler *n.* najvišji služabnik
butter *n.* maslo
butterfly *n.* metulj
buttock *n.* zadnjica
button *n.* gumb
buy *v.* kupiti
buyer *n.* kupec
buzz *n.* brenčanje
buzzard *n.* hudobnež
buzzer *n.* brenčač
by *prep.* po
by-election *n.* nadomestne volitve
bygone *adj.* prejšnji
by-line *n.* navedba avtorja članka
bypass *n.* obvoz

byre *n.* kravji hlev
bystander *n.* mimoidoči
byte *n.* bajt

cab *n.* taksi
cabaret *n.* kabaret
cabbage *n.* zelje
cabin *n.* kabina
cabinet *n.* kabinet
cable *n.* kabel
cacao *n.* kakavovec
cache *n.* skrivališče
cachet *n.* pečat
cackle *n.* kokodakanje
cactus *n.* kaktus
cad *n.* pomočnik
cadaver *n.* truplo
caddy *n.* čajnica
cadaver *n.* mrlič
cadet *n.* kadet
cadmium *n.* kadmij
cadre *n.* kader
caesarean *n.* carski rez
cafe *n.* kavarna
cafeteria *n.* samopostrežna restavracija
cage *n.* kletka
cahoots *n.* porazdelitev
cajole *v.* dobrikati
cake *n.* torta
calamity *n.* katastrofa
calcium *n.* kalcij
calculate *v.* računati
calculator *n.* računalo
calculation *n.* izračun
calendar *n.* koledar
calf *n.* tele

calibrate *v.* preverjati
calibre *n.* kaliber
call *v.* klicati
calligraphy *n.* lepopisje
calling *n.* poklic
callous *adj.* žuljav
callow *adj.* negoden
calm *adj.* miren
calorie *n.* kalorija
calumny *n.* obrekovanje
camaraderie *n.* tovarištvo
camber *n.* izboklina
cambric *n.* tanko platno
camcorder *n.* kamkorder
camel *n.* kamela
cameo *n.* kameja
camera *n.* kamera
camp *n.* tabor
campaign *n.* kampanja
camphor *n.* kafra
campus *n.* univerzitetno naselje
can *n.* konzerva
can *v.* znati
canal *n.* kanal
canard *n.* časniška raca
cancel *v.* preklicati
cancellation *n.* preklic
cancer *n.* rak
candela *n.* kandela
candid *adj.* odkritosrčen
candidate *n.* kandidat
candle *n.* sveča
candour *n.* odkritost
candy *n.* slaščica
cane *n.* sprehajalna palica
canine *adj.* pasji
canister *n.* pločevinasta škatla
cannabis *n.* kanabis
cannibal *n.* ljudožerec
cannon *n.* top
canny *adj.* previden
canoe *n.* kanu

canon *n.* predpis
canopy *n.* baldahin
cant *n.* naklon
cantankerous *adj.* nergav
canteen *n.* kantina
canter *n.* lahen drnec
canton *n.* kanton
cantonment *n.* vojaški tabor
canvas *n.* platno
canvass *v.* preskušati
canyon *n.* soteska
cap *n.* kapica
capability *n.* sposobnost
capable *adj.* sposoben
capacious *adj.* velikanski
capacitor *n.* kondenzator
capacity *n.* zmogljivost
caparison *v.* z opravo opremiti
cape *n.* rt
capital *n.* kapital
capitalism *n.* kapitalizem
capitalist *n. &adj.*
  kapitalist;kapitalističen
capitalize *v.* kapitalizirati
capitation *n.* glavnina (davek)
capitulate *v.* kapitulirati
caprice *n.* kaprica
capricious *adj.* muhast
capsicum *n.* paprika
capsize *v.* prevrniti
capstan *n.* vitel
capsule *n.* kapsula
captain *n.* kapitan
captaincy *n.* poveljstvo
caption *n.* zaplemba
captivate *v.* prikleniti
captive *n.* ujetnik
captivity *n.* ujetništvo
captor *n.* lovilec
capture *v.* ujeti
car *n.* avto
caramel *n.* karamela

carat *n.* karat
caravan *n.* karavana
carbohydrate *n.* ogljikov hidrat
carbon *n.* ogljik
carbonate *adj.* karbonat
carboy *n.* stekleni balon
carcass *n.* truplo
card *n.* kartica
cardamom *n.* kardamom
cardboard *n.* karton
cardiac *adj.* srčen
cardigan *n.* jopica
cardinal *n.* kardinal
cardiograph *n.* kardiograf
cardiology *n.* kardiologija
care *n.* nega
career *n.* kariera
carefree *adj.* brezskrben
careful *adj.* previden
careless *adj.* malomaren
carer *n.* skrbnik
caress *v.* ljubkovati
caretaker *n.* skrbnik
cargo *n.* tovor
caricature *n* karikatura
carmine *n.* karmin
carnage *n.* masaker
carnal *adj.* čuten
carnival *n.* karneval
carnivore *n.* mesojedec
carol *n.* božična pesem
carpal *adj.* zapesten
carpenter *n.* tesar
carpentry *n.* tesarstvo
carpet *n.* preproga
carriage *n.* kočija
carrier *n.* nosilec
carrot *n.* korenje
carry *v.* nositi
cart *n.* voz
cartel *n.* kartel
cartilage *n.* hrustanec

carton *n.* karton
cartoon *n.* karikatura
cartridge *n.* naboj
carve *v.* vklesati
carvery *n.* gril
Casanova *n.* Casanova
cascade *n.* kaskada
case *n.* primer
casement *n.* oknica
cash *n.* gotovina
cashew *n.* mahagonovec
cashier *n.* blagajnik
cashmere *n.* kašmir
casing *n.* ohišje
casino *n.* kazino
cask *n.* sod
casket *n.* skrinjica
casserole *n.* zloženka
cassock *n.* talar
cast *v.* vreči
castaway *n.* brodolomec
caste *n.* kasta
castigate *v.* kritizirati
casting *n.* odlitek
castle *n.* grad
castor *n.* bober
castrate *v.* kastrirati
castor oil *a.* ricinusovo olje
casual *adj.* vsakdanji
casualty *n.* žrtev
cat *n.* mačka
cataclysm *n.* kataklizma
catalogue *n.* katalog
catalyse *v.* katalizirati
catalyst *n.* katalizator
cataract *n.* katarakt
catastrophe *n.* katastrofa
catch *v.* uloviti
catching *adj.* nalezljiv
catchy *adj.* všečen
catechism *n.* katekizem
categorical *adj.* kategoričen

categorize *v.* kategorizirati
category *n.* kategorija
cater *v.* oskrbeti
caterpillar *n.* gosenica
catharsis *n.* katarza
cathedral *n.* katedrala
catholic *adj.* katoliški
cattle *n.* živina
catty *n.* mačji
Caucasian *adj.* kavkaški
cauldron *n.* kotel
cauliflower *n.* cvetača
causal *adj.* vzročen
causality *n.* vzročnost
cause *n.* vzrok
causeway *n.* nasip
caustic *adj.* zajedljiv
caution *n.* opozorilo
cautionary *adj.* svarilen
cautious *adj.* oprezen
cavalcade *n.* sprevod
cavalier *adj.* kavalirski
cavalry *n.* konjenica
cave *n.* jama
caveat *n.* opozorilo
cavern *n.* votlina
cavernous *adj.* prostoren
cavity *n.* votlina
cavort *v.* noreti
cease *v.* nehati
ceasefire *n.* premirje
ceaseless *adj.* nenehen
cedar *n.* cedra
cede *v.* umakniti se
ceiling *n.* strop
celandine *n.* krvavi mleček
celebrant *n.* praznovalec
celebrate *v.* praznovati
celebration *n.* praznovanje
celebrity *n.* znana osebnost
celestial *adj.* nebesen
celibacy *n.* celibat

celibate *adj.* samski
cell *n.* celica
cellar *n.* klet
cell phone *n.* mobilni telefon
cellular *adj.* celičen
cellulite *n.* celulit
celluloid *n.* celuloid
cellulose *n.* celuloza
Celsius *n.* Celzij
Celtic *adj.* keltski
cement *n.* cement
cemetery *n.* pokopališče
censer *n.* kadilo
censor *n.* cenzor
censorship *n.* cenzura
censorious *adj.* kritičen
censure *v.* ošteti
census *n.* cenzus
cent *n.* cent
centenary *n.* stoletnica
centennial *n.* stoletje
center *n.* središče
centigrade *adj.* stostopinjski
centimetre *n.* centimeter
centipede *n.* stonoga
central *adj.* osrednji
centralize *v.* centralizirati
centre *n.* središče
century *n.* stoletje
ceramic *n.* keramičen
cereal *n.* kosmiči
cerebral *adj.* možganski
ceremonial *adj.* svečan
ceremonious *adj.* slovesen
ceremony *n.* slovesnost
certain *adj.* določen
certainly *adv.* gotovo
certifiable *adj.* overljiv
certificate *n.* spričevalo
certify *v.* overiti
certitude *n.* gotovost
cervical *adj.* vraten

cessation *n.* prekinitev
cession *n.* prenehanje
chain *n.* veriga
chair *n.* stol
chairman *n.* predsednik
chaise *n.* blazinjak
chalet *n.* alpska hiša
chalice *n.* kelih
chalk *n.* kreda
challenge *n.* izziv
chamber *n.* dvorana
chamberlain *n.* komornik
champagne *n.* šampanjec
champion *n.* prvak
chance *n.* priložnost
chancellor *n.* kancler
Chancery *n.* vrhovno sodišče
chandelier *n.* lestenec
change *v.* sprememba
channel *n.* kanal
chant *n.* monotono cerkveno petje
chaos *n.* kaos
chaotic *adj.* kaotičen
chapel *n.* kapela
chaplain *n.* kaplan
chapter *n.* poglavje
char *v.* priložnostno delo
character *n.* značaj
characteristic *n.* značilen
charcoal *n.* oglje
charge *v.* zaračunati
charge *n.* cena
charger *n.* polnilnik
chariot *n.* kočija
charisma *n.* karizma
charismatic *adj.* karizmatičen
charitable *adj.* usmiljen
charity *n.* dobrodelnost
charlatan *n.* šarlatan
charm *n.* šarm
charming *adj.* očarljiv

chart *n.* karta
charter *n.* ustanovno pismo
chartered *adj.* pooblaščen
chary *adj.* varčen
chase *v.* loviti
chassis *n.* šasija
chaste *adj.* kreposten
chasten *v.* pograjati
chastise *v.* ošteti
chastity *n.* krepostnost
chat *v. i.* klepetati
chateau *n.* dvorec
chattel *n.* premičnina
chatter *v.* žlobudrati
chauffeur *n.* voznik
chauvinism *n.* šovinizem
chauvinist *n. &adj.* šovinist;šovinističen
cheap *adj.* poceni
cheapen *v. t.* poceniti
cheat *v.* goljufati
cheat *n.* goljufija
check *v.* preveriti
checkmate *n* šah-mat
cheek *n.* lice
cheeky *adj.* nesramen
cheep *n.* čivkanje
cheer *v. t.* spodbujati
cheerful *adj.* veder
cheerless *adj.* otožen
cheery *adj.* veder
cheese *n.* sir
cheetah *n.* gepard
chef *n.* glavni kuhar
chemical *adj.* kemijski
chemist *n.* kemik
chemistry *n.* kemija
chemotherapy *n.* kemoterapija
cheque *n.* ček
cherish *v.* ceniti
chess *n.* šah
chest *n.* prsi

chestnut *n.* kostanj
chevron *n.* našitek
chew *v.* prežvekovati
chic *adj.* eleganten
chicanery *n.* goljufija
chicken *n.* pišče
chickpea *n.* čičerika
chide *v.* ošteti
chief *n.* glaven
chiefly *adv.* v glavnem
chieftain *n.* načelnik
child *n.* otrok
childhood *n.* otroštvo
childish *adj.* otročji
chill *n.* hlad
chilli *n.* čili
chilly *adj.* hladen
chime *n.* zvonjenje
chimney *n.* dimnik
chimpanzee *n.* šimpanz
chin *n.* brada
china *n.* porcelan
chip *n.* drobec
chirp *v.* cvrčati
chisel *n.* dleto
chit *n.* pisemce
chivalrous *adj.* viteški
chivalry *n.* viteštvo
chlorine *n.* klor
chloroform *n.* kloroform
chocolate *n.* čokolada
choice *n.* izbira
choir *n.* cerkveni zbor
choke *v.* daviti se
cholera *n.* kolera
choose *v. t* izbrati
chop *v.* sekljati
chopper *n.* sekač
chopstick *n.* kitajska paličica
choral *adj.* zborovski
chord *n.* akord
chorus *n.* zbor

Christ *n.* Kristus
Christian *adj.* krščanski
Christianity *n.* krščanstvo
Christmas *n.* božič
chrome *n.* krom
chronic *adj.* kroničen
chronicle *n.* kronika
chronology *n.* kronologija
chronograph *n.* kronograf
chuckle *v.* hihitati se
chum *n.* kolega
chunk *n.* kos
church *n.* cerkev
churchyard *n.* pokopališče
churn *v.* pinja
chutney *n.* indijsko vloženo sadje
cider *n.* jabolčnik
cigar *n.* cigara
cigarette *n.* cigareta
cinema *n* kino
cinnamon *n.* cimet
circle *n.* krog
circuit *n.* krogotok
circular *adj.* krožen
circulate *v.* krožiti
circulation *n.* obtok
circumcise *v.* obrezati
circumference *n.* obseg
circumscribe *v.* opisati
circumspect *adj.* previden
circumstance *n.* razmera
circus *n.* cirkus
cist *n.* skrinja
cistern *n.* cisterna
citadel *n.* citadela
cite *v.* citirati
citizen *n.* državljan
citizenship *n.* državljanstvo
citrus *n.* citrus
citric *adj.* citronski
city *n.* mesto
civic *adj.* mesten

civics *n.* državljansko pravo
civil *adj.* civilen
civilian *n.* civilist
civilization *n.* civilizacija
civilize *v.* civilizirati
clad *adj.* oblečen
cladding *n.* obdati
claim *v.* terjati
claimant *n.* terjalec
clammy *adj.* lepljiv
clamour *n.* hrup
clamp *n.* sponka
clan *n.* klan
clandestine *adj.* skrivnosten
clap *v.* ploskati
clarify *v.* razčistiti
clarification *n.* pojasnilo
clarion *adj.* bučeč
clarity *n.* jasnost
clash *v.* žvenketati
clasp *v.* zaponka
class *n.* razred
classic *adj.* klasičen
classical *adj.* prvovrsten
classification *n.* razvrstitev
classify *v.* klasificirati
clause *n.* stavek
claustrophobia *n.* klavstrofobija
claw *n.* krempelj
clay *n.* glina
clean *adj.* čist
cleanliness *n.* čistoča
cleanse *v.* počistiti
clear *adj.* jasen
clearance *n.* čiščenje
clearly *adv.* jasno
cleave *v.* presekati
cleft *n.* presekan
clemency *n.* usmiljenje
clement *adj.* dobrotljiv
Clementine *n.* Klementina
clench *v.* stisniti

clergy *n.* duhovščina
cleric *n.* duhovnik
clerical *adj.* duhovniški
clerk *n.* uradnik
clever *adj.* bistroumen
click *n.* klik
client *n.* stranka
cliff *n.* klif
climate *n.* podnebje
climax *n.* vrhunec
climb *v.i* plezati
clinch *v.* pritrditi
cling *v.* okleniti
clinic *n.* ambulanta
clink *n.* žvenket
clip *n.* sponka
cloak *n.* ogrinjalo
clock *n.* ura
cloister *n.* križni hodnik
clone *n.* klon
close *adj.* blizu
closet *n.* omara
closure *n.* zaprtje
clot *n.* strdek
cloth *n.* blago
clothe *v.* obleči
clothes *n.* oblačila
clothing *n.* obleka
cloud *n.* oblak
cloudy *adj.* oblačen
clove *n.* strok
clown *n.* klovn
cloying *adj.* osladen
club *n.* klub
clue *n.* indic
clumsy *adj.* neroden
cluster *n.* gruča
clutch *v. t.* sklopka
coach *n.* kočija
coal *n.* premog
coalition *n.* koalicija
coarse *adj.* raskav

coast *n.* obala
coaster *n.* podstavek
coat *n.* plašč
coating *n.* premaz
coax *v.* laskati
cobalt *n.* kobalt
cobble *n.* kamen za tlak
cobbler *n.* čevljar
cobra *n.* kobra
cobweb *n.* pajčevina
cocaine *n.* kokain
cock *n.* petelin
cockade *n.* kokarda
cockpit *n.* pilotska kabina
cockroach *n.* ščurek
cocktail *n.* koktajl
cocky *adj.* spogledljiv
cocoa *n.* kakav
coconut *n.* kokos
cocoon *n.* zapredek
code *n.* šifra
co-education *n.* koedukacija
coefficient *n.* koeficient
coerce *v.* prisiliti
coeval *adj.* iste starosti
coexist *v.* sobivati
coexistence *n.* sožitje
coffee *n.* kava
coffer *n.* šatulja
coffin *n.* krsta
cog *n.* zobec
cogent *adj.* tehten
cogitate *v.* premisliti
cognate *adj.* biti soroden
cognizance *n.* spoznavanje
cohabit *v.* skupaj živeti
cohere *v.* držati vkup
coherent *adj.* povezan
cohesion *n.* povezanost
cohesive *adj.* vezljiv
coil *n.* tuljava
coin *n.* kovanec

coinage *n.* kovanje denarja
coincide *v.* sovpadati
coincidence *n.* naključje
coir *n.* kokosovo vlakno
coke *n.* kokakola
cold *adj.* hladen
colic *n.* kolika
collaborate *v.* sodelovati
collaboration *n.* sodelovanje
collage *n.* lepljenka
collapse *v.* zgruditi se
collar *n.* ovratnik
collate *v.* kolacionirati
collateral *n.* poroštvo
colleague *n.* sodelavec
collect *v.* zbirati
collection *n.* zbirka
collective *adj.* kolektiven
collector *n.* izterjevalec
college *n.* kolidž
collide *v.* trčiti
colliery *n.* premogovnik
collision *n.* trčenje
colloquial *adj.* pogovoren
collusion *n.* zarota
cologne *n.* toaletna vodica
colon *n.* dvopičje
colonel *n.* polkovnik
colonial *adj.* kolonialen
colony *n.* kolonija
colossal *adj.* velikanski
colossus *n.* velikan
column *n.* steber
colour *n.* barva
colouring *n.* barvanje
colourless *n.* brezbarven
coma *n.* koma
comb *n.* glavnik
combat *n.* boj
combatant *n* bojevnik
combination *n.* kombinacija
combine *v.* kombinirati

combustible *adj.* gorljiv
combustion *n.* izgorevanje
come *v.* priti
comedian *n.* komik
comedy *n* komedija
comet *n.* komet
comfort *n.* udobje
comfort *v.* tolažiti
comfortable *adj.* udoben
comic *adj.* komičen
comma *n.* vejica
command *v.* ukazovati
commandant *n.* poveljnik
commander *n.* poveljnik
commando *n.* komandos
commemorate *v.* spominjati se
commemoration *n.* spominska slovesnost
commence *v.* začeti
commencement *n.* začetek
commend *v.* pohvaliti
commendable *adj.* hvalevreden
commendation *n.* pohvala
comment *n.* pripomba
commentary *n.* komentar
commentator *n.* komentator
commerce *n.* trgovina
commercial *adj.* trgovski
commiserate *v.* pomilovati
commission *n.* komisija
commissioner *n.* komisar
commissure *n.* stik
commit *v.* zavezati se
commitment *n.* obveza
committee *n.* odbor
commode *n.* predalnik
commodity *n.* potrošna dobrina
common *adj.* pogost
commoner *n.* meščan
commonplace *adj.* običajen
commonwealth *n.* splošna blaginja

commotion *n.* nemir
communal *adj.* občinski
commune *n.* komuna
communicable *adj.* sporočljiv
communicant *n.* obveščevalec
communicate *v.* sporočiti
communication *n.* komunikacija
communion *n.* stik
communism *n.* komunizem
community *n.* skupnost
commute *v.* zamenjati
compact *adj.* gost
companion *n.* spremljevalec
company *n.* društvo
comparative *adj.* primerjalen
compare *v.* primerjati
comparison *n.* primerjava
compartment *n.* kupe
compass *n.* kompas
compassion *n.* sočutje
compatible *adj.* združljiv
compatriot *n.* rojak
compel *v.* prisiliti
compendious *adj.* strnjen
compendium *n.* izpisek
compensate *v.* nadomestiti
compensation *n.* odškodnina
compere *n.* konferansjé
compete *v.* tekmovati
competence *n.* sposobnost
competent *adj.* sposoben
competition *n.* tekmovanje
competitive *adj.* tekmovalen
competitor *n.* tekmovalec
compile *v.* komplirati
complacent *adj.* samozadovoljen
complain *v.* pritoževati se
complaint *n.* pritožba
complaisant *adj.* uslužen
complement *n.* dopolnilo
complementary *adj.* komplementaren

complete *adj.* popoln
completion *n.* dovršitev
complex *adj.* zapleten
complexity *n.* zapletenost
complexion *n.* polt
compliance *n.* uslužnost
compliant *adj.* ustrežljiv
complicate *v.* zaplesti
complication *n.* zaplet
complicit *adj.* zarotniški
complicity *n.* sostorilstvo
compliment *n.* poklon
compliment *v. i* hvaliti
comply *v.* privoliti
component *n.* sestavni del
comport *v.* obnašati se
compose *v.* sestaviti
composer *n.* skladatelj
composite *adj.* kompozit
composition *n.* sestava
compositor *n.* stavec
compost *n.* kompost
composure *n.* obvladanost
compound *n.* zmes
comprehend *v.* razumeti
comprehensible *adj.* razumljiv
comprehension *n.* razumevanje
comprehensive *adj.* izčrpen
compress *v.* obkladek
compression *n.* stisk
comprise *v.* sestavljati
compromise *n.* kompromis
compulsion *n.* sila
compulsive *adj.* prisilen
compulsory *adj.* obvezen
compunction *n.* obžalovanje
computation *n.* izračun
compute *v.* računati
computer *n.* računalnik
computerize *v.* z računalnikom računati
comrade *n.* tovariš

concatenation *n.* spojitev
concave *adj.* vbočen
conceal *v.* skriti
concede *v.* priznati
conceit *n.* domislek
conceivable *adj.* umeven
conceive *v. t* izmisliti si
concentrate *v.* osredotočiti se
concentration *n.* osredotočenost
concept *n.* pojem
conception *n.* pojmovanje
concern *v.* zadevati se
concerning *prep.* glede
concert *n.* koncert
concerted *adj.* skupen
concession *n.* koncesija
conch *n.* školjka
conciliate *v.* pobotati se
concise *adj.* jedrnat
conclude *n.* končati
conclusion *n.* zaključek
conclusive *adj.* končen
concoct *v.* skuhati
concoction *n.* zvarek
concomitant *adj.* spremljajoč
concord *n.* sloga
concordance *n.* soglasnost
concourse *n.* stekanje
concrete *n.* beton
concubine *n.* priležnica
concur *v.* sovpadati
concurrent *adj.* sočasen
concussion *n.* pretres možganov
condemn *v.* obsoditi
condemnation *n.* obsodba
condense *v.* zgostiti
condescend *v.* zaničevati
condiment *n.* začimba
condition *n.* stanje
conditional *adj.* pogojen
conditioner *n.* balzam
condole *v.* sožalovati

condolence *n.* sožalje
condom *n.* kondom
condominium *n.* lastniško stanovanje
condone *v.* oprostiti
conduct *n.* voditi
conduct *v.* vodenje
conductor *n.* dirigent
cone *n.* stožec
confection *n.* slaščica
confectioner *n.* slaščičar
confectionery *n.* slaščičarna
confederate *adj.* zvezen
confederation *n.* zveza
confer *v.* posvetovati se
conference *n.* posvetovanje
confess *v.* priznati
confession *n.* priznanje
confidant *n.* zaupnik
confide *v.* zaupati
confidence *n.* zaupanje
confident *adj.* zaupljiv
confidential *adj.* zaupen
configuration *n.* konfiguracija
confine *v.* omejiti
confinement *n.* omejitev
confirm *v.* potrditi
confirmation *n.* potrdilo
confiscate *v.* zapleniti
confiscation *n.* zaplemba
conflate *v.* zliti
conflict *n.* spor
confluence *n.* sotočje
confluent *adj.* pritok
conform *v.* prilagoditi
conformity *n.* skladnost
confront *v.* soočiti se
confrontation *n.* soočenje
confuse *v.* zbegati
confusion *n.* zmeda
confute *v.* ovreči
congenial *adj.* prijeten

congenital *adj.* prirojen
congested *adj.* zamašen
congestion *n.* zastoj
conglomerate *n.* konglomerat
conglomeration *n.* skupek
congratulate *v.* čestitati
congratulation *n.* voščilo
congregate *v.* zbrati
congress *n.* kongres
congruent *adj.* primeren
conical *adj.* stožčast
conjecture *n. &v.* domneva; domnevati
conjugal *v.t. & i.* zakonski
conjugate *v.* spregati
conjunct *adj.* združen
conjunction *n.* združitev
conjunctivitis *n.* vnetje očesne veznice
conjuncture *n.* zveza
conjure *v.* zaklinjati
conker *n.* divji kostanj
connect *v.* povezati
connection *n.* povezava
connive *v.* spletkariti
conquer *v.* zasesti
conquest *n.* osvojitev
conscience *n.* vest
conscious *adj.* zavesten
consecrate *v.* posvetiti
consecutive *adj.* posledičen
consecutively *adv.* posledično
consensus *n.* soglasje
consent *n.* privolitev
consent *v.t.* privoliti
consequence *n.* posledica
consequent *adj.* sledeč
conservation *n.* ohranitev
conservative *adj.* starokopiten
conservatory *n.* konservatorij
conserve *v. t* ohraniti
consider *v.* imeti za

considerable *adj.* precejšen
considerate *adj.* obziren
consideration *n.* upoštevanje
considering *prep.* glede na
consign *v.* izročiti
consignment *n.* pošiljka
consist *v.* sestavljati
consistency *n.* konsistenca
consistent *adj.* dosleden
consolation *n.* tolažba
console *v. t.* konzola
consolidate *v.* utrditi
consolidation *n.* utrditev
consonant *n.* soglasnik
consort *n.* zakonec
consortium *n.* konzorcij
conspicuous *adj.* dobro viden
conspiracy *n.* zarota
conspirator *n.* zarotnik
conspire *v.* spletkariti
constable *n.* stražnik
constabulary *n.* stražarski
constant *adj.* stalen
constellation *n.* sozvezdje
consternation *n.* osuplost
constipation *n.* zaprtje
constituency *n.* volilna enota
constituent *adj.* sestaven
constitute *v.* predstavljati
constitution *n.* ustava
constitutional *adj.* ustaven
constrain *v.* prisiliti
constraint *n.* sila
constrict *v.* stisniti
construct *v.* zgraditi
construction *n.* gradnja
constructive *adj.* tvoren
construe *v.* razložiti
consul *n.* konzul
consular *n.* konzularen
consulate *n.* konzulat
consult *v.* posvetovati se

consultant *n.* svetovalec
consultation *n.* posvet
consume *v.* porabiti
consumer *n.* potrošnik
consummate *v.* dovršiti
consumption *n.* poraba
contact *n.* stik
contagion *n.* okužba
contagious *adj.* nalezljiv
contain *v.t.* vsebovati
container *n.* posoda
containment *n.* vsebina
contaminate *v.* onesnažiti
contemplate *v.* nameravati
contemplation *n.* namera
contemporary *adj.* sodoben
contempt *n.* zaničevanje
contemptuous *adj.* zaničevalen
contend *v.* boriti se
content *adj.* zadovoljen
content *n.* zadovoljstvo
contention *n.* spor
contentment *n.* zadovoljstvo
contentious *adj.* sporen
contest *n.* tekma
contestant *n.* tekmovalec
context *n.* sobesedilo
contiguous *adj.* stičen
continent *n.* celina
continental *adj.* celinski
contingency *n.* naključje
continual *adj.* stalen
continuation *n.* nadaljevanje
continue *v.* nadaljevati
continuity *n.* stalnost
continuous *adj.* nenehen
contort *v.* spačiti
contour *n.* obris
contra *prep.* proti
contraband *n.* tihotapstvo
contraception *n.* kontracepcija
contraceptive *n.* kontracepcijski

contract *n.* pogodba
contract *n* dogovor
contractual *adj.* pogodben
contractor *n.* pogodbenik
contraction *n.* popadek
contradict *v.* nasprotovati
contradiction *n.* nasprotovanje
contrary *adj.* nasproten
contrast *n.* kontrast
contravene *v.* oporekati
contribute *v.* prispevati
contribution *n.* prispevek
contrivance *n.* taktika
contrive *v.* načrtovati
control *n.* nadzor
controller *n.* nadzornik
controversial *adj.* sporen
controversy *n.* polemika
contusion *n.* udarnina
conundrum *v. t* uganka
conurbation *n.* somestje
convene *v.* sklicati
convenience *n.* priročnost
convenient *adj.* priročen
convent *n.* samostan
convention *n.* konvencija
converge *v.* stekati se
conversant *adj.* seznanjen
conversation *n.* pogovor
converse *v.* pogovarjati se
conversion *n.* pretvorba
convert *n.* spreobrnjenec
convert *v.* spreobrniti
convey *v.* prenesti
conveyance *n.* prenos
convict *n.* obsojenec
convict *v.* obsoditi
conviction *n.* prepričanje
convince *v.* prepričati
convivial *adj.* prazničen
convocation *n.* sklicanje
convoy *n.* konvoj

convulse *n.* stresti
convulsion *n.* krč
cook *n.* kuhar
cook *v.* kuhati
cooker *n.* štedilnik
cookie *n.* piškot
cool *adj.* hladnokrven
coolant *n.* hladilno sredstvo
cooler *n.* hladilec
cooper *n.* sodar
cooperate *v.* sodelovati
cooperation *n.* sodelovanje
cooperative *adj.* sodelujoč
coordinate *v. t* uskladiti
coordination *n.* uskladitev
cope *v.* prenesti
copier *n.* fotokopirni stroj
copious *adj.* obilen
copper *n.* baker
copulate *v.* imeti spolni odnos
copy *n.* kopija
copy *v.* kopirati
coral *n.* korala
cord *n.* vrvica
cordial *adj.* odkritosrčen
cordon *n.* lenta
core *n.* osrednji
coriander *n.* koriander
cork *n.* zamašek
corn *n.* koruza
cornea *n.* roženica
corner *n.* vogal
cornet *n.* kornet
coronation *n.* kronanje
coroner *n.* mrliški oglednik
coronet *n.* diadem
corporal *n.* desetar
corporate *adj.* skupen
corporation *n.* korporacija
corps *n.* korpus
corpse *n.* truplo
corpulent *adj.* okrogel

correct *adj.* pravilen
correct *v.* popraviti
correction *n.* poprava
corrective *adj.* poboljševalen
correlate *v.* biti soodnosen
correlation *n.* soodnosnost
correspond *v.* ujemati se
correspondence *n.* dopisovanje
correspondent *n.* dopisnik
corridor *n.* hodnik
corroborate *v.* okrepiti
corrode *v.* razjedati
corrosion *n.* razjedanje
corrosive *adj.* razjeden
corrugated *adj.* zguban
corrupt *adj.* nepošten
corrupt *n.* pokvarjen
corruption *n.* pokvarjenost
cortisone *n.* kortizon
cosmetic *adj.* kozmetičen
cosmetic *n.* kozmetika
cosmic *adj.* kozmičen
cosmology *n.* kozmologija
cosmopolitan *adj.* svetovljanski
cosmos *n.* vesolje
cost *v.* stati
costly *adj.* drag
costume *n.* kostum
cosy *adj.* udoben
cot *n.* otroška posteljica
cottage *n.* koča
cotton *n.* bombaž
couch *n.* kavč
couchette *n.* zložljiva postelja
cough *v.* kašljati
council *n.* svet
councillor *n.* svetnik
counsel *n.* posvetovanje
counsel *v.* svetovati
counsellor *n.* svetovalec
count *v.* šteti
countenance *n.* pojava

counter *n.* prodajni pult
counter *v.t.* ugovarjati
counteract *v.* nasprotovati
counterfeit *adj.* ponarejen
counterfoil *n.* odrezek
countermand *v.* preklicati
counterpart *n.* dvojnik
countless *adj.* brezštevilen
country *n.* država
county *n.* okraj
coup *n.* udarec
coupe *n.* kupe
couple *n.* nekaj
couplet *n.* kuplet
coupon *n.* kupon
courage *n.* pogum
courageous *adj.* pogumen
courier *n.* kurir
course *n.* tečaj
court *n.* sodišče
courteous *adj.* vljuden
courtesan *n.* kurtizana
courtesy *n.* vljudnost
courtier *n.* dvorjan
courtly *adj.* kavalirski
courtship *n.* dvorjenje
courtyard *n.* dvorišče
cousin *n.* bratranec;sestrična
cove *n.* zalivček
covenant *n.* sporazum
cover *n.* pokrov
cover *v.* pokriti
covert *adj.* skriven
covet *v.* hrepeneti
cow *n.* krava
coward *n.* strahopetec
cowardice *n.* strahopetnost
cower *v.* prihuliti se
coy *adj.* sramežljiv
cosy *adj.* udoben
crab *n.* rak
crack *n.* razpoka

crack v. počiti
cracker n. kreker
crackle v. prasketati
cradle n. zibelka
craft n. plovilo
craftsman n. rokodelec
crafty adj. prebrisan
cram v. natrpati
cramp n. krč
crane n. žerjav
crank v. ročica
crash v. trčiti
crass adj. neumen
crate n. gajba
cravat n. kravata
crave v. t hrepeneti
craven adj. strahopeten
crawl v. plaziti se
crayon n. voščenka
craze n. norost
crazy adj. nor
creak n. škripanje
creak v. škripati
cream n. smetana
crease n. guba
create v. ustvariti
creation n. stvaritev
creative adj. ustvarjalen
creator n. ustvarjalec
creature n. bitje
creche n. otroške jasli
credentials n. priporočila
credible adj. verodostojen
credit n. posojilo
creditable adj. hvalevreden
creditor n. upnik
credulity adv. lahkovernost
creed n. veroizpoved
creek n. potok
creep v. laziti
creeper n. plazilka
cremate v. upepeliti

cremation n. upepelitev
crematorium n. krematorij
crescent n. polmesec
crest n. greben
crew n. posadka
crib n. jasli
cricket n. kriket
crime n. zločin
criminal n. zločinski
criminology n. kriminologija
crimson n. škrlaten
cringe v. klečeplaziti
cripple n. pohabljenec
crisis n. kriza
crisp adj. hrustljav
criterion n. merilo
critic n. kritik
critical adj. kritičen
criticism n. kritika
criticize v. kritizirati
critique n. ocena
croak n. krakati
crochet n. kvačkanje
crockery n. glinasta posoda
crocodile n. krokodil
croissant n. rogljič
crook n. kavelj
crooked adj. skrivljen
crop n. poljščina
cross n. križ
crossing n. križišče
crotchet n. četrtinka
crouch v. počepniti
crow n. vrana
crowd n. množica
crown n. krona
crown v. kronski
crucial adj. usoden
crude adj. neolikan
cruel adj. krut
cruelty adv. kruto
cruise v. križarjenje

cruiser *n.* križarka
crumb *n.* drobtina
crumble *v.* zdrobiti
crumple *v.* gubati
crunch *v.* hrustanje
crusade *n.* križarska vojna
crush *v.* drobiti
crust *n.* skorja
crutch *n.* bergla
crux *n.* srž
cry *n.* jok
cry *v.* jokati
crypt *n.* kripta
crystal *n.* kristal
cub *n.* mladič
cube *n.* kocka
cubical *adj.* kockast
cubicle *n.* kabina
cuckold *n.* rogonosec
cuckoo *n.* kukavica
cucumber *n.* kumara
cuddle *v.* ljubkovati
cuddly *adj.* ljubkujoč
cudgel *n.* gorjača
cue *n.* iztočnica
cuff *n.* manšeta
cuisine *n.* kuhinja
culinary *adj.* kulinaričen
culminate *v.* doseči višek
culpable *adj.* kriv
culprit *n.* krivec
cult *n.* kult
cultivate *v.* gojiti
cultural *adj.* kulturen
culture *n.* kultura
cumbersome *adj.* okoren
cumin *n.* kumina
cumulative *adj.* nakopičen
cunning *adj.* prekanjen
cup *n.* skodelica
cupboard *n.* kredenca
cupidity *n.* lakomnost

curable *adj.* ozdravljiv
curative *adj.* zdravilen
curator *n.* kustos
curb *v. t* brzdati
curd *n.* skuta
cure *v. t.* zdraviti
curfew *n.* policijska ura
curiosity *n.* radovednost
curious *adj.* radoveden
curl *v.* kodrati
currant *n.* korinta
currency *n.* valuta
current *adj.* sedanji
current *n.* tok
curriculum *n.* učni načrt
curry *n.* kari
curse *n.* prekletstvo
cursive *adj.* poševen
cursor *n.* kazalec
cursory *adj.* bežen
curt *adj.* osoren
curtail *v.* okrniti
curtain *n.* zavesa
curve *n.* krivulja
cushion *n.* blazina
custard *n.* jajčna krema
custodian *n.* paznik
custody *n.* skrbništvo
custom *n.* po meri narejen
customary *adj.* običajen
customer *n.* stranka
customize *v.* prilagoditi
cut *v.* rezati
cute *adj.* ljubek
cutlet *n.* kotlet
cutter *n.* sekalec
cutting *n.* rezanje
cyan *n.* zeleno-modra
cyanide *n.* cianid
cyber *comb.* spleten
cyberspace *n.* kiberprostor
cycle *n.* ciklus

cyclic *adj.* cikličen
cyclist *n.* kolesar
cyclone *n.* ciklon
cylinder *n.* valj
cynic *n.* cinik
cynosure *n.* mali voz
cypress *n.* cipresa
cyst *n.* cista
cystic *adj.* cističen

dab *v.* potrepljati
dabble *v.* omočiti
dacoit *n.* indijski tolovaj
dad *n* očka
daffodil *n.* narcisa
daft *adj.* blazen
dagger *n.* bodalo
daily *adj.* vsakodneven
dainty *adj.* srčkan
dairy *n.* mlekarna
dais *n.* oder
daisy *n.* marjetica
dale *n.* dolina
dally *v.* lenariti
dalliance *n.* zapravljanje časa
dam *n.* jez
damage *n.* škoda
dame *n.* dama
damn *v.* prekleti
damnable *adj.* peklenski
damnation *n.* prekletstvo
damp *adj.* vlažen
dampen *v.* navlažiti
damper *n.* dušilnik
dampness *n.* vlaga
damsel *n.* gospodična
dance *v.* plesati

dancer *n.* plesalec
dandelion *v.* regrat
dandle *v.* zibati
dandruff *n.* prhljaj
dandy *n.* gizdalin
danger *n.* nevarnost
dangerous *adj.* nevaren
dangle *v. i.* bingljati
dank *adj.* zmočen
dapper *adj.* gibčen
dapple *v.* pegast
dare *v.* izzivati
daring *adj.* drzen
dark *adj.* temen
darkness *n.* tema
darken *v.* potemniti
darling *n.* ljubljenec
darn *v.* krpati
dart *n.* puščica
dash *v.* treščiti
dashboard *n.* armaturna plošča
dashing *adj.* sijajen
dastardly *adj.* strahopeten
data *n.* podatki
database *n.* zbirka podatkov
date *n.* datum
date *n.* datelj
datum *n.* podatek
daub *v.* popackati
daughter *n.* hči
daughter-in-law *n.* snaha
daunt *v.* prestrašiti
dauntless *adj.* neustrašen
dawdle *v.* lenariti
dawn *n.* zarja
day *n.* dan
daze *v.* zbegati
dazzle *v. t.* slepiti
dead *adj.* mrtev
deadline *n.* končni rok
deadlock *n.* mrtva točka
deadly *adj.* smrten

deaf *adj.* gluh
deafening *adj.* oglušujoč
deal *n.* posel
deal *v. i* trgovati
dealer *n.* trgovec
dean *n.* dekan
dear *adj.* dragocen
dearly *adv.* drago
dearth *n.* pomanjkanje
death *n.* smrt
debacle *n.* preplah
debar *v. t.* ovirati
debase *v.* degradirati
debatable *adj.* sporen
debate *n.* razprava
debate *v. t.* razpravljati
debauch *v.* izpriditi
debauchery *n.* razvrat
debenture *n.* obveznica
debilitate *v.* oslabiti
debility *n.* oslabljenost
debit *n.* debet
debonair *adj.* dobrodušen
debrief *v.* izpraševati
debris *n.* ruševine
debt *n.* dolg
debtor *n.* dolžnik
debunk *v.* razkrinkati
debut *n.* debi
debutante *n.* debitant
decade *n.* desetletje
decadent *adj.* dekadenten
decaffeinated *adj.* brez kofeina
decamp *v.* zapustiti taborišče
decant *v.* pretočiti
decanter *n.* karafa
decapitate *v.* obglaviti
decay *v. i* razpadati
decease *n.* pogin
deceased *adj.* pokojni
deceit *n.* goljufija
deceitful *adj.* goljufiv

deceive *v.* pretentati
decelerate *v.* upočasniti
December *n.* december
decency *n.* spodobnost
decent *adj.* spodoben
decentralize *v.* decentralizirati
deception *n.* prevara
deceptive *adj.* zavajajoč
decibel *n.* decibel
decide *v.* odločiti se
decided *adj.* odločen
decimal *adj.* decimalen
decimate *v.* zdesetkati
decipher *v.* razvozlati
decision *n.* odločitev
decisive *adj.* odločilen
deck *n.* krov
deck *n* veranda
declaim *v.* deklamirati
declaration *v. t.* deklaracija
declare *n* izjaviti
declassify *v.* objaviti
decline *v. t.* odkloniti
declivity *n.* pobočje
decode *v.* dešifrirati
decompose *n.* razgraditi
decomposition *v. t* razgradnja
decompress *v.* znižati pritisk
decongestant *n.* dekongestiv
deconstruct *v.* dekonstruirati
decontaminate *v.* razkužiti
decor *n.* okras
decorate *v.* okrasiti
decoration *n.* okrasek
decorative *adj.* okrasen
decorous *adj.* spodoben
decorum *n.* spodobnost
decoy *n.* vaba
decrease *v.* upadanje
decree *n.* odlok
decrement *v. t.* upad
decrepit *adj.* onemogel

decriminalize v. dekriminalizirati
decry v. omalovaževati
dedicate v. posvetiti
dedication n. posvetilo
deduce v. sklepati
deduct v. odšteti
deduction n. odbitek
deed n. dejanje
deem v. meniti
deep adj. globok
deer n. jelen
deface v. izmaličiti
defamation n. obrekovanje
defame v. obrekovati
default n. napaka
defeat v. t. poraziti
defeatist n. malodušnež
defecate v. iztrebiti se
defect n. hiba
defective adj. okvarjen
defence n. obramba
defend v. ubraniti
defendant n. obdolženec
defensible adj. branljiv
defensive adj. obramben
defer v. odlašati
deference n. spoštljivost
defiance n. kljubovanje
deficiency n. pomanjkanje
deficient adj. nezadosten
deficit n. primanjkljaj
defile v. t umazati
define v. definirati
definite adj. določen
definition n. definicija
deflate v. izpustiti zrak
deflation n. deflacija
deflect v. odvrniti
deforest v. posekati drevesa
deform v. izmaličiti
deformity n. popačenost
defraud v. ogoljufati

defray v. plačati
defrost v. odmrzniti
deft adj. spreten
defunct adj. rajnki
defuse v. umiriti
defy v. nasprotovati
degenerate v. degeneriran
degrade v. poniževati
degree n. stopinja
dehumanize v. razčlovečiti
dehydrate v. dehidrirati
deify v. pobožavati
deign v. blagovoliti
deity n. božanstvo
deja vu n. deja vu
deject v. pogum vzeti
dejection n. pobitost
delay v. t zavlačevati
delectable adj. izvrsten
delectation n. uživanje
delegate n. delegat
delegation n. delegacija
delete v. i izbrisati
deletion n. izbris
deleterious adj. škodljiv
deliberate adj. nameren
deliberation n. premislek
delicacy n. poslastica
delicate adj. kočljiv
delicatessen n. delikatesa
delicious adj. slasten
delight v. t. slast
delightful adj. čudovit
delineate v. skicirati
delinquent adj. prestopnik
delirious adj. deliričen
delirium n. delirij
deliver v. dostaviti
deliverance n. osvoboditev
delivery n. dostava
dell n. globel
delta n. delta

delude *v.* vleči koga
deluge *n.* poplava
delusion *n.* zabloda
deluxe *adj.* luksuzen
delve *v.* kopati
demand *n.* povpraševanje
demanding *adj.* zahteven
demarcation *n.* razmejitev
demean *v.* poniževati se
demented *adj.* zmešan
dementia *n.* demenca
demerit *n* pregrešek
demise *n.* preminutje
demobilize *v.* demobilizirati
democracy *n.* demokracija
democratic *adj.* demokratičen
demography *n.* demografija
demolish *v.* podreti
demon *n.* demon
demonize *v.* demonizirati
demonstrate *v.* pokazati
demonstration *n.* demonstracija
demoralize *v.* demoralizirati
demote *v.* degradirati
demur *v.* obotavljati se
demure *adj.* zadržan
demystify *v.* razjasniti
den *n.* brlog
denationalize *v.* denacionalizirati
denial *n.* zanikanje
denigrate *v.* spraviti na slab glas
denomination *n.* ime
denominator *n.* imenovalec
denote *v. t* označiti
denounce *v.* ovaditi
dense *adj.* gost
density *n.* gostota
dent *n.* zobec
dental *adj.* zoben
dentist *n.* zobozdravnik
denture *n.* zobna proteza
denude *v.* ogoliti

denunciation *n.* ovadba
deny *v. i.* zanikati
deodorant *n.* dezodorant
depart *v.* odpraviti se
department *n.* oddelek
departure *n.* odhod
depend *v.* biti odvisen od
dependant *n.* vzdrževana oseba
dependency *n.* odvisnost
dependent *adj.* odvisen
depict *v.* naslikati
depilatory *adj.* depilacijski
deplete *v.* izčrpati
deplorable *adj.* obžalovanja vreden
deploy *v.* razviti
deport *v. t* deportirati
depose *v.* odstaviti
deposit *n.* polog
depository *n.* shramba
depot *n.* skladišče
deprave *v.* pokvariti
deprecate *v.* ne odobravati
depreciate *v.* izgubljati vrednost
depreciation *n.* amortizacija
depress *v.* užalostiti
depression *n.* depresija
deprive *v.* prikrajšati
depth *n.* globina
deputation *n.* odposlanstvo
depute *v.* zadolžiti
deputy *n.* odposlanec
derail *v. t.* iztiriti
deranged *adj.* imeti duševne motnje
deregulate *v.* deregulirati
deride *v.* posmehovati se
derivative *adj.* izpeljan
derive *v.* izpeljati
derogatory *adj.* slabšalen
descend *v.* spustiti se
descendant *n.* potomec

descent *n.* spust
describe *v.* opisati
description *n.* opis
desert *v.* opustiti
deserve *v. t.* zaslužiti si
design *n.* oblikovanje
designate *v.* imenovati
desirable *adj.* zaželen
desire *n.* poželenje
desirous *adj.* željan
desist *v.* opustiti
desk *n.* pisalna miza
desolate *adj.* opustel
despair *n.* obup
desperate *adj.* obupan
despicable *adj.* ogaben
despise *v.* prezirati
despite *prep.* kljub
despondent *adj.* potrt
despot *n.* tiran
dessert *n.* poobedek
destabilize *v.* destabilizirati
destination *n.* cilj
destiny *n.* usoda
destitute *adj.* obubožan
destroy *v.* uničiti
destroyer *n.* rušilec
destruction *n.* rušenje
detach *v.* odcepiti
detachment *n.* odcepitev
detail *n.* podrobnost
detain *v. t* pripreti
detainee *n.* pripornik
detect *v.* odkriti
detective *n.* detektiv
detention *n.* pripor
deter *v.* odvrniti
detergent *n.* detergent
deteriorate *v.* poslabšati
determinant *n.* odločilen
determination *v. t* odločnost
determine *v. t* ugotoviti

deterrent *n.* svarilo
detest *v.* sovražiti
dethrone *v.* vreči s prestola
detonate *v.* razstreliti
detour *n.* obvoz
detoxify *v.* razstrupljati
detract *v.* odtegniti
detriment *n.* škoda
detritus *n.* ostanki
devalue *v.* razvrednotiti
devastate *v.* opustošiti
develop *v.* razviti
development *n.* razvoj
deviant *adj.* odklonski
deviate *v.* oddaljiti se
device *n.* naprava
devil *n.* hudič
devious *adj.* zahrbten
devise *v.* izmisliti
devoid *adj.* prazen
devolution *n.* potek
devolve *v.* prenašati
devote *v.* posvetiti
devotee *n.* oboževalec
devotion *n.* vdanost
devour *v.* požreti
devout *adj.* pobožen
dew *n.* rosa
dexterity *n.* spretnost
diabetes *n.* sladkorna bolezen
diagnose *v.* diagnosticirati
diagnosis *n.* diagnoza
diagram *n.* diagram
dial *n.* številčnica
dialect *n.* narečje
dialogue *n.* dialog
dialysis *n.* dializa
diameter *n.* premer
diamond *n.* diamant
diaper *n.* plenica
diarrhoea *n.* driska
diary *n.* dnevnik

Diaspora *n.* diaspora
dice *n.* igralna kocka
dictate *adj.* zapoved
dictation *n.* narek
dictator *n.* diktator
diction *n.* izražanje
dictionary *n.* slovar
dictum *n.* izrek
didactic *adj.* poučen
die *v.* umreti
diesel *n.* dizel
diet *n.* dieta
dietician *n.* strokovnjak za dietetiko
differ *v.* razlikovati se
difference *n.* razlika
different *adj.* različen
difficult *adj.* težak
difficulty *n.* težava
diffuse *v.* razliti
dig *v.* kopati
digest *v.* prebavljati
digestion *n.* prebava
digit *n.* številka
digital *adj.* digitalen
dignified *adj.* dostojanstven
dignify *v.* počastiti
dignitary *n.* dostojanstvenik
dignity *n.* dostojanstvo
digress *v.* oddaljiti se
dilapidated *adj.* propadajoč
dilate *v.* razširiti se
dilemma *n.* dilema
diligent *adj.* marljiv
dilute *v.* razredčiti
dim *adj.* medel
dimension *n.* razsežnost
diminish *v.* zmanjšati
diminution *n.* manjšanje
din *n.* ropot
dine *v.* obedovati
diner *n.* obednik

dingy *adj.* zanemarjen
dinner *n.* obrok
dinosaur *n.* dinozaver
dip *v. t* pomočiti
diploma *n.* diploma
diplomacy *n.* diplomacija
diplomat *n.* diplomat
diplomatic *adj.* diplomatski
dipsomania *n.* alkoholizem
dire *adj.* grozen
direct *adj.* neposreden
direction *n.* smer
directive *n.* smernica
directly *adv.* neposredno
director *n.* direktor
directory *n.* vodstveni odbor
dirt *n.* umazanija
dirty *adj.* umazan
disability *n.* nezmožnost
disable *v.* onemogočiti
disabled *adj.* invaliden
disadvantage *n.* slabost
disaffected *adj.* nezadovoljen
disagree *v.* ne strinjati se
disagreeable *adj.* neljub
disagreement *n.* nestrinjanje
disallow *v.* ne dovoliti
disappear *v.* izginiti
disappoint *v.* razočarati
disapproval *n.* neodobravanje
disapprove *v.* ne odobravati
disarm *v.* razorožiti
disarmament *n.* razorožitev
disarrange *v.* spraviti v nered
disarray *n.* nered
disaster *n.* katastrofa
disastrous *adj.* katastrofalen
disband *v.* razpustiti
disbelief *n.* dvom
disburse *v.* izplačati
disc *n.* disk
discard *v.* odvreči

discern *v.* zaznati
discharge *v.* raztovoriti
disciple *n.* privrženec
discipline *n.* disciplina
disclaim *v.* odreči se
disclose *v.* odkriti
disco *n.* disko
discolour *v.* spremeniti barvo
discomfit *v.* vznemiriti
discomfort *n.* neugodje
disconcert *v.* zbegati
disconnect *v.* prekiniti
disconsolate *adj.* neutešljiv
discontent *n.* nezadovoljstvo
discontinue *v.* opustiti
discord *n.* razdor
discordant *adj.* neubran
discount *n.* popust
discourage *v.* vzeti pogum
discourse *n.* predavanje
discourteous *adj.* nevljuden
discover *v.* odkriti
discovery *n.* odkritje
discredit *v.* spraviti na slab glas
discreet *adj.* diskreten
discrepancy *n.* razhajanje
discrete *adj.* ločen
discriminate *v.* razlikovati
discursive *adj.* dolgovezen
discuss *v.* razpravljati
discussion *n.* razprava
disdain *n.* zaničevanje
disease *n.* bolezen
disembark *v.* izkrcati se
disembodied *adj.* breztelesen
disempower *v.* odvzeti pooblastila
disenchant *v.* razočarati
disengage *v.* sprostiti
disentangle *v.* razvozlati
disfavour *n.* neodobravanje
disgrace *n.* sramota

disgruntled *adj.* nezadovoljen
disguise *v.* preobleka
disgust *n.* gnus
dish *n.* jed
dishearten *v.* vzeti pogum
dishonest *adj.* nepošten
dishonour *n.* onečastiti
disillusion *v.* iztrezniti
disincentive *n.* ovira
disinfect *v.* razkužiti
disingenuous *adj.* neiskren
disinherit *v.* razdediniti
disintegrate *v.* sprhneti
disjointed *adj.* izpahnjen
dislike *v.* ne marati
dislocate *v.* izpahniti
dislodge *v.* premakniti
disloyal *adj.* nezvest
dismal *adj.* turoben
dismantle *v.* razstaviti
dismay *n.* zaprepadenost
dismiss *v.* odpustiti
dismissive *adj.* odklonilen
disobedient *adj.* neubogljiv
disobey *v.* ne ubogati
disorder *n.* nered
disorganized *adj.* zmeden
disorientate *v.* zmesti
disown *v.* odreči se
disparity *n.* razlika
dispassionate *adj.* nepristranski
dispatch *v.* razposlati
dispel *v.* razpršiti
dispensable *adj.* pogrešljiv
dispensary *n.* dispanzer
dispense *v.* razdeliti
disperse *v.* razpoditi
dispirited *adj.* malodušen
displace *v. t* izpodriniti
display *v.* razstaviti
displease *v.* vznejevoljiti
displeasure *n.* nevšečnost

disposable *adj.* odstranljiv
disposal *n.* razpolaganje
dispose *v. t* zavreči
dispossess *v.* odvzeti
disproportionate *adj.* nesorazmeren
disprove *v.* ovreči
dispute *v. i* spor
disqualification *n.* diskvalifikacija
disqualify *v.* diskvalificirati
disquiet *n.* nemir
disregard *v. t* ne upoštevati
disrepair *n.* slabo stanje
disreputable *adj.* razvpit
disrepute *n.* razvpitost
disrespect *n.* nespoštovanje
disrobe *v.* sleči
disrupt *v.* zmotiti
dissatisfaction *n.* nezadovoljstvo
dissect *v.* razklati
dissent *v.* ne strinjati se
dissertation *n.* doktorska teza
dissident *n.* odpadnik
dissimulate *v.* zamolčati
dissipate *v.* razsipati
dissolve *v. t* raztopiti
dissuade *v.* odvrniti
distance *n.* razdalja
distant *adj.* oddaljen
distaste *n.* odpor
distil *v.* destilirati
distillery *n.* destilarna
distinct *adj.* razločen
distinction *n.* razlika
distinguish *v. t* razlikovati
distort *v.* izkriviti
distract *v.* zamotiti
distraction *n.* razvedrilo
distress *n.* stiska
distribute *v.* razdeliti
distributor *n.* distributer

district *n.* okraj
distrust *n.* nezaupanje
disturb *v.* motiti
ditch *n.* jarek
dither *v.* drgetati
ditto *n.* isto
dive *v.* potopiti se
diverge *v.* ločiti se
diverse *adj.* raznolik
diversion *n.* zabava
diversity *n.* raznolikost
divert *v. t* preusmeriti
divest *v.* odvzeti
divide *v.* razdeliti
dividend *n.* dividenda
divine *adj.* božanski
divinity *n.* božanskost
division *n.* delitev
divorce *n.* ločitev
divorcee *n.* ločenec
divulge *v.* raztrobiti
do *v.* storiti
docile *adj.* pokoren
dock *n.* dok
docket *n.* dobavnica
doctor *n.* zdravnik
doctorate *n.* doktorat
doctrine *n.* doktrina
document *n.* listina
documentary *n.* dokumentarec
dodge *v. t* izogibati se
doe *n.* srna
dog *n.* pes
dogma *n.* dogma
dogmatic *adj.* dogmatičen
doldrums *n.* otožnost
doll *n.* lutka
dollar *n.* dolar
domain *n.* domena
dome *n.* kupola
domestic *adj.* domač
domicile *n.* bivališče

dominant *adj.* prevladujoč
dominate *v.* obvladati
dominion *n.* gospostvo
donate *v.* podariti
donkey *n.* osel
donor *n.* darovalec
doom *n.* poguba
door *n.* vrata
dormitory *n.* spalnica
dose *n.* odmerek
dossier *n.* dosje
dot *n.* pika
dote *v.* čenčati
double *adj.* dvojen
doubt *n.* dvom
dough *n.* testo
down *adv.* dol
downfall *n.* padec
download *v.* nalagati
downpour *n.* ploha
dowry *n.* dota
doze *v. i* dremati
dozen *n.* ducat
drab *adj.* pust
draft *n.* osnutek
drag *v. t* vleči
dragon *n.* zmaj
drain *v. t* izsušiti
drama *n.* drama
dramatic *adj.* dramatičen
dramatist *n.* dramatik
drastic *adj.* izrazit
draught *n.* pust
draw *v.* potegniti
drawback *n.* slabost
drawer *n.* predal
drawing *n.* risba
dread *v.t* plašiti se
dreadful *adj.* grozljiv
dream *n.* sanje
dreary *adj.* mrk
drench *v.* prepojiti

dress *v.* obleka
dressing *n.* preliv
drift *v.* biti gnan
drill *n.* urjenje
drink *v. t* piti
drip *v. i* kapljati
drive *v.* voziti
driver *n.* voznik
drizzle *n.* pršec
droll *adj.* šaljiv
droop *v.* povesiti
drop *v.* kapljati
dross *n.* žlindra
drought *n.* suša
drown *v.* utopiti se
drowse *v.* dremati
drug *n.* droga
drum *n.* boben
drunkard *adj.* pijanec
dry *adj.* suh
dryer *n.* sušilni stroj
dual *adj.* dvojen
dubious *adj.* dvomljiv
duck *n.* raca
duct *n.* vod
dudgeon *n.* zamera
due *adj.* dolžan
duel *n.* dvoboj
duet *n.* duet
dull *adj.* dolgočasen
dullard *n.* butec
duly *adv.* primerno
dumb *adj.* nem
dummy *n.* figura
dump *n.* smetišče
dung *n.* gnoj
dungeon *n.* grajska ječa
duo *n.* par
dupe *v.* opehariti
duplex *n.* dvostanovanjska hiša
duplicate *adj.* dvojen
duplicity *n.* dvoličnost

durable *adj.* trpežen
duration *n.* trajanje
during *prep.* med
dusk *n.* mrak
dust *n.* prah
duster *n.* krpa za prah
dutiful *adj.* skrben
duty *n.* dolžnost
duvet *n.* prešita odeja
dwarf *n.* škrat
dwell *v.* bivati
dwelling *n.* stanovanje
dwindle *v. t* pojemati
dye *n.* barvilo
dynamic *adj.* dinamičen
dynamics *n.* dinamika
dynamite *n.* dinamit
dynamo *n.* dinamo
dynasty *n.* dinastija
dysentery *n.* griža
dysfunctional *adj.* disfunkcionalen
dyslexia *n.* disleksija
dyspepsia *n.* dispepsija

each *adj.* vsak
eager *adj.* vnet
eagle *n.* orel
ear *n.* uho
earl *n.* grof
early *adj.* zgodnji
earn *v.* zaslužiti
earnest *adj.* resen
earth *n.* prst
earthen *adj.* prsten
earthly *adj.* zemeljski
earthquake *n.* potres

ease *n.* lahkota
east *n.* vzhod
Easter *n.* velika noč
eastern *adj.* vzhoden
easy *adj.* lahek
eat *v.* jesti
eatery *n.* gostišče
eatable *adj.* užiten
ebb *n.* oseka
ebony *n.* ebenovina
ebullient *adj.* togoten
eccentric *adj.* čudaški
echo *n.* odmev
eclipse *n.* mrk
ecology *n.* ekologija
economic *adj.* gospodarski
economical *adj.* varčen
economics *n.* ekonomija
economy *n.* gospodarstvo
ecstasy *n.* ekstaza
edge *n.* rob
edgy *adj.* razdražen
edible *adj.* užiten
edict *n.* edikt
edifice *n.* zgradba
edit *v.* urejati
edition *n.* izdaja
editor *n.* urednik
editorial *adj.* uredniški
educate *v.* izobraziti
education *n.* izobrazba
efface *v.* izbrisati
effect *n.* posledica
effective *adj.* učinkovit
effeminate *adj.* mehkužen
effete *adj.* obrabljen
efficacy *n.* izdatnost
efficiency *n.* učinkovitost
efficient *adj.* učinkovit
effigy *n.* podoba
effort *n.* trud
egg *n.* jajce

ego *n.* jaz
egotism *n.* samoljubje
eight *adj. & n.* osem
eighteen *adj. & n.* osemnajst
eighty *adj. & n.* osemdeset
either *adv.* oba
ejaculate *v.* brizgniti
eject *v. t* izvreči
elaborate *adj.* izpopolnjen
elapse *v.* miniti
elastic *adj.* elastičen
elbow *n.* komolec
elder *adj.* starejši
elderly *adj.* prileten
elect *v.* izvoliti
election *n.* volitev
elective *adj.* volilen
electorate *n.* volilno telo
electric *adj.* električen
electrician *n.* električar
electricity *n.* elektrika
electrify *v.* elektrificirati
electrocute *v.* usmrtiti z električnim tokom
electronic *adj.* elektronski
elegance *n.* eleganca
elegant *adj.* eleganten
element *n.* element
elementary *adj.* osnoven
elephant *n.* slon
elevate *v.* povzdigniti
elevator *n.* dvigalo
eleven *adj. & n.* enajst
elf *n.* vilinec
elicit *v.* izvabiti
eligible *adj.* primeren
eliminate *v.* izločiti
elite *n.* elita
ellipse *n.* elipsa
elocution *n.* govorništvo
elongate *v.* podaljšati
elope *v.* zbežati

eloquence *n.* prepričljivost
else *adv.* drugje
elucidate *v. t* pojasniti
elude *v.* izmakniti se
elusion *n.* spiranje
elusive *adj.* izmikajoč se
emaciated *adj.* shiran
email *n.* elektronska pošta
emancipate *v. t* osvoboditi
emasculate *v.* skopiti
embalm *v.* balzamirati
embankment *n.* nasip
embargo *n.* embargo
embark *v. t* vkrcati
embarrass *v.* spraviti v zadrego
embassy *n.* veleposlaništvo
embattled *adj.* pripravljen za boj
embed *v.* vstaviti
embellish *v.* okrasiti
embitter *v.* zagreniti
emblem *n.* simbol
embodiment *v. t.* utelešenje
embolden *v.* opogumiti
emboss *v.* vtiskati
embrace *v.* objeti
embroidery *n.* vezenina
embryo *n.* zarodek
emend *v.* popraviti
emerald *n.* smaragd
emerge *v.* pojaviti se
emergency *n.* nujen primer
emigrate *v.* izseliti se
eminence *n.* odličnost
eminent *adj.* ugleden
emissary *n.* odposlanec
emit *v.* oddajati
emollient *adj.* blažilen
emolument *n.* korist
emotion *n.* čustvo
emotional *adj.* čustven
emotive *adj.* pretresljiv
empathy *n.* empatija

emperor *n.* cesar
emphasis *n.* poudarek
emphasize *v.* poudariti
emphatic *adj.* emfatičen
empire *n.* cesarstvo
employ *v.* zaposliti
employee *n.* zaposleni
employer *n.* delodajalec
empower *v.* pooblastiti
empress *n.* cesarica
empty *adj.* prazen
emulate *v. t* posnemati
enable *v.* omogočiti
enact *v.* uzakoniti
enamel *n.* sklenina
enamour *v. t* navdušiti
encapsulate *v.* povzeti
encase *v.* zapreti
enchant *v.* očarati
encircle *v. t* obdati
enclave *n.* enklava
enclose *v.* priložiti
enclosure *n.* ograda
encode *v.* kodirati
encompass *v.* obsegati
encore *n.* dodatek
encounter *v.* srečanje
encourage *v.* opogumiti
encroach *v.* vtikati se
encrypt *v.* šifrirati
encumber *v.* obremeniti
encyclopaedia *n.* enciklopedija
end *n.* konec
endanger *v.* ogroziti
endear *v.* narediti priljubljenega
endearment *n.* naklonjenost
endeavour *v.* prizadevanje
endemic *adj.* endemičen
endorse *v.* podpreti
endow *v.* obdariti
endure *v.* vzdržati
enemy *n.* sovražnik

energetic *adj.* energičen
energy *n.* energija
enfeeble *v.* oslabiti
enfold *v.* zaviti
enforce *v.* uveljaviti
enfranchise *v.* osvoboditi
engage *v.* ukvarjati se z
engagement *n.* zaroka
engine *n.* motor
engineer *n.* inženir
English *n.* angleščina
engrave *v.* vgravirati
engross *v.* prevzeti
engulf *v.* zajeti
enigma *n.* uganka
enjoy *v.* uživati
enlarge *v.* povečati
enlighten *v.* presvetliti
enlist *v.* vpoklicati
enliven *v.* poživiti
enmity *n.* sovraštvo
enormous *adj.* velikanski
enough *adj.* dovolj
enquire *v.* povpraševati
enquiry *n.* povpraševanje
enrage *v.* razbesneti
enrapture *v.* očarati
enrich *v.* obogatiti
enrol *v.* vpisati
enshrine *v.* shraniti
enslave *v.* zasužnjiti
ensue *v.* slediti
ensure *v.* poskrbeti za
entangle *v. t* zaplesti
enter *v.* vstopiti
enterprise *n.* podjetnost
entertain *v.* zabavati
entertainment *n.* zabava
enthral *v.* zasužnjiti
enthrone *v.* ustoličiti
enthusiasm *n.* navdušenje
enthusiastic *n.* vnet

entice *v.* privabiti
entire *adj.* celoten
entirety *n.* celota
entitle *v.* pripadati
entity *n.* entiteta
entomology *n.* entomologija
entourage *n.* spremstvo
entrails *n.* drobovje
entrance *n.* vstop
entrap *v. t.* ujeti v past
entreat *v.* rotiti
entreaty *v. t* rotitev
entrench *v.* zasidrati se
entrepreneur *n.* podjetnik
entrust *v.* zaupati
entry *n.* vhod
enumerate *v. t* prešteti
enunciate *v.* izjaviti
envelop *v.* zaviti
envelope *n.* ovojnica
enviable *adj.* zavidljiv
envious *adj.* zavisten
environment *n.* okolje
envisage *v.* preudariti
envoy *n.* poslanik
envy *n.* zavist
epic *n.* ep
epicure *n.* epikurejec
epidemic *n.* epidemičen
epidermis *n.* povrhnjica
epigram *n.* epigram
epilepsy *n.* epilepsija
epilogue *n.* epilog
episode *n.* epizoda
epistle *n.* epistola
epitaph *n.* nagrobni napis
epitome *n.* povzetek
epoch *n.* doba
equal *adj.* enak
equalize *v. t* izenačiti
equate *v.* enačiti
equation *n.* enačba

equator *n.* ekvator
equestrian *adj.* jahalen
equidistant *adj.* enako oddaljen
equilateral *adj.* enakostraničen
equilibrium *n.* ravnotežje
equip *v.* opremiti
equipment *n.* oprema
equitable *adj.* pravičen
equity *n.* pravičnost
equivalent *adj.* enakovreden
equivocal *adj.* dvoumen
era *n.* obdobje
eradicate *v.* izkoreniniti
erase *v.* izbrisati
erect *adj.* pokončen
erode *v.* spodjesti
erogenous *adj.* erogen
erosion *n.* erozija
erotic *adj.* erotičen
err *v.* motiti se
errand *n.* opravek
errant *adj.* potepuški
erratic *adj.* brezciljen
erroneous *adj.* napačen
error *n.* napaka
erstwhile *adj.* nekdanji
erudite *adj.* načitan
erupt *v.* izbruhniti
escalate *v.* stopnjevati se
escalator *n.* tekoče stopnice
escapade *n.* pustolovščina
escape *v.i* zbežati
escort *n.* spremstvo
esoteric *adj.* ezoteričen
especial *adj.* poseben
especially *adv.* zlasti
espionage *n.* vohunstvo
espouse *v.* oženiti se
espresso *n.* espreso
essay *n.* esej
essence *n.* bistvo
essential *adj.* nujen

establish *v.* vzpostaviti
establishment *n.* ustanovitev
estate *n.* posestvo
esteem *n.* spoštovanje
estimate *v. t* oceniti
estranged *adj.* odtujen
et cetera *adv.* in drugo
eternal *adj.* večen
eternity *n.* večnost
ethic *n* etika
ethical *n.* etičen
ethnic *adj.* etničen
ethos *n.* običaji
etiquette *n.* etiketa
etymology *n.* etimologija
eunuch *n.* evnuh
euphoria *n.* evforija
euro *n.* evro
European *n.* evropski, Evropejec, Evropejka
euthanasia *n.* evtanazija
evacuate *v.* evakuirati
evade *v. t* izogibati se
evaluate *v. i* presoditi
evaporate *v.* izpareti
evasion *n.* izmikanje
evasive *adj.* izmikajoč
eve *n.* predvečer
even *adj.* celo
evening *n.* večer
event *n.* dogodek
eventually *adv.* končno
ever *adv.* vedno
every *adj.* vsak
evict *v.* prisilno izseliti
eviction *n.* deložacija
evidence *n.* dokaz
evident *adj.* očiten
evil *adj.* zloben
evince *v.* pokazati
evoke *v.* vzbuditi
evolution *n.* evolucija

evolve *v.* razviti se
exact *adj.* natančen
exaggerate *v.* pretirati
exaggeration *n.* pretiravanje
exalt *v.* povzdigniti
exam *n.* izpit
examination *n.* raziskava
examine *v.* preiskovati
examinee *n.* izprašanec
example *n.* primer
exasperate *v.* razjeziti
excavate *v.* izkopati
exceed *v.* presegati
excel *v.* prekašati
excellence *n.* odličnost
Excellency *n.* visokost
excellent *adj.* odličen
except *prep.* razen
exception *n.* izjema
excerpt *n.* izvleček
excess *n.* presežek
excessive *adj.* čezmeren
exchange *v. t* menjavati
exchequer *n.* državna blagajna
excise *n.* trošarina
excite *v.i* vzburiti se
excitement *n.* razburjenje
exclaim *v.* vzklikniti
exclamation *n.* vzklik
exclude *v.* izločiti
exclusive *adj.* izključen
excoriate *v.* raztrgati
excrete *v.* izločati
excursion *n.* ekskurzija
excuse *v.* opravičiti
execute *v.* izvršiti
execution *n.* izvršitev
executive *n.* izvrševalna moč
executor *n.* izvršitelj
exempt *adj.* izvzet
exercise *n.* vaja
exert *v.* naprezati se

exhale *v.* izdihniti
exhaust *v.* izčrpati
exhaustive *adj.* izčrpan
exhibit *v.* razstaviti
exhibition *n.* razstava
exhilarate *v.* razveseliti
exhort *v.* pozvati
exigency *n.* nujnost
exile *n.* izgnanstvo
exist *v.* obstajati
existence *n.* obstoj
exit *n.* izhod
exonerate *v.* razbremeniti
exorbitant *adj.* pretiran
exotic *adj.* eksotičen
expand *v.* razširiti
expanse *n.* prostranost
expatriate *n.* izseljenec
expect *v.* pričakovati
expectant *adj.* pričakujoč
expedient *adj.* smotrn
expedite *v.* pospešiti
expedition *n.* odprava
expel *v. t* izključiti
expend *v.* porabiti
expenditure *n.* izdatek
expense *n.* strošek
expensive *adj.* drag
experience *n.* izkušnja
experiment *n.* poskus
expert *n.* strokovnjak
expertise *n.* strokovno znanje
expiate *v.* spokoriti se
expire *v.* izteči se
expiry *n.* iztek
explain *v.* pojasniti
explicit *adj.* izrecen
explode *v.* razstreliti
exploit *v. t* izkoriščati
exploration *n.* izkoriščanje
explore *v.* raziskati
explosion *n.* eksplozija

explosive *adj.* eksploziven
exponent *n.* zastopnik
export *v. t.* izvažati
expose *v.* razkriti
exposure *n.* izpostavljenost
express *v.* izraziti
expression *n.* izraz
expressive *adj.* izrazit
expropriate *v.* razlastiti
expulsion *n.* izgon
extant *adj.* obstoječ
extend *v.* razširiti
extension *n.* podaljšanje
extent *n.* obseg
exterior *adj.* zunanjost
external *adj.* zunanji
extinct *adj.* izumrl
extinguish *v.* pogasiti
extirpate *v.* uničiti
extort *v.* izsiliti
extra *adj.* dodaten
extract *v. t* izvleči
extraction *n.* izvleček
extraordinary *adj.* izreden
extravagance *n.* pretiranost
extravagant *adj.* pretiran
extravaganza *n.* razkošna prireditev
extreme *adj.* ekstremen
extremist *n.* ekstremist
extricate *v.* izvleči se
extrovert *n.* ekstravertirana oseba
extrude *v.* iztisniti
exuberant *adj.* razigran
exude *v.* izžarevati
eye *n.* oko
eyeball *n.* zrklo
eyesight *n.* vid
eyewash *n.* voda za izpiranje oči
eyewitness *n.* očividec

F

fable *n.* basen
fabric *n.* blago
fabricate *v.* proizvesti
fabulous *adj.* pravljičen
facade *n.* fasada
face *n.* obraz
facet *n.* vidik
facetious *adj.* norčav
facial *adj.* obrazen
facile *adj.* preprost
facilitate *v.* olajšati
facility *n.* lahkota
facing *n.* sprednja stran
facsimile *n.* kopija
fact *n.* dejstvo
faction *n.* stranka
factitious *adj.* izumetničen
factor *n.* dejavnik
factory *n.* tovarna
faculty *n.* fakulteta
fad *n.* najljubše opravilo
fade *v.i* zbledeti
Fahrenheit *n.* Fahrenheit
fail *v.* spodleteti
failing *n.* neuspešen
failure *n.* neuspeh
faint *adj.* slaboten
fair *adj.* pravičen
fairing *n.* opaž letala
fairly *adv.* precej
fairy *n.* vila
faith *n.* zaupanje
faithful *adj.* zvest
faithless *adj.* nezvest
fake *adj.* ponarejen
falcon *n.* sokol
fall *v.* pasti
fallacy *n.* zmota
fallible *adj.* zmotljiv
fallow *adj.* ledina
false *adj.* napačen
falsehood *n.* hinavstvo
falter *v.* obotavljati se
fame *n.* slava
familiar *adj.* domač
family *n.* družina
famine *n.* lakota
famished *adj.* sestradan
famous *adj.* slaven
fan *n.* oboževalec
fanatic *n.* fanatičen
fanciful *adj.* sanjav
fancy *n.* naklonjenost
fanfare *n.* fanfara
fang *n.* čekan
fantasize *v.* fantazirati
fantastic *adj.* fantastičen
fantasy *n.* fantazija
far *adv.* oddaljen
farce *n.* farsa
fare *n.* voznina
farewell *interj.* zbogom
farm *n.* kmetija
farmer *n.* poljedelec
fascia *n.* vrvica
fascinate *v.* očarati
fascism *n.* fašizem
fashion *n.* moda
fashionable *adj.* moden
fast *adj.* hiter
fasten *v.* pritrditi
fastness *n.* hitrost
fat *n.* maščoba
fatal *adj.* usoden
fatality *n.* smrtna žrtev
fate *n.* usoda
fateful *adj.* usoden
father *n.* oče
fathom *n.* seženj (cca 183 cm)
fatigue *n.* utrujenost

fatuous *adj.* bedast
fault *n.* napaka
faulty *adj.* okvarjen
fauna *n.* živalstvo
favour *n.* naklonjenost
favourable *adj.* naklonjen
favourite *adj.* najljubši
fax *n.* faks
fear *n.* strah
fearful *adj.* bojazljiv
fearless *adj.* neustrašen
feasible *adj.* izvedljiv
feast *n.* pojedina
feat *n.* mojstrsko delo
feather *n.* perje
feature *n.* značilnost
febrile *adj.* vročičen
February *n.* februar
feckless *adj.* neodgovoren
federal *adj.* zvezen
federate *v.* združiti se
federation *n.* zvezna država
fee *n.* honorar
feeble *adj.* šibek
feed *v.* hraniti
feeder *n.* jedec
feel *v.* čutiti
feeling *n.* občutek
feign *v.* hliniti
feisty *adj.* energičen
felicitate *v.* čestitati
felicitation *n.* čestitka
felicity *n.* sreča
fell *v.* posekati
fellow *n.* kolega
fellowship *n.* družba
felon *n.* hudodelec
female *adj.* ženski
feminine *adj.* ženstven
feminism *n.* feminizem
fence *n.* ograja
fencing *n.* ograda

fend *v.* braniti se
feng shui *n.* feng shui
fennel *n.* komarček
feral *adj.* divji
ferment *v.* kvasilo
fermentation *n.* kvašenje
fern *n.* praprot
ferocious *adj.* krvoločen
ferry *n.* trajekt
fertile *adj.* rodoviten
fertility *n.* rodovitnost
fertilize *v.* pognojiti
fertilizer *n.* gnojilo
fervent *adj.* vnet
fervid *adj.* razvnet
fervour *n.* vnema
fester *v.* zgniti
festival *n.* festival
festive *adj.* prazničen
festivity *n.* slavnost
fetch *v.* prinesti
fete *n.* slavje
fetish *n.* fetiš
fettle *n.* zdravje
feud *n.* spor
feudalism *n.* fevdalizem
fever *n.* vročina
few *adj.* malo
fey *adj.* čudaški
fiance *n.* zaročenec
fiasco *n.* polomija
fibre *n.* vlakno
fickle *adj.* muhast
fiction *n.* leposlovje
fictitious *adj.* izmišljen
fiddle *n.* gosli
fidelity *adj.* zvestoba
field *n.* teren
fiend *n.* vrag
fierce *adj.* silovit
fiery *adj.* ognjen
fifteen *adj. & n.* petnajst

fifty *adj. & n.* petdeset
fig *n.* figa
fight *v.t* boriti se
fighter *n.* borec
figment *n.* izmislek
figurative *adj* prenesen
figure *n.* postava
figurine *n.* kipec
filament *n.* nitka
file *n.* kartoteka
filings *n.* opilki
fill *v.* polniti
filler *n.* polnilo
filling *n.* nadev
fillip *n.* spodbuda
film *n.* film
filter *n.* filter
filth *n.* umazanija
filtrate *n.* filtriranje
fin *n.* plavut
final *adj.* končen
finalist *n.* finalist
finance *n.* finance
financial *adj.* finančen
financier *n.* finančnik
find *v.* najti
fine *adj.* lep
finesse *n.* finesa
finger *n.* prst
finial *n.* vrh
finicky *adj.* izbirčen
finish *v.* cilj
finite *adj.* končen
fir *n.* jelka
fire *n.* ogenj
firewall *n.* požarni zid
firm *adj.* čvrst
firmament *n.* nebo
first *adj. & n.* prvi
first aid *n.* prva pomoč
fiscal *adj.* davčen
fish *n.* riba

fisherman *n.* ribič
fishery *n.* ribištvo
fishy *adj.* ribji
fissure *n.* razpoka
fist *n.* pest
fit *adj.* primeren
fitful *adj.* sunkovit
fitter *n.* prirejevalec
fitting *n.* pomerjanje
five *adj. & n.* pet
fix *v.* popraviti
fixation *n.* ustalitev
fixture *n.* določitev
fizz *v.* šumeti
fizzle *v.* prasketati
fizzy *adj.* peneč se
fjord *n.* fjord
flab *n.* salo
flabbergasted *adj.* frapiran
flabby *adj.* mlahav
flaccid *adj.* ohlapen
flag *n.* zastava
flagellate *v.* bičati
flagrant *adj.* dišeč
flair *n.* talent
flake *n.* kosmič
flamboyant *adj.* sijajen
flame *n.* plamenski
flammable *adj.* vnetljiv
flank *n.* bok
flannel *n.* flanela
flap *v.* zakrilce
flapjack *n.* palačinka
flare *n.* svetilna raketa
flash *v.* naglo osvetliti
flash light *n.* baterijska svetilka
flask *n.* čutara
flat *adj.* plosek
flatten *v.t.* sploščiti
flatter *v.* laskati
flatulent *adj.* napenjajoč
flaunt *v.* šopiriti se

flavour *n.* okus
flaw *n.* napaka
flea *n.* bolha
flee *v.* ubežati
fleece *n.* pliš
fleet *n.* ladjevje
flesh *n.* meso
flex *v.* upogniti
flexible *adj.* upogljiv
flexitime *n.* premakljiv delovni čas
flick *v.* krcniti
flicker *v.t* plapolati
flight *n.* let
flimsy *adj.* rahel
flinch *v.* trzniti
fling *v.* zabrisati
flint *n.* kremen
flip *v.* frcniti
flippant *adj.* jezikav
flipper *n.* plavut
flirt *v.i* spogledovati se
flit *v.* frfrati
float *v.* lebdeti
flock *n.* jata
floe *n.* plavajoči led
flog *v.* naklestiti
flood *n.* poplava
floodlight *n.* žaromet
floor *n.* tla
flop *v.* čofniti
floppy *adj.* nemaren
flora *n.* rastlinstvo
floral *adj.* cveten
florist *n.* cvetličar
floss *n.* kosmata surova svila
flotation *n.* plavanje
flounce *v.* trzniti
flounder *v.* opotekati se
flour *n.* moka
flourish *v.* uspevati
flow *v.i* teči

flower *n.* cvetlica
flowery *adj.* cvetličen
flu *n.* gripa
fluctuate *v.* nihati
fluent *adj.* tekoč
fluff *n.* puh
fluid *n.* tekočina
fluke *n.* srčen udarec
fluorescent *adj.* fluorescenčen
fluoride *n.* fluorid
flurry *n.* razburjenje
flush *v.* splakovati
fluster *v.* zbegati
flute *n.* flavta
flutter *v.* prhutati
fluvial *adj.* rečen
flux *n.* pretok
fly *v.i* leteti
foam *n.* pena
focal *adj.* goriščen
focus *n.* gorišče
fodder *n.* krma
foe *n.* sovražnik
fog *n.* megla
foil *v.* folija
fold *v.t* zložiti
foliage *n.* listi
folio *n.* folij
folk *n.* ljudje
follow *v.* slediti
follower *n.* privrženec
folly *n.* neumnost
fond *adj.* imeti rad
fondle *v.* ljubkovati
font *n.* pisava
food *n.* hrana
fool *n.* bedak
foolish *adj.* nespameten
foolproof *adj.* otročje lahek
foot *n.* stopalo
footage *n.* dolžina posnetka
football *n.* nogomet

footing *n.* podlaga
footling *adj.* prismojen
for *prep.* za
foray *n.* roparski pohod
forbear *v.* vzdržati se
forbid *v.* prepovedati
force *n.* sila
forceful *adj.* silovit
forceps *n.* klešče
forcible *adj.* prisilen
fore *adj.* sprednji
forearm *n.* podlaket
forebear *n.* prednik
forecast *v.t* napovedati
forefather *n.* prednik
forefinger *n.* kazalec
forehead *n.* čelo
foregoing *adj.* prednji
foreign *adj.* tuj
foreigner *n.* tujec
foreknowledge *n.* predvidevanje
foreleg *n.* prednja noga
foreman *n.* delovodja
foremost *adj.* vodilen
forename *n.* osebno ime
forensic *adj.* sodnomedicinski
foreplay *n.* predigra
forerunner *n.* predhodnik
foresee *v.* predvideti
foresight *n.* daljnovidnost
forest *n.* gozd
forestall *v.* preprečiti
forestry *n.* gozdarstvo
foretell *v.* napovedati
forever *adv.* za vedno
foreword *n.* predgovor
forfeit *v.* izgubiti
forge *v.t* ponarediti
forgery *n.* ponaredek
forget *v.* pozabiti
forgetful *adj.* pozabljiv
forgive *v.* odpustiti

forgo *v.* odreči se
fork *n.* vilice
forlorn *adj.* zgubljen
form *n.* oblika
formal *adj.* formalen
formality *n.* formalnost
format *n.* format
formation *n.* tvorba
former *adj.* nekdanji
formerly *adv.* prej
formidable *adj.* mogočen
formula *n.* formula
formulate *v.* izdelati
forsake *v.* zapustiti
forswear *v.* krivo priseči
fort *n.* utrdba
forte *n.* dobra stran
forth *adv.* naprej
forthcoming *adj.* bližajoč se
forthwith *adv.* nemudoma
fortify *v.* okrepiti
fortitude *n.* odločnost
fortnight *n.* dva tedna
fortress *n.* trdnjava
fortunate *adj.* srečen
fortune *n.* sreča
forty *adj.& n.* štirideset
forum *n.* forum
forward *adv. &adj.* naprej
fossil *n.* fosil
foster *v.* vzgajati
foul *adj.* umazan
found *v.* najti
foundation *n.* temelj
founder *n.* ustanovitelj
foundry *n.* livarna
fountain *n.* vodomet
four *adj.& n.* štiri
fourteen *adj.& n.* štirinajst
fourth *adj.& n.* četrti
fowl *n.* perutnina
fox *n.* lisica

foyer *n.* preddverje
fraction *n.* ulomek
fractious *adj.* siten
fracture *v.t* zlomiti
fragile *adj.* krhek
fragment *n.* odlomek
fragrance *n.* aroma
fragrant *adj.* aromatičen
frail *adj.* krhek
frame *n.* okvir
framework *n.* ogrodje
franchise *n.* franšiza
frank *adj.* odkrit
frankfurter *n.* hrenovka
frantic *adj.* divji
fraternal *adj.* bratski
fraternity *n.* bratovščina
fraud *n.* goljufija
fraudulent *adj.* goljufiv
fraught *adj.* natovorjen
fray *v.* ponositi
freak *n.* čudak
freckle *n.* pega
free *adj.* svoboden
freebie *n.* brezplačno darilo
freedom *n.* svoboda
freeze *v.* zamrzniti
freezer *n.* zamrzovalnik
freight *n.* tovor
freighter *n.* tovorna ladja
French *adj.* francoski;francoščina
frenetic *adj.* blazen
frenzy *n.* blaznost
frequency *n.* frekvenca
frequent *adj.* pogost
fresh *adj.* svež
fret *v.t.* vznemiriti se
fretful *adj.* razdražljiv
friable *adj.* drobljiv
friction *n.* trenje
Friday *n.* petek
fridge *n.* hladilnik

friend *n.* prijatelj
fright *n.* groza
frighten *v.* prestrašiti
frigid *adj.* leden
frill *n.* naborek
fringe *n.* rob
frisk *v.* poskakovati
fritter *v.* zapravljati
frivolous *adj.* neresen
frock *n.* halja
frog *n.* žaba
frolic *v.i.* zbijati šale
from *prep.* iz
front *n.* sprednja stran
frontbencher *n.* minister
frontier *n.* meja
frost *n.* zmrzal
frosty *adj.* ledenomrzel
froth *n.* pena
frown *v.i* namrščiti se
frowsty *adj.* zadušljiv
frugal *adj.* varčen
fruit *n.* sadje
fruitful *adj.* rodoviten
frump *n.* sitnež
frustrate *v.* frustrirati
fry *v.* ocvreti
fudge *n.* nesmisel
fuel *n.* gorivo
fugitive *n.* begunec
fulcrum *n.* oporišče
fulfil *v.* izpolniti
fulfilment *n.* izpolnitev
full *adj.* poln
fulsome *adj.* priskuten
fumble *v.* tipati
fume *n.* dim
fumigate *v.* prekaditi
fun *n.* zabava
function *n.* funkcija
functional *adj.* funkcionalen
functionary *n.* funkcionar

fund *n.* sklad
fundamental *adj.* osnoven
funeral *n.* pogreb
fungus *n.* goba
funky *adj.* kul
funnel *n.* lijak
funny *adj.* smešen
fur *n.* krzno
furious *adj.* besen
furl *v.* zložiti
furlong *n.* dolžinska mera (201 m)
furnace *n.* talilna peč
furnish *v.* opremiti
furnishing *n.* oprema
furniture *n.* pohištvo
furore *n.* blazno navdušenje
furrow *n.* brazda
further *adv.* dalje
furthermore *adv.* poleg tega
furthest *adj.& adv.* najdlje
fury *n.* bes
fuse *v.* varovalka
fusion *n.* taljenje
fuss *n.* prazen hrup
fussy *adj.* živčen
fusty *adj.* zatohel
futile *adj.* jalov
futility *n.* jalovost
future *n.* prihodnost
futuristic *adj.* futurističen

gab *v.* blebetati
gabble *v.t.* blebetati
gadget *n.* naprava
gaffe *n.* spodrsljaj
gag *n.* mašilo

gaga *adj.* bedast
gaiety *n.* veselje
gaily *adv.* veselo
gain *v.* pridobiti
gainful *adj.* donosen
gait *n.* hoja
gala *n.* gala
galaxy *n.* galaksija
gale *n.* vihar
gall *n.* žolč
gallant *adj.* galanten
gallantry *n.* hrabrost
gallery *n.* galerija
gallon *n.* galona
gallop *n.* galop
gallows *n.* vislice
galore *adj.* na pretek
galvanize *v.i.* cinkati
gambit *n.* začetna poteza
gamble *v.* igrati za denar
gambler *n.* kockar
gambol *v.* poskakovati
game *n.* igra
gamely *adj.* pogumen
gammy *adj.* hrom
gamut *n.* razpon
gang *n.* tolpa
gangling *adj.* preklast
gangster *n.* gangster
gangway *n.* mostič
gap *n.* vrzel
gape *v.* zazijati
garage *n.* garaža
garb *n.* obleka
garbage *n.* smeti
garble *v.* presejati
garden *n.* vrt
gardener *n.* vrtnar
gargle *v.* grgrati
garish *adj.* kičast
garland *n.* venec
garlic *n.* česen

garment *n.* oblačilo
garner *v.* zbrati
garnet *n.* granat
garnish *v.* okrasiti
garret *n.* podstrešje
garrulous *adj.* žlobudrav
garter *n.* podveza
gas *n.* plin
gasket *n.* tesnilo
gasp *v.i* loviti sapo
gastric *adj.* želodčen
gastronomy *n.* gastronomija
gate *n.* vrata
gateau *n.* torta
gather *v.* zbrati
gaudy *adj.* šarast
gauge *n.* merilni instrument
gaunt *adj.* turoben
gauntlet *n.* zaščitna rokavica
gauze *n.* gaza
gawky *adj.* štorast
gay *adj.* homoseksualen
gaze *v.* zijati
gazebo *n.* razgledni stolp
gazette *n.* uradni list
gear *n.* prestava
geek *n.* čudak
gel *n.* gel
geld *v.* kastrirati
gem *n.* dragulj
gender *n.* spol
general *adj.* splošen
generalize *v.* posplošiti
generate *v.* proizvajati
generation *n.* generacija
generator *n.* generator
generosity *n.* radodarnost
generous *adj.* radodaren
genesis *n.* geneza
genetic *adj.* genetski
genial *adj.* prijeten
genius *n.* genij

genteel *adj.* uglajen
gentility *n.* uglajenost
gentle *adj.* nežen
gentleman *n.* kavalir
gentry *n.* gospoda
genuine *adj.* pristen
geographer *n.* zemljepisec
geographical *adj.* zemljepisen
geography *n.* zemljepis
geologist *n.* geolog
geology *n.* geologija
geometric *adj.* geometrijski
geometry *n.* geometrija
germ *n.* klica
German *n.* ški; nemščina;
    Nemec; Nemka
germane *adj.* ki se tiče
germinate *v.* kaliti
germination *n.* kalitev
gerund *n.* glagolnik
gestation *n.* brejost
gesture *n.* gib
get *v.* dobiti
geyser *n.* gejzir
ghastly *adj.* pošasten
ghost *n.* duh
giant *n.* velikan
gibber *v.* klepetati
gibe *v.* posmehovati se
giddy *adj.* omotičen
gift *n.* darilo
gifted *adj.* nadarjen
gigabyte *n.* gigabajt
gigantic *adj.* velikanski
giggle *v.t.* hihitati se
gild *v.* ceh
gilt *adj.* pozlačen
gimmick *n.* prevara
ginger *n.* ingver
gingerly *adv.* oprezno
giraffe *n.* žirafa
girder *n.* nosilec

girdle *n.* pas
girl *n.* dekle
girlish *adj.* dekliški
giro *n.* žiro
girth *n.* obseg
gist *n.* bistvo
give *v.* dati
given *adj.* dan
glacial *adj.* ledeniški
glacier *n.* ledenik
glad *adj.* vesel
gladden *v.* razveseliti
glade *n.* jasa
glamour *n.* sijaj
glance *v.i.* bežno pogledati
gland *n.* žleza
glare *v.i* bleščati se
glass *v.t.* postekleniti
glaze *v.* pološčiti
glazier *n.* steklar
gleam *v.* lesketati se
glean *v.* nabirati
glee *n.* radost
glide *v.* drseti
glider *n.* jadralno letalo
glimmer *v.* svetlikati se
glimpse *n.* bežen pogled
glisten *v.* zalesketati se
glitch *n.* napaka
glitter *v.* lesketanje
gloat *v.* naslajati se
global *adj.* globalen
globalization *n.* globalizacija
globe *n.* globus
globetrotter *n.* svetovni popotnik
gloom *n.* polmrak
gloomy *adj.* mračen
glorification *n.* poveličevanje
glorify *v.* častiti
glorious *adj.* veličasten
glory *n.* slava
gloss *n.* lesk

glossary *n.* slovar
glossy *adj.* blesteč
glove *n.* rokavica
glow *v.* žar
glucose *n.* glukoza
glue *n.* lepilo
glum *adj.* čemeren
glut *n.* preobilje
glutton *n.* požrešnež
gluttony *n.* požrešnost
glycerine *n.* glicerin
gnarled *adj.* grčav
gnat *n.* mušica
gnaw *v.* oglodati
go *v.t* iti
goad *v.* spodbosti
goal *n.* cilj
goalkeeper *n.* vratar
goat *n.* koza
gob *n.* pljunek
gobble *v.* kavdranje
goblet *n.* pokal
god *n.* bog
godchild *n.* krščenec
goddess *n.* boginja
godfather *n.* boter
godly *adj.* bogaboječ
godmother *n.* botra
goggle *n.* bolščanje
going *n.* hoja
gold *n.* zlato
golden *adj.* zlat
goldsmith *n.* zlatar
golf *n.* golf
gondola *n.* gondola
gong *n.* gong
good *adj.* dober
goodbye *excl.* slovo
goodness *n.* dobrota
goodwill *n.* naklonjenost
goose *n.* gos
gooseberry *n.* kosmulja

gore *n.* strjena kri
gorgeous *adj.* čudovit
gorilla *n.* gorila
gory *adj.* krvav
gospel *n.* evangelij
gossip *n.* obrekovanje
gouge *v.* klesati
gourd *n.* buča
gourmand *n.* sladkosnednež
gourmet *n.* sladokusec
gout *n.* protin
govern *v.* vladati
governance *n.* vladanje
governess *n.* guvernanta
government *n.* vlada
governor *n.* guverner
gown *n.* večerna obleka
grab *v.* prijeti
grace *n.* milina
graceful *adj.* mil
gracious *adj.* milostljiv
gradation *n.* stopnjevanje
grade *n.* razred
gradient *n.* pobočje
gradual *adj.* postopen
graduate *n.* diplomiran študent
graffiti *n.* grafit
graft *n.* presadek
grain *n.* zrno
gram *n.* gram
grammar *n.* slovnica
gramophone *n.* gramofon
granary *n.* žitnica
grand *adj.* velik
grandeur *n.* veličina
grandiose *adj.* visokoleteč
grandmother *n.* babica
grange *n.* posestvo
granite *n.* granit
grant *v.* zagotoviti
granule *n.* zrno
grape *n.* grozdna jagoda

graph *n.* grafikon
graphic *adj.* nazoren
graphite *n.* grafit
grapple *v.t.* zgrabiti
grasp *v.* prijeti
grass *n.* trava
grasshopper *n.* kobilica
grate *v.t* strgati
grateful *n.* hvaležen
grater *n.* strgalnik
gratification *n.* zadovoljitev
gratify *v.* zadovoljiti
grating *n.* praskanje
gratis *adv. &adj.* brezplačen
gratitude *n.* hvaležnost
gratuitous *adj.* nepotreben
gratuity *n.* častno darilo
grave *n.* grob
gravel *n.* prod
graveyard *n.* pokopališče
gravitas *n.* resnost
gravitate *v.* nagibati se
gravitation *n.* usmerjenost
gravity *n.* težnost
gravy *n.* omaka
graze *v.* pasti se
grease *n.* mast
great *adj.* velik
greatly *adv.* zelo
greed *n.* pohlep
greedy *adj.* pohlepen
green *adj. & n.* zelen
greengrocer *n.* zelenjadar
greenery *v.t.* zelenje
greet *n.* pozdraviti
greeting *n.* pozdrav
grenade *a.* granata
grey *n.* siva barva
greyhound *n.* hrt
grid *n.* mreža
griddle *n.* železna plošča
grief *n.* žalost

grievance *n.* zamera
grieve *v.* žalovati
grievous *adj.* boleč
grill *v.* na žaru peči
grim *adj.* srdit
grime *n.* umazanija
grin *v.* režati se
grind *v.* garati
grinder *n.* mlinček
grip *v.* zgrabiti
gripe *v.* stokati
grit *n.* peščenjak
groan *v.* stokati
grocer *n.* špecerist
grocery *n.* trgovina z živili
groggy *adj.* pijan
groin *n.* dimlje
groom *v.* ženin
groove *n.* brazda
grope *v.* otipavati
gross *adj.* debel
grotesque *adj.* grotesken
grotto *n.* jama
ground *n.* tla
groundless *adj.* neutemeljen
group *n.* skupina
grouping *n.* razvrstitev
grout *n.* redka malta
grovel *v.* klečeplaziti
grow *v.i.* rasti
growl *v.* renčati
growth *n.* rast
grudge *n* zamera
grudging *adj.* zavisten
gruel *n.* kaša
gruesome *adj.* srhljiv
grumble *v.* tečnariti
grumpy *adj.* zlovoljen
grunt *v.i.* kruliti
guarantee *v.t* jamčiti
guarantor *n.* porok
guard *v.* stražiti

guarded *adj.* varovan
guardian *n.* varuh
guava *n.* guava
gudgeon *n.* globoček
guerrilla *n.* gverila
guess *v.i* ugibati
guest *n.* gost
guffaw *n.* krohot
guidance *n.* smernica
guide *n.* vodnik
guidebook *n.* vodič
guild *n.* ceh
guile *n.* zvijača
guillotine *n.* giljotina
guilt *n.* krivda
guilty *adj.* kriv
guise *n.* pretveza
guitar *n.* kitara
gulf *n.* zaliv
gull *n.* naivnež
gullet *n.* požiralnik
gullible *adj.* lahkoveren
gully *n.* žleb
gulp *v.* požirati
gum *n.* dlesen
gun *n.* puška
gurdwara *n.* gurduara
gurgle *v.* klokotati
gust *n.* piš
gut *n.* črevo
gutsy *adj.* korajžen
gutter *n.* obcestni jarek
guy *n.* fant
guzzle *v.* pijančevati
gymnasium *n.* telovadnica
gymnast *n.* telovadec
gymnastic *n.* telovaden
gynaecology *n.* ginekologija
gypsy *n.* cigan
gyrate *v.* vrteti se

H

habit *n.* navada
habitable *adj.* primeren za bivanje
habitat *n.* življenjski prostor
habitation *n.* privajanje
habituate *v.t.* privajati na
habitue *n.* stalni gost
hack *v.* sekati
hackneyed *adj.* vsakdanji
haemoglobin *n.* hemoglobin
haemorrhage *n.* krvavitev
haft *n.* ročaj
hag *n.* baba
haggard *adj.* shujšan
haggle *v.* pogajati se
hail *n.* toča
hair *n.* lasje
haircut *n.* striženje las
hairstyle *n.* pričeska
hairy *adj.* kosmat
hajj *n.* hadž
halal *adj.* halal
hale *adj.* močan
halitosis *n.* zadah
hall *n.* dvorana
hallmark *n.* značilnost
hallow *v.* častiti
hallucinate *v.* imeti privide
halogen *n.* halogen
halt *v.* ustaviti
halter *n.* povodec
halting *adj.* kolebav
halve *v.* prepoloviti
halyard *n.* vrv za jadro
ham *n.* šunka
hamburger *n.* hamburger
hamlet *n.* vasica
hammer *n.* kladivo
hammock *n.* viseča mreža
hamper *n.* košara
hamster *n.* hrček
hamstring *n.* kolenska tetiva
hand *n.* roka
handbag *n.* torbica
handcuff *n.* lisice
handbill *n.* reklamni listek
handbook *n.* priročnik
handcuff *n.* okovi
handful *n.* peščica
handicap *n.* okvara
handicapped *n.* hendikep
handicraft *n.* rokodelstvo
handiwork *n.* izdelek
handkerchief *n.* robec
handle *v.t* rokovati s čim
handout *n.* letak
handshake *n.* stisk roke
handsome *adj.* čeden
handy *adj.* praktičen
hang *v.i.* viseti
hangar *n.* hangar
hanger *n.* obešalnik
hanging *n.* obešenje
hangover *n.* maček
hank *n.* klobčič
hanker *v.* hrepeneti
haphazard *adj.* slučajen
hapless *adj.* nesrečen
happen *v.* zgoditi se
happening *n.* dogodek
happiness *n.* sreča
happy *adj.* vesel
harass *v.* nadlegovati
harassment *n.* nadlegovanje
harbour *n.* pristan
hard *adj.* trd
hard drive *n.* trdi disk
hardback *n.* knjiga v trdi vezavi
harden *v.* strditi
hardly *adv.* komaj

hardship *n.* stiska
hardy *adj.* utrjen
hare *n.* zajec
harelip *n.* zajčja ustnica
harem *n.* harem
hark *v.* prisluškovati
harlequin *n.* harlekin
harm *n.* zlo
harmful *adj.* škodljiv
harmless *adj.* neškodljiv
harmonious *adj.* skladen
harmonium *n.* harmonij
harmonize *v.* uskladiti
harmony *n.* sozvočje
harness *n.* konjska vprega
harp *n.* harfa
harpy *n.* harpija
harrow *n.* brana
harrowing *adj.* strašen
harsh *adj.* hrapav
harvest *n.* žetev
harvester *n.* kombajn
hassle *n.* sitnost
hassock *n.* blazinica
haste *n.* naglica
hasten *v.* pohiteti
hasty *adj.* hiter
hat *n.* klobuk
hatch *n.* loputa
hatchet *n.* sekirica
hate *v.t.* sovražiti
hateful *adj.* osovražen
haughty *adj.* ošaben
haulage *n.* vleka
haulier *n.* prevoznik
haunch *n.* bedro
haunt *v.* shajališče
haunted *adj.* ki straši
have *v.* imeti
haven *n.* pristan
havoc *n.* opustošenje
hawk *n.* kragulj

hawker *n.* poulični prodajalec
hawthorn *n.* glog
hay *n.* seno
hazard *n.* tveganje
hazardous *adj.* tvegan
haze *n.* meglica
hazy *adj.* meglen
he *pron.* on
head *n.* glava
headache *n.* glavobol
heading *n.* napis
headlight *n.* žaromet
headline *n.* naslovna vrstica
headmaster *n.* ravnatelj
headphone *n.* slušalka
headquarters *n.* sedež
headstrong *adj.* trmast
heady *adj.* opojen
heal *v.* zdraviti
health *n.* zdravje
healthy *adj.* zdrav
heap *n.* kup
hear *v.* slišati
hearing *n.* sluh
hearse *n.* mrliški voz
heart *n.* srce
heartache *n.* srčna bolečina
heartbreak *n.* huda bolečina
heartburn *n.* zgaga
hearten *v.* opogumiti
heartening *adj.* opogumljajoč
heartfelt *adj.* iskren
hearth *n.* ognjišče
heartless *adj.* brezsrčen
hearty *adj.* iskren
heat *n.* vročina
heater *n.* grelec
heath *n.* vresje
heathen *n.* pogan
heather *n.* resa
heating *n.* ogrevanje
heave *v.* dvigniti

heaven *n.* nebesa
heavenly *adj.* nebeški
heavy *adj.* težak
heckle *v.* prekinjati
hectare *n.* hektar
hectic *adj.* razburljiv
hector *v.* širokoustiti se
hedge *n.* živa meja
hedonism *n.* hedonizem
heed *v.* paziti na
heel *n.* peta
hefty *adj.* krepak
hegemony *n.* nadvlada
height *n.* višina
heighten *v.* povečevati
heinous *adj.* grozen
heir *n.* dedič
helicopter *n.* helikopter
heliport *n.* helikoptersko pristajališče
hell *n.* pekel
helm *n.* krmilo
helmet *n.* čelada
help *v.* pomagati
helpful *adj.* uslužen
helping *n.* pomaganje
helpless *adj.* nemočen
hem *n.* rob
hemisphere *n.* polobla
hen *n.* kokoš
hence *adv.* zatorej
henceforth *adv.* odslej
henchman *n.* privrženec
henna *n.* hena
henpecked *adj.* copatarski
hepatitis *adj.* hepatitis
heptagon *n.* sedmerokotnik
her *pron.* njo;jo;njen
herald *n.* glasnik
herb *n.* zelišče
herculean *adj.* herkulski
herd *n.* čreda

here *adv.* tukaj
hereabouts *adv.* tu nekje
hereafter *adv.* v bodoče
hereby *adv.* s tem
hereditary *adj.* deden
heredity *n.* dednost
heritage *n.* dediščina
hermetic *adj.* nepredušen
hermit *n.* puščavnik
hermitage *n.* samota
hernia *n.* kila
hero *n.* junak
heroic *adj.* junaški
heroine *n.* junakinja
herpes *n.* herpes
herring *n.* slanik
hers *pron.* njen
herself *pron.* ona sama;se
hesitant *adj.* obotavljajoč
hesitate *v.* obotavljati se
heterogeneous *adj.* raznovrsten
heterosexual *adj.* heteroseksualen
hew *v.* posekati
hexogen *n.* heksogen
heyday *n.* razcvet
hibernate *v.* prezimiti
hiccup *n.* kolcanje
hide *v.t* skriti
hideous *adj.* ogaben
hierarchy *n.* hierarhija
high *adj.* visok
highlight *v.* vrhunec
highly *adv.* zelo
Highness *n.* visokost
highway *n.* avtocesta
hijack *v.* ugrabiti
hike *n.* pohod
hilarious *adj.* zelo smešen
hilarity *n.* veselost
hill *n.* hrib
hillock *n.* hribček

hilt *n.* ročaj
him *pron.* njega;ga;njemu;mu
himself *pron.* on sam;sebe;se
hinder *v.* ovirati
hindrance *n.* ovira
hindsight *n.* prepozno spoznanje
hinge *n.* šarnir
hint *n.* namig
hip *n.* kolk
hire *v.t* najeti
hirsute *adj.* kosmat
his *adj.* njegov
hiss *v.i* sikati
histogram *n.* histogram
historian *n.* zgodovinar
historic *adj.* zgodovinski
historical *adj.* zgodovinski
history *n.* zgodovinski
hit *v.* udariti
hitch *v.* težava
hither *adv.* semkaj
hitherto *adv.* dotlej
hive *n.* čebelji panj
hoard *n.* zaloga
hoarding *n.* kopičiti
hoarse *adj.* hripav
hoax *n.* potegavščina
hob *n.* kmetavz
hobble *v.* šepanje
hobby *n.* konjiček
hobgoblin *n.* škrat
hockey *n.* hokej
hoist *v.* dvigniti
hold *v.t* držati
holdall *n.* potovalka
hole *n.* luknja
holiday *n.* praznik
holistic *adj.* holističen
hollow *adj.* votel
holly *n.* bodika
holmium *n.* holmij
holocaust *n.* holokavst

hologram *n.* hologram
holster *n.* tok za samokres
holy *adj.* svet
homage *n.* poklonitev
home *n.* dom
homely *adj.* domač
homicide *n.* uboj
homogeneous *adj.* homogen
homoeopath *n.* homeopat
homeopathy *n.* homeopatija
homogeneous *a.* homogen
homophobia *n.* homofobija
homosexual *n.* homoseksualec
honest *adj.* pošten
honesty *n.* poštenost
honey *n.* med
honeycomb *n.* satovje
honeymoon *n.* poročno potovanje
honk *n.* hupati
honorary *adj.* časten
honour *n.* čast
honourable *adj.* spoštovanja vreden
hood *n.* kapuca
hoodwink *v.* pretentati
hoof *n.* kopito
hook *n.* kavelj
hooked *adj.* kljukast
hooligan *n.* huligan
hoop *n.* obroč
hoopla *n.* trušč
hoot *n.* skovikanje
Hoover *n.* sesalnik
hop *v.* skakljati
hop *v.t.* preskočiti
hope *n.* upanje
hopefully *adv.* upajoče
hopeless *adj.* brezupen
horde *n.* horda
horizon *n.* obzorje
horizontal *adj.* vodoraven
hormone *n.* hormon

horn *n.* rog
hornet *n.* sršen
horoscope *n.* horoskop
horrendous *adj.* strašanski
horrible *adj.* strašen
horrid *adj.* grozen
horrific *adj.* grozo vzbujajoč
horrify *v.* zgroziti se
horror *n.* groza
horse *n.* konj
horsepower *n.* konjska moč
horticulture *n.* hortikultura
hose *n.* cev
hosiery *n.* nogavice
hospice *n.* gostišče
hospitable *adj.* gostoljuben
hospital *n.* bolnišnica
hospitality *n.* gostoljubnost
host *n.* gostitelj
hostage *n.* talec
hostel *n.* mladinski hotel
hostess *n.* hostesa
hostile *adj.* sovražen
hostility *n.* sovraštvo
hot *adj.* vroč
hotchpotch *n.* enolončnica
hotel *n.* hotel
hound *n.* lovski pes
hour *n.* ura
house *n.* hiša
housewife *n.* gospodinja
housing *n.* zavetišče
hovel *n.* koliba
hover *v.* lebdeti
how *adv.* kako
however *adv.* kakorkoli
howl *n.* tuljenje
howler *n.* vriskač
hub *n.* središče
hubbub *n.* živžav
huddle *v.* zmešnjava
hue *n.* barva

huff *n.* bes
hug *v.* objeti
huge *adj.* velikanski
hulk *n.* okornež
hull *n.* ladijski trup
hum *v.* brundati
human *adj.* človeški
humane *adj.* human
humanism *n.* humanizem
humanitarian *adj.* človekoljuben
humanity *n.* človeštvo
humanize *v.* počlovečiti
humble *adj.* ponižen
humid *adj.* vlažen
humidity *n.* vlaga
humiliate *v.* ponižati
humility *n.* ponižnost
hummock *n.* griček
humorist *n.* šaljivec
humorous *adj.* šaljiv
humour *n.* humor
hump *n.* grbina
hunch *v.* grba
hundred *adj.& n.* sto
hunger *n.* lakota
hungry *adj.* lačen
hunk *n.* velik kos
hunt *v.* loviti
hunter *n.* lovec
hurdle *n.* ovira
hurl *v.* zabrisati
hurricane *n.* orkan
hurry *v.* hiteti
hurt *v.* poškodovati
hurtle *v.* vreči
husband *n.* mož
husbandry *n* poljedelstvo
hush *v.i* umiriti se
husk *n.* luščina
husky *adj.* luščinast
hustle *v.* prerivanje
hut *n.* koča

hutch *n.* zaboj
hybrid *n.* hibrid
hydrant *n.* hidrant
hydrate *v.* hidrirati
hydraulic *adj.* hidravličen
hydrofoil *n.* hidrogliser
hydrogen *n.* vodik
hyena *n.* hijena
hygiene *n.* higiena
hymn *n.* himna
hype *n.* pomp
hyper *pref.* hiper
hyperactive *adj.* hiperaktiven
hyperbole *n.* hiperbola
hypertension *n.* visok krvni tlak
hyphen *n.* vezaj
hypnosis *n.* hipnoza
hypnotism *n.* hipnotika
hypnotize *v.* hipnotizirati
hypocrisy *n.* hinavščina
hypocrite *n.* hinavec
hypotension *n.* nizek krvni tlak
hypothesis *n.* hipoteza
hypothetical *adj.* domneven
hysteria *n.* histerija
hysterical *adj.* histeričen

I *pron.* I
ice *n.* led
iceberg *n.* ledena gora
ice-cream *n.* sladoled
icicle *n.* ledena sveča
icing *n.* sladkorni obliv
icon *n.* ikona
icy *n.* leden
idea *n.* zamisel
ideal *n.* ideal

ideally *adv.* idealno
idealism *n.* idealizem
idealist *n.* idealist
idealistic *adj.* idealističen
idealize *v.* idealizirati
identical *adj.* identičen
identification *n.* identifikacija
identity *n.* identiteta
identity *v.* identiteta
ideology *n.* ideologija
idiocy *n.* idiotizem
idiom *n.* idiom
idiomatic *adj.* idiomatičen
idiosyncrasy *n.* posebnost
idiot *n.* idiot
idiotic *adj.* idiotski
idle *adj.* brezdelen
idleness *n.* brezdelje
idler *n.* lenuh
idol *n.* idol
idolatry *n.* oboževanje
idolize *v.* oboževati
idyll *n.* idila
if *conj.* če
igloo *n.* iglu
igneous *adj.* ognjen
ignite *v.* vžgati se
ignition *n.* vžig
ignoble *adj.* nizkoten
ignominy *n.* sramota
ignominious *adj.* sramoten
ignoramus *n.* nevednež
ignorance *n.* nevednost
ignorant *adj.* neveden
ignore *v.* ignorirati
ill *adj.* bolan
illegal *adj.* nezakonit
illegible *adj.* nečitljiv
illegibility *n.* nečitljivost
illegitimate *adj.* nezakonski
illicit *adj.* nedovoljen
illiteracy *n.* nepismenost

illiterate *n.* nepismen človek
illness *n.* bolezen
illogical *adj.* nelogičen
illuminate *v.* osvetliti
illumination *n.* razsvetljava
illusion *v.t.* iluzija
illusory *adj.* navidezen
illustrate *n.* ilustrirati
illustration *n.* ilustracija
illustrious *adj.* slaven
image *n.* podoba
imagery *n.* metaforika
imaginary *adj.* namišljen
imagination *n.* domišljija
imaginative *adj.* domiseln
imagine *v.t.* predstavljati si
imbalance *n.* neuravnovešenost
imbibe *v.* vsrkati
imbroglio *n.* zapletenost
imbue *v.* prepojiti
imitate *v.* oponašati
imitation *n.* posnemanje
imitator *n.* posnemovalec
immaculate *adj.* brezmadežen
immanent *adj.* imanenten
immaterial *adj.* nesnoven
immature *adj.* nezrel
immaturity *n.* nezrelost
immeasurable *adj.* neizmeren
immediate *adj.* takojšen
immemorial *adj.* pradaven
immense *adj.* brezmejen
immensity *n.* brezmejnost
immerse *v.* potopiti
immersion *n.* potopitev
immigrant *n.* priseljenec
immigrate *v.* priseliti se
immigration *n.* priseljevanje
imminent *adj.* neizbežen
immoderate *adj.* nezmeren
immodest *n.* neskromen
immodesty *a.* neskromnost

immolate *v.* žrtvovati
immoral *adj.* nemoralen
immorality *n.* nemoralnost
immortal *adj.* nesmrten
immortality *n.* nesmrtnost
immortalize *v.* ovekovečiti
immovable *adv.* nepremičen
immune *adj.* odporen
immunity *n.* imunost
immunize *v.* imunizirati
immunology *n.* imunologija
immure *v.* obzidati
immutable *adj.* nespremenljiv
impact *n.* vpliv
impair *v.* oškodovati
impalpable *adj.* neotipljiv
impart *v.* povedati komu
impartial *adj.* nepristranski
impartiality *n.* nepristranskost
impassable *adj.* neprehoden
impasse *n.* slepa ulica
impassioned *adj.* razvnet
impassive *adj.* ravnodušen
impatient *adj.* nepotrpežljiv
impeach *v.* obtožiti
impeachment *n.* obtožba
impeccable *adj.* brezhiben
impede *v.* ovirati
impediment *n.* motnja
impel *v.* pognati
impending *adj.* neizogiben
impenetrable *adj.* neprediren
imperative *adj.* nujen
imperfect *adj.* nepopoln
imperfection *n.* nepopolnost
imperial *adj.* cesarski
imperialism *n.* imperializem
imperil *v.* ogroziti
impersonal *adj.* neoseben
impersonate *v.* oponašati
impersonation *n.* oponašanje
impertinence *n* nesramnost

impertinent *adj.* nesramen
impervious *adj.* neprepusten
impetuous *adj.* zaletav
impetus *n.* pobuda
impious *adj.* brezbožen
implacable *adj.* nepomirljiv
implant *v.* vsadek
implausible *adj.* neverjeten
implement *n.* sredstvo
implicate *v.* vplesti
implication *n.* vpletenost
implicit *adj.* vpleten
implode *v.* razpasti
implore *v.t.* rotiti
imply *v.* namigovati
impolite *adj.* nevljuden
import *v.* uvažati
importer *n.* uvoznik
importance *n.* pomembnost
important *adj.* pomemben
impose *v.* uveljaviti
imposing *adj.* mogočen
imposition *n.* uvedba
impossibility *n.* nemožnost
impossible *adj.* nemogoč
imposter *n.* slepar
impotence *n.* impotenca
impotent *adj.* impotenten
impound *v.* zapreti
impoverish *v.* obubožati
impracticable *adj.* neizvedljiv
impractical *adj.* nepraktičen
impress *v.* narediti vtis
impression *n.* vtis
impressive *adj.* impresiven
imprint *v.* natis
imprison *v.* zapreti
improbable *adj.* neverjeten
improper *adj.* neprimeren
impropriety *n.* neprimernost
improve *v.* izboljšati
improvement *n.* izboljšanje

improvident *adj.* nepreviden
improvise *v.* improvizirati
imprudent *adj.* nepremišljen
impudent *adj.* predrzen
impulse *n.* impulz
impulsive *adj.* vročekrven
impunity *n.* nekaznovanost
impure *adj.* nečist
impurity *n.* nečistoča
impute *v.* pripisati
in *prep.* v
inability *n.* nezmožnost
inaccurate *adj.* netočen
inaction *n.* nedejavnost
inactive *adj.* nedejaven
inadequate *adj.* nezadosten
inadmissible *adj.* nedopusten
inadvertent *adj.* nepazljiv
inane *adj.* ničev
inanimate *adj.* neživ
inapplicable *adj.* neuporaben
inappropriate *adj.* neprimeren
inarticulate *adj.* nerazumljiv
inattentive *adj.* nepazljiv
inaudible *adj.* neslišen
inaugural *adj.* nastopen
inaugurate *v.* slovesno ustoličiti
inauspicious *adj.* neobetaven
inborn *adj.* prirojen
inbred *adj.* podedovan
incalculable *adj.* neprecenljiv
incapable *adj.* nesposoben
incapacity *n.* nesposobnost
incarcerate *v.* zapreti
incarnate *adj.* utelešen
incarnation *n.* utelešenje
incense *n.* kadilo
incentive *n.* spodbuda
inception *n.* zametek
incest *n.* krvoskrunstvo
inch *n.* palec (cola)
incidence *n.* pogostost

incident *n.* incident
incidental *adj.* postranski
incisive *adj.* pronicljiv
incite *v.* spodbujati
inclination *n.* nagnjenje
incline *v.* nagniti se
include *v.* obsegati
inclusion *n.* vključitev
inclusive *adj.* vštet
incoherent *adj.* nepovezan
income *n.* dohodek
incomparable *adj.* neprimerljiv
incompatible *adj.* nezdružljiv
incompetent *adj.* nesposoben
incomplete *adj.* nedokončan
inconclusive *adj.* nezadosten
inconsiderate *adj.* neobziren
inconsistent *adj.* neskladen
inconsolable *adj.* neutolažljiv
inconspicuous *adj.* nevpadljiv
inconvenience *n.* nevšečnost
incorporate *v.* vključiti
incorporation *n.* priključitev
incorrect *adj.* nepravilen
incorrigible *adj.* nepoboljšljiv
incorruptible *adj.* nepodkupljiv
increase *v.* porasti
incredible *adj.* neverjeten
increment *n.* porast
incriminate *v.i.* obtožiti
incubate *v.* valiti
inculcate *v.* vcepiti
incumbent *adj.* obvezen
incur *v.* nakopati si na glavo
incurable *adj.* neozdravljiv
incursion *n.* vpad
indebted *adj.* dolžan
indecency *n.* nedostojnost
indecent *adj.* nespodoben
indecision *n.* neodločnost
indeed *adv.* zares
indefensible *adj.* neopravičljiv

indefinite *adj.* nedoločen
indemnity *n.* odškodnina
indent *v.* zamakniti
indenture *n.* pogodbena listina
independence *n.* neodvisnost
independent *adj.* samostojen
indescribable *adj.* nepopisen
index *n.* kazalo
Indian *n.* indijski;indijanski;Indijec;Indijanec
indicate *v.* pokazati
indication *n.* naznanitev
indicative *adj.* kazalen
indicator *n.* kazalnik
indict *v.* obtožiti
indictment *n.* obtožnica
indifference *n.* brezbrižnost
indifferent *adj.* ravnodušen
indigenous *adj.* domoroden
indigestible *adj.* neprebavljiv
indigestion *n.* prebavne motnje
indignant *adj.* ogorčen
indignation *n.* ogorčenje
indignity *n.* poniževanje
indigo *n.* indigo
indirect *adj.* posreden
indiscipline *n.* nedisciplina
indiscreet *adj.* netakten
indiscretion *n.* netaktnost
indiscriminate *adj.* nekritičen
indispensable *adj.* nepogrešljiv
indisposed *adj.* nerazpoložen
indisputable *adj.* neizpodbiten
indistinct *adj.* nejasen
individual *adj.* posamezen
individualism *n.* individualizem
individuality *n.* individualnost
indivisible *adj.* nedeljiv
indolent *adj.* lenoben
indomitable *adj.* neomajen
indoor *adj.* notranji
induce *v.* prepričati

inducement *n.* povod
induct *v.* vpeljati
induction *n.* indukcija
indulge *v.* popuščati komu
indulgence *n.* popuščanje
indulgent *adj.* popustljiv
industrial *adj.* industrijski
industrious *adj.* marljiv
industry *n.* industrija
ineffective *adj.* neučinkovit
inefficient *adj.* neuspešen
ineligible *adj.* neupravičen
inequality *n.* neenakost
inert *adj.* vztrajen
inertia *n.* vztrajnost
inescapable *adj.* neizbežen
inevitable *adj.* neizogiben
inexact *adj.* nenatančen
inexcusable *adj.* neopravičljiv
inexhaustible *adj.* neizčrpen
inexorable *adj.* neizprosen
inexpensive *adj.* poceni
inexperience *n.* neizkušenost
inexplicable *adj.* nerazložljiv
inextricable *adj.* nerazrešljiv
infallible *adj.* nezmotljiv
infamous *adj.* razvpit
infamy *n.* razvpitost
infancy *n.* detinstvo
infant *n.* dete
infanticide *n.* detomor
infantile *adj.* otročji
infantry *n.* pehota
infatuate *v.* zmešati komu glavo
infatuation *n.* slepa zaljubljenost
infect *v.* okužiti
infection *n.* okužba
infectious *adj.* nalezljiv
infer *v.* sklepati
inference *n.* sklep
inferior *adj.* podrejen
inferiority *n.* podrejenost

infernal *adj.* peklenski
infertile *adj.* neploden
infest *v.* nadlegovati
infidelity *n.* nezvestoba
infighting *n.* boj za prevlado
infiltrate *v.* vtihotapiti
infinite *adj.* neskončen
infinity *n.* neskončnost
infirm *adj.* slaboten
infirmity *n.* slabotnost
inflame *v.* vneti se
inflammable *adj.* vnetljiv
inflammation *n.* vnetje
inflammatory *adj.* vneten
inflate *v.* napihniti
inflation *n.* napihnjenje
inflect *v.* sklanjati
inflexible *adj.* neupogljiv
inflict *v.* prizadeti
influence *n.* vpliv
influential *adj.* vpliven
influenza *n.* gripa
influx *n.* pritok
inform *v.* seznaniti
informal *adj.* neformalen
information *n.* informacija
informative *adj.* informacijski
informer *n.* ovaduh
infrastructure *n.* infrastruktura
infrequent *adj.* redek
infringe *v.* prekršiti
infringement *n.* kršitev
infuriate *v.* razkačiti
infuse *v.* vliti
infusion *n.* vlivanje
ingrained *adj.* ukoreninjen
ingratitude *n.* nehvaležnost
ingredient *n.* sestavina
inhabit *v.* naseliti
inhabitable *adj.* primeren za bivanje
inhabitant *n.* prebivalec

inhale *v.* vdihniti
inhaler *n.* inhalator
inherent *adj.* neločljivo povezan z
inherit *v.* podedovati
inheritance *n.* dediščina
inhibit *v.* zadrževati
inhibition *n.* zadrževanje
inhospitable *adj.* negostoljuben
inhuman *adj.* nečloveški
inimical *adj.* neprijateljski
inimitable *adj.* neposnemljiv
initial *adj.* začeten
initiate *v.* začeti
initiative *n.* pobuda
inject *v.* vbrizgati
injection *n.* vbrizg
injudicious *adj.* nespameten
injunction *n.* odredba
injure *v.* storiti krivico
injurious *adj.* škodljiv
injury *n.* poškodba
injustice *n.* krivica
ink *n.* črnilo
inkling *n.* namig
inland *adj.* kopenski
inmate *n.* zapornik
inmost *adj.* najnotranjejši
inn *n.* gostilna
innate *adj.* prirojen
inner *adj.* notranji
innermost *adj.* najglobji
innings *n.* službena doba
innocence *n.* nedolžnost
innocent *adj.* nedolžen
innovate *v.* vpeljati novosti
innovation *n.* novost
innovator *n.* inovator
innumerable *adj.* neštevilen
inoculate *v.* cepiti
inoculation *n.* cepljenje
inoperative *adj.* nedelujoč

inopportune *adj.* nepriklden
inpatient *n.* hospitaliziran bolnik
input *n.* vložek
inquest *n.* sodna preiskava
inquire *v.* vprašati o
inquiry *n.* poizvedba
inquisition *n.* izpraševanje
inquisitive *adj.* vedoželjen
insane *adj.* neprišteven
insanity *n.* blaznost
insatiable *adj.* nenasiten
inscribe *v.* vklesati
inscription *n.* napis
insect *n.* žuželka
insecticide *n.* insekticid
insecure *adj.* negotov
insecurity *n.* negotovost
insensible *adj.* nezavedajoč se
inseparable *adj.* neločljiv
insert *v.* vstaviti
insertion *n.* vstavljanje
inside *n.* notranjost
insight *n.* vpogled
insignificance *n.* nepomembnost
insignificant *adj.* nepomemben
insincere *adj.* neiskren
insincerity *adv.* neiskrenost
insinuate *v.* namigniti
insinuation *n.* namigovanje
insipid *adj.* neokusen
insist *v.* vztrajati
insistence *n.* vztrajanje
insistent *adj.* vztrajen
insolence *n.* nesramnost
insolent *adj.* nesramen
insoluble *adj.* netopljiv
insolvency *n.* plačilna nesposobnost
insolvent *adj.* plačilno nesposoben
inspect *v.* preiskovati
inspection *n.* preiskava

inspector *n.* inšpektor
inspiration *n.* navdih
inspire *v.* navdihniti
instability *n.* nestabilnost
install *v.* namestiti
installation *n.* namestitev
instalment *n.* obrok
instance *n.* primer
instant *adj.* takojšen
instantaneous *adj.* trenuten
instead *adv.* namesto
instigate *v.* hujskati
instil *v.* vliti
instinct *n.* instinkt
instinctive *adj.* nagonski
institute *n.* inštitut
institution *n.* ustanova
instruct *v.* naročiti
instruction *n.* navodilo
instructor *n.* inštruktor
instrument *n.* instrument
instrumental *adj.* uporaben
instrumentalist *n.* instrumentalist
insubordinate *adj.* nepokoren
insubordination *n.* nepokorščina
insufficient *adj.* nezadosten
insular *adj.* otoški
insulate *v.* izolirati
insulation *n.* izolacija
insulator *n.* izolator
insulin *n.* inzulin
insult *v.t.* žaliti
insupportable *adj.* neznosen
insurance *n.* zavarovanje
insure *v.* zavarovati
insurgent *n.* upornik
insurmountable *adj.* nepremostljiv
insurrection *n.* vstaja
intact *adj.* nedotaknjen
intake *n.* vnos
intangible *adj.* neotipljiv

integral *adj.* celosten
integrity *n.* celota
intellect *n.* razum
intellectual *adj.* intelektualen
intelligence *n.* inteligenca
intelligent *adj.* inteligenten
intelligible *adj.* razumljiv
intend *v.* nameravati
intense *adj.* intenziven
intensify *v.* poostriti
intensity *n.* napetost
intensive *adj.* intenziven
intent *n.* nakana
intention *n.* namen
intentional *adj.* nameren
interact *v.* vzajemno delovati
intercede *v.* posredovati
intercept *v.* prestreči
interception *n.* prestrezanje
interchange *v.* izmenjati
intercom *n.* interkom
interconnect *v.* povezati med seboj
intercourse *n.* spolno občevanje
interdependent *adj.* soodvisen
interest *n.* zanimanje
interesting *adj.* zanimiv
interface *n.* vmesnik
interfere *v.* vmešati se
interference *n.* vmešavanje
interim *n.* začasen
interior *adj.* notranji
interject *v.* vmes vreči
interlink *v.* spojiti
interlock *v.* trdno speti
interlocutor *n.* sogovornik
interloper *n.* vsiljivec
interlude *n.* medigra
intermediary *n.* posrednik
intermediate *adj.* vmesen
interminable *adj.* neskončen
intermission *n.* odmor

intermittent *adj.* v presledkih
intern *v.* internirati
internal *adj.* notranji
international *adj.* mednaroden
internet *n.* svetovni splet
interplay *n.* vzajemno učinkovanje
interpret *v.* tolmačiti
interpreter *n.* tolmač
interracial *adj.* medrasen
interrelate *v.* povezati
interrogate *v.* zaslišati
interrogative *adj.* vprašujoč
interrupt *v.* prekiniti
interruption *n.* prekinitev
intersect *v.* križati
interstate *n.* meddržaven
interval *n.* presledek
intervene *v.* posredovati
intervention *n.* posredovanje
interview *n.* intervju
intestine *n.* črevo
intimacy *n.* intimnost
intimate *adj.* intimen
intimidate *v.* ustrahovati
intimidation *n.* ustrahovanje
into *prep.* v
intolerable *adj.* nedopusten
intolerant *adj.* nestrpen
intone *v.* naglasiti
intoxicate *v.* opiti
intoxication *n.* opitost
intractable *adj.* neobvladljiv
intranet *n.* intranet
intransitive *adj.* neprehoden
intrepid *adj.* neustrašen
intricate *adj.* zapleten
intrigue *v.* spletkariti
intrinsic *adj.* notranji
introduce *v.* predstaviti
introduction *n.* uvod
introductory *adj.* uvoden

introspect *v.* pogledati v svojo notranjost
introspection *n.* introspekcija
introvert *n.* introvertna oseba
intrude *v.* vsiliti
intrusion *n.* vsiljevanje
intrusive *adj.* vsiljiv
intuition *n.* intuicija
intuitive *n.* intuitiven
inundate *v.* poplaviti
invade *v.* vdreti
invalid *n.* invalid
invalidate *v.* razveljaviti
invaluable *adj.* neprecenljiv
invariable *adj.* nespremenljiv
invasion *n.* vpad
invective *n.* žalitev
invent *v.* izumiti
invention *n.* izum
inventor *n.* izumitelj
inventory *n.* popis
inverse *adj.* obraten
invert *v.* obrniti
invest *v.t.* vložiti
investigate *v.* preiskovati
investigation *n.* preiskava
investment *n.* naložba
invigilate *adj.* nadzorovati študente
invigilator *n.* nadzornik pri izpitu
invincible *adj.* nepremagljiv
inviolable *adj.* neranljiv
invisible *adj.* neviden
invitation *n.* povabilo
invite *v.* povabiti
inviting *adj.* vabljiv
invocation *n.* prošnja
invoice *n.* račun
invoke *v.* vzbuditi
involuntary *adj.* neprostovoljen
involve *v.* vplesti se
invulnerable *adj.* neranljiv

inward *adj.* navznoter
irate *adj.* besen
ire *n.* srd
iris *n.* šarenica
irksome *v.* utrudljiv
iron *n.* železo
ironical *adj.* posmehljiv
irony *n.* posmehovanje
irradiate *v.* obsevati
irrational *adj.* nerazumen
irreconcilable *adj.* nezdružljiv
irredeemable *adj.* neodkupljiv
irrefutable *adj.* neizpodbiten
irregular *adj.* nepravilen
irregularity *n.* nepravilnost
irrelevant *adj.* nepomemben
irreplaceable *adj.* nenadomestljiv
irresistible *adj.* neustavljivo privlačen
irresolute *adj.* neodločen
irrespective *adj.* neupoštevajoč
irresponsible *adj.* neodgovoren
irreversible *adj.* nepovraten
irrevocable *adj.* nepreklicen
irrigate *v.* namakati
irrigation *n.* namakanje
irritable *adj.* razdražljiv
irritant *n.* dražilo
irritate *v.* dražiti
irruption *n.* vdor
Islam *n.* islam
island *n.* otok
isle *n.* otoček
islet *n.* otoček
isobar *n.* izobara
isolate *v.* osamiti
isolation *n.* osamljenost
issue *n.* sporno vprašanje
it *pron.* ono
italic *adj.* kurziven
itch *v.i.* srbeti
itchy *adj.* srbeč

item *n.* kos
iterate *v.* ponavljati
itinerary *n* itinerar
itself *pron.* ono samo;se;sebi
ivory *n.* slonovina
ivy *n.* bršljan

jab *v.* zbodljaj
jabber *v.* klepetati
jack *n.* fant (karte)
jackal *n.* šakal
jackass *n.* bedak
jacket *n.* jakna
jackpot *n.* glavni dobitek
Jacuzzi *n.* masažna kad
jade *n.* žad
jaded *adj.* naveličan
jagged *adj.* škrbast
jail *n.* zapor
jailer *n.* ječar
jam *v.t.* zamašiti
jam *n.* džem
jamboree *n.* popivanje
janitor *n.* hišnik
January *n.* januar
jar *n.* kozarec
jargon *n.* žargon
jasmine *n.* jasmin
jaundice *n.* zlatenica
jaunt *n.* izlet
jaunty *adj.* živahen
javelin *n.* kopje
jaw *n.* čeljust
jay *n.* lahkovernež
jazz *n.* jazz
jazzy *adj.* jazzovski
jealous *adj.* ljubosumen

jealousy *n.* ljubosumje
jeans *n.* kavbojke
jeep *n.* džip
jeer *v.* posmehovati se
jelly *n.* želatina
jellyfish *n.* meduza
jeopardize *v.* ogroziti
jeopardy *n.* nevarnost
jerk *n.* sunek
jerkin *n.* anorak
jerry can *n.* kanta
jersey *n.* džersi
jest *n.* šala
jester *n.* burkež
jet *n.* reaktivno letalo
jet lag *n.* izčrpanost zaradi časovne razlike
jewel *n.* dragulj
jeweller *n.* draguljar
jewellery *n.* nakit
jibe *n.* roganje
jig *n.* poskočen ples
jiggle *v.* potresti
jigsaw *n.* vbodna žaga
jingle *n.* zvončkljanje
jinx *n.* smola
jitters *n.* živčnost
job *n.* služba
jockey *n.* džokej
jocose *adj.* razposajen
jocular *v.t.* norčav
jog *v.* sunek
joggle *v.* stresti
join *v.* združiti
joiner *n.* stavbni mizar
joint *n.* skupen
joist *n.* prečni tram
joke *n.* šala
joker *n.* šaljivec
jolly *adj.* vesel
jolt *v.t.* suniti
jostle *v.t.* porivati

jot *v.t.* zabeležiti
journal *n.* revija
journalism *n.* novinarstvo
journalist *n.* novinar
journey *n.* potovanje (po kopnem)
jovial *adj.* vesel
joviality *adv.* veselost
joy *n.* veselje
joyful *adj.* radosten
joyous *adj.* radosten
jubilant *adj.* radosten
jubilation *n.* slavje
jubilee *n.* jubilej
judge *n.* sodnik
judgement *n.* presoja
judicial *adj.* soden
judiciary *n.* pravosodje
judicious *adj.* preudaren
judo *n.* judo
jug *n.* vrč
juggle *v.* žonglirati
juggler *n.* žongler
juice *n.* sok
juicy *adj.* sočen
July *n.* julij
jumble *n.* zmešnjava
jumbo *adj.* velik
jump *v.i* skočiti
jumper *n.* skakalec
jumper *n.* pulover
junction *n.* križišče
juncture *n.* stik
June *n.* junij
jungle *n.* džungla
junior *adj.* mlajši
junior *n.* mlajši (od dveh)
junk *n.* krama
Jupiter *n.* Jupiter
jurisdiction *n.* sodna oblast
jurisprudence *n.* pravna veda
jurist *n.* pravnik

juror *n.* porotnik
jury *n.* porota
just *adj.* pravičen
justice *n.* pravičnost
justifiable *adj.* upravičen
justification *n.* utemeljenost
justify *v.* upravičiti
jute *n.* juta
juvenile *adj.* mladoleten

kaftans *n.* kaftani
kaleidoscope *n.* kalejdoskop
kangaroo *n.* kenguru
karaoke *n.* karaoke
karate *n.* karate
karma *n.* karma
kebab *n.* kebab
keel *n.* gredelj
keen *adj.* vnet
keenness *n.* vnema
keep *v.* ohraniti
keeper *n.* varuh
keeping *n.* varstvo
keepsake *n.* spominek
keg *n.* sodček
kennel *n.* pesjak
kerb *n.* robnik
kerchief *n.* ruta
kernel *n.* jedrce
kerosene *n.* kerozin
ketchup *n.* kečap
kettle *n.* čajnik
key *n.* ključ
keyboard *n.* tipkovnica
keyhole *n.* odprtina ključavnice
kick *v.* brcniti
kid *n.* otrok

kidnap *v.* ugrabiti
kidney *n.* ledvica
kill *v.* ubiti
killing *n.* smrtonosen
kiln *n.* lončarska peč
kilo *n.* kila
kilobyte *n.* kilobajt
kilometre *n.* kilometer
kilt *n.* kilt
kimono *n.* kimono
kin *n.* sorodstvo
kind *n.* ljubezniv
kindergarten *n.* otroški vrtec
kindle *v.* vzbuditi
kindly *adv.* prijazno
kinetic *adj.* kinetičen
king *n.* kralj
kingdom *n.* kraljevina
kink *n.* vozel
kinship *n.* sorodnost
kiss *v.t.* poljubiti
kit *n.* oprema
kitchen *n.* kuhinja
kite *n.* papirnat zmaj
kith *n.* prijatelji
kitten *n.* mucka
kitty *n.* skupna blagajna
knack *n.* spretnost
knacker *v.* konjederec
knave *n.* lopov
knead *v.* gnesti
knee *n.* koleno
kneel *v.* klečati
knickers *n.* hlačke
knife *n.* nož
knight *n.* vitez
knighthood *n.* viteštvo
knit *v.* plesti
knob *n.* gumb
knock *v.* trkati
knot *n.* vozel
knotty *adj.* grčav

know v. vedeti
knowing adj. pretkan
knowledge n. znanje
knuckle n. členek
kosher adj. košer
kudos n. sloves
kung fu n. kung fu

label n. etiketa
labial adj. ustničen
laboratory n. laboratorij
laborious adj. mučen
labour n. delo
labourer n. fizični delavec
labyrinth n. labirint
lace n. čipka
lacerate v. raztrgati
lachrymose adj. solzen
lack n. pomanjkanje
lackey n. lakaj
lacklustre adj. medel
laconic adj. lakoničen
lacquer n. lak
lacrosse n. kanadska športna igra
lactate v. izločati mleko
lactose n. mlečni sladkor
lacuna n. vrzel
lacy adj. čipkast
lad n. fant
ladder n. lestev
laden n. otovorjen
ladle n. zajemalka
lady n. dama
ladybird n. pikapolonica
lag v. zaostajati
lager n. ležak (pivo)
laggard n. počasnež

lagging n. izolacija
lagoon n. laguna
lair n. brlog
lake n. jezero
lamb n. jagnje
lambast v. premlatiti
lame adj. hrom
lament n. tožba
lamentable adj. obžalovanja vreden
laminate v. laminat
lamp n. svetilka
lampoon v. sramotilni spis
lance n. kopje
lancer n. suličar
lancet n. kirurški nožič
land n. kopno
landing n. pristajanje
landlady n. posestnica
landlord n. stanodajalec
landscape n. pokrajina
lane n. ulica
language n. jezik
languid adj. brezbrižen
languish v. tičati
lank adj. vitek
lanky adj. dolginski
lantern n. laterna
lap n. naročje
lapse n. spodrsljaj
lard n. mast
larder n. shramba
large adj. velik
largesse n. velikodušnost
lark n. škrjanec
larva n. ličinka
larynx n. grlo
lasagne n. lazanja
lascivious adj. opolzek
laser n. laser
lash v. bičati
lashings n. bičanje

lass *n.* deklica
last *adj.* zadnji
lasting *adj.* vztrajen
latch *n.* zapah
late *adj.* pozen
lately *adv.* v zadnjem času
latent *adj.* latenten
lath *n.* letev
lathe *n.* stružnica
lather *n.* milnica
latitude *n.* zemljepisna širina
latrine *n.* latrina
latte *n.* bela kava
latter *adj.* slednji
lattice *n.* mreža
laud *v.* hvaliti
laudable *adj.* hvalevreden
laugh *v.* smeh
laughable *adj.* smešen
laughter *n.* smeh
launch *v.* izstrelitev
launder *v.* prati in likati perilo
launderette *n.* pralnica
laundry *n.* umazano perilo
laurel *n.* lovorika
laureate *n.* nagrajenec
lava *n.* lava
lavatory *n.* umivalnica
lavender *n.* sivka
lavish *adj.* razkošen
law *n.* pravo
lawful *adj.* zakonski
lawless *adj.* nezakonit
lawn *n.* trata
lawyer *n.* odvetnik
lax *adj.* ohlapen
laxative *n.* odvajalo
laxity *n.* ohlapnost
lay *v.* položiti
layer *n.* plast
layman *n.* laik
laze *v.* lenariti

lazy *adj.* len
leach *v.* precejati
lead *n.* svinec
lead *v.* plombirati
leaden *adj.* svinčen
leader *n.* vodja
leadership *n.* vodstvo
leaf *n.* list
leaflet *n.* letak
league *n.* liga
leak *v.* puščati
leakage *n.* prepuščanje
lean *v.* vitek
leap *v.* skočiti
learn *v.* naučiti se
learned *adj.* naučen
learner *n.* učenec
learning *n.* učenje
lease *n.* zakup
leash *n.* povodec
least *adj.& pron.* najmanj
leather *n.* usnje
leave *v.t.* pustiti
lecture *n.* predavanje
lecturer *n.* predavatelj
ledge *n.* polica
ledger *n.* knjiga
leech *n.* pijavka
leek *n.* por
left *n.* leva stran
leftist *n.* levičar
leg *n.* noga
legacy *n.* zapuščina
legal *adj.* praven
legality *n.* zakonitost
legalize *v.* uzakoniti
legend *n.* legenda
legendary *adj.* legendaren
leggings *n.* hlačne nogavice
legible *adj.* berljiv
legion *n.* legija
legislate *v.* dajati zakone

legislation *n.* zakonodaja
legislative *adj.* zakonodajen
legislator *n.* zakonodajalec
legislature *n.* zakonodajno telo
legitimacy *n.* zakonitost
legitimate *adj.* zakonit
leisure *n.* lagodje
leisurely *adj.* lagoden
lemon *n.* limona
lemonade *n.* limonada
lend *v.* posoditi
length *n.* dolžina
lengthy *adj.* dolgotrajen
leniency *n.* prizanesljivost
lenient *adj.* prizanesljiv
lens *n.* objektiv
lentil *n.* leča
Leo *n.* lev (v zodiaku)
leopard *n.* leopard
leper *n.* gobavec
leprosy *n.* gobavost
lesbian *n.* lezbijka
less *adj. & pron.* manj
lessee *n.* najemnik
lessen *v.* zmanjšati
lesser *adj.* manjši
lesson *n.* lekcija
lessor *n.* zakupodajalec
lest *conj.* da ne bi
let *v.* dopustiti
lethal *adj.* smrtonosen
lethargic *adj.* lenoben
lethargy *n.* lenobnost
letter *n.* pismo
level *n.* raven
lever *n.* vzvod
leverage *n.* delovanje vzvoda
levity *n.* lahkomiselnost
levy *v.* vpoklicati v vojsko
lewd *adj.* pohoten
lexical *adj.* leksikalen
lexicon *n.* leksikon

liability *n.* obveznost
liable *adj.* odgovoren
liaise *v.* povezati se
liaison *n.* sodelovanje
liar *n.* lažnivec
libel *n.* klevetniški spis
liberal *adj.* liberalen
liberate *v.* osvoboditi
liberation *n.* osvoboditev
liberator *n.* osvoboditelj
liberty *n.* svoboda
libido *n.* libido
Libra *n.* tehtnica (v zodiaku)
librarian *n.* knjižničar
library *n.* knjižnica
licence *n.* licenca
licensee *n.* lastnik licence
licentious *adj.* razuzdan
lick *v.* lizati
lid *n.* pokrov
lie *v.* laž
liege *n.* fevdalec
lien *n.* zaplemba
lieu *n.* namesto koga
lieutenant *n.* poročnik
life *n.* življenje
lifeless *adj.* brez življenja
lifelong *adj.* dosmrten
lift *v.t.* dvigniti
ligament *n.* vez
light *n.* svetloba
lighten *v.* razsvetliti
lighter *n.* vžigalnik
lighting *n.* razsvetlitev
lightly *adv.* zlahka
lightening *n.* olajšanje
lignite *n.* lestenec
like *prep.* kot
likeable *adj.* všečen
likelihood *n.* verjetnost
likely *adj.* verjeten
liken *v.* primerjati

likeness *n.* podobnost
likewise *adv.* enako
liking *n.* naklonjenost
lilac *n.* španski bezeg
lily *n.* lilija
limb *n.* ud
limber *v.* razgibavati
limbo *n.* vice
lime *n.* apno
limelight *n.* reflektor
limerick *n.* šaljiva pesmica
limit *n.* skrajnost
limitation *n.* omejitev
limited *adj.* omejen
limousine *n.* limuzina
limp *v.* šepati
line *n.* črta
lineage *n.* poreklo
linen *n.* laneno platno
linger *v.* muditi se
lingerie *n.* žensko spodnje perilo
lingo *n.* latovščina
lingua *n.* jezik
lingual *n.* jezikoven
linguist *adj.* jezikoslovec
linguistic *adj.* jezikoslovan
lining *n.* podloga
link *n.* povezava
linkage *n.* spojitev
linseed *n.* laneno seme
lintel *n.* nadpražnik
lion *n.* lev
lip *n.* ustnica
liposuction *n.* liposukcija
liquefy *v.* utekočiniti
liquid *n.* tekočina
liquidate *v.* poravnati dolg
liquidation *n.* poravnava dolga
liquor *n.* žgana pijača
lisp *n.* šuštenje
lissom *adj.* gibčen
list *n.* seznam

listen *v.* poslušati
listener *n.* poslušalec
listless *adj.* brezvoljen
literal *adj.* dobeseden
literary *adj.* književen
literate *adj.* pismen
literature *n.* književnost
lithe *adj.* upogljiv
litigant *n.* pravdar
litigate *v.* pravdati se
litigation *n.* pravda
litre *n.* liter
litter *n.* stelja
little *adj.* majhen
live *v.* živeti
livelihood *n.* preživljanje
lively *adj.* živahen
liven *v.* poživiti
liver *n.* jetra
livery *n.* bolan na jetrih
living *n.* preživljanje
lizard *n.* kuščar
load *n.* tovor
loaf *n.* hlebec
loan *n.* posojilo
loath *adj.* nenaklonjen
loathe *v.* gnusiti se
loathsome *adj.* ogaben
lobby *n.* preddverje
lobe *n.* reženj
lobster *n.* jastog
local *adj.* krajeven
locale *n.* prizorišče
locality *n.* kraj
localize *v.* lokalizirati
locate *v.* odkriti
location *n.* lokacija
lock *n.* ključavnica
locker *n.* omarica s ključavnico
locket *n.* medaljon
locomotion *n.* premikanje
locomotive *n.* lokomotiva

locum *n.* začasni namestnik
locus *n.* mesto
locust *n.* kobilica
locution *n.* izražanje
lodge *n.* koča
lodger *n.* najemnik
lodging *n.* nastanitev
loft *n.* podstrešje
lofty *adj.* zelo visok
log *n.* hlod
logarithm *n.* logaritem
logic *n.* logika
logical *adj.* logičen
logistics *n.* logistika
logo *n.* logotip
loin *n.* ledje
loiter *v.* lenariti
loll *v.* povesiti
lollipop *n.* lizika
lolly *n.* bombon
lone *adj.* osamel
loneliness *n.* osamljenost
lonely *adj.* osamljen
loner *n.* samotar
lonesome *adj.* samoten
long *adj.* dolg
longevity *n.* dolgoživost
longing *n.* hrepenenje
longitude *n.* zemljepisna dolžina
loo *n.* stranišče
look *v.* pogledati
look *n* pogled
lookalike *n.* dvojnik
loom *n.* statve
loop *n.* zanka
loose *adj.* ohlapen
loosen *v.* sprostiti se
loot *n.* plen
lop *v.* obrezati
lope *v.* dolg korak
lopsided *adj.* poševen
lord *n.* gospodar

lordly *adj.* gosposki
lore *n.* nauk
lorry *n.* tovornjak
lose *v.* izgubiti
loss *n.* izguba
lot *pron.* veliko
lotion *n.* losjon
lottery *n.* loterija
lotus *n.* lotos
loud *adj.* glasen
lounge *v.* poležavati
lounge *n.* dnevna soba
louse *n.* uš
lousy *adj.* ušiv
lout *n.* surovež
Louvre *n.* Louvre
lovable *adj.* ljubezni vreden
love *n.* ljubezen
lovely *adj.* ljubek
lover *n.* ljubimec
low *adj.* nizek
lower *adj.* spodnji
lowly *adj.* ponižen
loyal *adj.* zvest
loyalist *n.* lojalist
lozenge *n.* pastila
lubricant *n.* mazivo
lubricate *v.* podmazati
lubrication *n.* podmazanje
lucent *adj.* sijajen
lucid *adj.* jasen
lucidity *adv.* jasnost
luck *n.* sreča
luckless *adj.* brez sreče
lucky *adj.* srečen
lucrative *adj.* donosen
lucre *n.* pohlep
ludicrous *adj.* norčav
luggage *n.* prtljaga
lukewarm *adj.* mlačen
lull *v.* uspavati
lullaby *n.* uspavanka

luminary *n.* nebesno telo
luminous *adj.* žareč
lump *n.* kepa
lunacy *n.* norost
lunar *adj.* lunaren
lunatic *n.* blaznež
lunch *n.* kosilo
luncheon *n.* svečano kosilo
lung *n.* pljuča
lunge *n.* sunek
lurch *n.* opotekanje
lure *v.* zvabiti
lurid *adj.* šokanten
lurk *v.* prežati
luscious *adj.* slasten
lush *adj.* bujen
lust *n.* sla
lustful *adj.* pohoten
lustre *n.* lesk
lustrous *adj.* bleščeč
lusty *adj.* čil
lute *n.* lutnja
luxuriant *adj.* bohoten
luxurious *adj.* razkošen
luxury *n.* razkošje
lychee *n.* liči
lymph *n.* limfa
lynch *n.* linčanje
lyre *n.* lira
lyric *n.* liričen
lyrical *adj.* lirski
lyricist *n.* lirik

macabre *adj.* pošasten
machine *n.* stroj
machinery *n.* stroji
macho *adj.* mačističen

mackintosh *n.* gumirana tkanina
mad *adj.* nor
madam *n.* gospa
madcap *adj.* nepremišljen
Mafia *n.* mafija
magazine *n.* revija
magenta *n.* škrlatna barva
magic *n.* čarovnija
magician *n.* čarovnik
magisterial *adj.* sodniški
magistrate *n.* mirovni sodnik
magnanimous *adj.* velikodušen
magnate *n.* veljak
magnet *n.* magnet
magnetic *adj.* magneten
magnetism *n.* magnetizem
magnificent *adj.* veličasten
magnify *v.* povečati
magnitude *n.* magnituda
magpie *n.* sraka
mahogany *n.* mahagonovina
mahout *n.* indijski gonjač slonov
maid *n.* služkinja
maiden *n.* deklica
mail *n.* pošta
mail order *n.* naročilo po pošti
maim *v.* pohabiti
main *adj.* glaven
mainstay *n.* temelj
maintain *v.* vzdrževati
maintenance *n.* vzdrževanje
maisonette *n.* garsonjera
majestic *adj.* veličasten
majesty *n.* veličanstvo
major *adj.* glaven
majority *n.* večina
make *v.* izdelati
make-up *n.* ličilo
making *n.* izdelovanje
maladjusted *adj.* vedenjsko moten
maladministration *n.* slabo

vodenje
malady *n.* bolezen
malaise *n.* nelagodje
malaria *n.* malarija
malcontent *n.* nezadovoljstvo
male *n.* moški
malediction *n.* kletev
malefactor *n.* hudodelec
malformation *n.* spačenost
malfunction *v.* slabo delovati
malice *n.* zloba
malicious *adj.* zloben
malign *adj.* obrekovati
malignant *adj.* zločest
mall *n.* nakupovalno središče
malleable *adj.* koven
mallet *n.* leseno kladivo
malnutrition *n.* podhranjenost
malpractice *n.* prestopek
malt *n.* slad
maltreat *v.* maltretirati
mammal *n.* sesalec
mammary *adj.* prsen
mammon *n.* bogastvo
mammoth *n.* mamut
man *n.* človek; mož
manage *v.* uspeti
manageable *adj.* obvladljiv
management *n.* vodstvo
manager *n.* vodja
managerial *adj.* vodstven
mandate *n.* mandat
mandatory *adj.* obvezen
mane *n.* griva
manful *adj.* možat
manganese *n.* mangan
manger *n.* korito
mangle *v.* razkosati
mango *n.* mango
manhandle *n.* grobo ravnati z
manhole *n.* vstopna odprtina v kanal

manhood *n.* moškost
mania *n.* manija
maniac *n.* norec
manicure *n.* manikira
manifest *adj.* očiten
manifestation *n.* manifestacija
manifesto *n.* manifest
manifold *adj.* mnogoter
manipulate *v.* manipulirati
manipulation *n.* manipulacija
mankind *n.* človeštvo
manly *adj.* možat
manna *n.* mana
mannequin *n.* izložbena lutka
manner *n.* način
mannerism *n.* manirizem
manoeuvre *n.* manever
manor *n.* fevdalno posestvo
manpower *n.* delovna sila
mansion *n.* graščina
mantel *n.* polica nad kaminom
mantle *n.* ogrinjalo
mantra *n.* mantra
manual *adj.* ročen
manufacture *v.* proizvajati
manufacturer *n.* izdelovalec
manumission *n.* osvoboditev od suženjstva
manure *n.* gnoj
manuscript *n.* rokopis
many *adj.* mnogi
map *n.* zemljevid
maple *n.* javor
mar *v.* poškodovati
marathon *n.* maraton
maraud *v.* opleniti
marauder *n.* plenilec
marble *n.* marmor
march *n.* korakanje
march *v.* korakati
mare *n.* kobila
margarine *n.* margarina

margin *n.* marža
marginal *adj.* obroben
marigold *n.* žametnica
marina *n.* marina
marinade *n.* marinada
marinate *v.* marinirati
marine *adj.* morski
mariner *n.* mornar
marionette *n.* marioneta
marital *adj.* zakonski
maritime *adj.* pomorski
mark *n.* oznaka
marker *n.* zaznamovalec
market *n.* sejem
marketing *n.* tržništvo
marking *n.* zaznamovanje
marksman *n.* dober strelec
marl *n.* lapor
marmalade *n.* marmelada
maroon *n.* kostanjeva barva
marquee *n.* velik šotor
marriage *n.* poroka
marriageable *adj.* goden za zakon
marry *v.* poročiti se
Mars *n.* Mars
marsh *n* barje
marshal *n.* maršal
marshmallow *n.* penica
marsupial *n.* vrečar
mart *n.* trgovsko središče
martial *adj.* bojevniški
martinet *n.* strog predstojnik
martyr *n.* mučenec
martyrdom *n.* mučeništvo
marvel *v.i* čuditi se
marvellous *adj.* čudovit
Marxism *n.* marksizem
marzipan *n.* marcipan
mascara *n.* maskara
mascot *n.* maskota
masculine *adj.* moški

mash *v.t* tlačiti
mask *n.* maska
masochism *n.* mazohizem
mason *n.* zidar
masonry *n.* zidarstvo
masquerade *n.* maškarada
mass *n.* množica
massacre *n.* pokol
massage *n.* masaža
masseur *n.* maser
massive *adj.* masiven
mast *n.* jambor
master *n.* gospodar
mastermind *n.* vodilna osebnost
masterpiece *n.* mojstrovina
mastery *n.* spretnost
masticate *v.* žvečiti
masturbate *v.* samozadovoljevati se
mat *n.* rogoznica
matador *n.* matador
match *n.* vžigalica
matchmaker *n.* ženitni posrednik
mate *n.* tovariš
material *n.* materialen
materialism *n.* materializem
materialize *v.* uresničiti
maternal *adj.* materinski
maternity *n.* materinstvo
mathematical *adj.* matematičen
mathematician *n.* matematik
mathematics *n.* matematika
matinee *n.* matineja
matriarch *n.* matriarh
matricide *n.* umor matere
matriculate *v.* vpisati se na univerzo
matriculation *n.* vpis na univerzo
matrimonial *adj.* zakonski
matrimony *n.* zakon
matrix *n.* matrica

matron *n.* matrona
matter *n.* zadeva
mattress *n.* vzmetnica
mature *adj.* zrel
maturity *n.* zrelost
maudlin *adj.* jokav
maul *v.* zmrcvariti
maunder *v.* trobezljati
mausoleum *n.* mavzolej
maverick *n.* posebnež
maxim *n.* maksima
maximize *v.* maksimizirati
maximum *n.* maksimum
May *n.* maj
may *v.* smeti
maybe *adv.* morda
mayhem *n.* pohabljenje
mayonnaise *n.* majoneza
mayor *n.* župan
maze *n.* labirint
me *pron.* mene;me;meni;mi
mead *n.* medica
meadow *n.* travnik
meagre *adj.* boren
meal *n.* obrok
mealy *adj.* mokast
mean *v.* nameravati
meander *v.* vijugati
meaning *n.* pomen
means *n.* sredstvo
meantime *adv.* medtem
meanwhile *adv.* medtem
measles *n.* ošpice
measly *adj.* ošpičast
measure *v.* meriti
measure *a.* mera
measured *adj.* odmerjen
measurement *n.* merjenje
meat *n.* meso
mechanic *n.* mehanik
mechanical *adj.* mehanski
mechanics *n.* mehanika

mechanism *n.* mehanizem
medal *n.* medalja
medallion *n.* medaljon
medallist *v.i.* dobitnik medalje
meddle *v.* vmešati se
media *n.* mejdiji
median *adj.* srednji
mediate *v.* posredovati
mediation *n.* posredovanje
medic *n.* zdravnik
medical *adj.* zdravniški
medication *n.* zdravljenje
medicinal *adj.* zdravilen
medicine *n.* zdravilo
medieval *adj.* srednjeveški
mediocre *adj.* povprečen
mediocrity *n.* povprečnost
meditate *v.* meditirati
mediation *n.* meditacija
meditative *adj.* meditativen
Mediterranean *adj.* Sredozemlje
medium *n.* medij
medley *n.* mešanica
meek *adj.* pohleven
meet *v.* srečati
meeting *n.* srečanje
mega *adj.* velikanski
megabyte *n.* megabajt
megahertz *n.* megaherc
megalith *n.* megalit
megalithic *adj.* meglitski
megaphone *n.* megafon
megapixel *n.* megapiksel
melamine *n.* melamin
melancholia *n.* otožnost
melancholy *n.* melanholija
melange *n.* zmes
meld *n.* izklicanje
melee *n.* pretep
meliorate *v.* izboljšati
mellow *adj.* sočen
melodic *adj.* melodičen

melodious *adj.* melodiozen
melodrama *n.* melodrama
melodramatic *adj.* melodramatičen
melody *n.* melodija
melon *n.* melona
melt *v.* taliti
member *n.* član
membership *n.* članstvo
membrane *n.* membrana
memento *n.* spomin na
memo *n.* dopis
memoir *n.* avtobiografija
memorable *adj.* nepozaben
memorandum *n.* zaznamek
memorial *n.* spominska svečanost
memory *n.* spomin
menace *n.* grožnja
mend *v.* popraviti
mendacious *adj.* lažen
mendicant *adj.* berač
menial *adj.* služabniški
meningitis *n.* meningitis
menopause *n.* menopavza
menstrual *adj.* menstruacijski
menstruation *n.* mesečno perilo
mental *adj.* duševen
mentality *n.* duševnost
mention *v.* omeniti
mentor *n.* mentor
menu *n.* meni
mercantile *adj.* trgovski
mercenary *adj.* dobičkaželjen
merchandise *n.* trgovsko blago
merchant *n.* trgovec
merciful *adj.* usmiljen
mercurial *adj.* živosrebrn
mercury *n.* živo srebro
mercy *n.* usmiljenje
mere *adj.* samo;sam
meretricious *adj.* vlačugarski
merge *v.* združiti

merger *n.* združitev
meridian *n.* poldnevnik
merit *n.* zasluga
meritorious *adj.* zaslužen
mermaid *n.* morska deklica
merry *adj.* vesel
mesh *n.* medprostor
mesmeric *adj.* hipnotičen
mesmerize *v.* hipnotizirati
mess *n.* nered
message *n.* sporočilo
messenger *n.* sel
messiah *n.* mesija
messy *adj.* neurejen
metabolism *n.* presnova
metal *n.* kovina
metallic *adj.* kovinski
metallurgy *n.* metalurgija
metamorphosis *n.* preobrazba
metaphor *n.* metafora
metaphysical *adj.* metafizičen
metaphysics *n.* metafizika
mete *v.* odmeriti
meteor *n.* meteor
meteoric *adj.* meteorski
meteorology *n.* vremenoslovje
meter *n.* števec
method *n.* metoda
methodical *adj.* metodičen
methodology *n.* metodologija
meticulous *adj.* pikolovski
metre *n.* meter
metric *adj.* metrski
metrical *adj.* metričen
metropolis *n.* metropola
metropolitan *adj.* metropolitanski
mettle *n.* pogum
mettlesome *n.* pogumen
mew *v.* mijavkati
mews *n.* mijavkanje
mezzanine *n.* mezanin

miasma *n.* miazma
mica *n.* sljuda
microbiology *n.* mikrobiologija
microchip *n.* mikročip
microfilm *n.* mikrofilm
micrometer *n.* mikrometer
microphone *n.* mikrofon
microprocessor *n.* mikroprocesor
microscope *n.* mikroskop
microscopic *adj.* mikroskopski
microsurgery *n.* mikrokirurgija
microwave *n.* mikrovalovka
mid *adj.* med
midday *n.* poldan
middle *adj.* srednji
middleman *n.* posrednik
middling *adj.* povprečen
midget *n.* pritlikavec
midnight *n.* polnoč
midriff *n.* prepona
midst *adj.* sredi
midsummer *adj.* sredina poletja
midway *adv.* na pol poti
midwife *n.* babica
might *v.* moči
mighty *adj.* mogočen
migraine *n.* migrena
migrant *n.* migrant
migrate *v.* seliti se
migration *n.* selitev
mild *adj.* mil
mile *n.* milja
mileage *n.* miljarina
milestone *n.* mejnik
milieu *n.* milije
militant *adj.* bojevit
militant *n.* bojevnik
military *adj.* vojaški
militate *v.* boriti se
militia *n.* milica
milk *n.* mleko
milkshake *n.* mlečni napitek

milky *adj.* mlečen
mill *n.* mlin
millennium *n.* tisočletje
millet *n.* proso
milligram *n.* miligram
millimetre *n.* milimeter
milliner *n.* klobučar
million *n.* milijon
millionaire *n.* milijonar
millipede *n.* stonoga
mime *n.* mimični igralec
mime *n.* komedijant
mimic *n.* mimik
mimicry *n.* oponašanje
minaret *n.* minaret
mince *v.* sesekljati
mind *n.* um
mindful *adj.* obziren
mindless *adj.* nespameten
mine *pron.* moj
mine *n.* rudnik
miner *n.* rudar
mineral *n.* mineral
mineralogy *n.* mineralogija
minestrone *n.* mineštra
mingle *v.* družiti se z
mini *adj.* mini
miniature *adj.* miniaturen
minibus *n.* minibus
minicab *n.* mini avto (taksi)
minim *n.* polovinka
minimal *adj.* minimalen
minimize *v.* minimalizirati
minimum *n.* minimum
minion *n.* ljubljenec
miniskirt *n.* mini krilo
minister *n.* minister
ministerial *adj.* ministrski
ministry *n.* ministrstvo
mink *n.* kuna zlatica
minor *adj.* manjši
minority *n.* manjšina

minster *n.* stolnica
mint *n.* meta
minus *prep.* minus
minuscule *adj.* majhen
minute *n.* minuta
minute *adj.* zelo majhen
minutely *adv.* podrobno
minx *n.* spogledljivka
miracle *n.* čudež
miraculous *adj.* čudežen
mirage *n.* privid
mire *n.* blato
mirror *n.* zrcalo
mirth *n.* prešernost
mirthful *adj.* veder
misadventure *n.* nezgoda
misalliance *n.* neenaka zveza
misapply *v.* zlorabljati
misapprehend *v.* napačno razumeti
misapprehension *n.* nesporazum
misappropriate *v.* poneveriti
misappropriation *v.* poneverba
misbehave *v.* nespodobno se vesti
misbehaviour *n.* nespodobno vedenje
misbelief *n.* napačno mnenje
miscalculate *v.* napačno izračunati
miscalculation *n.* napaka v računu
miscarriage *n.* spontani splav
miscarry *v.* splaviti
miscellaneous *adj.* mešan
mischance *n.* smola
mischief *n.* hudobija
mischievous *adj.* hudoben
misconceive *v.* napačno si predstavljati
misconception *n.* napačna predstava
misconduct *n.* slabo vodstvo

misconstrue *v.* napačno si razlagati
miscreant *n.* nizkotnež
misdeed *n.* zločin
misdemeanour *n.* prekršek
misdirect *v.* napačno nasloviti
miser *n.* skopuh
miserable *adj.* ubog
miserly *adj.* skop
misery *n.* beda
misfire *v.* odpovedati
misfit *n.* obstranec
misfortune *n.* nesreča
misgive *v.* napolniti z dvomom
misgiving *n.* pomislek
misguide *v.* speljati na krivo pot
mishandle *v.* slabo ravnati
mishap *n.* nesreča
misinform *v.* napačno obvestiti
misinterpret *v.* napačno razložiti
misjudge *v.* napačno presoditi
mislay *v.* založiti
mislead *v.* speljati
mismanagement *n.* slabo gospodarjenje
mismatch *n.* neujemanje
misnomer *n.* napačno poimenovanje
misplace *v.* napačno namestiti
misprint *n.* tiskarski škrat
misquote *v.* napačno citirati
misread *v.* napačno brati
misrepresent *v.* napačno prikazati
misrule *n.* slaba vlada
miss *v.* zgrešiti
miss *n.* gospodična
missile *n.* izstrelek
missing *adj.* manjkajoč
mission *n.* misija
missionary *n.* misijonar
missive *n.* poslanica
misspell *v.* napačno črkovati

mist *n.* meglica
mistake *n.* napaka
mistaken *adj.* zmoten
mistletoe *n.* omela
mistreat *v.* grdo ravnati
mistress *n.* gospodarica
mistrust *v.* ne zaupati
misty *adj.* meglen
misunderstand *v.* napačno razumeti
misunderstanding *n.* nesporazum
misuse *v.* zloraba
mite *n.* pršica
mitigate *v.* olajšati
mitigation *n* olajšanje
mitre *n.* mitra
mitten *n.* palčnik (rokavica)
mix *v.* mešati
mixer *n.* mešalnik
mixture *n.* zmes
moan *n.* stok
moat *n.* trdnjavski jarek
mob *n.* drhal
mobile *adj.* premičen
mobility *n.* premičnost
mobilize *v.* mobilizirati
mocha *n.* kava moka
mock *v.* zasmehovati se
mockery *n.* posmeh
modality *n.* modalnost
mode *n.* način
model *n.* model
modem *n.* modem
moderate *adj.* zmeren
moderation *n.* zmernost
moderator *n.* moderator
modern *adj.* sodoben
modernity *n.* sodobnost
modernize *v.* modernizirati
modernism *n.* modernizem
modest *adj.* skromen

modesty *n.* skromnost
modicum *n.* malenkost
modification *n.* sprememba
modify *v.t.* prilagoditi
modish *adj.* moden
modulate *v.* modulirati
module *n.* modul
moil *v.* garati
moist *adj.* vlažen
moisten *v.* navlažiti
moisture *n.* vlaga
moisturize *v.* ovlažiti
molar *n.* kočnik
molasses *n.* melasa
mole *n.* znamenje
molecular *adj.* molekulski
molecule *n.* molekula
molest *v.* nadlegovati
molestation *n.* nadlegovanje
mollify *v.* pomiriti
molten *adj.* stopljen
moment *n.* trenutek
momentary *adj.* trenuten
momentous *adj.* pomemben
momentum *n.* zagon
monarch *n.* monarh
monarchy *n.* monarhija
monastery *n.* samostan
monastic *adj.* samostanski
monasticism *n.* meništvo
Monday *n.* ponedeljek
monetarism *n.* monetarizem
monetary *adj.* denaren
money *n.* denar
monger *n.* prodajalec
mongoose *n.* mungo
mongrel *n.* mešanec
monitor *n.* svarilec
monitory *adj.* svarilen
monk *n.* menih
monkey *n.* opica
mono *n.* mono

monochrome *n.* enobarvna slika v odtenkih
monocle *n.* enoočnik
monocular *adj.* enook
monody *n.* žalostinka
monogamy *n.* monogamija
monogram *n.* monogram
monograph *n.* monografija
monolatry *n.* enoboštvo
monolith *n.* monolit
monologue *n.* samogovor
monophonic *adj.* monofoničen
monopolist *n.* monopolist
monopolize *v.* monopolizirati
monopoly *n.* monopol
monorail *n.* enotirna železnica
monosyllable *n.* enozložnica
monotheism *n.* monoteizem
monotheist *n.* monoteist
monotonous *adj.* enoličen
monotony *n.* eoličnost
monsoon *n.* monsun
monster *n.* pošast
monstrous *n.* pošasten
monstrous *adj.* spačen
montage *n.* montaža
month *n.* mesec
monthly *adj.* mesečen
monument *n.* spomenik
monumental *adj.* spomeniški
moo *v.* mukati
mood *n.* razpoloženje
moody *adj.* čemeren
moon *n.* luna
moonlight *n.* mesečina
moor *n.* barje
moorings *n.* sidrišče
moot *adj.* sporen
mop *n.* pomivalno omelo
mope *v.* kujati se
moped *n.* moped
moraine *n.* ledeniška groblja

moral *adj.* moralen
morale *n.* morala
moralist *n.* moralist
morality *n.* moralnost
moralize *v.* moralizirati
morass *n.* močvirje
morbid *adj.* morbiden
morbidity *adv.* morbidnost
more *n.* več
moreover *adv.* razen tega
morganatic *adj.* morganatičen
morgue *n.* mrtvašnica
moribund *adj.* umirajoč
morning *n.* jutro
moron *n.* duševno zaostal človek
morose *adj.* čemeren
morphine *n.* morfin
morphology *n.* oblikoslovje
morrow *n.* naslednji dan
morsel *n.* zalogaj
mortal *adj.* smrten
mortality *n.* umrljivost
mortar *n.* malta
mortgage *n.* hipoteka
mortgagee *n.* hipotekarni upnik
mortgagor *n.* hipotekarni dolžnik
mortify *v.* ponižati
mortuary *n.* mrtvašnica
mosaic *n.* mozaik
mosque *n.* mošeja
mosquito *n.* komar
moss *n.* mah
most *n.* večina
mote *n.* drobec
motel *n.* motel
moth *n.* molj
mother *n.* mati
mother *n.* octov cvet
motherboard *n.* matična plošča
motherhood *n.* materinstvo
mother-in-law *n.* tašča
motherly *adj.* materinski

motif *n.* motiv
motion *n.* premikanje
motionless *adj.* nepremičen
motivate *v.* motivirati
motivation *n.* motivacija
motive *n.* razlog
motley *adj.* pisan
motor *n.* motor
motorcycle *n.* motorno kolo
motorist *n.* avtomobilist
motorway *n.* avtocesta
mottle *n.* lisavost
motto *n.* geslo
mould *n.* kalup
moulder *v.* prepereti
moulding *n.* oblikovanje
moult *v.* leviti se
mound *n.* gomila
mount *v.* vzpenjati se
mountain *n.* gora
mountaineer *n.* planinec
mountaineering *n.* alpinizem
mountainous *adj.* gorat
mourn *v.* žalovati
mourner *n.* žalujoči
mournful *adj.* žalosten
mourning *n.* žalovanje
mouse *n.* miš
mousse *n.* pena
moustache *n.* brki
mouth *n.* usta
mouthful *n.* grižljaj
movable *adj.* premičen
move *v.* premikati
movement *n.* gibanje
mover *n.* povzročitelj
movies *n.* kino
moving *adj.* ganljiv
mow *v.* kositi
mozzarella *n.* mocarela
much *pron.* mnogo
mucilage *n.* rastlinska sluz

muck *n.* gnoj
mucous *adj.* sluzast
mucus *n.* sluz
mud *n.* blato
muddle *v.* zbegati
muesli *n.* kosmiči
muffin *n.* kolaček
muffle *v.* pridušiti
muffler *n.* dušilec
mug *n.* vrček
muggy *adj.* soparen
mulatto *n.* mulat
mulberry *n.* murva
mule *n.* mula
mulish *adj.* trmast
mull *v.* zmešati
mullah *n.* mula (naziv)
mullion *n.* oknjak
multicultural *adj.* multikulturen
multifarious *adj.* mnogovrsten
multiform *adj.* raznolik
multilateral *adj.* večstranski
multimedia *n.* večpredstavnost
multiparous *adj.* ki skoti naenkrat več mladičev
multiple *adj.* mnogokraten
multiplex *n.* multipleks
multiplication *n.* množenje
multiplicity *n.* mnogoterost
multiply *v.* razmnožiti
multitude *n.* moštvo
mum *n.* mami
mumble *v.* zamomljati
mummer *n.* igralec v pantomimi
mummify *v.* mumificirati
mummy *n.* mumija
mumps *n.* mumps
munch *v.* žvečiti
mundane *adj.* svetovljanski
municipal *adj.* občinski
municipality *n.* občina
munificent *adj.* velikodušen

muniment *n.* listina o pravicah
munitions *n.* strelivo
mural *n.* stenska podoba
murder *n.* umor
murderer *n.* morilec
murk *n.* tema
murky *adj.* temačen
murmur *v.* mrmrati
muscle *n.* mišica
muscovite *n.* Moskovčan
muscular *adj.* mišičnat
muse *n.* muza
museum *n.* muzej
mush *n.* kaša
mushroom *n.* goba
music *n.* glasba
musical *adj.* glasben
musician *n.* glasbenik
musk *n.* mošus
musket *n.* mušketa
musketeer *n.* mušketir
Muslim *n.* musliman
muslin *v.* muslin
mussel *n.* školjka
must *v.* morati
mustang *n.* mustang
mustard *n.* gorčica
muster *v.* zbrati se
musty *adj.* plesniv
mutable *adj.* spremenljiv
mutate *v.* spremeniti
mutation *n.* mutacija
mutative *v.* ki se nenadoma spremeni
mute *adj.* nem
mutilate *v.* pohabiti
mutilation *n.* pohabljenje
mutinous *adj.* uporniški
mutiny *n.* upor
mutter *v.* momljati
mutton *n.* ovčetina
mutual *adj.* vzajemen

muzzle *n.* nagobčnik
muzzy *adj.* topoglav
my *adj.* moj
myalgia *n.* mišični revmatizem
myopia *n.* kratkovidnost
myopic *adj.* kratkoviden
myosis *n.* zoženje zenice
myriad *n.* miriada
myrrh *n.* mira
myrtle *n.* mirta
myself *pron.* jaz sam;se;si;me;mi
mysterious *adj.* skrivnosten
mystery *n.* skrivnost
mystic *n.* mistik
mystical *adj.* mističen
mysticism *n.* mistika
mystify *v.* mistificirati
mystique *n.* mističnost
myth *n.* mit
mythical *adj.* mitičen
mythological *adj.* mitološki
mythology *n.* mitologija

N

nab *v.* zalotiti
nabob *n* bogataš
nacho *n.* nacho
nadir *n.* nadir
nag *v.t.* zbadati
nail *n.* noht
naivety *n.* naivnost
naked *adj.* gol
name *n.* ime
namely *n.* in sicer
namesake *n.* soimenjak
nanny *n.* varuška
nap *n.* dremež
nape *n.* tilnik

naphthalene *n.* naftalin
napkin *n.* prtiček
nappy *n.* plenica
narcissism *n.* narcizem
narcissus *n.* narcisa
narcotic *n.* narkotik
narrate *v.* pripovedovati
narration *n.* pripovedovanje
narrative *n.* pripovedka
narrator *n.* pripovedovalec
narrow *adj.* ozek
nasal *adj.* nosen
nascent *adj.* nastajajoč
nasty *adj.* zoprn
natal *adj.* rojsten
natant *adj.* plavajoč
nation *n.* narod
national *adj.* naroden
nationalism *n.* nacionalizem
nationalist *n.* nacionalističen
nationality *n.* državljanstvo
nationalization *n.* podržavljenje
nationalize *v.* podržaviti
native *n.* domačin
nativity *n.* rojstvo
natty *adj.* izbran
natural *adj.* naraven
naturalist *n.* naravoslovec
naturalize *v.* naturalizirati
naturalization *n.* naturalizacija
naturally *adv.* naravno
nature *n.* narava
naturism *n.* naturizem
naughty *adj.* poreden
nausea *n.* slabost
nauseate *v.* iti na bljuvanje
nauseous *adj.* nagnusen
nautical *adj.* navtičen
naval *adj.* pomorski
nave *n.* glavna ladja
navigable *adj.* ploven
navigate *v.* krmariti

navigation *n.* plovba
navigator *n.* navigator
navy *n.* mornarica
nay *adv.* in celo
near *adv.* blizu
nearby *adv.* bližnji
near *v.i.* približevati se
nearest *adj.* najbližji
nearly *adv.* skoraj
neat *adj.* čeden
nebula *n.* meglica
nebulous *adj.* moten
necessarily *adv.* nujno
necessary *adj.* nujen
necessitate *v.* potrebovati
necessity *n.* nujnost
neck *n.* vrat
necklace *n.* ogrlica
necklet *n.* verižica
necromancy *n.* čarodejstvo
necropolis *n.* nekropola
nectar *n.* nektar
nectarine *n.* nektarina
need *v.* potrebovati
needful *adj.* potreben
needle *n.* šivanka
needless *adj.* nepotreben
needy *adj.* ubožen
nefarious *adj.* zloben
negate *v.* zanikati
negation *n.* zanikanje
negative *adj.* negativen
negativity *n.* negativnost
neglect *v.* zanemarjati
negligence *n.* nemarnost
negligent *adj.* nemaren
negligible *adj.* brezpomemben
negotiable *adj.* tržen
negotiate *v.* pogajati se
negotiation *n.* pogajanje
negotiator *n.* pogajalec
negress *n.* črnka

negro *n.* črnec
neigh *n.* rezgetati
neighbour *n.* sosed
neighbourhood *n.* soseščina
neighbourly *adj.* prijateljski
neither *adj.* nobeden
nemesis *n.* poguba
neoclassical *adj.* neoklasicističen
Neolithic *adj.* neolitski
neon *n.* neon
neophyte *n.* neofit
nephew *n.* nečak
nepotism *n.* nepotizem
Neptune *n.* Neptun
nerd *n.* obsedenec
Nerve *n.* živec
nerveless *adj.* brez živcev
nervous *adj.* živčen
nervy *adj.* prenapet
nest *n.* gnezdo
nestle *v.* ugnezditi se
nestling *n.* ptičji mladič
net *n.* mreža
nether *adj.* dolnji
netting *n.* mreženje
nettle *n.* kopriva
network *n.* omrežje
neural *adj.* živčen
neurologist *n.* nevrolog
neurology *n.* nevrologija
neurosis *n.* nevroza
neurotic *adj.* nevrotičen
neuter *adj.* srednjega spola
neutral *adj.* nevtralen
neutralize *v.* nevtralizirati
neutron *n.* nevtron
never *adv.* nikoli
nevertheless *adv.* vendar
new *adj.* nov
newly *adv.* na novo
news *n.* novica
next *adj.* naslednji

nexus *n.* vez
nib *n.* konica
nibble *v.* glodati
nice *adj.* fin
nicety *n.* natančnost
niche *n.* niša
nick *n.* zareza
nickel *n.* nikelj
nickname *n.* vzdevek
nicotine *n.* nikotin
niece *n.* nečakinja
niggard *n.* skopuh
niggardly *adj.* skop
nigger *n.* črnuh
niggle *v.* dlakocepiti
nigh *adv.* blizu
night *n.* noč
nightingale *n.* slavec
nightmare *n.* mora
nightie *n.* spalna srajca
nihilism *n.* nihilizem
nil *n.* nič
nimble *adj.* gibčen
nimbus *n.* svetniški sij
nine *adj. & n.* devet
nineteen *adj. & n.* devetnajst
nineteenth *adj. & n.* devetnajsti
ninetieth *adj. & n.* devetdeseti
ninth *adj. & n.* deveti
ninety *adj. & n.* devetdeset
nip *v.* uščipniti
nipple *n.* bradavička
nippy *adj.* hiter
nirvana *n.* nirvana
nitrogen *n.* dušik
no *adj.* noben
nobility *n.* plemstvo
noble *adj.* plemenit
nobleman *n.* plemič
nobody *pron.* nihče
nocturnal *adj.* nočen
nod *v.* kimati

node *n.* vozel
noise *n.* hrup
noisy *adj.* hrupen
nomad *n.* nomad
nomadic *adj.* nomadski
nomenclature *n.* nomenklatura
nominal *adj.* nominalen
nominate *v.* imenovati
nomination *n.* nominacija
nominee *n.* nominiranec
non-alignment *n.* neuvrščenost
nonchalance *n.* nonšalanca
nonchalant *adj.* ravnodušen
nonconformist *n.* odpadnik
none *pron.* nobeden
nonentity *n.* neobstoj
nonplussed *adj.* osupel
nonetheless *a.* nič manj
nonpareil *adj.* brez primere
nonplussed *adj.* osupel
nonsense *n.* nesmisel
nonstop *adj.* neprekinjen
noodles *n.* rezanci
nook *n.* kotiček
noon *n.* poldan
noose *n.* zanka
nor *conj.&adv.* niti
Nordic *adj.* nordijski
norm *n.* norma
normal *adj.* normalen
normalcy *n.* normalnost
normalize *v.* normalizirati
normative *adj.* normativen
north *n.* sever
northerly *adj.* severen
northern *adj.* severen
nose *n.* nos
nostalgia *n.* domotožje
nostril *n.* nosnica
nostrum *n.* mazaško zdravilo
nosy *adj.* radoveden
not *adv.* ne

notable *adj.* pomemben
notary *n.* notar
notation *n.* notacija
notch *n.* zareza
note *n.* beležka
notebook *n.* notesnik
noted *adj.* opažen
noteworthy *adj.* omembe vreden
nothing *pron.* nič
notice *n.* obvestilo
noticeable *adj.* opazen
noticeboard *n.* oglasna deska
notfiable *adj.* kar je treba prijaviti
notification *n.* objava
notify *v.* javiti
notion *n.* ideja
notional *adj.* idejen
notoriety *n.* razvpitost
notorious *prep.* razvpit
notwithstanding *prep.* vključ
nougat *n.* mandolat
nought *n.* ničla
noun *n.* samostalnik
nourish *v.* vzdrževati
nourishment *n.* prehrana
novel *n.* roman
novelette *n.* povest
novelist *n.* romanopisec
novelty *n.* novost
November *n.* november
novice *n.* novinec
now *adv.* zdaj
nowhere *adv.* nikamor
noxious *adj.* škodljiv
nozzle *n.* šoba
nuance *n.* niansa
nubile *a.* privlačen
nuclear *adj.* jedrski
nucleus *n.* jedro
nude *adj.* gol
nudge *v.* dregniti
nudist *n.* nudist

nudity *n.* golota
nudge *v.* dregniti
nugatory *adj.* malenkosten
nugget *n.* zlato zrno
nuisance *n.* nadloga
null *adj.* neveljaven
nullification *n.* razveljavitev
nullify *v.* razveljaviti
numb *adj.* odrevenel
number *n.* številka
numberless *adj.* neštevilen
numeral *n.* števnik
numerator *n.* števec
numerical *adj.* številčen
numerous *adj.* številen
nun *n.* nuna
nunnery *n.* nunski samostan
nuptial *adj.* svatben
nurse *n.* bolniška sestra
nursery *n.* otroška soba
nurture *v.* vzgajati
nut *n.* oreh
nutrient *n.* hranilo
nutrition *n.* prehrana
nutritious *adj.* redilen
nutritive *adj.* hranljiv
nutty *adj.* poln orehov
nuzzle *v.* podrgniti se
nylon *n.* najlon
nymph nimfa

oaf *n.* butec
oak *n.* hrast
oar *n.* veslo
oasis *n.* oaza
oat *n.* oves
oath *n.* prisega

oatmeal *n.* ovsena kaša
obduracy *n.* neomajnost
obdurate *adj.* neomajen
obedience *n.* ubogljivost
obedient *adj.* ubogljiv
obeisance *n.* spoštovanje
obesity *n.* debelost
obese *adj.* debel
obey *v.* ubogati
obfuscate *v.* potemniti
obituary *n.* osmrtnica
object *n.* predmet
objection *n.* ugovor
objectionable *adj.* sporen
objective *adj.* objektiven
objectively *adv.* objektivno
oblation *n.* daritev
obligated *adj.* obvezan
obligation *n.* obveznost
obligatory *adj.* obvezen
oblige *v.* prisiliti
obliging *adj.* uslužen
oblique *adj.* poševen
obliterate *v.* uničiti
obliteration *n.* izbris
oblivion *n.* pozaba
oblivious *adj.* ne meneč se
oblong *adj.* podolgovat
obloquy *n.* kleveta
obnoxious *adj.* ogaben
obscene *adj.* opolzek
obscenity *n.* opolzkost
obscure *adj.* zakoten
obscurity *n.* zakotnost
observance *n.* izpolnjevanje
observant *adj.* opazujoč
observation *n.* opazovanje
observatory *n.* observatorij
observe *v.* opazovati
obsess *v.* obsesti
obsession *n.* obsedenost
obsolescent *adj.* postajati zastarel

obsolete *adj.* zastarel
obstacle *n.* ovira
obstinacy *n* svojeglavost
obstinate *adj.* svojeglav
obstruct *v.* ovirati
obstruction *n.* ovira
obstructive *adj.* ovirajoč
obtain *v.* pridobiti
obtainable *adj.* ki se ga da dobiti
obtrude *v.* vsiljevati
obtuse *adj.* omejen
obverse *n.* lična stran
obviate *v.* obiti
obvious *adj.* očiten
occasion *n.* priložnost
occasional *adj.* priložnosten
occasionally *adv.* občasno
occident *n.* zahod
occidental *adj.* zahodnjaški
occlude *v.* zapreti
occult *n.* okultno
occupancy *n.* najem
occupant *n.* najemnik
occupation *n.* okupacija
occupational *adj.* poklicen
occupy *v.* zasesti
occur *v.* zgoditi se
occurrence *n.* dogodek
ocean *n.* ocean
oceanic *adj.* oceanski
octagon *n.* osmerokotnik
octave *n.* oktava
octavo *n.* oktav
October *n.* oktober
octogenarian *n.* osemstopična vrstica
octopus *n.* hobotnica
octroi *n.* mitnina
ocular *adj.* očesen
odd *adj.* čuden
oddity *n.* čudaštvo
odds *n.* možnost

ode *n.* oda
odious *adj.* osovražen
odium *n.* nepriljubljenost
odorous *adj.* dišeč
odour *n.* vonj
odyssey *n.* odisejada
of *prep.* od
off *adv.* stran
offence *n.* prekršek
offend *v.* zagrešiti
offender *n.* storilec
offensive *adj.* napadalen
offer *v.* ponudba
offering *n.* ponujanje
office *n.* pisarna
officer *n.* uradnik
official *adj.* uraden
officially *adv.* uradno
officiate *v.* uradovati
officious *adj.* pretirano uslužen
offset *v.* izravnati
offshoot *n.* poganjek
offshore *adj.* oddaljen od obale
offside *adj.* ofsajd
offspring *n.* potomec
oft *adv.* često
often *adv.* pogosto
ogle *v.* zaljubljen pogled
oil *n.* olje
oil *a.* nafta
oily *adj.* oljnat
ointment *n.* mazilo
okay *adj.* odobriti
old *adj.* star
oligarchy *n.* oligarhija
olive *n.* oliva
Olympic *adj.* olimpijski
omelette *n.* omleta
omen *n.* znamenje
ominous *adj.* zlovešč
omission *n.* izpustitev
omit *v.* izpustiti

omnibus *n.* omnibus
omnipotence *n.* vsemogočnost
omnipotent *adj.* vsemogočen
omnipresence *n.* vseprisotnost
omnipresent *adj.* vseprisoten
omniscience *n.* vsevednost
omniscient *adj.* vseveden
on *prep.* na
once *adv.* enkrat
one *n. & adj.* eden
oneness *n.* edinost
onerous *adj.* težaven
oneself *pron.* sam sebe;sebi;se
onion *n.* čebula
onlooker *n.* opazovalec
only *adv.* samo
onomatopoeia *n.* onomatopija
onset *n.* začetek
onslaught *n.* silovit napad
ontology *n.* ontologija
onus *n.* breme
onward *adv.* naprej
onyx *n.* oniks
ooze *v.i.* izločati
opacity *n.* motnost
opal *n.* opal
opaque *adj.* neprepusten
open *adj.* odprt
opening *n.* otvoritev
openly *adv.* odkrito
opera *n.* opera
operate *v.* delovati
operation *n.* delovanje
operational *adj.* operativen
operative *adj.* delujoč
operator *n.* upravljač
opine *v.* meniti
opinion *n.* mnenjski
opium *n.* opij
opponent *n.* nasprotnik
opportune *adj.* primeren
opportunism *n.* preračunljivost

opportunity *n.* priložnost
oppose *v.* nasprotovati
opposite *adj.* nasproten
opposition *n.* nasprotje
oppress *v.* zatirati
oppression *n.* zatiranje
oppressive *adj.* zatiralen
oppressor *n.* zatiralec
opt *v.* izbirati
optic *adj.* očesen
optician *n.* optik
optimism *n.* optimizem
optimist *n.* optimist
optimistic *adj.* optimističen
optimize *v.* optimizirati
optimum *adj.* optimalen
option *n.* izbira
optional *adj.* neobvezen
opulence *n.* bogastvo
opulent *adj.* razkošen
or *conj.* ali
oracle *n.* preročišče
oracular *adj.* preroški
oral *adj.* usten
orally *adv.* ustno
orange *n.* pomaranča
oration *n.* govor
orator *n.* govornik
oratory *n.* govorništvo
orb *n.* krogla
orbit *n.* orbita
orbital *adj.* orbitalen
orchard *n.* sadovnjak
orchestra *n.* orkester
orchestral *adj.* orkestralen
orchid *n.* orhideja
ordeal *n.* težka preizkušnja
order *n.* red
orderly *adj.* reden
ordinance *n.* odlok
ordinarily *adv.* navadno
ordinary *adj.* navaden

ordnance *n.* topništvo
ore *n.* ruda
organ *n.* organ
organic *adj.* organski
organism *n.* organizem
organization *n.* organizacija
organize *v.* organizirati
orgasm *n.* orgazem
orgy *n.* orgija
orient *n.* orient
oriental *adj.* orientalski
orientate *v.* orientirati se
origami *n.* origami
origin *n.* poreklo
original *adj.* izviren
originality *n.* izvirnost
originate *v.* izvirati iz
originator *n.* začetnik
ornament *n.* okrasek
ornamental *adj.* okrasen
ornamentation *n.* okrasitev
ornate *adj.* bogato okrašen
orphan *n.* sirota
orphanage *n.* sirotišnica
orthodox *adj.* pravoveren
orthodoxy *n.* pravovernost
orthopaedics *n.* ortopedija
oscillate *v.* nihati
oscillation *n.* nihanje
ossify *v.* okosteneti
ostensible *adj.* navidezen
ostentation *n.* prikazovanje
osteopathy *n.* osteopatija
ostracize *v.* pregnati
ostrich *n.* noj
other *adj. & pron.* drug
otherwise *adv.* drugače
otiose *adj.* odvečen
otter *n.* vidra
ottoman *n.* otomana
ounce *n.* unča
our *adj.* naš

ourselves *pron.* mi sami;nas same;se;si
oust *v.* izriniti
out *adv.* zunaj
outbid *v.* prekosati
outboard *adj.* na zunanji strani palube
outbreak *n.* upor
outburst *n.* izbruh
outcast *n.* izobčenec
outclass *v.* premagati
outcome *n.* izid
outcry *n.* vzklik
outdated *adj.* zastarel
outdo *v.* prekositi
outdoor *adj.* na prostem
outer *adj.* zunanji
outfit *n.* oprema
outgoing *adj.* odhajajoč
outgrow *v.* prerasti
outhouse *n.* stransko poslopje
outing *n.* izlet
outlandish *adj.* čuden
outlast *v.* trajati dlje kot
outlaw *n.* izobčenec
outlay *n.* izdatek
outlet *n.* ventil
outline *n.* obris
outlive *v.* preživeti
outlook *n.* razgled
outlying *adj.* odročen
outmoded *adj.* zastarel
outnumber *v.* številčno prekašati
outpatient *n.* ambulantni bolnik
outpost *n.* predstraža
output *n.* proizvodnja
outrage *n.* ogorčenje
outrageous *adj.* nezaslišan
outrider *n.* spremljevalec na konju
outright *adv.* odkrito
outrun *v.* prehiteti v teku

outset *n.* začetek
outshine *v.* zasenčiti
outside *n.* zunaj
outsider *n.* obstranec
outsize *adj.* prevelik
outskirts *n.* obrobje
outsource *v.* izkoriščati zunanje vire
outspoken *adj.* odkrit
outstanding *adj.* izreden
outstrip *v.* preteči koga
outward *adj.* zunanji
outwardly *adv.* na zunaj
outweigh *v.* biti težji
outwit *v.* pretentati
oval *adj.* ovalen
ovary *n.* jajčnik
ovate *adj.* jajčast
ovation *n.* ovacija
oven *n.* pečica
over *prep.* čez
overact *v.* pretiravati
overall *adj.* celoten
overawe *v.* ustrahovati
overbalance *v.* izgubiti ravnotežje
overbearing *adj.* nadut
overblown *adj.* preveč razcveten
overboard *adv.* čez palubo
overburden *v.* preobremeniti
overcast *adj.* oblačen
overcharge *v.* preveč zaračunati
overcoat *n.* površnik
overcome *v.* premagati
overdo *v.* pretiravati
overdose *n.* prevelik odmerek
overdraft *n.* prekoračitev
overdraw *v.* prenapeti
overdrive *n.* hitra prestava
overdue *adj.* zapadel
overestimate *v.* preceniti
overflow *v.* preplaviti
overgrown *adj.* preraščen

overhaul *v.* natančno pregledati
overhead *adv.* zgoraj
overhear *v.* prisluškovati
overjoyed *adj.* navdušen
overlap *v.* prekrivati
overleaf *adv.* na drugi strani
overload *v.* preobremeniti
overlook *v.* prezreti
overly *adv.* preveč
overnight *adv.* prek noči
overpass *n.* nadvoz
overpower *v.* nadvladati
overrate *v.* preceniti
overreach *v.* presegati
overreact *v.* odzvati se čustveno
override *v.* prejahati
overrule *v.* zavrniti
overrun *v.* preplaviti
overseas *adv.* prek morja
oversee *v.* nadzirati
overseer *n.* nadzornik
overshadow *v.* zasenčiti
overshoot *v.* prenagliti se
oversight *n.* spregledanje
overspill *n.* razlitek
overstep *v.* prekoračiti
overt *adj.* javen
overtake *v.* prehiteti
overthrow *v.* premagati
overtime *n* nadurno delo
overtone *n.* prizvok
overture *n.* uvertura
overturn *v.* prevrat
overview *n.* pregled
overweening *adj.* prevzeten
overwhelm *v.* preplaviti
overwrought *adj.* prenapet
ovulate *v.* ovulirati
owe *n.* dolg
owing *adj.* še neplačan
owl *n.* sova
own *adj. & pron.* lasten

owner *n.* lastnik
ownership *n.* lastništvo
ox *n.* vol
oxide *n.* oksid
oxygen *n.* kisik
oyster *n.* ostriga
ozone *n* ozon

pace *n.* korak
pacemaker *n.* vodnik
pacific *n.* Pacifik
pacifist *n.* pacifist
pacify *v.* pomiriti
pack *n.* krdelo
package *n.* zavitek
packet *n.* zavojček
packing *n.* embalaža
pact *n.* pakt
pad *n.* blok
padding *n.* blazinjenje
paddle *n.* veslo
paddock *n.* ograda
padlock *n.* obešanka
paddy *n.* neoluščen riž
paediatrician *n.* pediater
paediatrics *n.* pediatrija
paedophile *n.* pedofil
pagan *n.* pogan
page *n.* stran
pageant *n.* svečanost
pageantry *n.* sijajen prizor
pagoda *n.* pagoda
pail *n.* vedro
pain *n.* bolečina
painful *adj.* boleč
painkiller *n.* anestetik
painstaking *adj.* vesten

paint *n.* barva
painter *n.* slikar
painting *n.* slika
pair *n.* par
paisley *n.* vzorčasto blago
pal *n.* prijatelj
palace *n.* palača
palatable *adj.* okusen
palatal *adj.* neben
palate *n.* nebo
palatial *adj.* razkošen
pale *adj.* bled
palette *n.* paleta
paling *n.* plot
pall *n.* pokrov krste
pallet *n.* slamnjača
palm *n.* dlan
palmist *n.* vedeževalec
palmistry *n.* vedeževanje z dlani
palpable *adj.* otipljiv
palpitate *v.* utripati
palpitation *n.* utripanje
palsy *n.* ohromelost
paltry *adj.* pičel
pamper *v.* razvajati
pamphlet *n.* pamflet
pamphleteer *n.* pamfletist
pan *n.* ponev
panacea *n.* panaceja
panache *n.* perjanica
pancake *n.* palačinka
pancreas *n.* trebušna slinavka
panda *n.* panda
pandemonium *n.* pandemonij
pane *n.* šipa
panegyric *n.* hvalnica
panel *n.* panel
pang *n.* zbodljaj
panic *n.* panika
panorama *n.* panorama
pant *v.* sopsti
pantaloon *n.* ozke moške hlače

pantheism *n.* panteizem
pantheist *adj.* panteist
panther *n.* panter
panties *n.* hlačke
pantomime *n.* pantomima
pantry *n.* shramba
pants *n.* hlače
papacy *n.* papeštvo
papal *adj.* papeški
paper *n.* papir
paperback *n.* mehko vezana knjiga
par *n.* enakost
parable *n.* parabola
parachute *n.* padalo
parachutist *n.* padalec
parade *n.* parada
paradise *n.* raj
paradox *n.* protislovje
paradoxical *adj.* protisloven
paraffin *n.* parafin
paragon *n.* vzgled
paragraph *n.* odstavek
parallel *n.* vzporednica
parallelogram *n.* paralelogram
paralyse *v.* ohromiti
paralysis *n.* paraliza
paralytic *adj.* paralitičen
paramedic *n.* reševalec
parameter *n.* parameter
paramount *adj.* najvišji
paramour *n.* ljubimec
paraphernalia *n.* osebni predmeti
paraphrase *v.* parafrazirati
parasite *n.* zajedalec
parasol *n.* sončnik
parcel *n.* paket
parched *adj.* izsušen
pardon *n.* oprostitev
pardonable *adj.* odpustljiv
pare *v.* lupiti

parent *n.* starš
parentage *n.* poreklo
parental *adj.* starševski
parenthesis *n.* vmesni stavek
pariah *n.* parija
parish *n.* župnija
parity *n.* enakopravnost
park *n.* park
parky *adj.* mrzel
parlance *n.* govorica
parley *n.* pogajanje
parliament *n.* parlament
parliamentarian *n.* poslanec
parliamentary *adj.* parlamentaren
parlour *n.* sprejemnica
parochial *adj.* župnijski
parody *n.* parodija
parole *n.* pogojni izpust
parricide *n.* očetomor
parrot *n.* papiga
parry *v.* prestreči
parse *v.* razčleniti
parsimony *n.* varčnost
parson *n.* župnik
part *n.* del
partake *v.* udeležiti se
partial *adj.* delen
partiality *n.* pristranskost
participate *v.* udeležiti se
participant *n.* udeleženec
participation *n.* udeležba
particle *n.* delec
particular *adj.* določen
parting *n.* slovo
partisan *n.* strankar
partition *n.* delitev
partly *adv.* delno
partner *n.* partner
partnership *n.* partnerstvo
party *n.* stranka
pass *v.* iti mimo

passable *adj.* prehoden
passage *n.* prehod
passenger *n.* potnik
passing *adj.* kratkotrajen
passion *n.* strast
passionate *adj.* strasten
passive *adj.* pasiven
passport *n.* potni list
past *adj.* minuli
pasta *n.* testenine
paste *n.* testo
pastel *n.* pastel
pasteurized *adj.* pasteriziran
pastime *n.* razvedrilo
pastor *n.* pastor
pastoral *adj.* pastoralen
pastry *n.* pecivo
pasture *n.* pašnik
pasty *n.* pasteta
pat *v.* trepljati
patch *n.* zaplata
patchy *adj.* krpast
patent *n.* patent
paternal *adj.* očetovski
paternity *n.* očetovstvo
path *n.* steza
pathetic *adj.* beden
pathology *n.* patologija
pathos *n.* patos
patience *n.* potrpežljivost
patient *adj.* potrpežljiv
patient *n.* pacient
patio *n.* terasa
patisserie *n.* pekarna
patriarch *n.* patriarh
patricide *n.* očetomor
patrimony *n.* patrimonij
patriot *n.* domoljub
patriotic *adj.* domoljuben
patriotism *n.* domoljubje
patrol *v.* patruljirati
patron *n.* pokrovitelj

patronage *n.* pokroviteljstvo
patronize *v.* patronizirati
pattern *n.* vzorec
patty *n.* majhna pasteta
paucity *n.* malenkost
paunch *n.* vamp
pauper *n.* revež
pause *n.* premor
pave *v.* tlakovati
pavement *n.* pločnik
pavilion *n.* paviljon
paw *n.* šapa
pawn *n.* zastavljena stvar
pawnbroker *n.* zastavljalničar
pay *v.* plačati
payable *n.* plačljiv
payee *n.* prejemnik plačila
payment *n.* plačilo
pea *n.* grah
peace *n.* mir
peaceable *adj.* miroljuben
peaceful *adj.* miren
peach *n.* breskev
peacock *n.* pav
peahen *n.* pavica
peak *n.* vrh
peaky *adj.* koničast
peal *n.* donenje
peanut *n.* kikiriki
pear *n.* hruška
pearl *n.* biser
peasant *n.* kmet
peasantry *n.* kmečko prebivalstvo
pebble *n.* prodnik
pecan *n.* ameriški oreh
peck *v.i.* kavsniti
peculiar *adj.* svojski
pedagogue *n.* pedagog
pedagogy *n.* pedagogika
pedal *n.* nožen
pedant *n.* pikolovec

pedantic *adj.* pikolovski
peddle *v.* preprodajati
pedestal *n.* piedestal
pedestrian *n.* pešec
pedicure *n.* pedikura
pedigree *n.* rodovnik
pedlar *n.* krošnjar
pedometer *n.* pedometer
peek *v.* kukati
peel *n.* olupek
peep *v.* pokukati
peer *n.* vrstnik
peer *v.* zagledati se
peerage *n.* plemištvo
peerless *adj.* brez primere
peg *n.* kljukica
pejorative *adj.* slabšalen
pelican *n.* pelikan
pellet *n.* kroglica
pelmet *n.* karnisa
pelt *v.* obmetavati
pelvis *n.* medenica
pen *n.* pisalo
penal *adj.* kazenski
penalize *v.* kaznovati
penalty *n.* kazen
penance *n.* pokora
penchant *n.* naklonjenost
pencil *n.* svinčnik
pendant *n.* obesek
pendent *adj.* viseč
pending *adj.* nerešen
pendulum *n.* nihalo
penetrate *v.* prodreti
penetration *n.* vdor
penguin *n.* pingvin
peninsula *n.* polotok
penis *n.* penis
penitent *adj.* spokorniški
penniless *adj.* brez denarja
penny *n.* peni
pension *n.* pokojnina

pensioner *n.* upokojenec
pensive *adj.* zamišljen
pentagon *n.* peterokotnik
penthouse *n.* pristrešek
penultimate *adj.* predzadnji
people *n.* ljudje
pepper *n.* poper
peppermint *n.* mentol
peptic *adj.* prebaven
per *prep.* na
perambulate *v.t.* prehoditi
perceive *v.* zaznati
perceptible *adj.* zaznaven
percentage *n.* odstotek
perceptible *adj.* dojemljiv
perception *n.* dojemanje
perceptive *adj.* dojeten
perch *n.* opazovališče
percipient *adj.* zaznavajoč
percolate *v.* cediti
percolator *n.* cedilo
perdition *n.* prekletstvo
perennial *adj.* večleten
perfect *adj.* popoln
perfection *n.* popolnost
perfidious *adj.* nezvest
perforate *v.* preluknjati
perforce *adv.* s silo
perform *v.* uprizoriti
performance *n.* predstava
performer *n.* umetnik
perfume *n.* parfum
perfume *adv.* dišava
perfunctory *adj.* površen
perhaps *adv.* mogoče
peril *n.* nevarnost
perilous *adj.* nevaren
period *n.* obdobje
periodic *adj.* ki se redno ponavlja
periodical *adj.* periodičen
periphery *n.* obrobje

perish *v.* propadati
perishable *adj.* pokvarljiv
perjure *v.* krivo priseči
perjury *n.* kriva prisega
perk *v.* šopiriti se
perky *adj.* predrzen
permanence *n.* trajnost
permanent *adj.* trajen
permeable *adj.* prepusten
permissible *adj.* dopusten
permission *n.* dovoljenje
permissive *adj.* dovoljujoč
permit *v.* dopustiti
permutation *n.* zamena
pernicious *adj.* poguben
perpendicular *adj.* pravokoten
perpetrate *v.* zagrešiti
perpetual *adj.* nenehen
perpetuate *v.t.* ovekovečiti
perplex *v.* zbegati
perplexity *n.* zmedenost
perquisite *n.* postranski dohodek
Perry *n.* hruškov mošt
persecute *v.* preganjati
persecution *n.* preganjanje
perseverance *n.* stanovitnost
persevere *v.i.* vzdržati
persist *v.* vztrajati
persistence *n.* vztrajnost
persistent *adj.* vztrajen
person *n.* posameznik
persona *n.* karakter
personage *n.* vloga
personal *adj.* oseben
personality *n.* osebnost
personification *n.* utelešenje
personify *v.* poosebiti
personnel *n.* osebje
perspective *n.* perspektiva
perspicuous *adj.* razumljivost
perspiration *n.* znojenje
perspire *v.t.* izpotiti

persuade *v.* prepričati
persuasion *n.* prepričevanje
pertain *v.* pripadati
pertinent *adj.* pristojen
perturb *v.* vznemiriti
perusal *n.* preučitev
peruse *v.* preučiti
pervade *v.* prežeti
perverse *adj.* perverzen
perversion *n.* sprevrženje
perversity *n.* perverznost
pervert *v.* perverznež
pessimism *n.* črnogledost
pessimist *n.* pesimist
pessimistic *adj.* črnogled
pest *n.* golazen
pester *v.* nadlegovati
pesticide *n.* pesticid
pestilence *n.* kužna bolezen
pet *n.* hišni ljubljenček
petal *n.* cvetni list
petite *adj.* droban
petition *n.* peticija
petitioner *n.* prosilec
petrify *v.* okamneti
petrol *n.* bencin
petroleum *n.* svetilno olje
petticoat *n.* spodnje krilo
pettish *adj.* tečen
petty *adj.* malenkosten
petulance *n.* zlovoljnost
petulant *adj.* zlovoljen
phantom *n.* fantom
pharmaceutical *adj.* farmacevtski
pharmacist *n.* farmacevt
pharmacy *n.* lekarna
phase *n.* faza
phenomenal *adj.* fantastičen
phenomenon *n.* pojav
phial *n.* fiola
philanthropic *adj.* človekoljuben

philanthropist *n.* človekoljub
philanthropy *n.* človekoljubje
philately *n.* filatelija
philological *adj.* filološki
philologist *n.* filolog
philology *n.* filologija
philosopher *n.* filozof
philosophical *adj.* filozofski
philosophy *n.* filozofija
phlegmatic *adj.* ravnodušen
phobia *n.* fobija
phoenix *n.* feniks
phone *n.* telefon
phonetic *adj.* fonetičen
phosphate *n.* fosfat
phosphorus *n.* fosfor
photo *n.* fotografija
photocopy *n.* fotokopija
photograph *n.* fotografija
photographer *n.* fotograf
photographic *adj.* fotografski
photography *n.* fotografiranje
photostat *n.* fotostat
phrase *n.* fraza
phraseology *n.* frazeologija
physical *adj.* fizičen
physician *n.* zdravnik
physics *n.* fizika
physiognomy *n.* fiziognomija
physiotherapy *n.* fizioterapija
physique *n.* postava
pianist *n.* pianist
piano *n.* klavir
piazza *n.* trg
pick *v.* izbrati
picket *n.* kol
pickings *n.* ostanki
pickle *n.* marinada
picnic *n.* piknik
pictograph *n.* piktogram
pictorial *adj.* slikoven
picture *n.* slika

picturesque *adj.* slikovit
pie *n.* pita
piece *n.* kos
piecemeal *adv.* postopoma
pier *n.* pomol
pierce *v.* prebosti
piety *n.* pobožnost
pig *n.* prašič
pigeon *n.* golob
pigeonhole *n.* golobnjak
piggery *n.* svinjak
pigment *n.* pigment
pigmy *n.* pigmejec
pike *n.* ščuka
pile *n.* kup
pilfer *v.* zmakniti
pilgrim *n.* romar
pilgrimage *n.* romanje
pill *n.* tableta
pillar *n.* steber
pillow *n.* blazina
pilot *n.* pilot
pimple *n.* mozolj
pimple *n.* gnojni mehurček
pin *n.* bucika
pincer *n.* klešče
pinch *v.* ščipati
pine *v.* koprneti
pineapple *n.* ananas
pink *adj.* rožnat
pinnacle *n.* stolpič
pinpoint *v.* natančno določiti
pint *n.* pinta
pioneer *n.* pionir
pious *adj.* pobožen
pipe *n.* cev
pipette *n.* pipeta
piquant *adj.* močno začinjen
pique *n.* užaljenost
piracy *n.* piratstvo
pirate *n.* pirat
pistol *n.* pištola

piston *n.* bat
pit *n.* jama
pitch *n.* lučaj
pitcher *n.* metalec
piteous *adj.* usmiljenja vreden
pitfall *n.* zanka
pitiful *adj.* sočuten
pitiless *adj.* okruten
pity *n.* usmiljenje
pivot *n.* tečaj
pivotal *adj.* tečajast
pixel *n.* slikovna pika
pizza *n.* pica
placard *n.* plakat
placate *v.* pomiriti
place *n.* kraj
placement *n.* postavitev
placid *adj.* miren
plague *n.* kuga
plain *adj.* preprost
plaintiff *n.* tožnik
plaintive *adj.* tarnajoč
plait *n.* kita
plan *n.* načrt
plane *n.* ravnina
planet *n.* planet
planetary *adj.* planeten
plank *n.* deska
plant *n.* rastlina
plantain *n.* trpotec
plantation *n.* plantaža
plaque *n.* plaketa
plaster *n.* mavec
plastic *n.* plastičen
plate *n.* krožnik
plateau *n.* planota
platelet *n.* trombocit
platform *n.* platforma
platinum *n.* platina
platonic *adj.* platonski
platoon *n.* ploton
platter *n.* pladenj

plaudits *n.* aplavz
plausible *adj.* verjeten
play *v.i.* igrati
playground *n.* igrišče
playwright *n.* dramatik
player *n.* igralec
plaza *n.* tržnica
plea *n.* prošnja
plead *v.* zagovarjati se
pleasant *adj.* prijeten
pleasantry *n.* živahnost
please *v.* ugajati komu
pleasure *n.* zadovoljstvo
pleat *n.* plise
plebeian *adj.* plebejski
plebiscite *n.* plebiscit
pledge *n.* jamstvo
plenty *pron.* obilje
plethora *n.* preobilje
pliable *adj.* upogljiv
pliant *adj.* gibek
pliers *n.* klešče
plight *n.* tegoba
plinth *n.* podstavek
plod *v.* vleči se
plot *n.* parcela
plough *n.* plug
ploughman *n.* orač
ploy *n.* podvig
pluck *v.* trgati
plug *n.* vtič
plum *n.* sliva
plumage *n.* ptičje perje
plumb *v.* postaviti navpično
plumber *n.* vodovodar
plume *n.* pero
plummet *v.* svinčnica
plump *adj.* rejen
plunder *v.* pleniti
plunge *v.* pahniti
plural *adj.* množinski
plurality *n.* pluralnost

plus *prep.* več
plush *n.* pliš
ply *n.* pregib
pneumatic *adj.* pnevmatski
pneumonia *n.* pljučnica
poach *v.* poširati
pocket *n.* žep
pod *n.* strok
podcast *n.* poddaja
podium *n.* oder
poem *n.* pesem
poet *n.* pesnik
poetry *n.* poezija
poignancy *n.* bridkost
poignant *adj.* bridek
point *n.* konica
pointing *n.* interpunkcija
pointless *adj.* nesmiseln
poise *n.* ravnovesje
poison *n.* strup
poisonous *adj.* strupen
poke *v.* dregniti
poker *n.* poker
poky *adj.* ničev
polar *adj.* polaren
pole *n.* drog
polemic *n.* polemičen
police *n.* policija
policeman *n.* policist
policy *n.* politika
polish *n.* loščilo
polite *adj.* vljuden
politeness *n.* vljudnost
politic *adj.* diplomatski
political *adj.* političen
politician *n.* politik
politics *n.* politika
polity *n.* politični sistem
poll *n.* volitve
pollen *n.* pelod
pollster *n.* anketnik
pollute *v.* onesnažiti
pollution *n.* onesnaženje
polo *n.* polo
polyandry *n.* mnogomoštvo
polygamous *adj.* poligamen
polygamy *n.* poligamija
polyglot *adj.* poliglotski
polygraph *n.* poligraf
polytechnic *n.* politehnika
polytheism *n.* mnogoboštvo
polytheistic *adj.* mnogobožen
pomegranate *n.* granatno jabolko
pomp *n.* pomp
pomposity *n.* pompoznost
pompous *adj.* pompozen
pond *n.* ribnik
ponder *v.* premišljati
pontiff *n.* visok svečenik
pony *n.* poni
pool *n.* bazen
poor *adj.* reven
poorly *adv.* slabo
pop *v.* počiti
pope *n.* papež
poplar *n.* topol
poplin *n.* poplin
populace *n.* raja
popular *adj.* priljubljen
popularity *n.* priljubljenost
popularize *v.* popularizirati
populate *v.* naseliti
population *n.* populacija
populous *adj.* gosto naseljen
porcelain *n.* porcelan
porch *n.* veranda
porcupine *n.* ježevec
pore *n.* pora
pork *n.* svinjina
pornography *n.* pornografija
porridge *n.* ovsena kaša
port *n.* pristanišče
portable *adj.* prenosen
portage *n.* nošenje

portal *n.* portal
portend *v.* naznaniti
portent *n.* slutnja
porter *n.* postrešček
portfolio *n.* portfelj
portico *n.* stebrišče
portion *n.* delež
portrait *n.* portret
portraiture *n.* portretiranje
portray *v.* portretirati
portrayal *n.* prikaz
pose *v.* drža
posh *adj.* nobel
posit *v.* predpostaviti
position *n.* položaj
positive *adj.* pozitiven
possess *v.* imeti v lasti
possession *n.* lastnina
possessive *adj.* posesiven
possibility *n.* možnost
possible *adj.* možen
post *n.* pošta
postage *n.* poštnina
postal *adj.* pošten
postcard *n.* razglednica
postcode *n.* poštna številka
poster *n.* poster
posterior *adj.* kasnejši
posterity *n.* zanamstvo
postgraduate *n.* podiplomski študent
posthumous *adj.* posmrten
postman *n.* pismonoša
postmaster *n.* poštni upravnik
post-mortem *n.* avtopsija
post office *n.* poštni urad
postpone *v.* preložiti
postponement *n.* preložitev
postscript *n.* pripis
posture *n.* drža
pot *n* . lonec
potato *n.* krompir

potency *n.* potentnost
potent *adj.* potenten
potential *adj.* potencialen
potentiality *n.* potencialnost
potter *v.* postopati
pottery *n.* lončenina
pouch *n.* vrečka
poultry *n.* perutnina
pounce *v.* planiti na
pound *n.* funt
pour *v.* naliti
poverty *n.* revščina
powder *n.* prah
power *n.* moč
powerful *adj.* močan
practicability *n.* izvedljivost
practicable *adj.* izvedljiv
practical *adj.* praktičen
practice *n.* praksa
practise *v.* vaditi
practitioner *n.* poklicen človek
pragmatic *adj.* pragmatičen
pragmatism *n.* pragmatizem
praise *v.t.* hvaliti
praline *n.* pralina
pram *n.* otroški voziček
prank *n.* potegavščina
prattle *v.* brbljati
pray *v.* moliti
prayer *n.* molitev
preach *v.* pridigati
preacher *n.* pridigar
preamble *n.* preambula
precarious *adj.* negotov
precaution *n.* previdnost
precautionary *adj.* previdnosten
precede *v.* biti pred kom
precedence *n.* prednost
precedent *n.* precedenčni primer
precept *n.* predpis
precinct *n.* ograjen prostor
precious *adj.* dragocen

precipitate *v.* vreči dol
precis *n.* povzetek
precise *adj.* natančen
precision *n.* natančnost
precognition *n.* predhodno znanje
precondition *n.* predpogoj
precursor *n.* znanilec
predator *n.* plenilec
predecessor *n.* predhodnik
predestination *n.* predestinacija
predetermine *v.* vnaprej določiti
predicament *n.* predikament
predicate *n.* povedek
predict *v.* napovedati
prediction *n.* napoved
predominance *n.* prevlada
predominant *adj.* prevladujoč
predominate *v.* prevladati
pre-eminence *n.* vzvišenost
pre-eminent *adj.* vzvišen
pre-empt *v.* prilaščati si
prefabricated *adj.* montažen
preface *n.* predgovor
prefect *n.* prefekt
prefer *v.* imeti rajši
preference *n.* preferenca
preferential *adj.* prednosten
preferment *n.* dajanje prednost
prefix *n.* predpona
pregnancy *n.* nosečnost
pregnant *adj.* noseč
prehistoric *adj.* predzgodovinski
prejudge *v.* vnaprej obsoditi
prejudice *n.* predsodek
prejudicial *adj.* pristranski
prelate *n.* prelat
preliminary *adj.* predhoden
prelude *n.* uvod
premarital *adj.* predporočen
premature *adj.* prezgoden
premeditate *v.* naklepati
premeditation *n.* naklep
premier *adj.* ministrski predsednik
premiere *n.* premiera
premise *n.* premisa
premises *n.* kompleks
premium *n.* premija
premonition *n.* svarilo
preoccupation *n.* zaposlenost
preoccupy *v.* prej zasesti
preparation *n.* priprava
preparatory *adj.* pripravljalen
prepare *v.* pripraviti se
preponderance *n.* prevesa
preponderate *v.* prevesiti
preposition *n.* predlog
prepossessing *adj.* vabljiv
preposterous *adj.* nesmiseln
prerequisite *n.* prvi pogoj
prerogative *n.* prednosten
presage *v.* napovedati
prescience *n.* predvidevanje
prescribe *v.* predpisati
prescription *n.* predpis
presence *n.* navzočnost
present *adj.* prisoten
present *n.* sedanjost
present *v.* prikazati
presentation *n.* predstavitev
presently *adv.* kmalu
preservation *n.* konserviranje
preservative *n.* konzervans
preserve *v.* konservirati
preside *v.* predsedovati
president *n.* predsednik
presidential *adj.* predsedniški
press *v.* pritisniti
pressure *n.* pritisk
pressurize *v.* vzdrževati pritisk
prestige *n.* prestiž
prestigious *adj.* prestižen
presume *v.* predpostaviti
presumption *n.* predpostavka

presuppose v. domnevati
presupposition n. domneva
pretence n. izgovor
pretend v. pretvarjati se
pretension n. zahteva
pretentious adj. zahteven
pretext n. pretveza
prettiness n. ljubkost
pretty adj. ljubek
pretzel n. presta
prevail v. prevladati
prevalence n. prevladovanje
prevalent adj. prevladujoč
prevent v. preprečiti
prevention n. preprečitev
preventive adj. preventiven
preview n. predogled
previous adj. prejšnji
prey n. plen
price n. cena
priceless adj. neprecenljiv
prick v. zbadati
prickle n. trn
pride n. ponos
priest n. duhovnik
priesthood n. duhovništvo
prim adj. resnoben
primacy n. prvenstvo
primal adj. prvinski
primarily adv. prvotno
primary adj. prvoten
primate n. primat
prime adj. prvovrsten
primer n. vžigalka
primeval adj. prvobiten
primitive adj. primitiven
prince n. princ
princely adj. prinčevski
princess n. princesa
principal adj. glaven
principal n. predstojnik
principle n. načelo

print v. tiskati
printout n. izpis
printer n. tiskalnik
prior adj. minul
priority n. prioriteta
priory n. samostan
prism n. prizma
prison n. zaporniški
prisoner n. zapornik
pristine adj. prvinski
privacy n. zasebnost
private adj. zaseben
privation n. pomanjkanje
privatize v. privatizirati
privilege n. privilegij
privy adj. neslužben
prize n. nagrada
pro n. zagovornik
proactive adj. proaktiven
probability n. verjetnost
probable adj. verjeten
probably adv. verjetno
probate n. overitev oporoke
probation n. pogojna kazen
probationer n. pogojno izpuščen kaznjenec
probe n. sonda
probity n. poštenost
problem n. problem
problematic adj. problematičen
procedure n. postopek
proceed v. nadaljevati
proceedings n. protokoli
proceeds n. izkupiček
process n. proces
procession n. procesija
proclaim v. proklamirati
proclamation n. proklamacija
proclivity n. nagnjenje
procrastinate v. zavlačevati
procrastination n. odlašanje
procreate v. ustvariti

procure *v.* priskrbeti
procurement *n.* preskrbovanje
prod *v.* sunek
prodigal *adj.* zapravljiv
prodigious *adj.* velikanski
prodigy *n.* čudo
produce *v.* izdelovati
producer *n.* izdelovalec
product *n.* izdelek
production *n.* proizvodnja
productive *adj.* produktiven
productivity *n.* storilnost
profane *adj.* posveten
profess *v.* izpovedati
profession *n.* poklic
professional *adj.* poklicen
professor *n.* profesor
proficiency *n.* usposobljenost
proficient *adj.* izurjen
profile *n.* profil
profit *n.* dobiček
profitable *adj.* dobičkonosen
profiteering *n.* dobičkarstvo
profligacy *n.* potratnost
profligate *adj.* zapravljiv
profound *adj.* globokoumen
profundity *n.* globokoumnost
profuse *adj.* obilen
profusion *n.* obilje
progeny *n.* potomstvo
prognosis *n.* napoved
prognosticate *v.* napovedati
programme *n.* program
progress *n.* napredek
progressive *adj.* napreden
prohibit *v.* prepovedati
prohibition *n.* prepoved
prohibitive *adj.* prepovedovalen
project *n.* projekt
projectile *n.* projektil
projection *n.* projekcija
projector *n.* projektor

prolapse *n.* prolaps
proliferate *v.* razrasti se
proliferation *n.* bujna rast
prolific *adj.* rodoviten
prologue *n.* prolog
prolong *v.* podaljšati
prolongation *n.* podaljšanje
promenade *n.* promenada
prominence *n.* prominenca
prominent *adj.* prominenten
promiscuous *adj.* promiskuiteten
promise *n.* obljuba
promising *adj.* obetaven
promote *v.* povišati
promotion *n.* povišanje
prompt *v.* spodbosti
prompter *n.* šepetalec
promulgate *v.* razglasiti
prone *adj.* nagnjen
pronoun *n.* zaimek
pronounce *v.* izgovoriti
pronunciation *n.* izgovarjava
proof *n.* dokaz
prop *n.* opornik
propaganda *n.* propaganda
propagate *v.* razmnožiti
propagation *n.* razmnoževanje
propel *v.* poganjati
propeller *n.* propeler
proper *adj.* pravi
property *n.* lastnina
prophecy *n.* prerokba
prophesy *v.* prerokovati
prophet *n.* prerok
prophetic *adj.* preroški
propitiate *v.* spraviti
proportion *n.* proporcija
proportional *adj.* proporcionalen
proportionate *adj.* sorazmeren
proposal *n.* snubitev
propose *v.* zasnubiti
proposition *n.* predlog

propound *v.* predlagati
proprietary *adj.* lastninski
proprietor *n.* lastnik
propriety *n.* spodobnost
prorogue *v.* preložiti
prosaic *adj.* prozaičen
prose *n.* proza
prosecute *v.* tožiti
prosecution *n.* sodni postopek
prosecutor *n.* tožilec
prospect *n.* možnost
prospective *adj.* možen
prospectus *n.* prospekt
prosper *v.* uspevati
prosperity *n.* blaginja
prosperous *adj.* uspešen
prostate *n.* prostata
prostitute *n.* prostitutka
prostitution *n.* prostitucija
prostrate *adj.* onemogel
prostration *n.* onemoglost
protagonist *n.* protagonist
protect *v.* obvarovati
protection *n.* zaščita
protective *adj.* zaščiten
protectorate *n.* protektorat
protein *n.* beljakovina
protest *n.* protest
protestation *n.* svečano izjavljanje
protocol *n.* protokol
prototype *n.* prototip
protracted *adj.* razvlečen
protractor *n.* kotomer
protrude *v.* štrleti
proud *adj.* ponosen
prove *v.* dokazati
provenance *n.* vir
proverb *n.* pregovor
proverbial *adj.* pregovoren
provide *v.* nuditi
providence *n.* skrb

provident *adj.* skrben
providential *adj.* dobrotljiv
province *n.* provinca
provincial *adj.* provincialen
provision *n.* preskrba
provisional *adj.* začasen
proviso *n.* klavzula
provocation *n.* provokacija
provocative *adj.* provokativen
provoke *v.* provocirati
prowess *n.* hrabrost
proximate *adj.* najbližji
proximity *n.* bližina
proxy *n.* zastopnik
prude *n.* sramežljivec
prudence *n.* opreznost
prudent *adj.* preudaren
prudential *adj.* razsoden
prune *n.* suha sliva
pry *v.* poizvedovati
psalm *n.* psalm
pseudo *adj.* lažen
pseudonym *n.* psevdonim
psyche *n.* psiha
psychiatrist *n.* psihiater
psychiatry *n.* psihiatrija
psychic *adj.* psihičen
psychological *adj.* psihološki
psychologist *n.* psiholog
psychology *n.* psihologija
psychopath *n.* psihopat
psychosis *n.* psihoza
psychotherapy *n.* psihoterapija
pub *n.* pivnica
puberty *n.* puberteta
pubic *adj.* sramen
public *adj.* javen
publication *n.* publikacija
publicity *n.* reklama
publicize *v.* reklamirati
publish *v.* objaviti
publisher *n.* založnik

pudding *n.* puding
puddle *n.* luža
puerile *adj.* deški
puff *n.* izpuh
puffy *adj.* otekel
pull *v.* potegniti
pulley *n.* škripec
pullover *n.* pulover
pulp *n.* kaša
pulpit *n.* prižnica
pulsar *n.* pulzar
pulsate *v.* utripati
pulsation *n.* bitje
pulse *n.* utrip
pummel *v.* tolči s pestmi
pump *n.* črpalka
pumpkin *n.* buča
pun *n.* besedna igra
punch *v.* udariti s pestjo
punctual *adj.* točen
punctuality *n.* točnost
punctuate *v.* ločila postaviti
punctuation *n.* ločilo
puncture *n.* prebod
pungency *n.* jedkost
pungent *adj.* jedek
punish *v.* kaznovati
punishment *n.* kazen
punitive *adj.* kazenski
punter *n.* hazarder
puny *adj.* kržljav
pup *n.* psiček
pupil *n.* učenec
puppet *n.* lutka
puppy *n.* kužek
purblind *adj.* polslep
purchase *v.* kupiti
pure *adj.* čist
purgation *n.* očiščenje
purgative *adj.* čistilen
purgatory *n.* očiščevališče
purge *v.* čistiti

purification *n.* prečiščevanje
purify *v.* prečistiti
purist *n.* purist
puritan *n.* puritanec
puritanical *adj.* puritanski
purity *n.* čistost
purple *n.* vijolična barva
purport *v.* pomeniti
purpose *n.* namen
purposely *adv.* namenoma
purr *v.* presti
purse *n.* denarnica
purser *n.* ladijski blagajnik
pursuance *n.* zasledovanje
pursue *v.* prizadevati si
pursuit *n.* prizadevanje
purvey *v.* oskrbovati
purview *n.* člen
pus *n.* gnoj (rana)
push *v.* poriniti
pushy *adj.* vsiljiv
puss *n.* muca
put *v.* položiti
putative *adj.* dozdeven
putrid *adj.* trhel
puzzle *v.t.* zbegati
pygmy *n.* pigmejec
pyjamas *n.* pižama
pyorrhoea *n.* parodontoza
pyramid *n.* piramida
pyre *n.* grmada
pyromania *n.* piromanija
python piton
v.i.

quack *n* gaganje
quackery *n.* mazaštvo

quad *n.* notranje dvorišče
quadrangle *a.* četverokotnik
quadrangular *n.* četverokoten
quadrant *n.* kvadrant
quadrilateral *n.* četverokotnik
quadruped *n.* štirinožec
quadruple *adj.* štirikraten
quadruplet *n.* četvorica
quaff *v.* popiti na dušek
quail *n.* prepelica
quaint *adj.* mikaven
quaintly *adv.* mikavno
quake *v.* drgetati
Quaker *n.* kveker
qualification *n.* kvalifikacija
qualify *v.* kvalificirati
qualitative *adj.* kvalitativen
quality *n.* kakovost
qualm *n.* omedlevica
quandary *n.* zadrega
quango *n.* kvazi nevladna organizacija
quantify *v.* določiti količino
quantitative *adj.* količinski
quantity *n.* količina
quantum *n.* kvantum
quarantine *n.* karantena
quark *n.* kvark
quarrel *n.* prepir
quarrelsome *adj.* prepirljiv
quarry *n.* kamnolom
quart *n.* kvarta
quarter *n.* četrtina
quarterly *adj.* četrtleten
quartet *n.* kvartet
quartz *n.* kremen
quash *v.* razveljaviti
quaver *v.* trepetati
quay *n.* nabrežje
queasy *adj.* občutljiv
queen *n.* kraljica
queer *adj.* svojevrsten
quell *v.* zatreti
quench *v.* potešiti
querulous *adj.* nergav
query *n.* povpraševanje
quest *n.* iskanje
question *n.* vprašanje
questionable *adj.* dvomljiv
questionnaire *n.* vprašalnik
queue *n.* vrsta
quibble *n.* dlakocepiti
quick *adj.* hiter
quicken *v.* pospešiti
quickly *adv.* hitro
quid *n.* funt šterling
quiescent *adj.* negiben
quiet *adj.* tih
quieten *v.* pomiriti
quietetude *n.* tišina
quiff *n.* koder na čelu
quilt *n.* prešita odeja
quilted *adj.* prešit
Quinn *n.* Quinn
quince *n.* kutina
quinine *n.* kinin
quintessence *n.* kvintesenca
quip *n.* domislica
quirk *n.* zbadljivka
quit *v.* opustiti
quite *adv.* docela
quits *adj.* izravnan
quiver *v.* drhteti
quixotic *adj.* donkihotski
quiz *n.* zbadljivec
quizzical *adj.* zbadljiv
quondam *adj.* bivši
quorum *n.* kvorum
quota *n.* kvota
quotation *n.* citat
quote *v.* citirati
quotient *n.* količnik *n.*

R

rabbit *n.* zajec
rabble *n.* sodrga
rabid *adj.* razkačen
rabies *n.* steklina
race *n.* rasa
race *v.* dirkati
racial *adj.* rasen
racialism *n.* rasizem
rack *n.* stojalo
racket *n.* lopar za tenis
racketeer *n.* izsiljevalec
racy *adj.* ognjevit
radar *n.* radar
radial *adj.* žarkast
radiance *n.* žarenje
radiant *adj.* žareč
radiate *v.* žareti
radiation *n.* žarčenje (radioaktivno)
radical *adj.* korenit
radio *n.* radio
radioactive *adj.* radioaktiven
radiography *n.* radiografija
radiology *n.* radiologija
radish *n.* redkev
radium *n.* radij
radius *n.* polmer
raffle *n.* srečelov
raft *n.* splav
rag *n.* cunja
rage *n.* bes
ragged *adj.* razcapan
raid *n.* racija
rail *n.* tračnica
railing *n.* tračnice
raillery *n.* zasmehovanje
railway *n.* železnica
rain *n* dež
rainbow *n.* mavrica
raincoat *n.* dežni plašč
rainfall *n.* padavine
rainforest *n.* deževni gozd
rainy *adj.* deževen
raise *v.* zvišati
raisin *n.* rozina
rake *n.* grablje
rally *n.* shod
ram *n.* oven
ramble *v.* pohajkovati
ramification *n.* razvejenost
ramify *v.* razvejiti se
ramp *n.* klančina
rampage *v.* divjati
rampant *adj.* razmahnjen
rampart *n.* obzidje
ramshackle *adj.* razmajan
ranch *n.* ranč
rancid *adj.* žaltav
rancour *n.* mržnja
random *adj.* naključen
range *n.* niz
ranger *n.* klatež
rank *n.* čin
rank *v.* razporediti se
rankle *v.* vneti se
ransack *v.* prebrskati
ransom *n.* odkupnina
rant *v.* besneti
rap *v.* psovati
rapacious *adj.* grabežljiv
rape *v.* posiliti
rapid *adj.* brz
rapidity *n.* brzina
rapier *n.* rapir
rapist *n.* skrunilec
rapport *n.* razmerje
rapprochement *n.* pobotanje
rapt *adj.* prevzet
rapture *n.* prevzetost
rare *adj.* redek
raring *adj.* željan

rascal *n.* malopridnež
rash *adj.* zaletav
rasp *n.* rašpa
raspberry *n.* malina
rat *n.* podgana
ratchet *n.* zatikalnik
rate *n.* stopnja
rather *adv.* dokaj
ratify *v.* ratificirati
rating *n.* ocenitev
ratio *n.* razmerje
ration *n.* obrok (hrane)
rational *adj.* racionalen
rationale *n.* princip
rationalism *n.* racionalizem
rationalize *v.* racionalizirati
rattle *v.* rožljati
raucous *adj.* hripav
ravage *v.t.* opustošiti
rave *v.* noreti
raven *n.* krokar
ravenous *adj.* izstradan
ravine *n.* grapa
raw *adj.* surov
ray *n.* žarek
raze *v.* zbrisati
razor *n.* britev
reach *v.* iztegniti (roko)
react *v.* odzvati se
reaction *n.* odziv
reactionary *adj.* nazadnjaški
reactor *n.* reaktor
read *v.* brati
reader *n.* bralec
readily *adv.* rade volje
reading *n.* branje
readjust *v.* popraviti ponovno
ready *adj.* pripravljen
reaffirm *v.* potrditi ponovno
real *adj.* resničen
realism *n.* realizem
realistic *adj.* realističen

reality *n.* resničnost
realization *n.* uresničitev
realize *v.* uresničiti
really *adv.* resnično
realm *n.* kraljestvo
ream *n.* ris papirja
reap *v.* žeti
reaper *n.* žanjec
reappear *v.* pojaviti se spet
reappraisal *n.* ovrednotiti ponovna
rear *n.* zadnji del
rearrange *v.* preurediti
reason *n.* razlog
reasonable *adj.* razumen
reassess *v.* oceniti ponovno
reassure *v.* potolažiti
rebate *n.* rabat
rebel *v.* upreti se
rebellion *n.* upor
rebellious *adj.* uporniški
rebirth *n.* preporod
rebound *v.* odbiti se
rebuff *v.* odkloniti
rebuild *v.* zgraditi ponovno
rebuke *v.* ukoriti
rebuke *v.t.* pokarati
recall *v.* odpoklicati
recap *v.* povzemati
recapitulate *v.* rekapitulirati
recapture *v.* ujeti ponovno
recede *v.* upadati
receipt *n.* potrdilo
receive *v.* prejeti
receiver *n.* prejemnik
recent *adj.* nedaven
recently *adv.* nedavno
receptacle *n.* posoda
reception *n.* recepcija
receptionist *n.* receptor
receptive *adj.* receptiven
recess *n.* odmor

recession *n.* recesija
recessive *adj.* recesiven
recharge *v.* napasti zopet
recipe *n.* recept
recipient *n.* prejemnik
reciprocal *adj.* vzajemen
reciprocate *v.* vračati
recital *n.* recital
recite *v.* našteti
reckless *adj.* nepremišljen
reckon *v.t.* mnenja biti
reclaim *v.* reklamirati
reclamation *n.* reklamacija
recline *v.* nasloniti
recluse *n.* samotar
recognition *n.* prepoznanje
recognize *v.i.* obvezati se pred sodiščem
recoil *v.* odskočiti
recollect *v.* spomniti se
recollection *n.* spominjanje
recommend *v.* priporočiti
recommendation *n.* priporočilo
recompense *v.* odškodovati
reconcile *v.* pobotati
reconciliation *n.* sprava
recondition *v.* spraviti v dobro stanje
reconsider *v.* pretehtati
reconstitute *v.* vzpostaviti
reconstruct *v.* rekonstruirati
record *n.* rekord
recorder *n.* zapisnikar
recount *v.* preštevati
recoup *v.* nadoknaditi
recourse *n.* pribežališče
recover *v.* okrevati
recovery *n.* okrevanje
recreate *v.* poustvariti
recreation *n.* rekreacija
recrimination *n.* obdolževanje (medsebojno)
recruit *v.* novačiti
rectangle *n.* pravokotnik
rectangular *adj.* pravokoten
rectification *n.* poprava
rectify *v.* popraviti
rectitude *n.* premost
rectum *n.* rektum
recumbent *adj.* sloneč
recuperate *v.* okrevati
recur *v.* vrniti se
recurrence *n.* vračanje
recurrent *adj.* vračajoč se
recycle *v.* reciklirati
red *adj.* rdeč
reddish *adj.* rdečkast
redeem *v.* odkupiti
redemption *n.* odkup
redeploy *v.* premestiti
redolent *adj.* vonjav
redouble *v.* podvojiti se
redoubtable *adj.* grozo vzbujajoč
redress *v.* prevezati (rano)
reduce *v.* zmanjšati
reduction *n.* zmanjšanje
reductive *adj.* zmanjševalen
redundancy *n.* odvečnost
redundant *adj.* odvečen
reef *n.* čer
reek *v.* dimiti
reel *n.* tuljava
refer *v.* napotiti
referee *n.* sodnik
reference *n.* napotitev
referendum *n.* referendum
refill *v.* napolniti ponovno
refine *v.* rafinirati
refinement *n.* rafiniranje
refinery *n.* rafinerija
refit *v.* remont
reflect *v.* odsevati
reflection *n.* odsev
reflective *adj.* odseven

reflex *n.* refleks
reflexive *adj.* refleksiven
reflexology *n.* refleksologija
reform *v.* reformirati
reformation *n.* reformacija
reformer *n.* reformator
refraction *n.* lomljenje
refrain *v.t.* zadrževati se
refresh *v.* osvežiti
refreshment *n.* osvežilo
refrigerate *v.* shladiti
refrigeration *n.* hlajenje
refrigerator *n.* hladilnik
refuge *n.* zatočišče
refugee *n.* begunec
refulgence *adj.* blesk
refulgent *adj.* bleščeč
refund *v.* vrniti denar
refund *v.* fundirati
refurbish *v.* obnoviti
refusal *n.* odklonitev
refuse *v.* odkloniti
refuse *n.* odpadki
refutation *n.* ovržba
refute *v.* ovreči
regain *v.* dobiti zopet
regal *adj.* kraljevski
regard *v.* upoštevati
regarding *prep.* glede
regardless *adv.* brezobzirno
regenerate *v.* regenerirati
regeneration *n.* regeneriranje
regent *n.* regent
reggae *n.* reggae
regicide *n.* umor kralja
regime *n.* režim
regiment *n.* polk
region *n.* regija
regional *adj.* regionalen
register *n.* register
registrar *n.* matičar
registration *n.* registracija

registry *n.* matična knjiga
regress *v.* nazadovati
regret *n.* obžalovanje
regrettable *adj.* obžalovanja vreden
regular *adj.* reden
regularity *n.* rednost
regularize *v.* regularizirati
regulate *v.* regulirati
regulation *n.* regulacija
regulator *n.* regulator
rehabilitate *v.* rehabilitirati
rehabilitation *n.* rehabilitacija
rehearsal *n.* vaja
rehearse *v.* vaditi
reign *v.* vladati
reimburse *v.* poplačati
rein *n.* vajet
reincarnate *v.* inkarnirati
reinforce *v.* okrepiti
reinforcement *n.* okrepitev
reinstate *v.* vzpostaviti
reinstatement *n.* vzpostavitev
reiterate *v.* ponavljati
reiteration *n.* ponavljanje
reject *v.* zavrniti
rejection *n.* zavrnitev
rejoice *v.* radovati se
rejoin *v.* pridružiti se zopet
rejoinder *n.* replika
rejuvenate *v.* pomladiti
rejuvenation *n.* pomladitev
relapse *v.* pasti nazaj
relate *v.* nanašati se na
relation *n.* zveza
relationship *n.* odnos
relative *adj.* relativen
relativity *n.* relativnost
relax *v.* sprostiti se
relaxation *n.* sprostitev
relay *n.* rele
release *v.* odrešiti

relegate v. odgnati
relent v. omehčati se
relentless adj. nepopustljiv
relevance n. pomembnost
relevant adj. pomemben
reliable adj. zanesljiv
reliance n. zanašanje
relic n. relikvija
relief n. olajšanje
relieve v. olajšati
religion n. vera
religious adj. verski
relinquish v. opustiti
relish v. začiniti
relocate v. preseliti
reluctance n. obotavljanje
reluctant adj. nenaklonjen
rely v. zanesti se
remain v. preostati
remainder n. preostanek
remains n. ostanki
remand v. pripor
remark v. pripomniti
remarkable adj. izreden
remedial adj. zdravilen
remedy n. zdravilo
remember v. spomniti se
remembrance n. spominjanje
remind v. spomniti
reminder n. kar spomni
reminiscence v. reminiscenca
reminiscent adj. spominjajoč na
remiss adj. malomaren
remission n. odpuščanje
remit n. pristojnosti
remittance n. nakazilo denarja
remnant n. preostanek
remonstrate v. ugovarjati
remorse n. kesanje
remote adj. odročen
removable adj. odstranljiv
removal n. odstranitev

remove v. odstraniti
remunerate v. poplačati
remuneration n. povračilo
remunerative adj. donosen
renaissance n. renesansa
render v. povrniti
rendezvous n. zmenek
renegade n. odpadnik
renew v. obnoviti
renewal adj. obnova
renounce v.t. odpovedati se
renovate n. renovirati
renovation n. renovacija
renown n. sloves
renowned adj. slaven
rent n. najem
rental n. najemnina
renunciation n. samoodpoved
reoccur v. dogoditi se
reorganize v. reorganizirati
repair v. popraviti
repartee n. duhovit pogovor
repatriate v. vrniti se v domovino
repatriation n. vrnitev v domovino
repay v. odplačati
repayment n. odplačilo
repeal v. razveljaviti
repeat v. ponoviti
repel v. gabiti se
repellent adj. oduren
repent v. obžalovati
repentance n. obžalovanje
repentant adj. obžalujoč
repercussion n. posledica
repetition n. ponovitev
replace v. zamenjati
replacement n. nadomestitev
replay v. ponovno predvajanje
replenish v. dopolniti
replete adj. napolnjen
replica n. duplikat

replicate *v.* napraviti kopijo
reply *v.* odgovoriti
report *v.* poročilo
reportage *n.* reportaža
reporter *n.* reporter
repose *n.* počitek
repository *n.* odlagališče
repossess *v.* dobiti nazaj v posest
reprehensible *adj.* malopriden
represent *v.* predstavljati
representation *n.* predstavljanje
representative *adj.* ki predstavlja
repress *v.* potlačiti
repression *n.* zatiranje
reprieve *v.* odgoditi
reprimand *v.* ukoriti
reprint *v.* ponatisniti
reprisal *n.* protimera
reproach *v.* očitati
reprobate *n.* prekletnik
reproduce *v.* poustvariti
reproduction *n.* reprodukcija
reproductive *adj.* reprodukcijski
reproof *n.* graja
reprove *v.* grajati
reptile *n.* plazilec
republic *n.* republika
republican *adj.* republikanski
repudiate *v.* zavračati
repudiation *n.* zavrnitev
repugnance *n.* odvratnost
repugnant *adj.* odvraten
repulse *v.* odbiti
repulsion *n.* odpor
repulsive *adj.* odbojen
reputation *n.* ugled
repute *n.* sloves
request *n.* prošnja
requiem *n.* rekviem
require *v.* zahtevati
requirement *n.* zahteva
requisite *adj.* potreben

requisite *n.* potrebna lastnost
requisition *n.* poziv (uraden)
requite *v.t.* odškodovati
rescind *v.* razveljaviti
rescue *v.* rešiti
research *n.* raziskava
resemblance *n.* podobnost
resemble *v.* biti podoben
resent *v.* zameriti
resentment *n.* zamera
reservation *n.* rezerva
reserve *v.* rezervirati
reservoir *n.* rezervoar
reshuffle *v.* zmešati karte
reside *v.* prebivati (stalno)
residence *n.* bivališče (stalno)
resident *n.* prebivalec
residential *adj.* stanovanjski
residual *adj.* preostal
residue *n.* ostanek
resign *v.* odstopiti
resignation *n.* odstop
resilient *adj.* trdoživ
resist *v.* nasprotovati
resistance *n.* nasprotovanje
resistant *adj.* odporen
resolute *adj.* odločen
resolution *n.* resolucija
resolve *v.* raztopiti
resonance *n.* resonanca
resonant *adj.* resonančen
resonate *v.* odmevati
resort *n.* letovišče
resound *v.* odjekniti
resource *n.* vir (sredstev)
resourceful *adj.* iznajdljiv
respect *n.* spoštovanje
respectable *adj.* spoštovan
respectful *adj.* spoštljiv
respective *adj.* individualen
respiration *n.* dihanje
respirator *n.* respirator

respire *v.* dihati
respite *n.* odlog
resplendent *adj.* sijoč
respond *v.* odvrniti
respondent *n.* obtoženec
response *n.* odziv
responsibility *n.* odgovornost
responsible *adj.* odgovoren
responsive *adj.* dovzeten
rest *v.* počivati
restaurant *n.* restavracija
restaurateur *n.* restavrater
restful *adj.* spokojen
restitution *n.* restitucija
restive *adj.* nemiren
restoration *adj.* obnovitev
restore *v.* obnoviti
restrain *v.* brzdati se
restraint *n.* brzdanje
restrict *n.* omejevanje
restriction *n.* omejitev
restrictive *adj.* omejevalen
result *n.* rezultat
resultant *adj.* ki izhaja
resume *v.* povzeti
resumption *n.* jemanje
resurgence *a.* oživitev
resurgent *adj.* vstajnik
resurrect *v.* oživiti
retail *n.* trgovina na drobno
retailer *n.* trgovec na drobno
retain *v.i.* obdržati
retainer *n.* predujem
retaliate *v.* vrniti milo za drago
retaliation *n.* milo za drago
retard *v.* zaostajati
retardation *n.* zaostajanje
retarded *adj.* zaostal
retch *v.* bljuvati
retention *n.* zadržanje
retentive *adj.* ki zadržuje
rethink *v.* premisliti ponovno

reticent *adj.* molčeč
retina *n.* očesna mrežnica
retinue *n.* spremstvo
retire *v.* upokojiti se
retirement *n.* upokojitev
retiring *adj.* upokojujoč
retort *v.* retorta
retouch *v.* predelati
retrace *v.t.* slediti nazaj
retract *v.* potegniti nazaj
retread *v.* stopati po isti poti
retreat *v.t.* iti nazaj
retrench *v.* zmanjšati (izdatke)
retrenchment *n.* varčevanje
retrial *n.* ponovno sojenje
retribution *n.* povračilo
retrieve *v.* dobiti nazaj
retriever *n.* prinašalec (pes)
retro *adj.* retro
retroactive *adj.* retroaktiven
retrograde *adj.* nazadujoč
retrospect *n.* retrospekcija
retrospective *adj.* retrospektiven
return *v.* vrniti se
return *n.* povratek
reunion *n.* srečanje
reunite *v.* združiti se zopet
reuse *v.* uporabiti ponovno
revamp *v.* zakrpati
reveal *v.* razkriti
revel *v.* veseljačiti
revelation *n.* razodetje
revenge *n.* maščevanje
revenue *n.* prihodki
reverberate *v.* odražati
revere *v.* globoko spoštovati
revered *adj.* globoko spoštovan
reverence *n.* globoko spoštovanje
reverend *adj.* spoštovanja vreden
reverent *adj.* spoštovan
reverential *adj.* spoštovanja poln
reverie *n.* sanjarjenje

reversal *n.* preobrat
reverse *v.* obrniti se
reversible *adj.* obrnljiv
revert *v.* vrniti se
review *n.* recenzija
revile *v.* ozmerjati
revise *v.* revidirati
revision *n.* revizija
revival *n.* preporod
revivalism *n.* oživljanje preteklosti
revive *v.* preporoditi
revocable *adj.* preklicen
revocation *n.* preklic
revoke *v.* preklicati
revolt *v.* upreti se
revolution *n.* revolucija
revolutionary *adj.* revolucijski
revolutionize *v.* revolucionirati
revolve *v.* vrteti se
revolver *n.* revolver
revulsion *n.* revulzija
reward *n.* nagrada
rewind *v.* prevrteti
rhapsody *n.* rapsodija
rhetoric *n.* govorništvo
rhetorical *adj.* govorniški
rheumatic *adj.* revmatičen
rheumatism *n.* revmatizem
rhinoceros *n.* nosorog
rhodium *n.* rodij
rhombus *n.* romb
rhyme *n.* rima
rhythm *n.* ritem
rhythmic *adj.* ritmičen
rib *n.* rebro
ribbon *n.* trak
rice *n.* riž
rich *adj.* bogat
richly *adv.* bogato
richness *n.* bogastvo
rick *n.* kopica sena

rickets *n.* rahitis
rickety *adj.* rahitičen
rickshaw *n.* rikša
rid *v.* znebiti se
riddance *n.* znebitev
riddle *n.* uganka
riddled *adj.* poln nezaželenih stvari
ride *v.* jezditi
rider *n.* jezdec
ridge *n.* sleme
ridicule *n.* posmeh
ridiculous *adj.* smešen
rife *adj.* pogosten
rifle *n.* puška
rifle *v.* pleniti
rift *n.* reža
rig *v.* opremiti ladjo
rigging *n.* ladijska oprema
right *adj.* pravi
right *n* pravica
righteous *adj.* pravičen
rightful *adj.* zakonit
rigid *adj.* tog
rigmarole *n.* žlobudranje
rigorous *adj.* strog
rigour *n.* strogost
rim *n.* obod
ring *n.* obroč
ring *v.* obkrožiti
ringlet *n.* obroček
ringworm *n.* kraste
rink *n.* drsališče
rinse *v.* splakniti
riot *n.* izgred
rip *v.* razparati
ripe *adj.* zrel
ripen *v.* zoreti
riposte *n.* protiudarec
ripple *n.* valovanje
rise *v.* vstati
risible *adj.* smejav

rising *n.* vstajenje
risk *n.* tveganje
risky *adj.* tvegan
rite *n.* obred
ritual *n.* ceremonial
rival *n.* tekmec
rivalry *n.* tekmovalnost
rive *v.* preklati
river *n.* reka
rivet *n.* zakovica
rivulet *n.* potoček
road *n.* cesta
roadwork *n.* delo na cesti
roadworthy *adj.* vozen
roadster *n.* odprt avto
roam *v.* tavati
roar *n.* rjovenje
roar *v.* rjoveti
roast *v.* pečenka
rob *v.* oropati
robber *n.* ropar
robbery *n.* rop
robe *n.* halja
robot *n.* robot
robust *adj.* krepak
rock *n.* skala
rocket *n.* raketa
rocky *adj.* skalnat
rod *n.* palica
rodent *n.* glodavec
rodeo *n.* rodeo
roe *n.* ikra
rogue *n.* lopov
roguery *n.* lopovščina
roguish *adj.* lopovski
roister *v.* razgrajati
role *n.* vloga
roll *v.i.* zviti
roll *n.* zvitek
roll-call *n.* klicanje po imenih
roller *n.* valjar
rollercoaster *n.* vlak smrti

romance *n.* romanca
romantic *adj.* romantičen
romp *v.* noreti
roof *n.* streha
roofing *n.* kritina
rook *n.* poljska vrana
rookery *n.* vranje gnezdo
room *n.* soba
roomy *adj.* prostoren
roost *n.* gred
rooster *n.* petelin
root *n.* korenina
rooted *adj.* ukoreninjen
rope *n.* vrv
rosary *n.* rožni venec
rose *n.* vrtnica
rosette *n.* rozeta
roster *n.* spisek
rostrum *n.* prižnica
rosy *adj.* rožnat
rot *v.* gniti
rota *n.* turnus
rotary *adj.* rotacijski
rotate *v.* krožiti
rotation *n.* kroženje
rote *n.* rutina
rotor *n.* rotor
rotten *adj.* gnil
rouge *n.* rdečilo
rough *adj.* raskav
roulette *n.* ruleta
round *adj.* zaobljen
roundabout *n.* križišče
rounded *adj.* okrogel
roundly *adv.* okroglo
rouse *v.* zbuditi
rout *n.* tolpa
route *n.* cesta
routine *n.* rutina
rove *v.* klatiti se
rover *n.* klatež
roving *adj.* klateški

row *n.* kolona
rowdy *adj.* razgrajaški
royal *n.* član kraljeve družine
royalist *n.* rojalist
royalty *n.* avtorski honorar
rub *n.* drgnjenje
rub *v.* drgniti
rubber *n.* guma
rubbish *n.* smeti
rubble *n.* grušč
rubric *n.* rubrika
ruby *n.* rubin
rucksack *n.* nahrbtnik
ruckus *n.* direndaj
rudder *n.* krmilo
rude *adj.* neotesan
rudiment *n.* rudiment
rudimentary *adj.* rudimentaren
rue *v.* objokovati
rueful *adj.* obžalovanja poln
ruffian *n.* grobijan
ruffle *v.* nabrati
rug *n.* preproga
rugby *n.* ragbi
rugged *adj.* grapav
ruin *n.* razvalina
ruinous *adj.* razpadajoč
rule *n.* pravilo
rule *v.* upravljati
ruler *n.* vladar
ruling *n.* vladanje
rum *n.* rum
rumble *v.* ropotati
rumbustious *adj.* hrupen
ruminant *n.* prežvekovalec
ruminate *v.* prežvekovati
rumination *n.* prežvekovanje
rummage *v.* premetavati
rummy *n.* rémi
rumour *n.* govorica
rumple *v.* zmečkati
rumpus *n.* trušč

run *n.* tek
run *v.* teči
runaway *adj.* brez nadzora
rundown *adj.* izmučen
runway *n.* letalska steza
rung *n.* prečka
runnel *n.* rečica
runner *n.* tekač
runny *adj.* tekoč
rupture *v.t.* pretrgati
rural *adj.* podeželski
ruse *n.* ukana
rush *v.* hiteti
Rusk *n.* prepečenec
rust *n.* rja
rustic *adj.* kmečki
rusticate *v.* iti na deželo
rustication *n.* izlet na deželo
rusticity *n.* življenje na deželi
rustle *v.* šelesteti
rusty *adj.* rjast
rut *n.* kolesnica
ruthless *adj.* neusmiljen
rye *n.* rž

Sabbath *n.* sabat
sabotage *v.* sabotirati
sabre *n.* sablja
saccharin *n.* saharin
saccharine *adj.* sladkoren
sachet *n.* vrečka z dišavo
sack *n.* vreča
sack *v.* dati v vrečo
sacrament *n.* zakrament
sacred *adj.* posvečen
sacrifice *n.* žrtvovanje
sacrifice *v.* žrtvovati

sacrificial *adj.* žrtven
sacrilege *n.* bogoskrunstvo
sacrilegious *adj.* bogoskrunski
sacrosanct *adj.* nedotakljiv
sad *adj.* žalosten
sadden *v.* užalostiti
saddle *n.* sedlo
saddler *n.* sedlar
sadism *n.* sadizem
sadist *n.* sadist
safari *n.* safari
safe *adj.* varen
safe *n.* sef
safeguard *n.* varovalo
safety *n.* varnost
saffron *n.* žafran
sag *v.* povesiti se
saga *n.* saga
sagacious *adj.* ostroumen
sagacity *n.* ostroumnost
sage *n.* modrec
sage *adj.* moder
sail *n.* jadro
sail *v.* jadrati
sailor *n.* mornar
saint *n.* svetnik
saintly *adj.* svetniški
sake *n.* obzir
saleable *adj.* prodajen
salad *n.* solata
salary *n.* plača
sale *n.* prodaja
salesman *n.* prodajalec
salient *adj.* izstopajoč
saline *adj.* slan
salinity *n.* slanost
saliva *n.* slina
sallow *adj.* bledikast
sally *n.* izpad
salmon *n.* losos
salon *n.* salon
saloon *n.* točilnica

salsa *n.* salsa
salt *n.* sol
salty *adj.* slan
salutary *adj.* dobrodejen
salutation *n.* pozdravljanje
salute *n.* pozdrav
salvage *v.* rešiti
salvation *n.* rešitev
salver *n.* servirni pladenj
salvo *n.* salva
Samaritan *n.* Samaritan
same *adj.* isti
sample *n.* vzorec
sampler *n.* vzorčno vezenje
sanatorium *n.* sanatorij
sanctification *n.* posvetitev
sanctify *v.* posvetiti
sanctimonious *adj.* svetohlinski
sanction *v.* sankcionirati
sanctity *n.* svetost
sanctuary *n.* svetišče
sanctum *n.* sveto mesto
sand *n.* pesek
sandal *n.* sandala
sandalwood *n.* sandalovina
sander *n.* trosilec peska
sandpaper *n.* smirkov papir
sandwich *n.* sendvič
sandy *adj.* pešćen
sane *adj.* prišteven
sangfroid *n.* hladnokrvnost
sanguinary *adj.* krvoločen
sanguine *adj.* vročekrven
sanatorium *n.* sanatorij
sanitary *adj.* sanitaren
sanitation *n.* zdravstvene razmere
sanitize *v.* razkužiti
sanity *n.* prištevnost
sap *n.* drevesni sok
sapling *n.* mladika
sapphire *n.* safir
sarcasm *n.* sarkazem

sarcastic *adj.* sarkastičen
sarcophagus *n.* sarkofag
sardonic *adj.* porogljiv
sari *n.* sari
sartorial *adj.* krojaški
sash *n.* prepasnica
Satan *n.* satan
satanic *adj.* satanski
Satanism *n.* satanizem
satchel *n.* torba s poklopcem
sated *adj.* potešen
satellite *n.* satelit
satiable *adj.* zadovoljavajoč
satiate *v.* potešiti
satiety *n.* sitost
satin *n.* saten
satire *n.* satira
satirical *adj.* satiričen
satirist *n.* satirik
satirize *v.* smešiti
satisfaction *n.* zadovoljitev
satisfactory *adj.* zadovoljiv
satisfy *v.* zadovoljiti
saturate *v.* nasititi
saturation *n.* nasičenje
Saturday *n.* sobota
saturnine *adj.* čemeren
sauce *n.* omaka
saucer *n.* krožniček
saucy *adj.* objesten
sauna *n.* savna
saunter *v.* pohajkovati
sausage *n.* klobasa
savage *adj.* neciviliziran
savagery *n.* neciviliziranost
save *v.* prihraniti
savings *n.* prihranki
saviour *n.* odrešitelj
savour *v.t.* začiniti
savoury *adj.* začinjen
saw *n.* žaga
saw *v.* žagati

sawdust *n.* žagovina
saxophone *n.* saksofon
say *n.* kar je rečeno
saying *n.* govorjenje
scab *n.* krasta
scabbard *n.* nožnica (za meč)
scabies *n.* garje
scabrous *adj.* raskav
scaffold *n.* tribuna
scaffolding *n.* gradbeni oder
scald *v.* popariti
scale *n.* lestvica
scallop *n.* pokrovača
scalp *n.* skalp
scam *n.* goljufija
scamp *n.* nepridiprav
scamper *v.t.* drveti
scan *v.* skenirati
scanner *n.* optični čitalnik
scandal *n.* škandal
scandalize *v.* škandalizirati
scant *adj.* pičel
scanty *adj.* komaj zadosten
scapegoat *n.* grešni kozel
scar *n.* brazgotina
scarce *adj.* redek
scarcely *adv.* komaj
scare *v.* prestrašiti
scarecrow *n.* ptičje strašilo
scarf *n.* šal
scarlet *n.* škrlat
scarp *n.* škarpa
scary *adj.* srhljiv
scathing *adj.* nemil
scatter *v.* raztresti
scavenge *v.* pometati
scenario *n.* scenarij
scene *n.* prizor
scenery *n.* pokrajina
scenic *adj.* slikovit
scent *n.* duh
sceptic *n.* skeptik

sceptical *adj.* skeptičen
sceptre *n.* žezlo
schedule *n.* urnik
schematic *adj.* shematičen
scheme *n.* shema
schism *n.* razkol
schizophrenia *n.* shizofrenija
scholar *n.* učenjak
scholarly *adj.* učenjaški
scholarship *n.* štipendija
scholastic *adj.* sholastičen
school *n.* šola
sciatica *n.* išias
science *n.* znanost
scientific *adj.* znanstven
scientist *n.* znanstvenik
scintillating *adj.* iskriv
scissors *n.* škarje
scoff *v.i.* rogati se
scold *v.* zmerjati
scoop *n.* zajemalka
scooter *n.* skuter
scope *n.* področje
scorch *v.* ožgati
score *n.* zareza
score *v.* zarezati
scorer *n.* beležnik
scorn *n.* zaničevanje
scornful *adj.* zaničljiv
scorpion *n.* škorpijon
Scot *v.* Škot
scot-free *adv.* brez kazni
scoundrel *n.* podlež
scour *v.* prebrskati
scourge *n.* bič
scout *n.* izvidnik
scowl *n.* mrščenje
scrabble *v.* grebsti
scraggy *adj.* koščen
scramble *v.* prerivanje
scrap *n.* odlomek
scrape *v.* ostrgati

scrappy *adj.* napadalen
scratch *v.t.* praskati
scrawl *v.* čečkati
scrawny *adj.* mršav
screech *n.* vreščanje
scream *v.* kričati
screech *n.* vreščanje
screed *n.* dolg govor
screen *n.* zaslon
screw *n.* vijak
screwdriver *n.* izvijač
scribble *v.* pisariti
scribe *n.* pisar
scrimmage *n.* prerivanje
scrimp *v.* skopariti
script *n.* scenarij
scripture *n.* sveti spisi
scroll *n.* rola
scrooge *n.* škrtež
scrub *v.* ribati
scruffy *adj.* razcapan
scrunch *v.* škrtati
scruple *n.* pomislek
scrupulous *adj.* pikolovski
scrutinize *v.* temeljito preiskovati
scrutiny *n.* temeljito preiskovanje
scud *v.* poditi se
scuff *v.* tilnik
scuffle *n.* ruvanje
sculpt *v.* kipariti
sculptor *n.* kipar
sculptural *adj.* kiparski
sculpture *n.* kiparstvo
scum *n.* izmeček
scurrilous *adj.* nedostojen
scythe *n.* kosa
sea *n.* morje
seagull *n.* galeb
seal *n.* tjulenj
sealant *n.* tesnilno sredstvo
seam *n.* šiv

seamless *adj.* neobrobljen
seamy *adj.* poln šivov
sear *v.* osušiti
search *v.* iskati
seaside *n.* primorje
season *n.* sezona
seasonable *adj.* sezonski
seasonal *adj.* sezonski
seasoning *n.* začinjanje
seat *n.* sedež
seating *n.* sedežni red
secede *v.* odcepiti se
secession *n.* odcepitev
seclude *v.* osamiti
secluded *adj.* osamljen
seclusion *n.* osamljenost
second *adj.* drugi
secondary *adj.* drugoten
secrecy *n.* tajnost
secret *adj.* skriven
secretariat *n.* sekretariat
secretary *n.* sekretar
secrete *v.* izločati
secretion *n.* izločanje
secretive *adj.* skrivnosten
sect *n.* sekta
sectarian *adj.* sektaški
section *n.* predel
sector *n.* sektor
secular *adj.* posveten
secure *adj.* zavarovan
security *n.* varnost
sedan *n.* sedan
sedate *adj.* umirjen
sedation *n.* sedacija
sedative *n.* pomirjevalo
sedentary *adj.* sedeč
sediment *n.* usedlina
sedition *n.* punt
seditious *adj.* puntarski
seduce *v.* zapeljevati
seduction *n.* zapeljevanje

seductive *adj.* zapeljiv
sedulous *adj.* delaven
see *v.* videti
seed *n.* seme
seedy *adj.* semenast
seek *v.i.* iskati
seem *v.* zdeti se
seemly *adj.* spodoben
seep *v.* pronicati
seer *n.* jasnovidec
see-saw *n.* gugalnica
segment *n.* segment
segregate *v.* segregirati
segregation *n.* segregacija
seismic *adj.* potresen
seize *v.* zgrabiti
seizure *n.* zaseg
seldom *adv.* poredkoma
select *v.* izbrati
selection *n.* izbor
selective *adj.* izbiren
self *n.* jaz;sam
selfish *adj.* sebičen
selfless *adj.* nesebičen
self-made *adj.* samorastnik
sell *v.* prodati
seller *n.* prodajalec
selvedge *n.* okrajek
semantic *adj.* semantičen
semblance *n.* pojava
semen *n.* sperma
semester *n.* semester
semicircle *n.* polkrog
semicolon *n.* podpičje
seminal *adj.* plodonosen
seminar *n.* seminar
Semitic *adj.* semitski
senate *n.* senat
senator *n.* senator
senatorial *adj.* senatorski
send *v.* poslati
senile *adj.* senilen

senility *n.* senilnost
senior *adj.* starejši
seniority *n.* starešinstvo
sensation *n.* senzacija
sensational *adj.* senzacionalen
sensationalize *v.* senzacionalizirati
sense *n.* smisel
senseless *adj.* nesmiseln
sensibility *n.* senzibilnost
sensible *adj.* senzibilen
sensitive *adj.* senzitiven
sensitize *v.* senzibilizirati
sensor *n.* senzor
sensory *adj.* čutilen
sensual *adj.* čuten
sensualist *n.* čuten človek
sensuality *n.* čutnost
sensuous *adj.* senzualen
sentence *n.* stavek
sententious *adj.* moralističen
sentient *adj.* čuteč
sentiment *n.* čustvovanje
sentimental *adj.* sentimentalen
sentinel *n.* straža
sentry *n.* stražar
separable *adj.* oddeljiv
separate *v.* oddeliti
separation *n.* razveza
separatist *n.* separatist
sepsis *n.* sepsa
September *n.* september
septic *adj.* septičen
sepulchral *adj.* nagroben
sepulchre *n.* grob
sepulchre *n.* grobnica
sequel *n.* nadaljevanje
sequence *n.* zaporednost
sequential *adj.* zaporeden
sequester *v.* osamiti
serene *adj.* veder
serenity *n.* vedrina

serf *n.* tlačan
serge *n.* serž
sergeant *n.* narednik
serial *adj.* serijski
serialize *v.* objaviti v nadaljevanjih
series *n.* serija
serious *adj.* resen
sermon *n.* pridiga
sermonize *v.* pridigati
serpent *n.* kača
serpentine *adj.* kačast
serrated *adj.* nazobčan
servant *n.* služabnik
serve *v.* služiti
server *n.* strežnik
service *n.* storitev
serviceable *adj.* uslužen
serviette *n.* servieta
servile *adj.* klečeplazen
servility *n.* klečeplazenje
serving *n.* delujoč
sesame *n.* sezam
session *n.* seja
set *v.* postaviti
set *n* komplet
settee *n.* divan
setter *n.* seter
setting *n.* postavljanje
settle *v.* naseliti
settlement *n.* naselitev
settler *n.* naseljenec
seven *adj. & n.* sedem
seventeen *adj. & n.* sedemnajst
seventeenth *adj. & n.* sedemnajsti
seventh *adj. & n.* sedmi
seventieth *adj. & n.* sedemdeseti
seventy *adj. & n.* sedemdeset
sever *v.* odsekati
several *adj. & pron.* vsak;več
severance *n.* razdrtje
severe *adj.* drastičen

severity *n.* drastičnost
sew *v.* šivati
sewage *n.* odplaka
sewer *n.* odvodni kanal
sewerage *n.* kanalizacija
sex *n.* spol
sexism *n.* seksizem
sexton *n.* cerkovnik
sextuplet *n.* šestorček
sexual *adj.* spolen
sexuality *n.* spolnost
sexy *adj.* spolno privlačen
shabby *adj.* oguljen
shack *n.* lopa
shackle *n.* okov
shade *n.* hlad
shade *v.* zasenčiti
shadow *n.* senca
shadow *a.* mrak
shadowy *adj.* zasenčen
shady *adj.* senčen
shaft *n.* jašek
shag *n.* grobi lasje
shake *v.* tresti
shaky *adj.* drhteč
shall *v.* naj;bi
shallow *adj.* plitev
sham *n.* hlimba
shamble *v.* racati
shambles *n.* klavnica
shame *n.* sram
shameful *adj.* sramoten
shameless *adj.* brezsramen
shampoo *n.* šampon
shank *n.* goleno
shanty *n.* baraka
shape *n.* oblika
shapeless *adj.* brezobličen
shapely *adj.* lepo oblikovan
shard *n.* črepinja
share *n.* delež
shark *n.* morski pes

sharp *adj.* oster
sharpen *v.* nabrusiti
sharpener *n.* šilček
shatter *v.t.* raztreščiti
shattering *adj.* pretresljiv
shave *v.* briti
shaven *adj.* obrit
shaving *n.* britje
shawl *n.* ovratna ruta
she *pron.* ona
sheaf *n.* snop
shear *v.* striči
sheath *n.* tul
shed *n.* lopa
sheen *n.* lesk
sheep *n.* ovca
sheepish *adj.* bedast
sheer *adj.* strm
sheet *n.* rjuha
shelf *n.* polica
shell *n.* školjka
shelter *n.* zaklonišče
shelve *v.* položiti na polico
shepherd *n.* pastir
shield *n.* ščit
shift *v.* premakniti
shiftless *adj.* nemočen
shifty *adj.* lokav
shimmer *v.* svetlikati se
shin *n.* golenica
shine *v.* svetiti
shingle *n.* skodla
shiny *adj.* sijoč
ship *n.* ladja
shipment *n.* vkrcanje
shipping *n.* ladjevje
shipwreck *n.* brodolom
shipyard *n.* ladjedelnica
shire *n.* grofija
shirk *v.* izmuzniti se
shirker *n.* delomrznež
shirt *n.* srajca

shiver *v.* drgetati
shoal *n.* plitvina
shock *n.* šok
shock *v.* šokirati
shocking *adj.* šokanten
shoddy *adj.* cenen
shoe *n.* čevelj
shoestring *n.* vezalka
shoot *v.* streljati
shooting *n.* streljanje
shop *n.* prodajalna
shopkeeper *n.* lastnik prodajalne
shoplifting *n.* kraja v trgovini
shopping *n.* nakupovanje
shore *n.* obala
short *adj.* kratek
shortage *n.* pomanjkanje
shortcoming *n.* nedostatek
shortcut *n.* bližnjica
shorten *v.* skrajšati
shortfall *n.* primanjkljaj
shortly *adv.* v kratkem
should *v.* morati
shoulder *n.* rama
shout *v.i.* vpiti
shove *v.* suniti
shovel *n.* lopata
show *v.* pokazati
showcase *n.* vitrina
showdown *n.* odkrivanje
shower *n.* prha
showy *adj.* upadljiv
shrapnel *n.* šrapnel
shred *n.* krpa
shrew *n.* rovka
shrewd *adj.* ostroumen
shriek *v.* vreščati
shrill *adj.* vreščav
shrine *n.* relikvarij
shrink *v.* skrčiti
shrinkage *n.* skrčenje
shrivel *v.* posušiti

shroud *n.* mrtvaški prt
shrub *n.* punč
shrug *v.* skomigniti
shudder *v.* drhteti
shuffle *v.t.* premešati
shun *v.t.* izmikati se
shunt *v.* zapeljati na stranski tir
shut *v.* zapreti
shutter *n.* oknica
shuttle *n.* čolniček v šivalnem stroju
shuttlecock *n.* žoga za badminton
shy *adj.* sramežljiv
sibilant *adj.* sičniški
sibling *n.* sorojenec
sick *adj.* bolan
sickle *n.* srp
sickly *adj.* slaboten
sickness *n.* slabost
side *n.* stran
sideline *n.* stranska proga
siege *n.* obleganje
siesta *n.* opoldanski počitek
sieve *n.* sito
sift *v.* presejati
sigh *v.i.* vzdihniti
sight *n.* vid
sighting *n.* zagledanje
sightseeing *n.* ogledovanje znamenitosti
sign *n.* znamenje
signal *n.* signal
signatory *n.* podpisnik
signature *n.* podpis
significance *n.* pomembnost
significant *n.* pomemben
signification *n.* pomen
signify *v.* pomeniti
silence *n.* molk
silencer *n.* dušilec zvoka
silent *adj.* molčeč
silhouette *n.* silhueta

silicon *n.* silicij
silk *n.* svila
silken *adj.* svilen
silkworm *n.* sviloprejka
silky *adj.* svilnat
sill *n.* prag
silly *adj.* bebast
silt *n.* mulj
silver *n.* srebro
similar *adj.* podoben
similarity *n.* podobnost
simile *n.* primera
simmer *v.* vreti rahlo
simper *v.* nenaravno se smejati
simple *adj.* preprost
simpleton *n.* budalo
simplicity *n.* enostavnost
simplification *n.* poenostavitev
simplify *v.* poenostaviti
simulate *v.* hliniti
simultaneous *adj.* sočasen
sin *n.* greh
since *prep.* od
sincere *adj.* iskren
sincerity *n.* iskrenost
sinecure *n.* sinekura
sinful *adj.* grešen
sing *v.* peti
singe *v.* osmoditi
singer *a.* pevec
single *adj.* en (sam)
singlet *n.* majica brez rokavov
singleton *n.* samska oseba
singular *adj.* poedin
singularity *n.* poedinost
singularly *adv.* posebej
sinister *adj.* zlovešč
sink *v.* potoniti
sink *n.* pomivalno korito
sinner *n.* grešnik
sinuous *adj.* ovinkast
sinus *n.* sinus

sip *v.* srkljati
siphon *n.* sifon
sir *n.* gospod
siren *n.* sirena
sissy *n.* pomehkuženec
sister *n.* sestra
sisterhood *n.* sestrstvo
sisterly *adj.* sestrski
sit *v.* sedeti
site *n.* prizorišče
sitting *n.* sedenje
situate *v.* določiti mesto
situation *n., a* situacija
six *adj.& n.* šest
sixteen *adj. & n.* šestnajst
sixteenth *adj. & n.* šestnajsti
sixth *adj. & n.* šesti
sixtieth *adj. & n.* šestdeseti
sixty *adj. & n.* šestdeset
size *n.* velikost
sizeable *adj.* precejšen
sizzle *v.* cvrčati
skate *n.* drsalka
skateboard *n.* rolka
skein *n.* povesmo (volne)
skeleton *n.* skelet
sketch *n.* skica
sketchy *adj.* skicen
skew *v.* poševno iti
skewer *n.* špila
ski *n.* smučka
skid *v.* zdrsniti
skilful *adj.* spreten
skill *n.* spretnost
skilled *adj.* vešč
skim *v.* posneti
skimp *adj.* skoparen
skin *n.* koža
skinny *adj.* mršav
skip *v.* preskočiti
skipper *n.* kapitan
skirmish *n.* praska

skirt *n.* krilo
skirting *n.* okrajek
skit *n.* zbadanje
skittish *adj.* plašljiv
skittle *n.* kegelj
skull *n.* lobanja
sky *n.* nebo
skylight *n.* strešno okno
skyscraper *n.* stolpnica
slab *n.* kamnita plošča
slack *adj.* mlahav
slacken *v.* zrahljati
slag *n.* žlindra
slake *v.t.* pogasiti
slam *v.* treščiti
slander *n.* obrekovanje
slanderous *adj.* obrekljiv
slang *n.* sleng
slant *v.* nagibati se
slap *v.t.* lopniti
slash *v.* zamahniti
slat *n.* letvica
slate *n.* skrilavec
slattern *n.* nemarnica
slatternly *adj.* nemaren
slaughter *n.* pokol
slave *n.* suženj
slavery *n.* suženjstvo
slavish *adj.* suženjski
slay *v.* zaklati
sleaze *n.* cenenost
sleazy *adj.* pokvarjen
sledge *n.* sanke
sledgehammer *n.* macola
sleek *adj.* negovan
sleep *n.* spanje
sleeper *n.* spalec
sleepy *adj.* zaspan
sleet *n.* sodra
sleeve *n.* rokav
sleigh *n.* sani
sleight *n.* veščina

slender *adj.* vitek
sleuth *n.* sledilec
slice *n.* rezina
slick *adj.* polzek
slide *v.* drseti
slight *adj.* rahel
slightly *adv.* rahlo
slim *adj.* vitek
slime *n.* mulj
slimy *adj.* sluzast
sling *n.* zanka
slink *v.* odtihotapiti se
slip *v.* spodrsniti
slipper *n.* copata
slippery *adj.* spolzek
slit *v.t.* razparati
slither *v.* drsavo iti
slob *n.* blato
slobber *v.* sliniti se
slogan *n.* slogan
slope *v.* nagibati se
sloppy *adj.* površen
slot *n.* reža
sloth *n.* okornost
slothful *adj.* okoren
slouch *v.* sključeno se držati
slough *n.* kačji lev
slovenly *adj.* zanemarjen
slow *adj.* počasen
slowly *adv.* počasi
slowness *n.* počasnost
sludge *n.* gošča
slug *n.* lazar
sluggard *n.* postopač
sluggish *adj.* medel
sluice *n.* zapornica (vodna)
slum *n.* barakarsko naselje
slumber *v.* dremati
slump *v.* propasti
slur *v.* nejasno izgovarjati
slurp *v.* srebati
slush *n.* plundra

slushy *adj.* plundrast
slut *n.* vlačuga
sly *adj.* zvit
smack *n.* tleskanje
small *adj.* majhen
smallpox *n.* koze
smart *adj.* bistroumen
smarten *v.* urediti se
smash *v.* treščiti
smashing *adj.* silovit
smattering *n.* površno znanje
smear *v.* namazati
smell *n.* vonj
smelly *adj.* smrdljiv
smidgen *n.* kanček
smile *v.* smehljati se
smirk *v.* muzati se
smith *n.* kovač
smock *n.* delovna halja
smog *n.* smog
smoke *n.* dim
smoky *adj.* dimast
smooch *v.* mečkati se
smooth *adj.* gladek
smoothie *n.* smúti
smother *v.* dušiti
smoulder *v.* tleti
smudge *v.* zapackati
smug *adj.* ošaben
smuggle *v.* pretihotapiti
smuggler *n.* tihotapec
snack *n.* malica
snag *n.* prepreka
snail *n.* polž
snake *n.* kača
snap *v.* polomiti
snapper *n.* hlastač
snappy *adj.* razdražljiv
snare *n.* past
snarl *v.* renčati
snarl *v.t.* revsniti na koga
snatch *v.* zagrabiti

snazzy *adj.* šik
sneak *v.* prikrasti se
sneaker *n.* superga
sneer *n.* posmeh
sneeze *v.i.* kihati
snide *adj.* zaničljiv
sniff *v.* povohati
sniffle *v.* smrkati
snigger *n.* hihitanje
snip *v.* odrezati
snipe *v.* streljati
snippet *n.* delček
snob *n.* snob
snobbery *n.* snobizem
snobbish *adj.* snobovski
snooker *n.* naivnež
snooze *n.* dremež
snore *n.* smrčanje
snort *n.* prhanje
snout *n.* rilec
snow *n.* sneg
snowball *n.* snežna kepa
snowy *adj.* snežen
snub *v.* briskirati
snuff *v.* njuhati
snuffle *v.* vohljati
snug *adj.* udoben
snuggle *v.* priviti se
so *adv.* tako
soak *v.* namakati
soap *n.* milo
soapy *adj.* milnat
soar *v.i.* vzpenjati se
sob *v.* ihteti
sober *adj.* trezen
sobriety *n.* treznost
soccer *n.* nogomet
sociability *n.* družabnost
sociable *adj.* družaben
social *adj.* družben
socialism *n.* socializem
socialist *n.* & *adj.*

socialist;socialističen
socialize *v.* družiti se
society *n.* družba
sociology *n.* sociologija
sock *n.* nogavica
socket *n.* vtičnica
sod *n.* trata
soda *n.* sodavica
sodden *adj.* premočen
sodomy *n.* sodomija
sofa *n.* zofa
soft *adj.* mehak
soften *v.* omehčati
soggy *adj.* razmočen
soil *n.* prst
sojourn *n.* muditi se
solace *n.* uteha
solar *adj.* solaren
solder *n.* spajka
soldier *n.* vojak
sole *n.* edini;sam
solely *adv.* edino;samo
solemn *adj.* svečan
solemnity *n.* svečanost
solemnize *v.* proslavljati
solicit *v.* potegovati se
solicitation *n.* solicitacija
solicitor *n.* odvetnik
solicitous *adj.* zaskrbljen
solicitude *n.* zaskrbljenost
solid *adj.* trden
solidarity *n.* solidarnost
soliloquy *n.* samogovor
solitaire *n.* dragulj
solitary *adj.* samoten
solitude *n.* samota
solo *n.* solo
soloist *n.* solist
solubility *n.* topnost
soluble *adj.* topen
solution *n.* rešitev
solve *v.* rešiti

solvency *n.* plačilna sposobnost
solvent *n.* plačilno sposoben
sombre *adj.* otožen
some *adj.* nekaj
somebody *pron.* nekdo
somehow *adv.* nekako
someone *pron.* nekdo
somersault *n.* premet
somnolent *adj.* dremav
something *pron.* nekaj
somewhat *adv.* nekoliko
somewhere *adv.* nekam
somnambulism *n.* mesečnost
somnambulist *n.* mesečnik
somnolence *n.* dremavost
somnolent *adj.* dremav
son *n.* sin
song *n.* pesem
songster *n.* pisec pesmi
sonic *adj.* zvočen
sonnet *n.* sonet
sonority *n.* zvočnost
soon *adv.* kmalu
soot *n.* čad
soothe *v.* olajšati
sophism *n.* sofizem
sophist *n.* sofist
sophisticate *n.* prefinjen človek
sophisticated *adj.* prefinjen
sophistication *n.* prefinjenost
soporific *adj.* uspavalen
sopping *adj.* premočen
soppy *adj.* mehkužen
sorbet *n.* sorbet
sorcerer *n.* čarovnik
sorcery *n.* čarovništvo
sordid *adj.* nesnažen
sore *adj.* boleč
sorely *adv.* boleče
sorrow *n.* bol
sorry *adj.* obžalovati
sort *n.* sorta

sortie *n.* izpad
sough *v.* zašelesteti
soul *n.* duša
soulful *adj.* nežen
soulless *adj.* brezdušen
soul mate *n.* sorodna duša
sound *n.* zvok
soundproof *adj.* zvočno izoliran
soup *n.* juha
sour *adj.* kisel
source *n.* izvir
souse *v.* prepajati
south *n.* jug
southerly *adj.* proti jugu
southern *adj.* južen
souvenir *n.* spominek
sovereign *n.* monarh
sovereignty *n.* suverenost
sow *n.* posejati
spa *n.* toplice
space *n.* prostor
spacious *adj.* prostoren
spade *n.* lopata
spam *n.* neželena e-pošta
span *n.* razpon
Spaniard *n.* Španec;Španka
spaniel *n.* španjel
Spanish *n.* španščina
spank *v.* šeškati
spanking *adj.* v hitrem tempu
spanner *n.* vijačni ključ
spare *adj.* razpoložljiv
sparing *adj.* varčen
spark *n.* iskra
sparkle *v.* iskriti se
sparkling *n.* gaziran
sparrow *n.* vrabec
sparse *adj.* raztresen
spasm *n.* krč
spasmodic *adj.* krčevit
spastic *adj.* spastičen
spat *n.* pričkanje

spate *n.* povodenj
spatial *adj.* prostorski
spatter *v.* poškropiti
spawn *v.* mrestiti
spay *v.* ojaloviti
speak *v.* govoriti
speaker *n.* govornik
spear *n.* kopje
spearhead *n.* konica kopja
spearmint *n.* zelena meta
special *adj.* poseben
specialist *n.* specialist
speciality *n.* specialiteta
specialization *n.* specializacija
specialize *v.* specializirati se
species *n.* vrsta
specific *adj.* specifičen
specification *n.* specifikacija
specify *v.* specificirati
specimen *n.* primerek
specious *adj.* slepilen
speck *n.* pikica
speckle *n.* pegica
spectacle *n.* spektakel
spectacular *adj.* spektakularen
spectator *n.* gledalec
spectral *adj.* spektralen
spectre *n.* prikazen
spectrum *n.* spekter
speculate *v.* špekulirati
speculation *n.* špekulacija
speech *n.* govor
speechless *adj.* onemel
speed *n.* hitrost
speedway *n.* hitra cesta
speedy *adj.* nagel
spell *v.t.* črkovati
spellbound *adj.* začaran
spelling *n.* črkovanje
spend *v.* porabiti
spendthrift *n.* zapravljiv
sperm *n.* sperma

sphere *n.* krogla
spherical *n.* okrogel
spice *n.* začimba
spicy *adj.* začinjen
spider *n.* pajek
spike *n.* konica
spiky *adj.* koničast
spill *v.* politi
spillage *n.* razlitje
spin *v.* vrteti
spinach *n.* špinača
spinal *adj.* hrbteničen
spindle *n.* vreteno
spindly *adj.* tanek kot vreteno
spine *n.* hrbtenica
spineless *adj.* brez hrbtenice
spinner *n.* predilec
spinster *n.* stara devica
spiral *adj.* spiralen
spire *n.* koničast zvonik
spirit *n.* duh
spirited *adj.* duhovit
spiritual *adj.* duhoven
spiritualism *n.* duhovnost
spiritualist *n.* spiritualist
spirituality *n.* spiritualnost
spit *n.* pljuvanje
spite *n.* gnev
spiteful *adj.* zahrbten
spittle *n.* pljunek
spittoon *n.* pljuvalnik
splash *v.* oškropiti
splatter *v.* pljuskati
splay *v.* poševno položiti
spleen *n.* vranica
splendid *adj.* odličen
splendour *n.* krasota
splenetic *adj.* vraničen
splice *v.* splesti
splint *n.* opornica
splinter *n.* odkršek
split *v.* razcepiti

splutter *v.* razburjeno govoriti
spoil *v.* pokvariti
spoiler *n.* kvarilec
spoke *n.* špica
spokesman *n.* predstavnik
sponge *n.* goba
sponsor *n.* pokrovitelj
sponsorship *n.* pokroviteljstvo
spontaneity *n.* spontanost
spontaneous *adj.* spontan
spool *n.* motek
spoon *n.* žlica
spoonful *n.* polna žlica
spoor *n.* sled živali
sporadic *adj.* sporadičen
spore *n.* tros
sport *n.* šport
sporting *adj.* športen
sportive *adj.* šaljiv
sportsman *n.* športnik
spot *n.* točka
spotless *adj.* brezmadežen
spousal *n.* poroka
spouse *n.* zakonec
spout *n.* ustnik
sprain *v.t.* izviniti
sprat *n.* sprat
sprawl *v.* razkrečiti
spray *n.* razpršilo
spread *v.* razgrniti
spreadsheet *n.* razpredelnica
spree *n.* veselica
sprig *n.* vejica
sprightly *adj.* čil
spring *v.* pognati se
sprinkle *v.i.* posuti
sprinkler *n.* škropilnik
sprinkling *n.* škropljenje
sprint *v.* sprintati
sprinter *n.* sprinter
sprout *v.* mladika
spry *adj.* brz

spume *n.* pena
spur *n.* ostroga
spurious *adj.* zaigran
spurn *v.* odriniti
spurt *v.* brizgati
sputum *n.* izbljuvek
spy *n.* vohun
squabble *n.* pričkanje
squad *n.* četa
squadron *n.* eskadron
squalid *adj.* nesnažen
squall *n.* piš vetra
squander *v.* potratiti
square *n.* kvadrat
squash *v.* skvoš
squat *v.i.* počepniti
squawk *v.* vreščati
squeak *n.* cviljenje
squeal *n.* cvilež
squeeze *v.* stisniti
squib *n.* petarda
squid *n.* ligenj
squint *v.* škiliti
squire *n.* oproda
squirm *v.* zvijati se
squirrel *n.* veverica
squirt *v.* izbrizgniti
squish *v.* cmokati
stab *v.* zabosti
stability *n.* stabilnost
stabilization *n.* stabilizacija
stabilize *v.* stabilizirati
stable *adj.* stabilen
stable *n.* hlev
stack *n.* kup
stadium *n.* stadion
staff *n.* osebje
stag *n.* jelen
stage *n.* oder
stagecoach *n.* poštna kočija
stagger *v.* opotekati se
staggering *adj.* opotekajoč se

stagnant *adj.* mirujoč
stagnate *v.* stagnirati
stagnation *n.* stagnacija
staid *adj.* preudaren
stain *v.t.* zamazati
stair *n.* stopnica
staircase *n.* stopnišče
stake *n.* količek
stale *adj.* postan
stalemate *n.* mrtva točka
staleness *n.* postanost
stalk *n.* zalezovanje
stalker *n.* zalezovalec
stall *n.* boks
stallion *n.* žrebec
stalwart *adj.* strumen
stamen *n.* prašnik
stamina *n.* vzdržljivost
stammer *v.* jecljati
stamp *n.* žig
stamp *v.* žigosati
stampede *n.* brezglav beg
stance *n.* stojišče
stanchion *n.* opornik
stand *v.* stojnica
standard *n.* standard
standardization *n.* standardizacija
standardize *v.* standardizirati
standing *n.* stanje
standpoint *n.* stališče
standstill *n.* zastoj
stanza *n.* kitica
staple *n.* sponka
staple *v.* pričvrstiti
stapler *n.* spenjač
star *n.* zvezda
starch *n.* škrob
starchy *adj.* škroben
stare *v.* strmeti
stark *adj.* tog
starlet *n.* zvezdica

startling *n.* škorec
starry *adj.* zvezdnat
start *v.* začeti
starter *n.* zaganjalnik
startle *v.* prestrašiti
starvation *n.* stradanje
starve *v.* stradati
stash *v.* skriti
state *n.* država
stateless *adj.* brez državljanstva
stately *adj.* veličasten
statement *n.* izjava
statesman *n.* državnik
static *adj.* statičen
statically *adv.* statično
station *n.* postaja
stationary *adj.* nepremičen
stationer *n.* papirničar
stationery *n.* pisalne potrebščine
statistical *adj.* statističen
statistician *n.* statistik
statistics *n.* statistika
statuary *n.* plastika
statue *n.* plastika
statuesque *adj.* plastičen
statuette *n.* kipec
stature *n.* stas
status *n.* status
statute *n.* statut
statutory *adj.* ustaven
staunch *adj.* neomahljiv
stave *n.* notno črtovje
stay *v.* ostati
stead *n.* prid
steadfast *adj.* stanoviten
steadiness *n.* stalnost
steady *adj.* stalen
steak *n.* zrezek
steal *v.* ukrasti
stealth *n.* prikritost
stealthily *adv.* pritajeno
stealthy *adj.* pritajen

steam *n.* para
steamer *n.* parnik
steed *n.* konj (jezdni)
steel *n.* jeklo
steep *adj.* strm
steeple *n.* cerkveni stolp
steeplechase *n.* konjska dirka z zaprekami
steer *v.* krmariti
stellar *adj.* zvezden
stem *n.* pecelj
stench *n.* smrad
stencil *n.* šablona
stenographer *n.* stenograf
stenography *n.* stenografija
stentorian *adj.* bobneč
step *n.* korak
steppe *n.* stepa
stereo *n.* stereo
stereophonic *adj.* stereofonski
stereoscopic *adj.* stereoskopski
stereotype *n.* stereotip
sterile *adj.* sterilen
sterility *n.* sterilnost
sterilization *n.* sterilizacija
sterilize *v.* sterilizirati
sterling *n.* šterling
stern *adj.* neizprosen
sternum *n.* prsnica
steroid *n.* steroid
stertorous *adj.* hropeč
stethoscope *n.* stetoskop
stew *n.* enolončnica
steward *n.* stevard
stick *n.* palica
sticker *n.* nalepka
stickleback *n.* zet
stickler *n.* malenkostnež
sticky *adj.* lepljiv
stiff *adj.* ohol
stiffen *v.* otrditi
stifle *v.* zadušiti

stigma *n.* stigma
stigmata *n.* sramotni madež
stigmatize *v.* sigmatizirati
stile *n.* prehod čez ograd
stiletto *n.* salonar
still *adj.* še vedno
stillborn *n.* mrtvorojen
stillness *n.* molčečnost
stilt *n.* hodulja
stilted *adj.* ki ima hodulje
stimulant *n.* poživilo
stimulate *v.* poživiti
stimulus *n.* stimulus
sting *n.* želo
stingy *adj.* škrt
stink *v.* smrdeti
stint *n.* službovanje
stipend *n.* stalni dohodek
stipple *v.* poantilizem
stipulate *v.* pogoditi se
stipulation *n.* pogodba
stir *v.* pomešati
stirrup *n.* streme
stitch *n.* šiv
stitch *v.* šivati
stock *n.* zaloga
stockbroker *n.* borzni posrednik
stockade *n.* palisada
stocking *n.* nogavice (ženske)
stockist *n.* specializiran trgovec
stocky *adj.* čokat
stoic *n.* stoik
stoke *v.* drezati
stoker *n.* kurjač
stole *n.* štola
stolid *adj.* top
stomach *n.* želodec
stomp *n.* topot
stone *n.* kamen
stony *adj.* kamnit
stooge *n.* marioneta
stool *n.* pručka

stoop *v.* skloniti se
stop *v.* ustaviti
stoppage *n.* ustavitev
stopper *n.* mašilec
storage *n.* skladišče
store *n.* prodajalna
storey *n.* nadstropje
stork *n.* štorklja
storm *n.* nevihta
stormy *adj.* nevihten
story *n.* zgodba
stout *adj.* obilen
stove *n.* štedilnik
stow *v.* natrpati
straddle *v.* razkoračiti se
straggle *v.* kolovratiti
straggler *n.* potepuh
straight *adj.* raven
straighten *v.* zravnati
straightforward *adj.* iskren
straightway *adv.* na mestu
strain *v.* nategniti
strain *n.* obremenitev
strained *adj.* napet
strait *n.* ožina
straiten *v.i.* zožiti
strand *v.* nasesti
strange *adj.* nepoznan
stranger *n.* neznanec
strangle *v.* zadaviti
strangulation *n.* zadavitev
strap *n.* jermen
strapping *adj.* kolosalen
stratagem *n.* pretkana poteza
strategic *adj.* strateški
strategist *n.* strateg
strategy *n.* strategija
stratify *v.* stratificirati
stratum *n.* plast
straw *n.* slamica
strawberry *n.* jagoda
stray *v.* klatiti se

streak *n.* proga
streaky *adj.* progast
stream *n.* vodni tok
streamer *n.* zastavica
streamlet *n.* potoček
street *n.* ulica
strength *n.* moč
strengthen *v.* okrepiti se
strenuous *adj.* utrudljiv
stress *n.* stres
stress *v.t.* naglašati
stretch *v.* raztegniti
stretch *n.* raztegovanje
stretcher *n.* nosilnica
strew *v.* posuti
striation *n.* brazdanje
stricken *adj.* udarjen
strict *adj.* strog
strictly *adv.* strogo
stricture *n.* striktura
stride *v.* delati dolge korake
strident *adj.* vreščav
strife *n.* zdraha
strike *v.* udariti
striker *n.* udarjač
striking *adj.* presenetljiv
string *n.* vrvica
stringency *n.* prepričevalnost
stringent *adj.* prepričljiv
stringy *adj.* žilav
strip *v.t.* slačiti
stripe *n.* proga (barvasta)
stripling *n.* zelenec
stripper *n.* striptizeta
strive *v.* prizadevati si
strobe *n.* stroboskop
stroke *n.* udarec
stroll *v.* sprehajati se
strong *adj.* močan
stronghold *n.* utrdba
strop *n.* jermen za brušenje
stroppy *adj.* siten

structural *adj.* strukturen
structure *n.* struktura
strudel *n.* zavitek
struggle *v.* mučiti se
strum *v.* brenkati
strumpet *n.* pocestnica
strut *n.* opornik
Stuart *adj.* Stuart
stub *n.* ogorek
stubble *n.* strnišče
stubborn *adj.* trmast
stucco *n.* štuk
stud *n.* žrebec plemenski
stud *v.* okrasiti z žeblji
student *n.* študent
studio *n.* studio
studious *adj.* študijski
study *n.* študij
study *v.* študirati
stuff *n.* snov
stuffing *n.* nadev
stuffy *adj.* zatohel
stultify *v.* osmešiti
stumble *v.* spotakniti se
stump *n.* štor
stun *v.* vzeti sapo
stunner *n.* krasotec
stunning *adj.* fenomenalen
stunt *v.* pokvečiti
stupefy *v.* omamiti
stupendous *adj.* velikanski
stupid *adj.* neumen
stupidity *n.* neumnost
stupor *n.* omama
sturdy *adj.* jeder
stutter *v.* pojecljavati
sty *n.* svinjak
stygian *adj.* peklenski
style *n.* stil
stylish *adj.* moden
stylist *n.* stilist
stylistic *adj.* stilističen

stylized *adj.* stiliziran
stylus *n.* gramofonska igla
stymie *v.* onemogočiti koga
styptic *adj.* ki krči tkivo ali žile
suave *adj.* mil
subaltern *n.* podrejen
subconscious *adj.* podzavesten
subcontract *v.* urediti s stransko pogodbo
subdue *v.* podvreči
subedit *v.* lektorirati
subject *n.* predmet
subjection *n.* podvrženost
subjective *adj.* subjektiven
subjudice *adj.* v postopku
subjugate *v.* podjarmiti
subjugation *n.* podjarmljenje
subjunctive *adj.* konjuktiven
sublet *v.t.* dati v najem
sublimate *v.* sublimirati
sublime *adj.* grandiozen
subliminal *adj.* subliminaren
submarine *n.* podmornica
submerge *v.* potopiti se
submerse *v.* potopiti (rastline)
submersible *adj.* potopljiv
submission *n.* uklonitev
submissive *adj.* uklonljiv
submit *v.* predložiti
subordinate *adj.* podrejen
subordination *n.* podrejenost
suborn *v.* napeljati
subscribe *v.* naročiti se
subscript *adj.* ki je napisan pod čim
subscription *n.* naročnina
subsequent *adj.* poznejši
subservience *n.* pokornost
subservient *adj.* pokoren
subside *v.* upadati
subsidiary *adj.* pomožen
subsidize *v.* subvencionirati

subsidy *n.* subvencija
subsist *v.* obstajati
subsistence *n.* obstoj
subsonic *adj.* podzvočen
substance *n.* substanca
substantial *adj.* snoven
substantially *adv.* snovno
substantiate *v.* podkrepiti
substantiation *n.* podkrepitev
substantive *adj.* neodvisen
substitute *n.* namestnik
substitution *n.* nadomestitev
subsume *v.* vključevati v sebi
subterfuge *n.* pretveza
subterranean *adj.* podzemen
subtitle *n.* podnaslov
subtle *adj.* subtilen
subtlety *n.* prefinjenost
subtotal *n.* delna vsota
subtract *v.* odšteti
subtraction *n.* odštevanje
subtropical *adj.* subtropski
suburb *n.* predmestje
suburban *adj.* predmesten
suburbia *n.* predmestni prebivalci
subversion *n.* subverzija
subversive *adj.* prevratniški
subvert *v.i.* spodkopavati
subway *n.* podzemna železnica
succeed *v.* uspeti
success *n.* uspeh
successful *adj.* uspešen
succession *n.* nasledstvo
successive *adj.* zapovrsten
successor *n.* naslednik
succinct *adj.* jedrnat
succour *n.* pomoč v sili
succulent *adj.* sočen
succumb *v.* kloniti
such *adj.* takšen
suck *v.* cuzati
sucker *n.* naivnež

suckle *v.* dojiti
suckling *n.* dojenček
suction *n.* izsesavanje
sudden *adj.* nenaden
suddenly *adv.* nenadoma
Sudoku *n.* sudoku
sue *v.t.* tožiti
suede *n.* semiš
suffer *v.i.* trpeti
sufferance *n.* trpljenje
suffice *v.* zadostovati
sufficiency *n.* zadostnost
sufficient *adj.* zadosten
suffix *n.* pripona
suffocate *v.* zadušiti se
suffocation *n.* zadušitev
suffrage *n.* volilna pravica
suffuse *v.* obliti
sugar *n.* sladkor
suggest *v.* predlagati
suggestible *adj.* sugestibilen
suggestion *n.* predlog
suggestive *adj.* sugestiven
suicidal *adj.* samomorilen
suicide *n.* samomor
suit *n.* tožba
suitability *n.* ustreznost
suitable *adj.* ustrezen
suite *n.* apartma
suitor *n.* prosilec
sulk *v.* kujati se
sullen *adj.* čemeren
sully *v.* oblatiti
sulphur *n.* žveplo
sultana *n.* sultanka
sultry *adj.* soparen
sum *n.* vsota
summarily *adv.* po hitrem postopku
summarize *v.* povzeti
summary *n.* povzetek
summer *n.* poletje

summit *n.* vrh
summon *v.* pozvati
summons *n.* sodni poziv
sumptuous *adj.* razkošen
sun *n.* sonce
sun *v.* sončiti s
sundae *n.* sladoledna kupa
Sunday *n.* nedelja
sunder *v.* razdvojiti
sundry *adj.* raznovrsten
sunken *adj.* potopljen
sunny *adj.* sončen
super *adj.* super
superabundance *adj.* preobilica
superabundant *adj.* preobilen
superannuation *n.* upokojitev
superb *adj.* odličen
supercharger *n.* kompresor
supercilious *adj.* ošaben
superficial *adj.* površen
superficiality *n.* površnost
superfine *adj.* zelo fin
superfluity *n.* prebitek
superfluous *adj.* na pretek
superhuman *adj.* nadčloveški
superimpose *v.* staviti vrh česa
superintend *v.* nadzorovati
superintendence *n.* nadziranje
superintendent *n.* nadzornik
superior *adj.* superioren
superiority *n.* superiornost
superlative *adj.* presežnik
supermarket *n.* veleblagovnica
supernatural *adj.* nadnaraven
superpower *n.* velesila
superscript *adj.* napisan nad
supersede *v.* izpodriniti
supersonic *adj.* nadzvočen
superstition *n.* vraža
superstitious *adj.* vraževeren
superstore *n.* supermarket
supervene *v.* nenadoma nastopiti

supervise v. nadzirati
supervision n. nadzor
supervisor n. nadzornik
supper n. večerja
supplant v. izriniti
supple adj. prožen
supplement n. dopolnilo
supplementary adj. dopolnilen
suppliant n. prošnjik
supplicate v. moledovati
supplier n. dobavitelj
supply v. dobaviti
support v. podpirati
support n. podpora
suppose v. predpostaviti
supposition n. predpostavljanje
suppository n. svečka
suppress v. potlačiti
suppression n. potlačitev
suppurate v. gnojiti se
supremacy n. nadvlada
supreme adj. vrhoven
surcharge n. preobremenitev
sure adj. gotov
surely adv. gotovo
surety n. gotovost
surf n. udarjanje morja ob obalo
surface n. površina
surfeit n. prenasičenost
surge n. valovje
surgeon n. kirurg
surgery n. operacija
surly adj. osoren
surmise v.t. domnevati
surmount v. nadvladovati
surname n. priimek
surpass v. prekositi
surplus n. presežek
surprise n. presenečenje
surreal adj. surrealen
surrealism n. surrealizem
surrender v. vdati se

surrender n. vdaja
surreptitious adj. skriven
surrogate n. nadomestek
surround v. obdati
surroundings n. okolica
surtax n. dodatni davek
surveillance n. nadzor
survey v.t. kontrolirati
surveyor n. izvedenec
survival n. preživetje
survive v. preživeti
susceptible adj. dovzeten
suspect v. sumiti
suspect n osumljenec
suspend v. obesiti
suspense n. odgoditev
suspension n. suspenzija
suspicion n. sum
suspicious adj. sumničav
sustain v. vzdrževati
sustainable adj. trajnosten
sustenance n. oskrbovanje
suture n. spoj kosti
svelte adj. vitek
swab n. zloženec
swaddle v. poviti v plenice
swag n. majanje
swagger v. širokoustiti se
swallow v. lastovka
swamp n. močvirje
swan n. labod
swank v. košatenje
swanky v. eleganten
swap v. menjati
swarm n. roj
swarthy adj. temnopolt
swashbuckling adj. bahaški
swat v. lopniti
swathe n. povoj
sway v. zibati
swear v. prekleti
sweat n. znoj

sweater *n.* pulover
sweep *v.* pometati
sweeper *n.* pometač
sweet *adj.* sladek
sweet *n.* slaščica
sweeten *v.* sladkati
sweetheart *n.* srček
sweetmeat *n.* sladica
sweetener *n.* sladilo
sweetness *n.* sladkost
swell *v.* oteči
swell *n.* oteklost
swelling *n.* oteklina
swelter *v.* močno se potiti
swerve *v.* zaviti nenadno
swift *adj.* hiter
swill *v.* pomije
swim *v.* plavati
swimmer *n.* plavalec
swindle *v.* ogoljufati
swindler *n.* goljuf
swine *n.* svinja
swing *n.* gugalnica
swing *v.* gugati se
swingeing *adj.* strahovit
swipe *v.* lokati
swirl *v.* vrtinčiti se
swish *adj.* šik
switch *n.* stikalo
swivel *v.* sukati
swoon *v.* onesvestiti se
swoop *v.* napasti nenadoma
sword *n.* meč
sybarite *n.* sibarit
sycamore *n.* platana
sycophancy *n.* prilizovanje
sycophant *n.* petoliznik
syllabic *adj.* zlogoven
syllable *n.* zlog
syllabus *n.* učni načrt
syllogism *n.* silogizem
sylph *n.* silfida

sylvan *adj.* gozdni
symbiosis *n.* simbioza
symbol *n.* simbol
symbolic *adj.* simbolen
symbolism *n.* simbolizem
symbolize *v.* simbolizirati
symmetrical *adj.* simetričen
symmetry *n.* simetrija
sympathetic *adj.* simpatičen
sympathize *v.* sočustvovati
sympathy *n.* simpatija
symphony *n.* simfonija
symposium *n.* simpozij
symptom *n.* simptom
symptomatic *adj.* simptomatičen
synchronize *v.* sinhronizirati
synchronous *adj.* sinhron
syndicate *n.* sindikat
syndrome *n.* sindrom
synergy *n.* sinergija
synonym *n.* sopomenka
synonymous *adj.* sopomenski
synopsis *n.* sinopsis
syntax *n.* skladnja
synthesis *n.* sinteza
synthesize *v.* sintetizirati
synthetic *adj.* sintetičen
syringe *n.* brizgalka
syrup *n.* sirup
system *n.* sistem
systematic *adj.* sistematičen
systematize *v.* sistemizirati
systemic *adj.* sistemski

T

tab *n.* zaklopec
table *n.* miza
tableau *n.* slika

tablet *n.* tablica
tabloid *n.* tabloid
taboo *n.* tabu
tabular *adj.* tabelaričen
tabulate *v.* tabelarno urediti
tabulation *n.* tabelaričen prikaz
tabulator *v.* tabulator
tachometer *n.* tahometer
tacit *adj.* tih
taciturn *adj.* redkobeseden
tack *n.* risalni žebljiček
tackle *v.t.* pograbiti
tacky *adj.* lepljiv
tact *n.* takt
tactful *adj.* obziren
tactic *n.* taktika
tactician *n.* taktik
tactical *adj.* taktičen
tactile *adj.* tipen
tag *n.* listek
tail *n.* rep
tailor *n.* krojač
taint *v.* kvariti
take *v.* vzeti
takeaway *n.* kiosk
takings *n.* izkupiček
talc *n.* smukec
tale *n.* pripoved
talent *n.* talent
talented *adj.* talentiran
talisman *n.* talisman
talk *v.* govoriti
talkative *adj.* zgovoren
tall *adj.* visok
tallow *n.* loj
tally *n.* obračun
talon *n.* krempelj
tamarind *n.* tamarinda
tambourine *n.* tamburin
tame *adj.* krotek
tamely *adv.* krotko
tamp *v.* natlačiti

tamper *v.* vmešavati se
tampon *n.* tampon
tan *n.* zagorelost (kože)
tandem *n.* tandem
tang *n.* izrazit okus
tangent *n.* tangenta
tangerine *n.* mandarina
tangible *adj.* otipljiv
tangle *v.t.* zaplesti
tank *n.* tank
tanker *n.* tanker
tanner *n.* strojar
tannery *n.* strojarna
tantalize *v.* trpinčiti
tantamount *adj.* enakovreden
tantrum *n.* nevolja
tap *n.* pipa
tapas *n.* tapas
tape *n.* kaseta
tape *v.i.* snemati
taper *v.* tanka sveča
tapestry *n.* tapiserija
tappet *n.* vzvod
tar *n.* katran
tardy *adj.* pozen
target *n.* tarča
tariff *n.* tarifa
tarn *n.* gorsko jezero
tarnish *v.* potemniti
tarot *n.* tarot
tarpaulin *n.* plahta
tart *n.* sadni kolač
tartar *n.* tartar
task *n.* naloga
tassel *n.* resa
taste *n.* okus
taste *v.* okusiti
tasteful *adj.* okusen
tasteless *adj.* brez okusa
tasty *adj.* slasten
tatter *n.* cunja
tattle *n.* opravljanje

tattoo *n.* tetovaža
tatty *adj.* cenen
taunt *n.* roganje
taut *adj.* napet
tavern *n.* krčma
tawdry *adj.* kičast
tax *n.* davek
taxable *adj.* obdavčljiv
taxation *n.* obdavčenje
taxi *n.* taksi
taxi *v.* voziti se s taksijem
taxonomy *n.* taksonomija
tea *n.* čaj
teach *v.* učiti
teacher *n.* učitelj
teak *n.* tikovina
team *n.* ekipa
tear *v.* raztrgati
tear *n.* solza
tearful *adj.* solzen
tease *v.* zbadati
teat *n.* sesek
technical *adj.* tehničen
technicality *n.* tehnično stanje
technician *n.* tehnik
technique *n.* tehnika
technological *adj.* tehnološki
technologist *n.* tehnolog
technology *n.* tehnologija
tedious *adj.* razvlečen
tedium *n.* razvlečenost
teem *v.* mrgoleti
teenager *n.* najstnik
teens *adj.* najstniška leta
teeter *v.* zibati se
teethe *v.* dobivati zobe
teetotal *adj.* abstinentski
teetotaller *n.* abstinent
telecast *v.t.* predvajati po televiziji
telecommunications *n.* telekomunikacije

telegram *n.* telegram
telegraph *n.* telegraf
telegraphic *adj.* telegrafski
telegraphy *n.* telegrafija
telepathic *adj.* telepatski
telepathist *n.* telepat
telepathy *n.* telepatija
telephone *n.* telefon
teleprinter *n.* teleprinter
telescope *n.* teleskop
teletext *n.* teletekst
televise *v.* oddajati po televiziji
television *n.* televizija
tell *v.* reči
teller *n.* pripovedovalec
telling *adj.* pomenljiv
telltale *adj.* izdajalski
temerity *n.* nepremišljenost
temper *n.* razdražljivost
temperament *n.* značaj
temperamental *adj.* muhast
temperance *n.* zmernost
temperate *adj.* zmeren
temperature *n.* temperatura
tempest *n.* vihar
tempestuous *adj.* viharen
template *n.* predloga
temple *n.* svetišče
tempo *n.* tempo
temporal *adj.* časoven
temporary *adj.* začasen
temporize *v.* zavlačevati
tempt *v.* premamiti
temptation *n.* skušnjava
tempter *n.* skušnjavec
ten *adj. & adv.* deset
tenable *adj.* na voljo
tenacious *adj.* nepopustljiv
tenacity *n.* žilavost
tenancy *n.* najem
tenant *n.* najemnik
tend *v.* nagibati se

tendency *n.* nagnjenje
tendentious *adj.* pristranski
tender *adj.* nežen
tender *n.* javna ponudba
tendon *n.* tetiva
tenement *n.* najemniško stanovanje
tenet *n.* načelo
tennis *n.* tenis
tenor *n.* tenor
tense *adj.* napet
tensile *adj.* natezen
tension *n.* napetost
tent *n.* šotor
tentacle *n.* tipalka
tentative *adj.* poskusen
tenterhook *n.* kavelj
tenth *adj. & n.* deseti
tenuous *adj.* šibek
tenure *n.* stalna pravica
tepid *adj.* mlačen
term *n.* mandat
termagant *n.* prepirljivka
terminal *adj.* končen
terminate *v.* končevati
termination *n.* končanje
terminological *adj.* terminološki
terminology *n.* terminologija
terminus *n.* končna postaja
termite *n.* termit
terrace *n.* terasa
terracotta *n.* terakota
terrain *n.* teren
terrestrial *adj.* zemeljski
terrible *adj.* strašen
terrier *n.* terier
terrific *adj.* fantastičen
terrify *v.* prestrašiti
territorial *adj.* ozemeljski
territory *n.* ozemlje
terror *n.* teror
terrorism *n.* terorizem

terrorist *n.* terorist
terrorize *v.* ustrahovati
terry *n.* frotir
terse *adj.* odsekan
tertiary *adj.* terciaren
test *n.* test
testament *n.* oporoka
testate *adj.* zakonito oporočno
testicle *n.* modo
testify *v.* pričati
testimonial *n.* priporočilo
testimony *n.* pričevanje
testis *n.* testis
testosterone *n.* testosteron
testy *adj.* nestrpen
tetchy *adj.* razdražljiv
tether *v.t.* privezati žival
text *n.* besedilo
textbook *n.* učbenik
textual *adj.* besedilen
textile *n* tekstil
textual *adj.* tekstualen
texture *n.* tekstura
thank *v.* zahvaliti se
thankful *adj.* hvaležen
thankless *adj.* nehvaležen
that *pron. & adj.* tisti;ta;to
thatch *n.* slamnata streha
thaw *v.* tajati se (odjuga)
the *adj.* določni člen
theatre *n.* gledališče
theatrical *adj.* gledališki
theft *n.* kraja
their *adj.* njihov
theism *n.* teizem
them *pron.* jih;njim;njih
thematic *adj.* tematski
theme *n.* tema
themselves *pron.* oni sami;sebe;sebi;si
then *adv.* nato
thence *adv.* od tam

theocracy *n.* teokracija
theodolite *n.* teodolit
theologian *n.* teolog
theology *n.* teologija
theorem *n.* izrek
theoretical *adj.* teoretičen
theorist *n.* teoretik
theorize *v.* teoretizirati
theory *n.* teorija
theosophy *n.* teozofija
therapeutic *adj.* terapevtski
therapist *n.* terapevt
therapy *n.* terapija
there *adv.* tam
thermal *adj.* termalen
thermodynamics *n.* termodinamika
thermometer *n.* toplomer
thermos *n.* termovka
thermosetting *adj.* otrdljiv
thermostat *n.* termostat
thesis *n.* teza
they *pron.* oni
thick *adj.* gost
thicken *v.* zgostiti
thicket *n.* goščava
thief *n.* tat
thigh *n.* stegno
thimble *n.* naprstnik
thin *adj.* tanek
thing *n.* stvar
think *v.* misliti
thinker *n.* mislec
third *adj.* tretji
thirst *n.* žeja
thirsty *adj.* žejen
thirteen *adj. & n.* trinajst
thirteen *adj. & n.* trinajst
thirteenth *adj. & n.* trinajsti
thirtieth *adj. & n.* trideseti
thirtieth *adj. & n.* trideseti
thirty *adj. & n.* trideset

thirty *adj. & n.* trideset
this *pron.& adj.* ta;to
thistle *n.* osat
thither *adv.* tjakaj
thong *n.* tangice
thorn *n.* trn
thorny *adj.* trnast
thorough *adj.* temeljit
thoroughfare *n.* prometnica
though *conj.* čeprav
thoughtful *adj.* obziren
thoughtless *adj.* nepremišljen
thousand *adj. & n.* tisoč
thrall *n.* suženj (služabnik)
thrash *v.* zabrisati stran
thread *n.* nit
threat *n.* grožnja
threaten *v.* zagroziti
three *adj. & n.* tri
thresh *v.* premlatiti
threshold *n.* prag
thrice *adv.* trikrat
thrift *n.* gospodarnost
thrifty *adj.* gospodaren
thrill *n.* vznemirjenje
thriller *n.* srhljivka
thrive *v.* uspevati
throat *n.* grlo
throaty *adj.* grlen
throb *v.* utripati
throes *n.* muke
throne *n.* prestol
throng *n.* množica ljudi
throttle *n.* dušilka
through *prep. &adv.* skozi
throughout *prep.* širom
throw *v.* vreči
thrush *n.* drozg
thrust *v.* potisniti koga
thud *n.* zamolkel zvok
thug *n.* surovež
thumb *n.* palec

thunder *n.* grom
thunderous *adj.* gromek
Thursday *n.* četrtek
thus *adv.* zatorej
thwart *v.* preprečevati
thyroid *n.* ščitnica
tiara *n.* tiara
tick *n.* klop
ticket *n.* vstopnica
ticking *n.* tiktakanje
tickle *v.* žgečkati
ticklish *adj.* žgečkljiv
tidal *adj.* plimski
tidally *n.* plimsko
tide *n.* plima
tidings *n.* novice
tidiness *n.* urejenost
tidy *adj.* urejen
tie *v.* zavezati
tie *n.* kravata
tied *adj.* zvezan
tier *n.* stopničasta vrsta
tiger *n.* tiger
tight *adj.* tesen
tighten *v.* napeti
tile *n.* ploščica
till *prep.* do
tiller *n.* krmilna ročica
tilt *v.* nagniti
timber *n.* les
time *n.* čas
timely *adj.* pravočasen
timid *adj.* plah
timidity *n.* plašnost
timorous *adj.* boječ
tin *n.* pločevinka
tincture *n.* tinktura
tinder *n.* netivo
tinge *n.* pridih
tingle *n.* ščemenje
tinker *v.* brkljati po čem
tinkle *v.* cingljati

tinsel *n.* lamete
tint *n.* odtenek
tiny *adj.* droban
tip *n.* konica
tipple *v.* cukati ga
tipster *n.* ovaduh
tipsy *n.* vinjen
tiptoe *v.* po prstih hoditi
tirade *n.* tirada
tire *v.* utrujati
tired *adj.* utrujen
tireless *adj.* neutruden
tiresome *adj.* dolgočasen
tissue *n.* tkivo
titanic *adj.* titanski
titbit *n.* poslastica
tithe *n.* desetina
titillate *v.* vzdražiti
titivate *v.* urejati se
title *n.* naslov
titled *adj.* naslovljen
titular *adj.* titularen
to *prep.* k
toad *n.* paglavec
toast *n.* prepečenec
toaster *n.* opekač
tobacco *n.* tobak
today *adv.* danes
toddle *v.* kobacati se
toddler *n.* malček
toe *n.* prst na nogi
toffee *n.* karamelni bonbon
tog *n.* plašč
toga *n.* toga
together *adv.* skupaj
toggle *n.* preklopno stikalo
toil *v.i.* garati
toilet *n.* stranišče
toiletries *n.* toaletne potrebščine
toils *n.* ujetost
token *n.* token
tolerable *adj.* znosen

tolerance *n.* strpnost
tolerant *adj.* strpen
tolerate *v.* prenesti
toleration *n.* toleriranje
toll *n.* cestnina
tomato *n.* paradižnik
tomb *n.* grobnica
tomboy *n.* fantovsko dekle
tome *n.* zvezek
tomfoolery *n.* bedarija
tomorrow *adv.* jutri
ton *n.* tona
tone *n.* ton
toner *n.* toner
tongs *n.* klešče
tongue *n.* jezik
tonic *n.* tonik
tonight *adv.* nocoj
tonnage *n.* tonaža
tonne *n.* tona (metrična)
tonsil *n.* mandelj
tonsure *n.* tonzura
too *adv.* preveč
tool *n.* orodje
tooth *n.* zob
toothache *n.* zobobol
toothless *adj.* brezzob
toothpaste *n.* zobna krema
toothpick *n.* zobotrebec
top *n.* vrh
topaz *n.* topaz
topiary *n.* topiarij
topic *n.* téma
topical *adj.* aktualen
topless *adj.* zgoraj brez
topographer *n.* topograf
topographical *adj.* topografski
topography *n.* topografija
topping *n.* posip
topple *v.* zvračati
tor *n.* vrh gore
torch *n.* baterijska svetilka

toreador *n.* bikoborec
torment *n.* mučenje
tormentor *n.* mučitelj
tornado *n.* tornado
torpedo *n.* torpedo
torpid *adj.* letargičen
torrent *n.* hudournik
torrential *adj.* deroč
torrid *adj.* žgoč
torsion *n.* torzija
torso *n.* trup
tort *n.* škodno dejanje
tortoise *n.* želva
tortuous *adj.* ovinkast
torture *n.* mučenje
toss *v.* zalučati
tot *n.* otroček
total *adj.* skupen
total *n.* skupno število
totalitarian *adj.* totalitaren
totality *n.* celotnost
tote *v.* prenašati
totter *v.* opotekati se
touch *v.* dotakniti se
touching *adj.* ganljiv
touchy *adj.* delikaten
tough *adj.* trpežen
toughen *v.* utrditi se
toughness *n.* trpežnost
tour *n.* ogled
tourism *n.* turizem
tourist *n.* turist
tournament *n.* turnir
tousle *v.* razmršiti
tout *v.* preprodajati
tow *v.* vleči
towards *prep.* proti;k
towel *n.* brisača
towelling *n.* frotir
tower *n.* stolp
town *n.* mesto
township *n.* okrožje

toxic *adj.* strupen
toxicology *n.* toksikologija
toxin *n.* toksin
toy *n.* igrača
trace *v.t.* slediti
traceable *adj.* izsledljiv
tracing *n.* sledenje
track *n.* kolotečina
tracksuit *n.* trenirka
tract *n.* trakt
tractable *adj.* vodljiv
traction *n.* vleka
tractor *n.* traktor
trade *n.* trgovanje
trademark *n.* blagovna znamka
trader *n.* trgovec
tradesman *n.* obrtnik
tradition *n.* tradicija
traditional *adj.* tradicionalen
traditionalist *n.* tradicionalist
traduce *v.* sramotiti koga
traffic *n.* promet
trafficker *n.* preprodajalec
trafficking *n.* preprodajanje
tragedian *n.* tragik
tragedy *n.* tragedija
tragic *adj.* tragičen
trail *n.* steza
trailer *n.* prikolica
train *n.* vlak
train *v.* trenirati
trainee *n.* pripravnik
trainer *n.* trener
training *n.* treniranje
traipse *v.* vlačiti se
trait *n.* lastnost
traitor *n.* izdajalec
trajectory *n.* trajektorija
tram *n.* tramvaj
trammel *v.* zaplesti v ribiško mrežo
tramp *v.* topotati

trample *v.* poteptati
trampoline *n.* trampolin
trance *n.* zamaknjenost
tranquil *adj.* spokojen
tranquillity *n.* spokojnost
tranquillize *v.* uspavati
transact *v.* poslovati s kom
transaction *n.* poslovanje
transatlantic *adj.* čezatlantski
transceiver *n.* oddajnik in sprejemnik
transcend *v.* presegati
transcendent *adj.* transcendenten
transcendental *adj.* transcendentalen
transcontinental *adj.* čezcelinski
transcribe *v.* prepisati
transcript *n.* prepis
transcription *n.* prepisovanje
transfer *v.* premestiti
transferable *adj.* prenosljiv
transfiguration *n.* preobraženje
transfigure *v.* preobraziti
transform *v.* preoblikovati
transformation *n.* predrugačitev
transformer *n.* preoblikovalec
transfuse *v.* transfuzijo napraviti
transfusion *n.* transfuzija
transgress *v.* prekršiti
transgression *n.* prekršek
transient *adj.* minljiv
transistor *n.* tranzistor
transit *n.* prehod
transition *n.* prehajanje
transitive *adj.* prehoden
transitory *adj.* bežen
translate *v.* prevesti
translation *n.* prevod
transliterate *v.* prečrkovati
translucent *adj.* prosojen
transmigration *n.* seljenje
transmission *n.* prenašanje

transmit *v.* prenesti
transmitter *n.* oddajnik
transmute *v.* pretvoriti
transparency *n.* transparentnost
transparent *adj.* transparenten
transpire *v.* izznojiti
transplant *v.* presaditi
transport *v.* prevažati
transportation *n.* prevoz
transporter *n.* prevoznik
transpose *v.* prestaviti
transsexual *n.* transseksualec
transverse *adj.* prečen
transvestite *n.* transvestit
trap *n.* past
trapeze *n.* trapez
trash *n.* odpadek
trauma *n.* travma
travel *v.* potovati
traveller *n.* potnik
travelogue *n.* potopis
traverse *v.* prečkati
travesty *n.* travestija
trawler *n.* ribič, ki lovi z vlečno mrežo
tray *n.* pladenj
treacherous *adj.* izdajalski
treachery *n.* izdajstvo
treacle *n.* sladkorni sok
tread *v.* stopati
treadle *n.* pedal
treadmill *n.* tekalna steza
treason *n.* verolomnost
treasure *n.* zaklad
treasurer *n.* zakladnik
treasury *n.* zakladnica
treat *v.* ravnati s kom
treatise *n.* razprava
treatment *n.* postopanje
treaty *n.* sporazum
treble *adj.* trikraten
tree *n.* drevo

trek *n.* pohod
trellis *n.* rešetka
tremble *v.* tresti se
tremendous *adj.* neznanski
tremor *n.* drhtavica
tremulous *adj.* drhteč
trench *n.* strelski jarek
trenchant *adj.* piker
trend *n.* trend
trendy *adj.* trendovski
trepidation *n.* bojazen
trespass *v.* prestopek
tress *n.* koder
trestle *n.* stolica
trial *n.* preizkus
triangle *n.* trikotnik
triangular *adj.* trikoten
triathlon *n.* triatlon
tribal *adj.* plemenski
tribe *n.* pleme
tribulation *n.* bridkost
tribunal *n.* sodišče
tributary *n.* pritok
tribute *n.* tribut
trice *n.* razviti
triceps *n.* triceps
trick *n.* trik
trickery *n.* sleparija
trickle *v.* curljati
trickster *n.* slepar
tricky *adj.* pretkan
tricolour *n.* tribarvnica
tricycle *n.* tricikel
trident *n.* trizob
Trier *n.* poskušalec
trifle *n.* malenkost
trigger *n.* sprožilec
trigonometry *n.* trigonometrija
trill *n.* gostolenje
trillion *adj & n.* triljon
trilogy *n.* trilogija
trim *v.* urediti

trimmer *n.* urejevalec
trimming *n.* urejevanje
trinity *n.* trojica
trinket *n.* dragotina
trio *n.* trio
trip *v.* stopicati
tripartite *adj.* tridelen
triple *n.* trikratnost
triplet *n.* trojček
triplicate *adj.* trojen
tripod *n.* stativ
triptych *n.* triptih
trite *adj.* zlajnan
triumph *n.* zmagoslavje
triumphal *adj.* zmagoslaven
triumphant *adj.* zmagovit
trivet *n.* trinožnik
trivia *n.* trivialnost
trivial *adj.* trivialen
troll *n.* nadnaravno bitje
trolley *n.* voziček prekucnik
troop *n.* truma
trooper *n.* konjenik
trophy *n.* trofeja
tropic *n.* tropi
tropical *adj.* tropski
trot *v.* jahati v diru
trotter *n.* dirkalni konj
trouble *n.* težava
trouble-shooter *n.* posredovalec v pogajanjih
troublesome *adj.* vznemirjajoč
trough *n.* banjica
trounce *v.* premlatiti
troupe *n.* igralska družina
trousers *n.* hlače
trousseau *n.* nevestina oprema
trout *n.* postrv
trowel *n.* zidarska žlica
troy *n.* mera za žlahtne kovine
truant *n.* delomrznež
truce *n.* premirje

truck *n.* tovornjak
trucker *n.* voznik tovornjaka
truculent *adj.* opustošujoč
trudge *v.* vleči se
true *adj.* resničen
truffle *n.* gomoljika
trug *n.* jerbas
truism *n.* splošno znana resnica
trump *n.* adut
trumpet *n.* trobenta
truncate *v.* prisekati
truncheon *n.* pendrek
trundle *v.* kotaliti se
trunk *n.* deblo
truss *n.* omot
trust *n.* zaupanje
trustee *n.* zaupnik
trustful *adj.* zaupljiv
trustworthy *adj.* zanesljiv
trusty *adj.* zvest
truth *n.* resnica
truthful *adj.* resničen
try *v.* poskusiti
trying *adj.* naporen
tryst *n.* domenek
tsunami *n.* cunami
tub *n.* kad
tube *n.* cevka
tubercle *n.* nabreklina
tuberculosis *n.* tuberkuloza
tubular *adj.* cevast
tuck *v.* zavihati
Tuesday *n.* torek
tug *v.* potegniti
tuition *n.* šolnina
tulip *n.* tulipan
tumble *v.* telebniti
tumbler *n.* akrobat
tumescent *adj.* nabrekel
tumour *n.* tumor
tumult *n.* hrušč
tumultuous *adj.* bučen

tun *n.* pivarska kad
tune *n.* napev
tuner *n.* uglaševalec
tunic *n.* tunika
tunnel *n.* tunel
turban *n.* turban
turbid *adj.* kalen
turbine *n.* turbina
turbocharger *n.* turbinski polnilnik
turbulence *n.* turbulenca
turbulent *adj.* neobrzdan
turf *n.* ruša
turgid *adj.* otekel
turkey *n.* puran
turmeric *n.* kurkuma
turmoil *n.* nemir
turn *v.* obrniti se
turner *n.* strugar
turning *n.* obračanje
turnip *n.* repa
turnout *n.* udeležba
turnover *n.* preobrat
turpentine *n.* terpentin
turquoise *n.* turkiz
turtle *n.* želva
tusk *n.* okel
tussle *n.* ravs
tutelage *n.* tutorstvo
tutor *n.* tutor
tutorial *n.* učna ura
tuxedo *n.* smoking
tweak *v.* pocukati
twee *adj.* kičast
tweed *n.* tvid
tweet *v.* ščebetati
tweeter *n.* visokotonski zvočnik
tweezers *n.* pinceta
twelfth *adj.&n.* dvanajsti
twelfth *adj.&n.* dvanajsti
twelve *adj.&n.* dvanajst
twentieth *adj.&n.* dvajseti
twentieth *adj.&n.* dvajseti
twenty *adj.&n.* dvajset
twice *adv.* dvakrat
twiddle *v.* zavrteti
twig *n.* vejica
twilight *n.* somrak
twin *n.* dvojček
twine *n.* sukanec
twinge *n.* zbadanje
twinkle *v.* migljati
twirl *v.* vrteti
twist *v.* sukati
twitch *v.* trzniti
twitter *v.* žvrgoleti
two *adj.&n.* dva
twofold *adj.* dvokraten
tycoon *n.* tajkun
type *n.* tip
typesetter *n.* stavni stroj
typhoid *n.* tifusen
typhoon *n.* tajfun
typhus *n.* tifus
typical *adj.* tipičen
typify *v.* tipizirati
typist *n.* tipkar
tyrannize *v.* tiranizirati
tyranny *n.* tiranija
tyrant *n.* tiran
tyre *n.* pnevmatika

ubiquitous *adj.* vseprisoten
udder *n.* vime
ugliness *n.* grdota
ugly *adj.* grd
ulcer *n.* čir
ulterior *adj.* onstranski
ultimate *adj.* skrajni

ultimately *adv.* konec koncev
ultimatum *n.* ultimat
ultra *pref.* ultra
ultramarine *n.* ultramarin
ultrasonic *adj.* nadzvočen
ultrasound *n.* nadzvok
umber *n.* umbra
umbilical *adj.* popkov
umbrella *n.* dežnik
umpire *n.* arbiter
unable *adj.* nesposoben
unanimity *a.* enodušnost
unaccountable *adj.* nerazložljiv
unadulterated *adj.* neponarejen
unalloyed *adj.* nepomešan
unanimous *adj.* soglasen
unarmed *adj.* neoborožen
unassailable *adj.* neranljiv
unassuming *adj.* skromen
unattended *adj.* brez nadzora
unavoidable *adj.* neizogiben
unaware *adj.* ne zavedajoč se
unbalanced *adj.* neuravnotežen
unbelievable *adj.* neverjeten
unbend *v.* popustiti
unborn *adj.* nerojen
unbridled *adj.* stihijski
unburden *v.* razbremeniti
uncalled *adj.* nepoklican
uncanny *adj.* srhljiv
unceremonious *adj.* neprisiljen
uncertain *adj.* negotov
uncharitable *adj.* brezsrčen
uncle *n.* stric
unclean *adj.* nečist
uncomfortable *adj.* neudoben
uncommon *adj.* neobičajen
uncompromising *adj.* brezkompromisen
unconditional *adj.* brezpogojen
unconscious *adj.* nezavesten
uncouth *adj.* neotesan

uncover *v.* razkriti
unctuous *adj.* oljnat
undeceive *v.* odpreti komu oči
undecided *adj.* neodločen
undeniable *adj.* neizpodbiten
under *prep.* pod
underarm *adj.* podpazduha
undercover *adj.* tajen
undercurrent *n.* podpovršinski tok
undercut *v.* spodkopati
underdog *n.* premaganec
underestimate *v.* podcenjevati
undergo *v.* prestati
undergraduate *n.* nediplomiran študent
underground *adj.* podzemen
underhand *adj.* potuhnjen
underlay *n.* podložek
underline *v.t.* podčrtati
underling *n.* podrejena oseba
undermine *v.* podminirati
underneath *prep.* izpod
underpants *n.* spodnje hlače
underpass *n.* podhod
underprivileged *adj.* zapostavljen
underrate *v.* podceniti
underscore *v.* podčrtati
undersigned *n.* podpisanec
understand *v.t.* razumeti
understanding *n.* razumevanje
understate *v.* premalo navesti
undertake *v.* lotiti se
undertaker *n.* pogrebnik
underwear *n.* spodnje perilo
underworld *n.* podzemlje
underwrite *v.* s podpisom jamčiti
undesirable *adj.* nezaželen
undo *v.* odpeti
undoing *n.* odpenjanje
undone *adj.* neopravljen

undress *v.* sleči obleko
undue *adj.* čezmeren
undulate *v.* valoviti
undying *adj.* nesmrten
unearth *v.* izkopati
uneasy *adj.* nervozen
unemployable *adj.* nezaposljiv
unemployed *adj.* brezposeln
unending *adj.* neskončen
unequalled *adj.* neizenačen
uneven *adj.* neraven
unexceptionable *adj.* neoporečen
unexceptional *adj.* brezizjemen
unexpected *adj.* nepričakovan
unfailing *adj.* nezmotljiv
unfair *adj.* krivičen
unfaithful *adj.* nezvest
unfit *adj.* nezmožen
unfold *v.* razgrniti
unforeseen *adj.* nepredviden
unforgettable *adj.* nepozaben
unfortunate *adj.* nesrečen
unfounded *adj.* neutemeljen
unfurl *v.* razviti
ungainly *adj.* nespreten
ungovernable *adj.* nepokoren
ungrateful *adj.* nehvaležen
unguarded *adj.* nevarovan
unhappy *adj.* nesrečen
unhealthy *adj.* nezdrav
unheard *adj.* neslišen
unholy *adj.* brezbožen
unification *n.* zedinjenje
uniform *adj.* enoličen
unify *v.* zediniti
unilateral *adj.* enostranski
unimpeachable *adj.* brezhiben
uninhabited *adj.* nenaseljen
union *n.* sindikat
unionist *n.* sindikalist
unique *adj.* edinstven
unisex *adj.* enospolen

unison *n.* enoglasje
unit *n.* enota
unite *v.* združiti
unity *n.* enotnost
universal *adj.* univerzalen
universality *adv.* univerzalnost
universe *n.* vesolje
university *n.* univerza
unjust *adj.* nepravičen
unkempt *adj.* neurejen
unkind *adj.* neprijazen
unknown *adj.* neznan
unleash *v.* sprostiti
unless *conj.* razen če
unlike *prep.* za razliko od
unlikely *adj.* malo verjeten
unlimited *adj.* neomejen
unload *v.* raztovoriti
unmanned *adj.* brez osebja
unmask *v.* razkrinkati
unmentionable *adj.* nevreden omembe
unmistakable *adj.* očividen
unmitigated *adj.* neomiljen
unmoved *adj.* nepremaknjen
unnatural *adj.* nenaraven
unnecessary *adj.* nepotreben
unnerve *v.* razburiti
unorthodox *adj.* nekonvencionalen
unpack *v.* izpakirati
unpleasant *adj.* neprijeten
unpopular *adj.* nepriljubljen
unprecedented *adj.* brez primere
unprepared *adj.* nepripravljen
unprincipled *adj.* breznačelen
unprofessional *adj.* nestrokoven
unqualified *adj.* nekvalificiran
unreasonable *adj.* nerazumen
unreliable *n* nezanesljiv
unreserved *adj.* nezadržan
unrest *n.* nemir

unrivalled *adj.* brez tekmeca
unruly *adj.* neposlušen
unscathed *adj.* nedotaknjen
unscrupulous *adj.* brezvesten
unseat *v.* vreči s sedeža
unselfish *adj.* nesebičen
unsettle *v.* vznemiriti
unshakeable *adj.* neomajen
unskilled *adj.* neusposobljen
unsocial *adj.* nedružaben
unsolicited *adj.* nezahtevan
unstable *adj.* nestabilen
unsung *adj.* nepet
unthinkable *adj.* nepojmljiv
untidy *adj.* neurejen
until *prep.* do
untimely *adj.* prezgodnji
untold *adj.* neizrečen
untouchable *adj.* nedotakljiv
untoward *adj.* sprijen
unusual *adj.* nenavaden
unutterable *adj.* neizrekljiv
unveil *v.* odkriti
unwarranted *adj.* nezajamčen
unwell *adj.* nezdrav
unwilling *adj.* nenaklonjen
unwind *v.* odviti
unwise *adj.* nespameten
unwittingly *adv.* nevede
unworldly *adj.* nematerialen
unworthy *adj.* nevreden
up *adv.* gor
upbeat *adj.* predtakt
upbraid *v.* ošteti
upcoming *adj.* prihajajoč
update *v.* posodobiti
upgrade *v.* nadgraditi
upheaval *n.* prevrat
uphold *v.* držati pokonci
upholster *v.* oblaziniti
upholstery *n.* tapetništvo
uplift *v.* dvigniti kvišku

upload *v.* prenašati
upper *adj.* gornji
upright *adj.* pokončen
uprising *n.* vstajanje
uproar *n.* kraval
uproarious *adj.* bučen
uproot *v.* izruvati
upset *v.* razburjen
upshot *n.* izid
upstart *n.* povzpetnik
upsurge *n.* vzvalovanje
upturn *n.* dvig (tečajev)
upward *adv.* navzgornji
urban *adj.* mesten
urbane *adj.* olikan
urbanity *n.* olikanost
urchin *n.* fantalin
urge *v.* naganjati
urgent *adj.* nujen
urinal *n.* posoda za urin
urinary *adj.* sečen
urinate *v.* urinirati
urine *n.* urin
urn *n.* žara
usable *adj.* uporabljiv
usage *n.* uporaba
use *v.t.* uporabljati
useful *adj.* uporaben
useless *adj.* nekoristen
user *n.* uporabnik
usher *n.* hostesnik
usual *adj.* običajen
usually *adv.* po navadi
usurp *v.* prilastiti si
usurpation *n.* uzurpacija
usury *n.* oderuštvo
utensil *n.* orodje
uterus *n.* maternica
utilitarian *adj.* koristolovski
utility *n.* korist
utilization *n.* koriščenje
utilize *v.* izkoristiti

utmost *adj.* skrajni
utopia *n.* utopija
utopian *adj.* utopičen
utter *adj.* dokončen
utterance *n.* izrekanje
uttermost *adj. & n.* najbolj oddaljeni

vacancy *n.* praznina
vacant *adj.* prazen
vacate *v.* pustiti nezasedeno
vacation *n.* počitnice
vaccinate *v.* cepiti
vaccination *n.* cepljenje
vaccine *n.* cepivo
vacillate *v.* zibati se
vacillation *n.* zibanje
vacuous *adj.* nenapolnjen
vacuum *n.* vakuum
vagabond *n.* vagabund
vagary *n.* kaprica
vagina *n.* nožnica
vagrant *n.* potepuh
vague *adj.* nejasen
vagueness *n.* nejasnost
vain *adj.* domišljav
vainglorious *adj.* nadut
vainly *adv.* domišljavo
valance *n.* okrasni naborek
vale *n.* dolina
valediction *n.* slovo
valency *n.* valenca
valentine *n.* izvoljenec;izvoljenka
valet *n.* osebni služabnik
valetudinarian *n.* hipohonder
valiant *adj.* hraber
valid *adj.* veljaven
validate *v.* potrditi
validity *n.* veljavnost
valise *n.* ročna prtljaga
valley *n.* dolina
valour *n.* hrabrost
valuable *adj.* dragocen
valuation *n.* ocenitev
value *n.* vrednost
valve *n.* ventil
vamp *n.* fatalna ženska
vampire *n.* vampir
van *n.* kombi
vandal *n.* vandal
vandalize *v.* razdejati
vane *n.* lopatica
vanguard *n.* prednji odred
vanish *v.* izginiti
vanity *n.* prevzetnost
vanquish *v.* premagovati
vantage *n.* prednost
vapid *adj.* puhel
vaporize *v.* izpareti
vapour *n.* para
variable *adj.* spremenljiv
variance *n.* razhajanje
variant *n.* različica
variation *n.* razlika
varicose *adj.* krčen
varied *adj.* raznolik
variegated *adj.* pester
variety *n.* raznolikost
various *adj.* raznoličen
varlet *n.* lump
varnish *n.* lak
vary *v.* razlikovati se
vascular *adj.* vaskularen
vase *n.* vaza
vasectomy *n.* vazektomija
vassal *n.* vazal
vast *adj.* prostran
vaudeville *n.* vodvil
vault *n.* obok

vaunted *adj.* poveličevan
veal *n.* teletina
vector *n.* vektor
veer *n.* preobrat
vegan *n.* vegan
vegetable *n.* zelenjava
vegetarian *n.* vegetarijanec
vegetate *v.* vegetirati
vegetation *n.* vegetacija
vegetative *adj.* vegetativen
vehement *adj.* ognjevit
vehicle *n.* vozilo
vehicular *adj.* prometen
veil *n.* tančica
vein *n.* vena
velocity *n.* brzina
velour *n.* velur
velvet *n.* žamet
velvety *adj.* žameten
venal *adj.* podkupljiv
venality *n.* podkupljivost
vend *v.* prodajati
vendetta *n.* krvno maščevanje
vendor *n.* prodajalec
veneer *n.* furnir
venerable *adj.* častitljiv
venerate *v.* častiti
veneration *n.* čaščenje
venetian *adj.* beneški
vengeance *n.* maščevanje
vengeful *adj.* maščevalen
venial *adj.* odpustljiv
venom *n.* strup
venomous *adj.* strupen
venous *adj.* venski
vent *n.* zračnik
ventilate *v.* prezračevati
ventilation *n.* prezračevanje
ventilator *n.* ventilator
venture *n.* podvig
venturesome *adj.* drzen
venue *n.* prizorišče

veracious *adj.* resnicoljuben
veracity *n.* resničnost
veranda *n.* veranda
verb *n.* glagol
verbal *adj.* usten
verbally *adv.* ustno
verbalize *v.* ubesediti
verbatim *adv.* dobesedno
verbiage *n.* gostobesednost
verbose *adj.* gostobeseden
verbosity *n.* dolgoveznost
verdant *adj.* bujen
verdict *n.* razsodba
verge *n.* rob
verification *n.* verifikacija
verify *v.* preveriti
verily *adv.* prav gotovo
verisimilitude *n.* avtentičnost
veritable *adj.* pravi
verity *n.* resničnost
vermillion *n.* živo rdeča barva
vermin *n.* mrčes
vernacular *n.* ljudski jezik
vernal *adj.* pomladen
versatile *adj.* vsestranski
versatility *n.* vsestranskost
verse *n.* verz
versed *adj.* izveden
versification *n.* pesnjenje
versify *v.* pesniti
version *n.* verzija
verso *n.* leva stran
versus *prep.* proti
vertebra *n.* vretence
vertebrate *n.* vretenčar
vertex *n.* teme
vertical *adj.* navpičen
vertiginous *adj.* vrtoglav
vertigo *n.* vrtoglavica
verve *n.* zanos
very *adv.* zelo
vesicle *n.* mehurček

vessel *n.* plovilo
vest *n.* telovnik
vestibule *n.* vetrolov
vestige *n.* ostanek
vestment *n.* liturgično oblačilo
vestry *n.* zakristija
veteran *n.* veteran
veterinary *adj.* veterinarski
veto *n.* veto
vex *v.* vznevoljiti
vexation *n.* jeza
via *prep.* preko; po
viable *adj.* viabilen
viaduct *n.* viadukt
vial *n.* steklenička
viands *n.* živež
vibe *n.* vtis
vibrant *adj.* živahen
vibraphone *n.* vibrafon
vibrate *v.* vibrirati
vibration *n.* vibracija
vibrator *n.* vibrator
vicar *n.* pastor
vicarious *adj.* posreden
vice *n.* pregreha
viceroy *n.* podkralj
vice-versa *adv.* obratno
vicinity *n.* bližina
vicious *adj.* hudoben
vicissitude *n.* obrat
victim *n.* žrtev
victimize *n.* zatirati
victor *n.* zmagovalec
victorious *adj.* zmagovit
victory *n.* zmaga
victualler *n.* gostilničar
victuals *n.* jestvine
video *n.* video
vie *v.* tekmovati
view *n.* razgled
vigil *n.* bedenje
vigilance *n.* opreznost

vigilant *adj.* oprezen
vignette *n.* vinjeta
vigorous *adj.* zavzet
vigour *n.* zavzetost
Viking *n.* Viking
vile *adj.* podel
vilify *v.* obrekovati
villa *n.* vila
village *n.* vas
villager *n.* vaščan
villain *n.* zlikovec
vindicate *v.* upravičiti kaj
vindication *n.* upravičevanje
vine *n.* trta
vinegar *n.* kis
vintage *n.* trgatev
vintner *n.* vinogradnik
vinyl *n.* vinilna plošča
violate *v.* prekršiti
violation *n.* kršitev
violence *n.* nasilje
violent *adj.* nasilen
violet *n.* vijolica
violin *n.* violina
violinist *n.* violinist
virago *n.* možača
viral *adj.* virusen
virgin *n.* devica
virginity *n.* devištvo
virile *adj.* potenten
virility *n.* potentnost
virtual *adj.* navidezen
virtue *n.* krepost
virtuous *adj.* kreposten
virulence *n.* virulenca
virulent *adj.* virulenten
virus *n.* virus
visa *n.* vizum
visage *n.* izgled
viscid *adj.* viskozen
viscose *n.* viskoza
viscount *n.* vikont

viscountess *n.* vikontesa
viscous *adj.* židek
visibility *n.* vidljivost
visible *adj.* viden
vision *n.* vid
visionary *adj.* vizionarski
visit *v.* obiskati
visitation *n.* obiskovanje
visitor *n.* obiskovalec
visor *n.* vizir
vista *n.* razgled
visual *adj.* vizualen
visualize *v.* vizualizirati
vital *adj.* ključen
vitality *n.* vitalnost
vitalize *v.* poživiti
vitamin *n.* vitamin
vitiate *v.* spriditi
viticulture *n.* vinogradništvo
vitreous *adj.* steklen
vitrify *v.* ostekleniti
vitriol *n.* žveplova kislina
vituperation *n.* psovanje
vivacious *adj.* živahen
vivacity *n.* živahnost
vivarium *n.* vivarij
vivid *adj.* živ
vivify *v.* oživeti
vixen *n.* lisica
vocabulary *n.* besedišče
vocal *adj.* glasoven
vocalist *n.* vokalist
vocalize *v.* vokalično izgovoriti
vocation *n.* poklic
vociferous *adj.* kričeč
vogue *n.* moda
voice *n.* glas
voicemail *n.* glasovna pošta
void *adj.* vrzel

voile *n.* tanka tkanina
volatile *adj.* hlapljiv
volcanic *adj.* ognjeniški
volcano *n.* ognjenik
volition *n.* svobodna volja
volley *n.* salva
volt *n.* volt
voltage *n.* napetost električnega toka
voluble *adj.* zgovoren
volume *n.* prostornina
voluminous *adj.* obsežen
voluntarily *adv.* prostovoljno
voluntary *adj.* prostovoljen
volunteer *n.* prostovoljec
voluptuary *n.* pohotnež
voluptuous *adj.* pohoten
vomit *v.* bruhati
voodoo *n.* vudu
voracious *adj.* požrešen
vortex *n.* vrtinec
votary *n.* zaobljubnik
vote *n.* glasovalni glas
voter *n.* glasovalec
votive *adj.* votiven
vouch *v.* jamčiti
voucher *n.* porok
vouchsafe *v.* dopustiti
vow *n.* zaobljuba
vowel *n.* samoglasnik
voyage *n.* potovanje (po morju)
voyager *n.* potnik (po morju)
vulcanize *v.* vulkanizirati
vulgar *adj.* vulgaren
vulgarian *n.* plebejec
vulgarity *n.* vulgarnost
vulnerable *adj.* ranljiv
vulpine *adj.* lisičji
vulture *n.* jastreb

W

wacky *adj.* trčen
wad *n.* šop
waddle *v.* koracati
wade *v.* bresti
wader *n.* močvirnik
wadi *n.* vadi
wafer *n.* oblat
waffle *v.* vafelj
waft *v.* viti se
wag *v.* stresti
wage *n.* mezda
wager *n. & v.* stava;staviti
waggle *v.* mahati (z repom)
wagon *n.* vagon
wagtail *n.* tresorepka
waif *n.* odvržen predmet
wail *n.* tarnanje
wain *n.* tovorni voz
wainscot *n.* opaž
waist *n.* pas
waistband *n.* všit pas
waistcoat *n.* telovnik
wait *v.* počakati
waiter *n.* natakar
waitress *n.* natakarica
waive *v.* odreči se
wake *v.* zbuditi se
wakeful *adj.* buden
waken *v.* prebuditi se
walk *v.* hoditi
wall *n.* stena
wallaby *n.* kenguru (majhen)
wallet *n.* listnica
wallop *v.* prebunkati
wallow *v.* valjati se
Wally *n.* lolek
walnut *n.* oreh
walrus *n.* mrož
waltz *n.* valček

wan *adj.* brezbarven
wand *n.* šiba
wander *v.* bloditi
wane *v.* pojemati
wangle *v.* izpeljati
want *v.* hoteti
wanting *adj.* manjkajoč
wanton *adj.* objesten
war *n.* vojna
warble *v.* jodlati
warbler *n.* jodlar
ward *n.* čuvanje
warden *n.* čuvaj
warder *n.* paznik
wardrobe *n.* garderobna omara
ware *n.* roba
warehouse *n.* skladišče
warfare *n.* vojskovanje
warlike *adj.* bojevit
warm *adj.* topel
warmth *n.* toplota
warn *v.* posvariti
warning *n.* svarilo
warp *v.* zviti
warrant *n.* sodni nalog
warrantor *n.* garant
warranty *n.* jamstvo
warren *n.* lovišče kuncev
warrior *n.* vojščak
wart *n.* bradavica
wary *adj.* oprezen
wash *v.* prati
washable *adj.* pralen
washer *n.* pralec
washing *n.* pranje
wasp *n.* osa
waspish *adj.* nataknjen
wassail *n.* popivanje
wastage *n.* tratenje
waste *v.* razsipavati
wasteful *adj.* zapravljiv
watch *v.* gledati
watchful *adj.* pazljiv

watchword *n.* geslo
water *n.* voda
water *n.* vodna površina
waterfall *n.* slap
watermark *n.* vodni žig
watermelon *n.* lubenica
waterproof *adj.* nepremočljiv
watertight *adj.* neprepusten
watery *adj.* voden
watt *n.* vat
wattage *n.* moč (električna)
wattle *n.* protje
wave *v.* valovati
waver *v.* opotekati se
wavy *adj.* valovit
wax *n.* vosek
way *n.* pot
waylay *v.* prežati
wayward *adj.* kljubovalen
we *pron.* mi;me;nam;nas
weak *adj.* šibek
weaken *v.* oslabeti
weakling *n.* slabič
weakness *n.* slabost
weal *n.* žulj
wealth *n.* bogastvo
wealthy *adj.* bogat
wean *v.* odstaviti
weapon *n.* orožje
wear *v.* nositi (na sebi)
wearisome *adj.* utrudljiv
weary *adj.* izmučen
weasel *n.* podlasica
weather *n.* vreme
weave *v.* tkati
weaver *n.* tkalec
web *n.* splet
webby *adj.* tkivu podoben
webpage *n.* spletna stran
website *n.* spletno mesto
wed *v.* poročiti
wedding *n.* poroka
wedge *n.* klin

wedlock *n.* zakonski stan
Wednesday *n.* sreda
weed *n.* plevel
week *n.* teden
weekday *n.* delavnik
weekly *adj.* tedenski
weep *v.* jokati
weepy *adj.* jokav
weevil *n.* rilčkar
weigh *v.* stehtati
weight *n.* teža
weighting *n.* dodatek (denar)
weightlifting *n.* dviganje uteži
weighty *adj.* tehten
weir *n.* vrša
weird *adj.* čuden
welcome *n.* dobrodošlica
weld *v.* zvar
welfare *n.* blaginja
well *adv.* dobro
well *n.* studenec
wellington *n.* gumijast škorenj
welt *n.* modrica
welter *n.* besnenje (valov)
wen *n.* bula
wench *n.* deklina
wend *v.* kreniti proti
west *n.* zahod
westerly *adv.* zahodno
western *adj.* zahoden
westerner *n.* zahodnjak
westernize *v.* prilagoditi zahodu
wet *adj.* moker
wetness *n.* mokrota
whack *v.* pretepati
whale *n.* kit
whaler *n.* kitolovec
whaling *n.* lov na kite
wharf *n.* privez
wharfage *n.* priveznina
what *pron. & adj.* kaj; kakšen
whatever *pron.* kar koli
wheat *n.* pšenica

wheaten *adj.* pšeničen
wheedle *v.* pregovoriti
wheel *n.* kolo
wheeze *v.* sopsti
whelk *n.* ogrc
whelm *v.* zasuti
whelp *n.* kužek
when *adv.* ko
whence *adv.* od kod
whenever *conj.* kadarkoli
where *adv.* kje;kam
whereabouts *adv.* kod; kje
whereas *n.* odstavek v listini z 'whereas' (z ozirom)
whet *v.* brusiti
whether *conj.* ali;če
whey *n.* sirotka
which *pron. & adj.* kateri
whichever *pron.* kateri koli
whiff *n.* pihljaj
while *n.* hip
whilst *conj.* medtem ko
whim *n.* muhavost
whimper *v.* cmeriti se
whimsical *adj.* muhast
whimsy *n.* muha
whine *n.* cviljenje
whinge *v.* nergati
whinny *n.* rezgetanje
whip *n.* bič
whir *n.* brnenje
whirl *v.* vrteti
whirligig *n.* vrtiljak
whirlpool *n.* vrtinec
whirlwind *n.* vrtinčast veter
whirr *v.* brneti
whisk *v.* stepati
whisker *n.* brk
whisky *n.* viski
whisper *v.* šepetati
whist *n.* vist
whistle *n.* piščal
whit *n.* mrvica

white *adj.* bel
whitewash *n.* belilo
whither *adv.* kod;kam
whiting *n.* merlan
whittle *v.* rezljati
whiz *v.* švigniti
who *pron.* kdo
whoever *pron.* kdor koli
whole *adj.* cel;ves
whole-hearted *adj.* iskren
wholesale *n.* prodaja na debelo
wholesaler *n.* trgovec na debelo
wholesome *adj.* dobrodejen
wholly *adv.* dočista
whom *pron.* koga; komu; komur
whoop *n.* vrisk
whopper *n.* ogromna stvar
whore *n.* vlačuga
whose *adj. & pron.* čigav; kogar; čigar
why *adv.* zakaj
wick *n.* stenj
wicked *adj.* zloben
wicker *n.* ratan
wicket *n.* vratca
wide *adj.* širok
widen *v.* razširiti
widespread *adj.* razširjen na široko
widow *n.* vdova
widower *n.* vdovec
width *n.* širina
wield *v.* vihteti kaj
wife *n.* žena
wig *n.* lasulja
wiggle *v.* migati
Wight *n.* človeško bitje
wigwam *n.* indijanski šotor
wild *adj.* divji
wilderness *n.* divjina
wile *n.* zvijača
wilful *adj.* nameren
will *v.* volja

willing *adj.* voljan
willingness *adj.* voljnost
willow *n.* vrba
wily *adj.* zvijačen
wimble *n.* vrtalo
wimple *n.* naprsna ruta
win *v.* zmagati
wince *v.* treniti
winch *n.* vitel
wind *n.* veter
windbag *n.* brbljavec
winder *n.* piskač
windlass *n.* škripec
windmill *n.* mlin na veter
window *n.* okno
windy *adj.* vetroven
wine *n.* vino
winery *n.* vinska klet
wing *n.* perut
wink *v.* pomežikniti
winkle *n.* morski užiten polž
winner *n.* zmagovalec
winning *adj.* zmagovit
winnow *v.* vejati
winsome *adj.* prikupen
winter *n.* zima
wintry *adj.* zimski
wipe *v.* obrisati
wire *n.* žica
wireless *adj.* brezžičen
wiring *n.* ožičenje
wisdom *n.* modrost
wise *adj.* moder
wish *v.* želeti si
wishful *adj.* koprneč
wisp *n.* kosem
wisteria *n.* glicinija
wistful *adj.* potrt
wit *n.* razumnost
witch *n.* čarovnica
witchcraft *n.* čarovnija
witchery *n.* čaranje
with *prep.* s; z

withal *adv.* tudi
withdraw *v.* umakniti
withdrawal *n.* umik
withe *n.* vrbova šiba
wither *v.* oveniti
withhold *v.* zadržati
within *prep.* znotraj
without *prep.* brez
withstand *v.* zoperstaviti se
witless *adj.* nerazumen
witness *n.* priča
witter *v.* čenčati
witticism *n.* domislica
witty *adj.* duhovit
wizard *n.* čarovnik
wizened *adj.* osušen
woad *n.* oblajst
wobble *v.* majati se
woe *n.* gorjé
woeful *adj.* pomilovanja vreden
wok *n.* vok
wold *n.* višavje
wolf *n.* volk
woman *n.* ženska
womanhood *n.* ženskost
womanize *v.* poženščiti
womb *n.* maternica
wonder *v.* čuditi se
wonderful *adj.* čudovit
wondrous *adj.* bajen
wonky *adj.* negotov
wont *n.* navada
wonted *adj.* navajen
woo *v.* dvoriti
wood *n.* les
wooded *adj.* gozdnat
wooden *adj.* lesen
woodland *n.* gozdnata pokrajina
woof *n.* lajanje
woofer *n.* nizkotonec
wool *n.* volna
woollen *adj.* volnen
woolly *adj.* volnast

woozy *adj.* nadelan
word *n.* beseda
wording *n.* ubeseditev
wordy *adj.* beseden
work *n.* delo
workable *adj.* izvedljiv
workaday *adj.* deloven
worker *n.* delavec
working *n.* delujoč
workman *n.* fizični delavec
workmanship *n.* izdelava
workshop *n.* delavnica
world *n.* svet
worldly *adj.* zemeljski
worm *n.* črv
wormwood *n.* pelin
worried *adj.* zaskrbljen
worrisome *adj.* skrb vzbujajoč
worry *v.* skrbeti
worse *adj.* slabši
worsen *v.* poslabšati
worship *n.* čaščenje
worshipper *n.* častilec
worst *adj.* najslabši
worsted *n.* kamgarn
worth *adj.* vreden
worthless *adj.* brez vrednosti
worthwhile *adj.* vreden truda
worthy *adj.* časten
would *v.* bi
would-be *adj.* dozdeven
wound *n.* rana
wrack *n.* morska trava
wraith *n.* prikazen
wrangle *n.* kreg
wrap *v.* oviti
wrapper *n.* ovoj
wrath *n.* srd
wreak *v.* stresti jezo
wreath *n.* venec
wreathe *v.* ovenčati
wreck *n.* naplavine
wreckage *n.* razbitine
wrecker *n.* razdiralec
wren *n.* stržek
wrench *v.* iztrgati
wrest *v.* izviti
wrestle *v.* spopasti se (v rokoborbi)
wrestler *n.* rokoborec
wretch *n.* nesrečnež
wretched *adj.* klavrn
wrick *v.* pretegniti
wriggle *v.* vijugati se
wring *v.* izžeti
wrinkle *n.* guba
wrinkle *n.* namig
wrist *n.* zapestje
writ *n.* odločba
write *v.* pisati
writer *n.* pisec
writhe *v.* zvijati
writing *n.* pisanje
wrong *adj.* napačen
wrongful *adj.* protipraven
wry *adj.* skrivljen

xenon *n.* ksenon
xenophobia *n.* ksenofobija
Xerox *n.* fotokopija
Xmas *n.* božič
x-ray *n.* rentgenski žarek
xylophages *adj.* lesni črv
xylophilous *adj.* ki žre les
xylophone *n.* ksilofon

yacht *n.* jahta
yachting *n.* jadranje
yachtsman *n.* jadralec
yak *n.* jak
yam *n.* krompir (sladki)
yap *v.* bevsk
yard *n.* dvorišče
yarn *n.* preja
yashmak *n.* feredža
yaw *v.* skreniti
yawn *v.* zehati
year *n.* leto
yearly *adv.* vsakoleten
yearn *v.* hrepeneti
yearning *n.* hrepenenje
yeast *n.* kvas
yell *n.* krik
yellow *adj.* rumen
yelp *n.* cviljenje
Yen *n.* jen
yeoman *n.* svobodnjak
yes *excl.* da
yesterday *adv.* včeraj
yet *adv.* še vedno
yeti *n.* jeti
yew *n.* tisa
yield *v.* donos
yob *n.* razgrajač
yodel *v.* jodlati
yoga *n.* joga
yogi *n.* jogi
yogurt *n.* jogurt
yoke *n.* jarem
yokel *n.* neotesanec
yolk *n.* rumenjak
yonder *adj.* tamkajšnji
yonks *n.* več let
yore *n.* davnina

you *pron.* ti;tebe;tebi;vi;vas;vam
young *adj.* mlad
youngster *n.* mladenič
your *adj.* tvoj;vaš
yourself *pron.* ti sam;vi sami
youth *n.* mladina
youthful *adj.* mladosten
yowl *n.* tuljenje
yummy *adj.* slasten

zany *adj.* prismojen
zap *v.* ubiti koga
zeal *n.* vnema
zealot *n.* fanatik
zealous *adj.* fanatičen
zebra *n.* zebra
zebra crossing *n.* prehod za pešce
zenith *n.* zenit
zephyr *n.* vetrič
zero *adj.* ničeln
zest *n.* začimba
zigzag *n.* cikcak
zilch *n.* nula
zinc *n.* cink
zing *n.* sikanje
zip *n.* zadrga
zircon *n.* cirkonijev silikat
zither *n.* citre
zodiac *n.* zodiak
zombie *n.* zombi
zonal *adj.* conski
zone *n.* cona
zoo *n.* živalski vrt
zoological *adj.* zoološki
zoologist *n.* zoolog
zoology *n.* zoologija
zoom *v.* zdrveti

Slovenian - English

A

a *a.* a
abeceda *sam.* alphabet
abeceden *prid.* alphabetical
abstinent *sam.* teetotaller
abstinentski *prid.* teetotal
abstrakten *prid.* abstract
acetat *sam.* acetate
aceton *sam.* acetone
aditiv *sam.* additive
administrativen *prid.* administrative
admiral *sam.* admiral
adolescenca *sam.* adolescence
adut *sam.* trump
aerobika *sam.* aerobics
aeronavtika *sam.* aeronautics
aforizem *sam.* aphorism
afriški *prid.* African
ageizem *sam.* ageism
agencija *sam.* agency
agnostik *sam.* agnostic
agonija *sam.* agony
ahat *sam.* agate
aids *sam.* aids
akademija *sam.* academy
akademski *prid.* academic
aker *sam.* acre
akne *sam.* acne
ako *prid.* an
akord *sam.* chord
akrilen *prid.* acrylic
akrobat *sam.* acrobat
akrobat *sam.* tumbler
akrobatski *prid.* acrobatic
aktinij *sam.* actinium
aktivist *sam.* activist
aktualen *prid.* topical
aktuar *sam.* actuary
akumulator *sam.* battery
akupunktura *sam.* acupuncture
akustičen *prid.* acoustic
akvarij *sam.* aquarium
album *sam.* album
alergen *sam.* allergen
alergičen *prid.* allergic
alergija *sam.* allergy
alfa *sam.* alpha
algebra *sam.* algebra
ali *vez.* or
alibi *sam.* alibi
aligator *sam.* alligator
aliteracija *sam.* alliteration
aliterirati *gl.* alliterate
alkalij *sam.* alkali
alkimija *sam.* alchemy
alkohol *sam.* alcohol
alkoholen *prid.* alcoholic
alkoholizem *sam.* dipsomania
almanah *sam.* almanac
alpinizem *sam.* mountaineering
alpska hiša *sam.* chalet
aluminij *sam.* aluminium
amalgam *sam.* amalgam
Amazonka *sam.* Amazon
ambicija *sam.* ambition
ambiciozen *prid.* ambitious
ambrozija *sam.* ambrosia
ambulanta *sam.* clinic
ambulantni bolnik *sam.* outpatient
ameriški oreh *sam.* pecan
amfiteater *sam.* amphitheatre
amoralen *prid.* amoral
amorfen *prid.* amorphous
amortizacija *sam.* depreciation
ampak *vez.* but
amper *sam.* ampere
amplituda *sam.* amplitude
amulet *sam.* amulet
anahronizem *sam.* anachronism

analen *prid.* anal
analitičen *prid.* analytical
analitik *sam.* analyst
analiza *sam.* analysis
analizirati *gl.* analyse
analogen *prid.* analogue
analogija *sam.* analogy
ananas *sam.* pineapple
anarhija *sam.* anarchy
anarhist *sam.* anarchist
anarhizem *sam.* anarchism
anatomija *sam.* anatomy
android *sam.* android
anekdota *sam.* anecdote
anestetik *sam.* painkiller
anestezija *sam.* anaesthesia
angel *sam.* angel
angina *sam.* angina
angleščina *sam.* English
animacija *sam.* animation
anketnik *sam.* pollster
anoda *sam.* anode
anorak *sam.* jerkin
anoreksija *sam.* anorexia
antarktičen *prid.* Antarctic
antena *sam.* antenna
antibiotik *sam.* antibiotic
antika *sam.* antique
antilopa *sam.* antelope
antioksidant *sam.* antioxidant
antipatija *sam.* antipathy
antiperspirant *sam.* antiperspirant
antiteza *sam.* antithesis
antologija *sam.* anthology
antropologija *sam.* anthropology
anuiteta *sam.* annuity
aparat *sam.* appliance
apartheid *sam.* apartheid
apartma *sam.* suite
apatija *sam.* apathy
aplavz *sam.* plaudits

apno *sam.* lime
apokalipsa *sam.* apocalypse
apostol *sam.* apostle
Arabec;Arabka *sam.* Arab
arabski *sam.* Arabian
arabščina *sam.* Arabic
arbiter *sam.* umpire
arena *sam.* arena
aretirati *gl.* arrest
arheologija *sam.* archaeology
arhitekt *sam.* architect
arhitektura *sam.* architecture
arhiv *sam.* archives
aristokrat *sam.* aristocrat
aritmetičen *prid.* arithmetical
arkada *sam.* arcade
arktičen *prid.* Arctic
Armagedon *sam.* Armageddon
armaturna plošča *sam.* dashboard
aroma *sam.* aroma
aromaterapija *sam.* aromatherapy
aromatičen *prid.* fragrant
artefakt *sam.* artefact
arterija *sam.* artery
artičoka *sam.* artichoke
artritis *sam.* arthritis
arzen *sam.* arsenic
as *sam.* ace
aseptičen *prid.* aseptic
asketski *prid.* ascetic
asocialen *prid.* antisocial
asteroid *sam.* asteroid
astigmatizem *sam.* astigmatism
astma *sam.* asthma
astrolog *sam.* astrologer
astrologija *sam.* astrology
astronavt *sam.* astronaut
astronom *sam.* astronomer
astronomija *sam.* astronomy
ataše *sam.* attache

atavističen *prid.* atavistic
atentat *sam.* assassination
atlas *sam.* atlas
atlet *sam.* athlete
atletski *prid.* athletic
atol *sam.* atoll
atom *sam.* atom
atomski *prid.* atomic
atrij *sam.* atrium
avdicija *sam.* audition
avdio *sam.* audio
avditorij *sam.* auditorium
avenija *sam.* avenue
avgust *sam.* August
aviator *sam.* aviator
avokado *sam.* avocado
Avstralec;Avstralka *sam.* Australian
avtentičnost *sam.* verisimilitude
avtizem *sam.* autism
avto *sam.* car
avtobiografija *sam.* autobiography
avtobiografija *sam.* memoir
avtobus *sam.* bus
avtocesta *sam.* highway
avtocesta *sam.* motorway
avtogram *sam.* autograph
avtomobil *sam.* automobile
avtomobilist *sam.* motorist
avtopsija *sam.* post-mortem
avtor *sam.* author
avtoritativen *prid.* authoritative
avtorski honorar *sam.* royalty
azbest *sam.* asbestos
azijski *prid.* Asian
azil *sam.* asylum

B

baba *sam.* hag
Babel *sam.* Babel
babica *sam.* grandmother
babica (pri porodu) *sam.* midwife
badminton *sam.* badminton
bageta *sam.* baguette
bahač *sam.* bouncer
bahaški *prid.* swashbuckling
bahati se *gl.* brag
bajen *prid.* wondrous
bajt *sam.* byte
baker *sam.* copper
bakterije *sam.* bacteria
bala *sam.* bale
balada *sam.* ballad
baldahin *sam.* canopy
balet *sam.* ballet
balkon *sam.* balcony
balon *sam.* balloon
balvan *sam.* boulder
balzam *sam.* balm
balzamirati *gl.* embalm
balzamovec *sam.* balsam
bambus *sam.* bamboo
banana *sam.* banana
bančnik *sam.* banker
banjica *sam.* trough
banka *sam.* bank
banket *sam.* banquet
baptist *sam.* Baptist
baraka *sam.* barrack
barakarsko naselje *sam.* slum
barakuda *sam.* barracuda
barbar *sam.* barbarian
barbarski *prid.* barbaric
barikada *sam.* barricade
barje *sam.* marsh
barka *sam.* ark

barometer *sam.* barometer
baron *sam.* baron
barva *sam.* colour
barvanje *sam.* colouring
barvilo *sam.* dye
bas *sam.* bass
basen *sam.* fable
bat *sam.* piston
bataljon *sam.* battalion
baterijska svetilka *sam.* torch
bazar *sam.* bazaar
bazen *sam.* pool
bazilika (arhit.) *sam.* basilica
bazilika (bot.) *sam.* basil
bazuka *sam.* bazooka
bebast *prid.* silly
beda *sam.* misery
bedak *sam.* fool
bedarija *sam.* tomfoolery
bedast *prid.* sheepish
beden *prid.* pathetic
bedenje *sam.* vigil
bedro *sam.* haunch
begunec *sam.* refugee
bel *prid.* white
bela kava *sam.* latte
beležka *sam.* note
beležnik *sam.* scorer
belilo *prid.* bleach
beliti *gl.* blanch
beljak *sam.* albumen
beljakovina *sam.* protein
beluš *sam.* asparagus
bencin *sam.* petrol
bendžo *sam.* banjo
beneški *prid.* venetian
berač *sam.* beggar
bergamot *sam.* bergamot
bergla *sam.* crutch
berljiv *prid.* legible
bes *sam.* rage
beseda *sam.* word

beseden *prid.* wordy
besedilen *prid.* textual
besedilo *sam.* text
besedišče *sam.* vocabulary
besedna igra *sam.* pun
besen *prid.* furious
besnenje (valov) *sam.* welter
besneti *gl.* rant
beton *sam.* concrete
bevsk *gl.* yap
bež *sam.* beige
bežen *prid.* transitory
bežen pogled *sam.* glimpse
bežno pogledati *gl.* glance
bi *gl.* would
Biblija *sam.* Bible
bibliofil *sam.* bibliophile
bibliografija *sam.* bibliography
biceps *sam.* biceps
bicikel *sam.* bike
bič *sam.* whip
bičanje *sam.* lashings
bičati *gl.* lash
bidé *sam.* bidet
bife *sam.* buffet
bigamija *sam.* bigamy
bik *sam.* bull
bikini *sam.* bikini
bikoborec *sam.* toreador
biljard *sam.* billiards
bilten *sam.* bulletin
bingljati *gl.* dangle
binokularen *prid.* binocular
biokemija *sam.* biochemistry
biolog *sam.* biologist
biologija *sam.* biology
biološka raznolikost *sam.* biodiversity
biološko razgradljiv *prid.* biodegradable
biopsija *sam.* biopsy
biro *sam.* bureau

birokracija *sam.* bureaucracy
birokrat *sam.* bureaucrat
biseksualen *prid.* bisexual
biser *sam.* pearl
bisernat *prid.* beady
bistroumen *prid.* clever
bistroumnost *sam.* acumen
bistvo *sam.* essence
biti *gl.* be
biti gnan *gl.* drift
biti odvisen od *gl.* depend
biti podoben *gl.* resemble
biti pred kom *gl.* precede
biti soodnosen *gl.* correlate
biti soroden *prid.* cognate
biti težji *gl.* outweigh
bitje *sam.* creature
bitje *gl.* pulsation
bitka *sam.* battle
bivališče *sam.* abode
bivališče (stalno) *sam.* residence
bivati *gl.* dwell
bivol *sam.* buffalo
bivši *prid.* quondam
bizaren *prid.* bizarre
bizon *sam.* bison
blag *prid.* benign
blagajna *sam.* bursary
blagajnik *sam.* bursar
blaginja *sam.* prosperity
blago *sam.* fabric
blagodejen *prid.* beneficial
blagodejnost *sam.* boon
blagoslov *sam.* blessing
blagosloviti *gl.* bless
blagovna znamka *sam.* trademark
blagovoliti *gl.* deign
blato *sam.* mud
blazen *prid.* frenetic
blazer *sam.* blazer
blazina *sam.* pillow

blazinica *sam.* hassock
blazinjak *sam.* chaise
blazinjenje *sam.* padding
blaznež *sam.* lunatic
blazno navdušenje *sam.* furore
blaznost *sam.* insanity
blažen *prid.* blessed
blaženost *sam.* bliss
blažilen *prid.* emollient
blažilo *sam.* analgesic
blažiti *gl.* assuage
blebetati *gl.* babble
bled *prid.* pale
bledikast *prid.* sallow
blejati *gl.* bleat
blesk *prid.* refulgence
blesteč *prid.* glossy
bleščati se *gl.* glare
bleščeč *prid.* lustrous
bliskovita vojna *sam.* blitz
blizu *prid.* close
blizu *prisl.* near
bližajoč se *prid.* forthcoming
bližina *sam.* vicinity
bližnji *prisl.* nearby
bližnjica *sam.* shortcut
bljuvati *gl.* retch
bloditi *gl.* wander
blok *sam.* pad
bluza *sam.* blouse
boben *sam.* drum
bober *sam.* beaver
bobneč *prid.* stentorian
bodalo *sam.* dagger
bodika *sam.* holly
bog *sam.* god
bogaboječ *prid.* godly
bogastvo *sam.* wealth
bogat *prid.* wealthy
bogataš *sam.* nabob
bogato *prisl.* richly
bogato okrašen *prid.* ornate

boginja *sam.* goddess
bogoskrunski *prid.* sacrilegious
bogoskrunstvo *sam.* sacrilege
bohoten *prid.* luxuriant
boj *sam.* combat
boj za prevlado *sam.* infighting
bojazen *sam.* trepidation
bojazljiv *prid.* fearful
bojaželjen *prid.* bellicose
boječ *prid.* timorous
bojevit *prid.* warlike
bojevnik *sam.* militant
bojevniški *prid.* martial
bojkotirati *gl.* boycott
bok *sam.* flank
boks *sam.* stall
boks (šport) *sam.* boxing
boksar *sam.* boxer
bol *sam.* sorrow
bolan *prid.* sick
bolan na jetrih *sam.* livery
boleč *prid.* painful
boleče *prisl.* sorely
bolečina *sam.* pain
bolehati *gl.* ail
bolezen *sam.* disease
bolha *sam.* flea
boljše *prid.* better
bolniška sestra *sam.* nurse
bolnišnica *sam.* hospital
bolščanje *sam.* goggle
bomba *sam.* bomb
bombaž *sam.* cotton
bombnik *sam.* bomber
bombon *sam.* lolly
bonus *sam.* bonus
borec *sam.* fighter
boren *prid.* meagre
boriti se *gl.* contend
boriti se *gl.* fight
borzni posrednik *sam.* stockbroker

botanika *sam.* botany
boter *sam.* godfather
botra *sam.* godmother
božanski *prid.* divine
božanskost *sam.* divinity
božanstvo *sam.* deity
božič *sam.* Christmas
božična pesem *sam.* carol
brada *sam.* beard
brada (anat.) *sam.* chin
bradavica *sam.* wart
bradavička *sam.* nipple
bralec *sam.* reader
brana *sam.* harrow
branik *sam.* bastion
branilec *sam.* barrister
braniti se *gl.* fend
branje *sam.* reading
branljiv *prid.* defensible
brat *sam.* brother
brati *gl.* read
bratovščina *sam.* brotherhood
bratranec;sestrična *sam.* cousin
bratski *prid.* fraternal
brazda *sam.* furrow
brazdanje *sam.* striation
brazgotina *sam.* scar
brbljati *gl.* prattle
brbljavec *sam.* windbag
brbotati *gl.* burble
brcniti *gl.* kick
brejost *sam.* gestation
breme *sam.* burden
brenčač *sam.* buzzer
brenčanje *sam.* buzz
brenkati *gl.* strum
breskev *sam.* peach
bresti *gl.* wade
brez *predl.* without
brez denarja *prid.* penniless
brez državljanstva *prid.* stateless

brez hrbtenice *prid.* spineless
brez kazni *prisl.* scot-free
brez kofeina *prid.* decaffeinated
brez nadzora *prid.* unattended
brez okusa *prid.* tasteless
brez osebja *prid.* unmanned
brez primere *prid.* unprecedented
brez sreče *prid.* luckless
brez tekmeca *prid.* unrivalled
brez vrednosti *prid.* worthless
brez živcev *prid.* nerveless
brez življenja *prid.* lifeless
breza *sam.* birch
brezbarven *sam.* colourless
brezboštvo *sam.* atheism
brezbožen *prid.* unholy
brezbožniški *sam.* atheist
brezbrižen *prid.* languid
brezbrižnost *sam.* indifference
brezciljen *prid.* aimless
brezdelen *prid.* idle
brezdelje *sam.* idleness
brezdušen *prid.* soulless
brezglav beg *sam.* stampede
brezhiben *prid.* impeccable
brezimenski *prid.* anonymous
brezimnost *sam.* anonymity
brezizjemen *prid.* unexceptional
brezkompromisen *prid.* uncompromising
brezmadežen *prid.* spotless
brezmejen *prid.* immense
brezmejnost *sam.* immensity
breznačelen *prid.* unprincipled
brezobličen *prid.* shapeless
brezobzirno *prisl.* regardless
brezplačen *prisl. & prid.* gratis
brezplačno darilo *sam.* freebie
brezpogojen *prid.* unconditional
brezpomemben *prid.* negligible
brezposeln *prid.* unemployed
brezskrben *prid.* carefree

brezsramen *prid.* shameless
brezsrčen *prid.* heartless
brezsrčen *prid.* uncharitable
brezštevilen *prid.* countless
breztelesen *prid.* disembodied
brezupen *prid.* hopeless
brezvesten *prid.* unscrupulous
brezvoljen *prid.* listless
brezzob *prid.* toothless
brezžičen *prid.* wireless
bridek *prid.* poignant
bridkost *sam.* poignancy
brigada *sam.* brigade
brigadni general *sam.* brigadier
brisača *sam.* towel
briskirati *gl.* snub
britanski *prid.* British
britev *sam.* razor
briti *gl.* shave
britje *sam.* shaving
brivec *sam.* barber
brizgalka *sam.* syringe
brizgati *gl.* spurt
brizgniti *gl.* ejaculate
brk *sam.* whisker
brki *sam.* moustache
brkljati po čem *gl.* tinker
brlog *sam.* den
brnenje *sam.* whir
brneti *gl.* whirr
brodolom *sam.* shipwreck
brodolomec *sam.* castaway
brokat *sam.* brocade
brokoli *sam.* broccoli
bron *sam.* bronze
bronhialen *prid.* bronchial
brošura *sam.* brochure
brskalnik *sam.* browser
brskati *gl.* browse
brsteti *gl.* burgeon
bršljan *sam.* ivy
bruhati *gl.* vomit

brundati *gl.* hum
bruno *gl.* baulk
brusiti *gl.* whet
brz *prid.* rapid
brzdanje *sam.* restraint
brzdati *gl.* curb
brzdati se *gl.* restrain
brzina *sam.* rapidity
bucika *sam.* pin
buča *sam.* pumpkin
bučeč *prid.* clarion
bučen *prid.* uproarious
budalo *sam.* simpleton
buden *prid.* wakeful
bujen *prid.* lush
bujna rast *sam.* proliferation
bukev *sam.* beech
bula *sam.* wen
buldog *sam.* bulldog
bulimija *sam.* bulimia
bulvar *sam.* boulevard
bungalov *sam.* bungalow
bunker *sam.* bunker
burkež *sam.* buffoon
burleska *sam.* burlesque
buška *sam.* bump
butec *sam.* dullard
butik *sam.* boutique

carski rez *sam.* caesarean
Casanova *sam.* Casanova
cedilo *sam.* percolator
cediti *gl.* percolate
cedra *sam.* cedar
ceh *gl.* gild
ceh *sam.* guild
cel;ves *prid.* whole

celibat *sam.* celibacy
celica *sam.* cell
celičen *prid.* cellular
celina *sam.* continent
celinski *prid.* continental
celo *prid.* even
celosten *prid.* integral
celota *sam.* entirety
celoten *prid.* entire
celotnost *sam.* totality
celulit *sam.* cellulite
celuloid *sam.* celluloid
celuloza *sam.* cellulose
Celzij *sam.* Celsius
cement *sam.* cement
cena *sam.* price
cenen *prid.* tatty
cenenost *sam.* sleaze
ceniti *gl.* appreciate
ceniti *gl.* cherish
cenljiv *prid.* appreciable
cent *sam.* cent
centimeter *sam.* centimetre
centralizirati *gl.* centralize
cenzor *sam.* censor
cenzura *sam.* censorship
cenzus *sam.* census
cepiti *gl.* vaccinate
cepivo *sam.* vaccine
cepljenje *sam.* vaccination
ceremonial *sam.* ritual
cerkev *sam.* church
cerkovnik *sam.* sexton
cerkveni stolp *sam.* steeple
cerkveni zbor *sam.* choir
cesar *sam.* emperor
cesarica *sam.* empress
cesarski *prid.* imperial
cesarstvo *sam.* empire
cesta *sam.* road
cestnina *sam.* toll
cev *sam.* pipe

cevast *prid.* tubular
cevka *sam.* tube
cianid *sam.* cyanide
cigan *sam.* gypsy
cigara *sam.* cigar
cigareta *sam.* cigarette
cikcak *sam.* zigzag
cikličen *prid.* cyclic
ciklon *sam.* cyclone
ciklus *sam.* cycle
cilj *gl.* finish
ciljati na kaj *gl.* aim
cimet *sam.* cinnamon
cingljati *gl.* tinkle
cinik *sam.* cynic
cink *sam.* zinc
cinkati *gl.* galvanize
cipresa *sam.* cypress
cirkonijev silikat *sam.* zircon
cirkus *sam.* circus
cista *sam.* cyst
cisterna *sam.* cistern
cističen *prid.* cystic
citadela *sam.* citadel
citat *sam.* quotation
citirati *gl.* quote
citre *sam.* zither
citronski *prid.* citric
citrus *sam.* citrus
civilen *prid.* civil
civilist *sam.* civilian
civilizacija *sam.* civilization
civilizirati *gl.* civilize
cmeriti se *gl.* whimper
cmokati *gl.* squish
cona *sam.* zone
conski *prid.* zonal
copata *sam.* slipper
copatarski *prid.* henpecked
cukati ga *gl.* tipple
cula *sam.* bundle
cunami *sam.* tsunami

cunja *sam.* rag
curljati *gl.* trickle
cuzati *gl.* suck
cvet *sam.* blossom
cvetača *sam.* cauliflower
cveten *prid.* floral
cveteti *gl.* bloom
cvetlica *sam.* flower
cvetličar *sam.* florist
cvetličen *prid.* flowery
cvetni list *sam.* petal
cvilež *sam.* squeal
cviljenje *sam.* squeak
cvrčati *gl.* sizzle
čad *sam.* soot
čaj *sam.* tea
čajnica *sam.* caddy
čajnik *sam.* kettle
čakati *gl.* await
čaranje *sam.* witchery
čarodejstvo *sam.* necromancy
čarovnica *sam.* witch
čarovnija *sam.* magic
čarovnik *sam.* magician
čarovništvo *sam.* sorcery
čas *sam.* time
časniška raca *sam.* canard
časoven *prid.* temporal
čast *sam.* honour
časten *prid.* honorary
častilec *sam.* worshipper
častiti *gl.* glorify
častitljiv *prid.* venerable
častno darilo *sam.* gratuity
čaša *sam.* beaker
čaščenje *sam.* worship
če *vez.* if
čebela *sam.* bee
čebelji panj *sam.* hive
čebelnjak *sam.* apiary
čebula *sam.* onion
čečkati *gl.* scrawl

čeden *prid.* handsome
ček *sam.* cheque
čekan *sam.* fang
čelada *sam.* helmet
čeljust *sam.* jaw
čelo *sam.* forehead
čemeren *prid.* moody
čenčati *gl.* witter
čepica *sam.* bonnet
čeprav *vez.* although
čer *sam.* reef
česen *sam.* garlic
čestitati *gl.* congratulate
čestitka *sam.* felicitation
često *prisl.* oft
četa *sam.* squad
četrtek *sam.* Thursday
četrti *prid.& sam.* fourth
četrtina *sam.* quarter
četrtinka *sam.* crotchet
četrtleten *prid.* quarterly
četverokoten *sam.* quadrangular
četverokotnik *sam.* quadrilateral
četvorica *sam.* quadruplet
čevelj *sam.* shoe
čevljar *sam.* cobbler
čez *predl.* over
čez palubo *prisl.* overboard
čezatlantski *prid.* transatlantic
čezcelinski *prid.* transcontinental
čezmeren *prid.* excessive
čičerika *sam.* chickpea
čigav; kogar; čigar *prid. & zaim.* whose
čil *prid.* sprightly
čili *sam.* chilli
čin *sam.* rank
čipka *sam.* lace
čipkast *prid.* lacy
čir *sam.* ulcer
čist *prid.* clean
čistilen *prid.* purgative

čistiti *gl.* purge
čistoča *sam.* cleanliness
čistost *sam.* purity
čiščenje *sam.* clearance
čivkanje *sam.* cheep
član *sam.* member
član kraljeve družine *sam.* royal
članek *sam.* article
članstvo *sam.* membership
člen *sam.* purview
členek *sam.* knuckle
človek;mož *sam.* man
človekoljub *sam.* philanthropist
človekoljuben *prid.* humanitarian
človekoljubje *sam.* philanthropy
človeški *prid.* human
človeško bitje *sam.* Wight
človeštvo *sam.* humanity
čofniti *gl.* flop
čokat *prid.* stocky
čokolada *sam.* chocolate
čoln *sam.* boat
čolniček v šivalnem stroju *sam.* shuttle
čreda *sam.* herd
črepinja *sam.* shard
črevo *sam.* intestine
črkovanje *sam.* spelling
črkovati *gl.* spell
črn *prid.* black
črna lista *sam.* blacklist
črnec *sam.* negro
črnilo *sam.* ink
črnka *sam.* negress
črnogled *prid.* pessimistic
črnogledost *sam.* pessimism
črnuh *sam.* nigger
črpalka *sam.* pump
črta *sam.* line
črv *sam.* worm

čudak *sam.* freak
čudaški *prid.* eccentric
čudaštvo *sam.* oddity
čuden *prid.* weird
čudež *sam.* miracle
čudežen *prid.* miraculous
čuditi se *gl.* wonder
čudo *sam.* prodigy
čudovit *prid.* wonderful
čustven *prid.* emotional
čustvo *sam.* emotion
čustvovanje *sam.* sentiment
čutara *sam.* flask
čuteč *prid.* sentient
čuten *prid.* sensual
čuten človek *sam.* sensualist
čutilen *prid.* sensory
čutiti *gl.* feel
čutnost *sam.* sensuality
čuvaj *sam.* warden
čuvanje *sam.* ward
čvrst *prid.* firm

da *excl.* yes
da ne bi *vez.* lest
dajanje napotkov *sam.* briefing
dajanje prednost *sam.*
 preferment
dajati zakone *gl.* legislate
dalje *prisl.* further
daljnovidnost *sam.* foresight
dama *sam.* lady
dan *sam.* day
dan *prid.* given
danes *prisl.* today
darilo *sam.* gift
daritev *sam.* oblation

darovalec *sam.* donor
datelj *sam.* date
dati *gl.* give
dati odvezo *gl.* absolve
dati v najem *gl.* sublet
dati v vrečo *gl.* sack
datum *sam.* date
davčen *prid.* fiscal
davek *sam.* tax
daviti se *gl.* choke
davnina *sam.* yore
debel *prid.* obese
debelo steblo *sam.* bole
debelost *sam.* obesity
debet *sam.* debit
debi *sam.* debut
debitant *sam.* debutante
deblo *sam.* trunk
december *sam.* December
decentralizirati *gl.* decentralize
decibel *sam.* decibel
decimalen *prid.* decimal
deden *prid.* hereditary
dedič *sam.* heir
dediščina *sam.* inheritance
dednost *sam.* heredity
definicija *sam.* definition
definirati *gl.* define
deflacija *sam.* deflation
degeneriran *gl.* degenerate
degradirati *gl.* debase
dehidrirati *gl.* dehydrate
deja vu *sam.* deja vu
dejanje *sam.* action
dejanski *prid.* actual
dejansko *prisl.* actually
dejaven *prid.* active
dejavnik *sam.* factor
dejavnost *sam.* activity
dejstvo *sam.* fact
dekadenten *prid.* decadent
dekan *sam.* dean

deklamirati *gl.* declaim
deklaracija *gl.* declaration
dekle *sam.* girl
deklica *sam.* maiden
deklina *sam.* wench
dekliški *prid.* girlish
dekongestiv *sam.* decongestant
dekonstruirati *gl.* deconstruct
dekriminalizirati *gl.* decriminalize
del *sam.* part
delati dolge korake *gl.* stride
delavec *sam.* worker
delaven *prid.* sedulous
delavnica *sam.* workshop
delavnik *sam.* weekday
delček *sam.* snippet
delec *sam.* particle
delegacija *sam.* delegation
delegat *sam.* delegate
delen *prid.* partial
delež *sam.* share
delikaten *prid.* touchy
delikatesa *sam.* delicatessen
deliričen *prid.* delirious
delirij *sam.* delirium
delitev *sam.* division
delna vsota *sam.* subtotal
delno *prisl.* partly
delo *sam.* work
delo na cesti *sam.* roadwork
delodajalec *sam.* employer
delomrznež *sam.* shirker
delovanje *sam.* operation
delovanje vzvoda *sam.* leverage
delovati *gl.* operate
deloven *prid.* workaday
delovna halja *sam.* smock
delovna sila *sam.* manpower
delovodja *sam.* foreman
deložacija *sam.* eviction
delta *sam.* delta

delujoč *prid.* operative
demenca *sam.* dementia
demobilizirati *gl.* demobilize
demografija *sam.* demography
demokracija *sam.* democracy
demokratičen *prid.* democratic
demon *sam.* demon
demonizirati *gl.* demonize
demonstracija *sam.* demonstration
demoralizirati *gl.* demoralize
denacionalizirati *gl.* denationalize
denar *sam.* money
denaren *prid.* monetary
denarnica *sam.* purse
depilacijski *prid.* depilatory
deportirati *gl.* deport
depresija *sam.* depression
deregulirati *gl.* deregulate
deroč *prid.* torrential
deset *prid. & prisl.* ten
desetar *sam.* corporal
deseti *prid. & sam.* tenth
desetina *sam.* tithe
desetletje *sam.* decade
deska *sam.* batten
destabilizirati *gl.* destabilize
destilarna *sam.* distillery
destilirati *gl.* distil
dešifrirati *gl.* decode
deška leta *sam.* boyhood
deški *prid.* puerile
dete *sam.* infant
detektiv *sam.* detective
detergent *sam.* detergent
detinstvo *sam.* infancy
detomor *sam.* infanticide
detonacija *sam.* blast
devet *prid. & sam.* nine
devetdeset *prid. & sam.* ninety
devetdeseti *prid. & sam.* ninetieth

deveti *prid. & sam.* ninth
devetnajst *prid. & sam.* nineteen
devetnajsti *prid. & sam.* nineteenth
devica *sam.* virgin
devištvo *sam.* virginity
dezodorant *sam.* deodorant
dež *sam.* rain
deževen *prid.* rainy
deževni gozd *sam.* rainforest
dežni plašč *sam.* raincoat
dežnik *sam.* umbrella
diadem *sam.* coronet
diagnosticirati *gl.* diagnose
diagnoza *sam.* diagnosis
diagram *sam.* diagram
dializa *sam.* dialysis
dialog *sam.* dialogue
diamant *sam.* diamond
diaspora *sam.* Diaspora
dieta *sam.* diet
digitalen *prid.* digital
dih *sam.* breath
dihanje *sam.* respiration
dihati *gl.* breathe
diktator *sam.* dictator
dilema *sam.* dilemma
dim *sam.* smoke
dimast *prid.* smoky
dimiti *gl.* reek
dimlje *sam.* groin
dimnik *sam.* chimney
dinamičen *prid.* dynamic
dinamika *sam.* dynamics
dinamit *sam.* dynamite
dinamo *sam.* dynamo
dinastija *sam.* dynasty
dinozaver *sam.* dinosaur
diploma *sam.* diploma
diplomacija *sam.* diplomacy
diplomat *sam.* diplomat
diplomatski *prid.* diplomatic

diplomiran študent *sam.* graduate
direktor *sam.* director
direndaj *sam.* ruckus
dirigent *sam.* conductor
dirkalni konj *sam.* trotter
dirkati *gl.* race
disciplina *sam.* discipline
disfunkcionalen *prid.* dysfunctional
disk *sam.* disc
disko *sam.* disco
diskreten *prid.* discreet
diskvalificirati *gl.* disqualify
diskvalifikacija *sam.* disqualification
disleksija *sam.* dyslexia
dispanzer *sam.* dispensary
dispepsija *sam.* dyspepsia
distributer *sam.* distributor
dišava *prisl.* perfume
dišeč *prid.* flagrant
divan *sam.* settee
dividenda *sam.* dividend
divjati *gl.* rampage
divji *prid.* wild
divji kostanj *sam.* conker
divjina *sam.* wilderness
dizel *sam.* diesel
dlakocepiti *gl.* niggle
dlan *sam.* palm
dlesen *sam.* gum
dleto *sam.* chisel
dnevna soba *sam.* lounge
dnevni red *sam.* agenda
dnevnik *sam.* diary
dno *sam.* bottom
do *predl.* until
doba *sam.* epoch
dobavitelj *sam.* supplier
dobaviti *gl.* supply
dobavnica *sam.* docket

dober *prid.* good
dober strelec *sam.* marksman
dobeseden *prid.* literal
dobesedno *prisl.* verbatim
dobiček *sam.* profit
dobičkarstvo *sam.* profiteering
dobičkaželjen *prid.* mercenary
dobičkonosen *prid.* profitable
dobiti *gl.* get
dobiti nazaj *gl.* retrieve
dobiti nazaj v posest *gl.* repossess
dobiti zopet *gl.* regain
dobitnik medalje *gl.* medallist
dobivati zobe *gl.* teethe
dobra kupčija *sam.* bargain
dobra stran *sam.* forte
dobrikati *gl.* cajole
dobro *prisl.* well
dobro viden *prid.* conspicuous
dobrodelen *adj* benevolent
dobrodelnost *sam.* charity
dobrodošlica *sam.* welcome
dobrodušen *prid.* debonair
dobrohotnost *sam.* benevolence
dobrota *sam.* goodness
dobrotljiv *prid.* providential
dobrotnik *sam.* benefactor
docela *prisl.* quite
dočista *prisl.* wholly
dodatek *sam.* addition
dodatek (denar) *sam.* weighting
dodaten *prid.* additional
dodati *gl.* add
dodatni davek *sam.* surtax
dodelitev *sam.* assignation
dodeliti *gl.* assign
dogma *sam.* dogma
dogmatičen *prid.* dogmatic
dogodek *sam.* occurrence
dogoditi se *gl.* reoccur
dogodivščina *sam.* adventure

dogovor *sam.* arrangement
dogovoriti se *gl.* arrange
dohodek *sam.* income
dojemanje *sam.* perception
dojemljiv *prid.* perceptible
dojenček *sam.* baby
dojeten *prid.* perceptive
dojiti *gl.* suckle
dojka *sam.* breast
dok *sam.* dock
dokaj *prisl.* rather
dokaz *sam.* proof
dokazati *gl.* prove
dokončen *prid.* utter
doktorat *sam.* doctorate
doktorska teza *sam.* dissertation
doktrina *sam.* doctrine
dokumentarec *sam.* documentary
dol *prisl.* down
dolar *sam.* dollar
doleteti *gl.* befall
dolg *sam.* debt
dolg *prid.* long
dolg *sam.* owe
dolg govor *sam.* screed
dolg korak *gl.* lope
dolginski *prid.* lanky
dolgočasen *prid.* dull
dolgočasiti *gl.* bore
dolgotrajen *prid.* lengthy
dolgovezen *prid.* discursive
dolgoveznost *sam.* verbosity
dolgoživost *sam.* longevity
dolina *sam.* valley
dolnji *prid.* nether
določen *prid.* certain
določitev *sam.* fixture
določiti količino *gl.* quantify
določiti mesto *gl.* situate
določni člen *prid.* the
dolžan *prid.* due
dolžina *sam.* length

dolžina posnetka *sam.* footage
dolžinska mera (201 m) *sam.* furlong
dolžnik *sam.* debtor
dolžnost *sam.* duty
dom *sam.* home
domač *prid.* homely
domačin *sam.* native
domena *sam.* domain
domenek *sam.* tryst
domiseln *prid.* imaginative
domislek *sam.* conceit
domislica *sam.* quip
domišljav *prid.* vain
domišljavo *prisl.* vainly
domišljija *sam.* imagination
domneva *sam.* assumption
domneva;domnevati *sam. &gl.* conjecture
domnevati *gl.* presuppose
domneven *prid.* hypothetical
domoljub *sam.* patriot
domoljuben *prid.* patriotic
domoljubje *sam.* patriotism
domoroden *prid.* indigenous
domotožje *sam.* nostalgia
donenje *sam.* peal
donkihotski *prid.* quixotic
donos *gl.* yield
donosen *prid.* gainful
dopis *sam.* memo
dopisnik *sam.* correspondent
dopisovanje *sam.* correspondence
dopolnilen *prid.* supplementary
dopolnilo *sam.* supplement
dopolniti *gl.* replenish
doprsje *sam.* bust
dopusten *prid.* permissible
dopustiti *gl.* permit
doseči *gl.* achieve
doseči višek *gl.* culminate
dosežek *sam.* achievement
dosežen *prid.* accomplished
dosje *sam.* dossier
dosleden *prid.* consistent
dosmrten *prid.* lifelong
dostava *sam.* delivery
dostaviti *gl.* deliver
dostojanstven *prid.* dignified
dostojanstvenik *sam.* dignitary
dostojanstvo *sam.* dignity
dostop *sam.* access
dostopen *prid.* accessible
dota *sam.* dowry
dotakniti se *gl.* touch
dotlej *prisl.* hitherto
dovoliti *gl.* allow
dovolj *prid.* enough
dovoljenje *sam.* permission
dovoljujoč *prid.* permissive
dovršitev *sam.* completion
dovršiti *gl.* consummate
dovzeten *prid.* susceptible
dozdeven *prid.* putative
drag *prid.* expensive
drago *prisl.* dearly
dragocen *prid.* precious
dragotina *sam.* trinket
dragulj *sam.* jewel
draguljar *sam.* jeweller
drama *sam.* drama
dramatičen *prid.* dramatic
dramatik *sam.* dramatist
drastičen *prid.* severe
drastičnost *sam.* severity
draženje *sam.* banter
dražilo *sam.* irritant
dražiti *gl.* irritate
dregniti *gl.* poke
dremati *gl.* doze
dremav *prid.* somnolent
dremavost *sam.* somnolence
dremež *sam.* snooze
dreti se *gl.* bawl

drevesni sok *sam.* sap
drevo *sam.* tree
drezati *gl.* stoke
drgetati *gl.* shiver
drgniti *gl.* rub
drgnjenje *sam.* rub
drhal *sam.* mob
drhtavica *sam.* tremor
drhteč *prid.* shaky
drhteti *gl.* shudder
driska *sam.* diarrhoea
droban *prid.* tiny
drobec *sam.* mote
drobiti *gl.* crush
drobljiv *prid.* friable
drobovje *sam.* entrails
drobtina *sam.* crumb
drog *sam.* pole
droga *sam.* drug
drozg *sam.* thrush
drsališče *sam.* rink
drsalka *sam.* skate
drsavo iti *gl.* slither
drseti *gl.* slide
drug *prid.* another
drug *prid. & zaim.* other
drugače *prisl.* otherwise
drugi *prid.* second
drugje *prisl.* else
drugo ime *sam.* alias
drugoten *prid.* secondary
društvo *sam.* company
družaben *prid.* sociable
družabnost *sam.* sociability
družba *sam.* society
družben *prid.* social
družina *sam.* family
družiti se *gl.* socialize
družiti se z *gl.* mingle
drveti *gl.* scamper
drzen *prid.* bold
drznost *sam.* boldness

drža *gl.* pose
drža *sam.* posture
držati *gl.* hold
držati pokonci *gl.* uphold
držati se *gl.* adhere
držati vkup *gl.* cohere
država *sam.* country
državljan *sam.* citizen
državljansko pravo *sam.* civics
državljanstvo *sam.* citizenship
državna blagajna *sam.* exchequer
državnik *sam.* statesman
ducat *sam.* dozen
duet *sam.* duet
duh *sam.* ghost
duhoven *prid.* spiritual
duhovit *prid.* witty
duhovit pogovor *sam.* repartee
duhovnik *sam.* priest
duhovniški *prid.* clerical
duhovništvo *sam.* priesthood
duhovnost *sam.* spiritualism
duhovščina *sam.* clergy
duplikat *sam.* replica
duša *sam.* soul
duševen *prid.* mental
duševno zaostal človek *sam.* moron
duševnost *sam.* mentality
dušik *sam.* nitrogen
dušilec *sam.* muffler
dušilec zvoka *sam.* silencer
dušilka *sam.* throttle
dušilnik *sam.* damper
dušiti *gl.* smother
dušiti se *gl.* asphyxiate
dva *prid.&sam.* two
dva tedna *sam.* fortnight
dvajset *prid.&sam.* twenty
dvajseti *prid.&sam.* twentieth
dvakrat *prisl.* twice

dvanajst *prid.&sam.* twelve
dvanajsti *prid.&sam.* twelfth
dveleten *prid.* biennial
dvestoletnica *sam.* bicentenary
dvig (tečajev) *sam.* upturn
dvigalo *sam.* elevator
dviganje uteži *sam.* weightlifting
dvigniti *gl.* lift
dvigniti kvišku *gl.* uplift
dvigniti se *gl.* arise
dvo- *comb.* bi
dvoboj *sam.* duel
dvogoriščen *prid.* bifocal
dvojček *sam.* twin
dvojen *prid.* double
dvojezičen *prid.* bilingual
dvojiški *prid.* binary
dvojnik *sam.* lookalike
dvokraten *prid.* twofold
dvoličnost *sam.* duplicity
dvom *sam.* doubt
dvomljiv *prid.* dubious
dvopičje *sam.* colon
dvorana *sam.* hall
dvorec *sam.* chateau
dvorišče *sam.* yard
dvoriti *gl.* woo
dvorjan *sam.* courtier
dvorjenje *sam.* courtship
dvostanovanjska hiša *sam.* duplex
dvostrankarski *prid.* bipartisan
dvostranski *prid.* bilateral
dvoumen *prid.* ambiguous
dvoumnost *sam.* ambiguity
dvoživka *sam.* amphibian
džem *sam.* jam
džersi *sam.* jersey
džip *sam.* jeep
džokej *sam.* jockey
džungla *sam.* jungle

E

ebenovina *sam.* ebony
eden *sam. & prid.* one
edikt *sam.* edict
edini;sam *sam.* sole
edino;samo *prisl.* solely
edinost *sam.* oneness
edinstven *prid.* unique
ekipa *sam.* team
ekologija *sam.* ecology
ekonomija *sam.* economics
ekskurzija *sam.* excursion
eksotičen *prid.* exotic
eksplozija *sam.* explosion
eksploziven *prid.* explosive
ekstaza *sam.* ecstasy
ekstravertirana oseba *sam.* extrovert
ekstremen *prid.* extreme
ekstremist *sam.* extremist
ekvator *sam.* equator
elastičen *prid.* elastic
eleganca *sam.* elegance
eleganten *prid.* elegant
električar *sam.* electrician
električen *prid.* electric
elektrificirati *gl.* electrify
elektrika *sam.* electricity
elektronska pošta *sam.* email
elektronski *prid.* electronic
element *sam.* element
elipsa *sam.* ellipse
elita *sam.* elite
embalaža *sam.* packing
embargo *sam.* embargo
emfatičen *prid.* emphatic
empatija *sam.* empathy
en (sam) *prid.* single
enačba *sam.* equation

enačiti *gl.* equate
enajst *prid. & sam.* eleven
enak *prid.* equal
enako *prisl.* likewise
enako oddaljen *prid.* equidistant
enakopravnost *sam.* parity
enakost *sam.* par
enakostraničen *prid.* equilateral
enakovreden *prid.* equivalent
enciklopedija *sam.* encyclopaedia
endemičen *prid.* endemic
energičen *prid.* energetic
energija *sam.* energy
enklava *sam.* enclave
enkrat *prisl.* once
enobarvna slika v odtenkih *sam.* monochrome
enoboštvo *sam.* monolatry
enodušnost *a.* unanimity
enoglasje *sam.* unison
enoličen *prid.* monotonous
enoličnost *sam.* monotony
enolončnica *sam.* stew
enoočnik *sam.* monocle
enook *prid.* monocular
enospolen *prid.* unisex
enostavnost *sam.* simplicity
enostranski *prid.* unilateral
enota *sam.* unit
enotirna železnica *sam.* monorail
enotnost *sam.* unity
enozložnica *sam.* monosyllable
entiteta *sam.* entity
entomologija *sam.* entomology
ep *sam.* epic
epidemičen *sam.* epidemic
epigram *sam.* epigram
epikurejec *sam.* epicure
epilepsija *sam.* epilepsy
epilog *sam.* epilogue
epistola *sam.* epistle
epizoda *sam.* episode

erogen *prid.* erogenous
erotičen *prid.* amatory
erotičen *prid.* erotic
erozija *sam.* erosion
esej *sam.* essay
eskadron *sam.* squadron
espreso *sam.* espresso
estetika *sam.* aesthetics
estetski *prid.* aesthetic
etičen *sam.* ethical
etika *sam.* ethic
etiketa *sam.* etiquette
etimologija *sam.* etymology
etničen *prid.* ethnic
evakuirati *gl.* evacuate
evangelij *sam.* gospel
evforija *sam.* euphoria
evnuh *sam.* eunuch
evolucija *sam.* evolution
evro *sam.* euro
evropski, Evropejec, Evropejka *sam.* European
evtanazija *sam.* euthanasia
ezoteričen *prid.* esoteric

Fahrenheit *sam.* Fahrenheit
faks *sam.* fax
fakulteta *sam.* faculty
fanatičen *sam.* fanatic
fanatičen *prid.* zealous
fanatik *sam.* zealot
fanfara *sam.* fanfare
fant *sam.* boy
fant (karte) *sam.* jack
fantalin *sam.* urchin
fantastičen *prid.* fantastic
fantazija *sam.* fantasy

fantazirati *gl.* fantasize
fantom *sam.* phantom
fantovsko dekle *sam.* tomboy
farmacevt *sam.* pharmacist
farmacevtski *prid.* pharmaceutical
farsa *sam.* farce
fasada *sam.* facade
fašizem *sam.* fascism
fatalna ženska *sam.* vamp
faza *sam.* phase
februar *sam.* February
feminizem *sam.* feminism
feng shui *sam.* feng shui
feniks *sam.* phoenix
fenomenalen *prid.* stunning
feredža *sam.* yashmak
festival *sam.* festival
fetiš *sam.* fetish
fevdalec *sam.* liege
fevdalizem *sam.* feudalism
fevdalno posestvo *sam.* manor
figa *sam.* fig
figura *sam.* dummy
filatelija *sam.* philately
film *sam.* film
filolog *sam.* philologist
filologija *sam.* philology
filološki *prid.* philological
filozof *sam.* philosopher
filozofija *sam.* philosophy
filozofski *prid.* philosophical
filter *sam.* filter
filtriranje *sam.* filtrate
fin *prid.* nice
finalist *sam.* finalist
finance *sam.* finance
finančen *prid.* financial
finančnik *sam.* financier
finesa *sam.* finesse
fiola *sam.* phial
fizičen *prid.* physical

fizični delavec *sam.* labourer
fizika *sam.* physics
fiziognomija *sam.* physiognomy
fizioterapija *sam.* physiotherapy
fjord *sam.* fjord
flanela *sam.* flannel
flavta *sam.* flute
fluorescenčen *prid.* fluorescent
fluorid *sam.* fluoride
fobija *sam.* phobia
folij *sam.* folio
folija *gl.* foil
fonetičen *prid.* phonetic
formalen *prid.* formal
formalnost *sam.* formality
format *sam.* format
formula *sam.* formula
forum *sam.* forum
fosfat *sam.* phosphate
fosfor *sam.* phosphorus
fosil *sam.* fossil
fotograf *sam.* photographer
fotografija *sam.* photograph
fotografiranje *sam.* photography
fotografski *prid.* photographic
fotokopija *sam.* photocopy
fotokopirni stroj *sam.* copier
fotostat *sam.* photostat
francoski;francoščina *prid.* French
franšiza *sam.* franchise
frapiran *prid.* flabbergasted
fraza *sam.* phrase
frazeologija *sam.* phraseology
frcniti *gl.* flip
frekvenca *sam.* frequency
frfrati *gl.* flit
frotir *sam.* terry
frustrirati *gl.* frustrate
fundirati *gl.* refund
funkcija *sam.* function
funkcionalen *prid.* functional

funkcionar *sam.* functionary
funt *sam.* pound
funt šterling *sam.* quid
furnir *sam.* veneer
futurističen *prid.* futuristic

gabiti se *gl.* repel
gaganje *sam.* quack
gajba *sam.* crate
gala *sam.* gala
galaksija *sam.* galaxy
galanten *prid.* gallant
galeb *sam.* seagull
galerija *sam.* gallery
galona *sam.* gallon
galop *sam.* gallop
gangster *sam.* gangster
ganjen *prid.* affected
ganljiv *prid.* touching
garant *sam.* warrantor
garati *gl.* grind
garaža *sam.* garage
garderobna omara *sam.* wardrobe
garje *sam.* scabies
garsonjera *sam.* maisonette
gastronomija *sam.* gastronomy
gaza *sam.* gauze
gaziran *sam.* sparkling
gejzir *sam.* geyser
gel *sam.* gel
generacija *sam.* generation
generator *sam.* generator
genetski *prid.* genetic
geneza *sam.* genesis
genij *sam.* genius
geolog *sam.* geologist

geologija *sam.* geology
geometrija *sam.* geometry
geometrijski *prid.* geometric
gepard *sam.* cheetah
geslo *sam.* watchword
gib *sam.* gesture
gibanje *sam.* movement
gibčen *prid.* agile
gibčnost *sam.* agility
gibek *prid.* pliant
gigabajt *sam.* gigabyte
giljotina *sam.* guillotine
ginekologija *sam.* gynaecology
gizdalin *sam.* dandy
gladek *prid.* smooth
glagol *sam.* verb
glagolnik *sam.* gerund
glas *sam.* voice
glasba *sam.* music
glasben *prid.* musical
glasbenik *sam.* musician
glasen *prid.* loud
glasnik *sam.* herald
glasovalec *sam.* voter
glasovalni glas *sam.* vote
glasoven *prid.* vocal
glasovna pošta *sam.* voicemail
glasovnica *sam.* ballot
glava *sam.* head
glaven *sam.* chief
glaven *prid.* main
glavna ladja *sam.* nave
glavni dobitek *sam.* jackpot
glavni kuhar *sam.* chef
glavnik *sam.* comb
glavnina *sam.* bulk
glavnina (davek) *sam.* capitation
glavobol *sam.* headache
gledalec *sam.* spectator
gledališče *sam.* theatre
gledališki *prid.* theatrical
gledati *gl.* watch

glede *predl.* regarding
glede na *predl.* considering
glede na *prisl.* according
gleženj *sam.* ankle
glicerin *sam.* glycerine
glicinija *sam.* wisteria
glina *sam.* clay
glinasta posoda *sam.* crockery
globalen *prid.* global
globalizacija *sam.* globalization
globel *sam.* dell
globina *sam.* depth
globoček *sam.* gudgeon
globok *prid.* deep
globoko spoštovan *prid.* revered
globoko spoštovanje *sam.* reverence
globoko spoštovati *gl.* revere
globokoumen *prid.* profound
globokoumnost *sam.* profundity
globus *sam.* globe
glodati *gl.* nibble
glodavec *sam.* rodent
glog *sam.* hawthorn
gluh *prid.* deaf
glukoza *sam.* glucose
gnesti *gl.* knead
gnev *sam.* spite
gnezdo *sam.* nest
gnil *prid.* rotten
gniti *gl.* rot
gnoj *sam.* manure
gnoj (rana) *sam.* pus
gnojilo *sam.* fertilizer
gnojiti se *gl.* suppurate
gnojni mehurček *sam.* pimple
gnus *sam.* disgust
gnusen *prid.* abominable
gnusiti *gl.* abhor
gnusiti se *gl.* loathe
goba *sam.* mushroom
gobavec *sam.* leper
gobavost *sam.* leprosy
goden za zakon *prid.* marriageable
gojiti *gl.* breed
gol *prid.* naked
golazen *sam.* pest
golenica *sam.* shin
goleno *sam.* shank
golf *sam.* golf
goljuf *sam.* swindler
goljufati *gl.* cheat
goljufija *sam.* cheat
goljufiv *prid.* deceitful
golob *sam.* pigeon
golobnjak *sam.* pigeonhole
golota *sam.* nudity
gomila *sam.* mound
gomoljika *sam.* truffle
gondola *sam.* gondola
gong *sam.* gong
gor *prisl.* up
gora *sam.* mountain
gorat *prid.* mountainous
gorčica *sam.* mustard
goreč *prid.* burning
gorečnost *sam.* ardour
gorila *sam.* gorilla
gorilnik *sam.* burner
gorišče *sam.* focus
goriščen *prid.* focal
gorivo *sam.* fuel
gorjača *sam.* bludgeon
gorjé *sam.* woe
gorljiv *prid.* combustible
gornji *prid.* upper
gorsko jezero *sam.* tarn
gos *sam.* goose
gosenica *sam.* caterpillar
gosli *sam.* fiddle
gospa *sam.* madam
gospod *sam.* sir
gospoda *sam.* gentry

gospodar *sam.* master
gospodaren *prid.* thrifty
gospodarica *sam.* mistress
gospodarnost *sam.* thrift
gospodarski *prid.* economic
gospodarstvo *sam.* economy
gospodična *sam.* miss
gospodinja *sam.* housewife
gospodovalen *prid.* bossy
gosposki *prid.* lordly
gospostvo *sam.* dominion
gost *prid.* dense
gost *sam.* guest
gostilna *sam.* inn
gostilničar *sam.* victualler
gostišče *sam.* hospice
gostitelj *sam.* host
gosto naseljen *prid.* populous
gostobeseden *prid.* verbose
gostobesednost *sam.* verbiage
gostolenje *sam.* trill
gostoljuben *prid.* hospitable
gostoljubnost *sam.* hospitality
gostota *sam.* density
gošča *sam.* sludge
goščava *sam.* thicket
gotov *prid.* sure
gotovina *sam.* cash
gotovo *prisl.* certainly
gotovost *sam.* certitude
govedina *sam.* beef
goveji *prid.* beefy
govor *sam.* speech
govorica *sam.* rumour
govoriti *gl.* speak
govorjenje *sam.* saying
govornik *sam.* speaker
govorniški *prid.* rhetorical
govorništvo *sam.* rhetoric
gozd *sam.* forest
gozdarstvo *sam.* forestry
gozdnat *prid.* wooded

gozdnata pokrajina *sam.* woodland
gozdni *prid.* sylvan
grabežljiv *prid.* rapacious
grablje *sam.* rake
grad *sam.* castle
gradbeni oder *sam.* scaffolding
graditi *gl.* build
gradnja *sam.* construction
grafikon *sam.* graph
grafit *sam.* graffiti
grah *sam.* pea
graja *sam.* reproof
grajati *gl.* reprove
grajska ječa *sam.* dungeon
gram *sam.* gram
gramofon *sam.* gramophone
gramofonska igla *sam.* stylus
granat *sam.* garnet
granata *a.* grenade
granatno jabolko *sam.* pomegranate
grandiozen *prid.* sublime
granit *sam.* granite
grapa *sam.* ravine
grapav *prid.* rugged
graščina *sam.* mansion
grba *gl.* hunch
grbina *sam.* hump
grčav *prid.* gnarled
grd *prid.* ugly
grdo ravnati *gl.* mistreat
grdota *sam.* ugliness
greben *sam.* crest
grebsti *gl.* scrabble
gred *sam.* roost
gredelj *sam.* keel
greh *sam.* sin
grelec *sam.* heater
grelec za vodo *sam.* boiler
grešen *prid.* sinful
grešni kozel *sam.* scapegoat

grešnik *sam.* sinner
grgrati *gl.* gargle
griček *sam.* hummock
gril *sam.* carvery
gripa *sam.* flu
griva *sam.* mane
griža *sam.* dysentery
grižljaj *sam.* mouthful
grlen *prid.* throaty
grlo *sam.* throat
grm *sam.* bush
grmada *sam.* pyre
grob *sam.* grave
grobi lasje *sam.* shag
grobijan *sam.* ruffian
grobnica *sam.* tomb
grobo ravnati z *sam.* manhandle
grof *sam.* earl
grofija *sam.* shire
grom *sam.* thunder
gromek *prid.* thunderous
grotesken *prid.* grotesque
groza *sam.* horror
grozdna jagoda *sam.* grape
grozen *prid.* horrid
grozljiv *prid.* dreadful
grozo vzbujajoč *prid.* horrific
grozodejstvo *sam.* atrocity
grožnja *sam.* threat
gruča *sam.* cluster
grušč *sam.* rubble
guava *sam.* guava
guba *sam.* wrinkle
gubati *gl.* crumple
gugalnica *sam.* swing
gugati se *gl.* swing
guma *sam.* rubber
gumb *sam.* button
gumijast škorenj *sam.* wellington
gumirana tkanina *sam.* mackintosh
gurduara *sam.* gurdwara
guvernanta *sam.* governess
guverner *sam.* governor
gverila *sam.* guerrilla

hadž *sam.* hajj
halal *prid.* halal
halja *sam.* robe
halogen *sam.* halogen
hamburger *sam.* hamburger
hangar *sam.* hangar
harem *sam.* harem
harfa *sam.* harp
harlekin *sam.* harlequin
harmonij *sam.* harmonium
harpija *sam.* harpy
hazarder *sam.* punter
hči *sam.* daughter
hedonizem *sam.* hedonism
heksogen *sam.* hexogen
hektar *sam.* hectare
helikopter *sam.* helicopter
helikoptersko pristajališče *sam.* heliport
hemoglobin *sam.* haemoglobin
hena *sam.* henna
hendikep *sam.* handicapped
hepatitis *prid.* hepatitis
herkulski *prid.* herculean
herpes *sam.* herpes
heteroseksualen *prid.* heterosexual
hiba *sam.* defect
hibrid *sam.* hybrid
hidrant *sam.* hydrant
hidravličen *prid.* hydraulic
hidrirati *gl.* hydrate
hidrogliser *sam.* hydrofoil

hierarhija *sam.* hierarchy
higiena *sam.* hygiene
hihitanje *sam.* snigger
hihitati se *gl.* giggle
hijena *sam.* hyena
himna *sam.* anthem
hinavec *sam.* hypocrite
hinavstvo *sam.* falsehood
hinavščina *sam.* hypocrisy
hip *sam.* while
hiper *pref.* hyper
hiperaktiven *prid.* hyperactive
hiperbola *sam.* hyperbole
hipnotičen *prid.* mesmeric
hipnotika *sam.* hypnotism
hipnotizirati *gl.* hypnotize
hipnoza *sam.* hypnosis
hipohonder *sam.* valetudinarian
hipoteka *sam.* mortgage
hipotekarni dolžnik *sam.* mortgagor
hipotekarni upnik *sam.* mortgagee
hipoteza *sam.* hypothesis
histeričen *prid.* hysterical
histerija *sam.* hysteria
histogram *sam.* histogram
hiša *sam.* house
hišni ljubljenček *sam.* pet
hišnik *sam.* janitor
hiter *prid.* fast
hiteti *gl.* hurry
hitra cesta *sam.* speedway
hitra prestava *sam.* overdrive
hitro *prisl.* quickly
hitrost *sam.* speed
hlače *sam.* pants
hlačke *sam.* panties
hlačne nogavice *sam.* leggings
hlad *sam.* chill
hladen *prid.* cold
hladilec *sam.* cooler

hladilnik *sam.* refrigerator
hladilno sredstvo *sam.* coolant
hladnokrven *prid.* cool
hladnokrvnost *sam.* sangfroid
hlajenje *sam.* refrigeration
hlapljiv *prid.* volatile
hlastač *sam.* snapper
hlebec *sam.* loaf
hlev *sam.* stable
hlimba *sam.* sham
hliniti *gl.* feign
hlod *sam.* log
hobotnica *sam.* octopus
hoditi *gl.* walk
hodnik *sam.* corridor
hodulja *sam.* stilt
hoja *sam.* gait
hokej *sam.* hockey
holističen *prid.* holistic
holmij *sam.* holmium
hologram *sam.* hologram
holokavst *sam.* holocaust
homeopat *sam.* homoeopath
homeopatija *sam.* homeopathy
homofobija *sam.* homophobia
homogen *prid.* homogeneous
homoseksualec *sam.* homosexual
homoseksualen *prid.* gay
honorar *sam.* fee
horda *sam.* horde
hormon *sam.* hormone
horoskop *sam.* horoscope
hortikultura *sam.* horticulture
hospitaliziran bolnik *sam.* inpatient
hostesa *sam.* hostess
hostesnik *sam.* usher
hotel *sam.* hotel
hoteti *gl.* want
hraber *prid.* valiant
hrabrost *sam.* bravery
hrana *sam.* food

hranilo *sam.* nutrient
hraniti *gl.* feed
hranljiv *prid.* nutritive
hrapav *prid.* harsh
hrast *sam.* oak
hrbtenica *sam.* spine
hrbteničen *prid.* spinal
hrček *sam.* hamster
hrenovka *sam.* frankfurter
hrepenenje *sam.* yearning
hrepeneti *gl.* yearn
hrib *sam.* hill
hribček *sam.* hillock
hripav *prid.* hoarse
hrom *prid.* lame
hropeč *prid.* stertorous
hrošč *sam.* beetle
hrt *sam.* greyhound
hrup *sam.* noise
hrupen *prid.* noisy
hrustanec *sam.* cartilage
hrustanje *gl.* crunch
hrustljav *prid.* crisp
hrušč *sam.* tumult
hruška *sam.* pear
hruškov mošt *sam.* Perry
huda bolečina *sam.* heartbreak
hudič *sam.* devil
hudoben *prid.* mischievous
hudobija *sam.* mischief
hudobnež *sam.* buzzard
hudodelec *sam.* malefactor
hudournik *sam.* torrent
hujskati *gl.* instigate
huligan *sam.* hooligan
human *prid.* humane
humanizem *sam.* humanism
humor *sam.* humour
hupati *sam.* honk
hvalevreden *prid.* creditable
hvaležen *sam.* grateful
hvaležnost *sam.* gratitude

hvaliti *gl.* praise
hvalnica *sam.* panegyric

I *zaim.* I
ideal *sam.* ideal
idealist *sam.* idealist
idealističen *prid.* idealistic
idealizem *sam.* idealism
idealizirati *gl.* idealize
idealno *prisl.* ideally
ideja *sam.* notion
idejen *prid.* notional
identičen *prid.* identical
identifikacija *sam.* identification
identiteta *sam.* identity
ideologija *sam.* ideology
idila *sam.* idyll
idiom *sam.* idiom
idiomatičen *prid.* idiomatic
idiot *sam.* idiot
idiotizem *sam.* idiocy
idiotski *prid.* idiotic
idol *sam.* idol
iglu *sam.* igloo
ignorirati *gl.* ignore
igra *sam.* game
igrača *sam.* toy
igralec *sam.* actor
igralec v pantomimi *sam.* mummer
igralka *a.* actress
igralna kocka *sam.* dice
igralska družina *sam.* troupe
igrati *gl.* play
igrati za denar *gl.* gamble
igrišče *sam.* playground
ihteti *gl.* sob

ikona *sam.* icon
ikra *sam.* roe
ilustracija *sam.* illustration
ilustrirati *sam.* illustrate
iluzija *gl.* illusion
imanenten *prid.* immanent
ime *sam.* name
imenovalec *sam.* denominator
imenovati *gl.* nominate
imeti *gl.* have
imeti duševne motnje *prid.* deranged
imeti privide *gl.* hallucinate
imeti rad *prid.* fond
imeti rajši *gl.* prefer
imeti spolni odnos *gl.* copulate
imeti v lasti *gl.* possess
imeti za *gl.* consider
imperializem *sam.* imperialism
impotenca *sam.* impotence
impotenten *prid.* impotent
impresiven *prid.* impressive
improvizirati *gl.* improvise
impulz *sam.* impulse
imunizirati *gl.* immunize
imunologija *sam.* immunology
imunost *sam.* immunity
in *vez.* and
in celo *prisl.* nay
in drugo *prisl.* et cetera
in sicer *sam.* namely
incident *sam.* incident
indic *sam.* clue
indigo *sam.* indigo
indijanski šotor *sam.* wigwam
indijski gonjač slonov *sam.* mahout
indijski tolovaj *sam.* dacoit
indijski;indijanski;Indijec;Indijanec *sam.* Indian
indijsko vloženo sadje *sam.* chutney

individualen *prid.* respective
individualizem *sam.* individualism
individualnost *sam.* individuality
indukcija *sam.* induction
industrija *sam.* industry
industrijski *prid.* industrial
informacija *sam.* information
informacijski *prid.* informative
infrastruktura *sam.* infrastructure
ingver *sam.* ginger
inhalator *sam.* inhaler
inkarnirati *gl.* reincarnate
inovator *sam.* innovator
insekticid *sam.* insecticide
instinkt *sam.* instinct
instrument *sam.* instrument
instrumentalist *sam.* instrumentalist
inšpektor *sam.* inspector
inštitut *sam.* institute
inštruktor *sam.* instructor
intelektualen *prid.* intellectual
inteligenca *sam.* intelligence
inteligenten *prid.* intelligent
intenziven *prid.* intensive
interkom *sam.* intercom
internirati *gl.* intern
interpunkcija *sam.* pointing
intervju *sam.* interview
intimen *prid.* intimate
intimnost *sam.* intimacy
intranet *sam.* intranet
introspekcija *sam.* introspection
introvertna oseba *sam.* introvert
intuicija *sam.* intuition
intuitiven *sam.* intuitive
invalid *sam.* invalid
invaliden *prid.* disabled
inzulin *sam.* insulin
inženir *sam.* engineer

iskanje *sam.* quest
iskati *gl.* search
iskra *sam.* spark
iskren *prid.* sincere
iskrenost *sam.* sincerity
iskriti se *gl.* sparkle
iskriv *prid.* scintillating
islam *sam.* Islam
iste starosti *prid.* coeval
isti *prid.* same
isto *sam.* ditto
išias *sam.* sciatica
iti *gl.* go
iti mimo *gl.* pass
iti na bljuvanje *gl.* nauseate
iti na deželo *gl.* rusticate
iti nazaj *gl.* retreat
itinerar *sam.* itinerary
iz *predl.* from
izbira *sam.* choice
izbirati *gl.* opt
izbirčen *prid.* finicky
izbiren *prid.* selective
izblebetati *gl.* blurt
izbljuvek *sam.* sputum
izboklina *sam.* bulge
izboljšanje *sam.* improvement
izboljšati *gl.* improve
izbor *sam.* selection
izbran *prid.* natty
izbrati *gl.* choose
izbris *sam.* deletion
izbrisati *gl.* delete
izbrizgniti *gl.* squirt
izbruh *sam.* outburst
izbruhniti *gl.* erupt
izčrpan *prid.* exhaustive
izčrpanost zaradi časovne razlike *sam.* jet lag
izčrpati *gl.* exhaust
izčrpen *prid.* comprehensive
izdaja *sam.* edition

izdajalec *sam.* traitor
izdajalski *prid.* treacherous
izdajstvo *sam.* betrayal
izdatek *sam.* expenditure
izdati *gl.* betray
izdatnost *sam.* efficacy
izdelati *gl.* make
izdelava *sam.* workmanship
izdelek *sam.* product
izdelovalec *sam.* producer
izdelovanje *sam.* making
izdelovati *gl.* produce
izdihniti *gl.* exhale
izenačiti *gl.* equalize
izginiti *gl.* disappear
izgled *sam.* visage
izgnanstvo *sam.* exile
izgnati *gl.* banish
izgon *sam.* banishment
izgorevanje *sam.* combustion
izgovarjava *sam.* pronunciation
izgovor *sam.* pretence
izgovoriti *gl.* pronounce
izgred *sam.* riot
izguba *sam.* loss
izguba spomina *sam.* amnesia
izgubiti *gl.* lose
izgubiti ravnotežje *gl.* overbalance
izgubljati vrednost *gl.* depreciate
izhod *sam.* exit
izhodišče *sam.* basis
izid *sam.* outcome
izjaloviti se *gl.* backfire
izjava *sam.* statement
izjaviti *gl.* declare
izjema *sam.* exception
izklicanje *sam.* meld
izključen *prid.* exclusive
izključiti *gl.* expel
izkopati *gl.* excavate
izkoreniniti *gl.* eradicate

izkoristiti *gl.* utilize
izkoriščanje *sam.* exploration
izkoriščati *gl.* exploit
izkoriščati zunanje vire *gl.* outsource
izkrcati se *gl.* disembark
izkriviti *gl.* distort
izkupiček *sam.* takings
izkušnja *sam.* experience
izlet *sam.* outing
izlet na deželo *sam.* rustication
izločanje *sam.* secretion
izločati *gl.* excrete
izločati mleko *gl.* lactate
izločiti *gl.* exclude
izložbena lutka *sam.* mannequin
izmakniti se *gl.* elude
izmaličiti *gl.* deform
izmeček *sam.* scum
izmeničen *prid.* alternative
izmenjati *gl.* interchange
izmikajoč *prid.* evasive
izmikajoč se *prid.* elusive
izmikanje *sam.* avoidance
izmikati se *gl.* shun
izmislek *sam.* figment
izmisliti *gl.* devise
izmisliti si *gl.* conceive
izmišljen *prid.* fictitious
izmučen *prid.* weary
izmuzniti se *gl.* shirk
iznajdljiv *prid.* resourceful
iznajdljivost *sam.* artifice
izobara *sam.* isobar
izobčenec *sam.* outlaw
izobrazba *sam.* education
izobraziti *gl.* educate
izogibati se *gl.* avoid
izolacija *sam.* insulation
izolator *sam.* insulator
izolirati *gl.* insulate
izpad *sam.* sally

izpahniti *gl.* dislocate
izpahnjen *prid.* disjointed
izpakirati *gl.* unpack
izpareti *gl.* evaporate
izpeljan *prid.* derivative
izpeljati *gl.* derive
izpis *sam.* printout
izpisek *sam.* compendium
izpit *sam.* exam
izplačati *gl.* disburse
izpod *predl.* underneath
izpodriniti *gl.* displace
izpolnitev *sam.* fulfilment
izpolniti *gl.* fulfil
izpolnjevanje *sam.* observance
izpopolnjen *prid.* elaborate
izposoditi si *gl.* borrow
izpostavljenost *sam.* exposure
izpotiti *gl.* perspire
izpovedati *gl.* profess
izprašanec *sam.* examinee
izpraševanje *sam.* inquisition
izpraševati *gl.* debrief
izpriditi *gl.* debauch
izpuh *sam.* puff
izpustitev *sam.* omission
izpustiti *gl.* omit
izpustiti zrak *gl.* deflate
izračun *sam.* calculation
izračun *sam.* computation
izravnan *prid.* quits
izravnati *gl.* offset
izraz *sam.* expression
izrazit *prid.* expressive
izrazit okus *sam.* tang
izraziti *gl.* express
izražanje *sam.* diction
izrecen *prid.* explicit
izreden *prid.* extraordinary
izrek *sam.* dictum
izrekanje *sam.* utterance
izriniti *gl.* supplant

izročiti *gl.* consign
izruvati *gl.* uproot
izseliti se *gl.* emigrate
izseljenec *sam.* expatriate
izsesavanje *sam.* suction
izsiliti *gl.* extort
izsiljevalec *sam.* racketeer
izsiljevanje *sam.* blackmail
izsledljiv *prid.* traceable
izstopajoč *prid.* salient
izstradan *prid.* ravenous
izstrelek *sam.* missile
izstrelitev *gl.* launch
izsušen *prid.* parched
izsušiti *gl.* drain
izteči se *gl.* expire
iztegniti (roko) *gl.* reach
iztek *sam.* expiry
izterjevalec *sam.* collector
iztiriti *gl.* derail
iztisniti *gl.* extrude
iztočnica *sam.* cue
iztrebiti se *gl.* defecate
iztrezniti *gl.* disillusion
iztrgati *gl.* wrench
izum *sam.* invention
izumetničen *prid.* factitious
izumetničenost *sam.* affectation
izumitelj *sam.* inventor
izumiti *gl.* invent
izumrl *prid.* extinct
izurjen *prid.* proficient
izvabiti *gl.* elicit
izvažati *gl.* export
izveden *prid.* versed
izvedenec *sam.* surveyor
izvedljiv *prid.* practicable
izvedljivost *sam.* practicability
izvesti atentat na *gl.* assassinate
izvidnik *sam.* scout
izvijač *sam.* screwdriver
izviniti *gl.* sprain

izvir *sam.* source
izvirati iz *gl.* originate
izviren *prid.* original
izvirnost *sam.* originality
izviti *gl.* wrest
izvleček *sam.* extraction
izvleči *gl.* extract
izvleči se *gl.* extricate
izvoliti *gl.* elect
izvoljenec;izvoljenka *sam.* valentine
izvor *sam.* ancestry
izvreči *gl.* eject
izvrsten *prid.* delectable
izvrševalna moč *sam.* executive
izvršitelj *sam.* executor
izvršitev *sam.* execution
izvršiti *gl.* execute
izvzet *prid.* exempt
izziv *sam.* challenge
izzivati *gl.* dare
izznojiti *gl.* transpire
izžarevati *gl.* exude
izžeti *gl.* wring

J

jabolčnik *sam.* cider
jabolko *sam.* apple
jadralec *sam.* yachtsman
jadralno letalo *sam.* glider
jadranje *sam.* yachting
jadrati *gl.* sail
jadro *sam.* sail
jagnje *sam.* lamb
jagoda *sam.* strawberry
jahalen *prid.* equestrian
jahati v diru *gl.* trot
jahta *sam.* yacht

jajce *sam.* egg
jajčast *prid.* ovate
jajčevec *sam.* aubergine
jajčna krema *sam.* custard
jajčnik *sam.* ovary
jak *sam.* yak
jakna *sam.* jacket
jalov *prid.* futile
jalovost *sam.* futility
jama *sam.* cave
jambor *sam.* mast
jamčiti *gl.* guarantee
jamstvo *sam.* warranty
janež *sam.* aniseed
jantar *sam.* amber
januar *sam.* January
jarek *sam.* ditch
jarem *sam.* yoke
jasa *sam.* glade
jasen *prid.* clear
jasli *sam.* crib
jasmin *sam.* jasmine
jasno *prisl.* clearly
jasnost *sam.* clarity
jasnovidec *sam.* seer
jastog *sam.* lobster
jastreb *sam.* vulture
jašek *sam.* shaft
jata *sam.* flock
javen *prid.* public
javiti *gl.* notify
javna hiša *sam.* brothel
javna ponudba *sam.* tender
javor *sam.* maple
jaz *sam.* ego
jaz sam;se;si;me;mi *zaim.* myself
jaz;sam *sam.* self
jazz *sam.* jazz
jazzovski *prid.* jazzy
jecljati *gl.* stammer
ječar *sam.* jailer

ječmen *sam.* barley
jed *sam.* dish
jedec *sam.* feeder
jedek *prid.* pungent
jeder *prid.* sturdy
jedkost *sam.* pungency
jedrce *sam.* kernel
jedrnat *prid.* concise
jedrnatost *sam.* brevity
jedro *sam.* nucleus
jedrski *prid.* nuclear
jeklo *sam.* steel
jelen *sam.* deer
jelka *sam.* fir
jemanje *sam.* resumption
jen *sam.* Yen
jerbas *sam.* trug
jermen *sam.* strap
jermen za brušenje *sam.* strop
jesen *sam.* autumn
jesti *gl.* eat
jestvine *sam.* victuals
jeti *sam.* yeti
jetra *sam.* liver
jez *sam.* dam
jeza *sam.* anger
jezdec *sam.* rider
jezditi *gl.* ride
jezen *prid.* angry
jezero *sam.* lake
jezik *sam.* language
jezik (anat.) *sam.* tongue
jezikav *prid.* flippant
jezikoslovec *prid.* linguist
jezikosloven *prid.* linguistic
jezikoven *sam.* lingual
ježevec *sam.* porcupine
jih;njim;njih *zaim.* them
jodlar *sam.* warbler
jodlati *gl.* warble
joga *sam.* yoga
jogi *sam.* yogi

jogurt *sam.* yogurt
jok *sam.* cry
jokati *gl.* cry
jokav *prid.* weepy
jopica *sam.* cardigan
jubilej *sam.* jubilee
judo *sam.* judo
jug *sam.* south
juha *sam.* soup
julij *sam.* July
junak *sam.* hero
junakinja *sam.* heroine
junaški *prid.* heroic
junij *sam.* June
Jupiter *sam.* Jupiter
juta *sam.* jute
jutri *prisl.* tomorrow
jutro *sam.* morning
južen *prid.* southern

k *predl.* to
kabaret *sam.* cabaret
kabel *sam.* cable
kabina *sam.* cabin
kabinet *sam.* cabinet
kača *sam.* snake
kačast *prid.* serpentine
kačji lev *sam.* slough
kad *sam.* tub
kadarkoli *vez.* whenever
kader *sam.* cadre
kadet *sam.* cadet
kadilo *sam.* censer
kadmij *sam.* cadmium
kafra *sam.* camphor
kaftani *sam.* kaftans
kaj; kakšen *zaim. & prid.* what

kakav *sam.* cocoa
kakavovec *sam.* cacao
kako *prisl.* how
kakorkoli *prisl.* however
kakovost *sam.* quality
kaktus *sam.* cactus
kalcij *sam.* calcium
kalejdoskop *sam.* kaleidoscope
kalen *prid.* turbid
kaliber *sam.* calibre
kalitev *sam.* germination
kaliti *gl.* germinate
kalorija *sam.* calorie
kalup *sam.* mould
kameja *sam.* cameo
kamela *sam.* camel
kamen *sam.* stone
kamen za tlak *sam.* cobble
kamera *sam.* camera
kamgarn *sam.* worsted
kamkorder *sam.* camcorder
kamnit *prid.* stony
kamnita plošča *sam.* slab
kamnolom *sam.* quarry
kamorkoli *prisl.* anywhere
kampanja *sam.* campaign
kanabis *sam.* cannabis
kanadska športna igra *sam.* lacrosse
kanal *sam.* channel
kanalizacija *sam.* sewerage
kancler *sam.* chancellor
kanček *sam.* smidgen
kandela *sam.* candela
kandidat *sam.* candidate
kanta *sam.* jerry can
kantina *sam.* canteen
kanton *sam.* canton
kanu *sam.* canoe
kaos *sam.* chaos
kaotičen *prid.* chaotic
kapela *sam.* chapel

kapica *sam.* cap
kapital *sam.* capital
kapitalist;kapitalističen *sam.* & *prid.* capitalist
kapitalizem *sam.* capitalism
kapitalizirati *gl.* capitalize
kapitan *sam.* captain
kapitulirati *gl.* capitulate
kaplan *sam.* chaplain
kaplja *sam.* blob
kapljati *gl.* drip
kaprica *sam.* caprice
kapsula *sam.* capsule
kapuca *sam.* hood
kar je rečeno *sam.* say
kar je treba prijaviti *prid.* notfiable
kar koli *zaim.* whatever
kar spomni *sam.* reminder
karafa *sam.* decanter
karakter *sam.* persona
karamela *sam.* caramel
karamelni bonbon *sam.* toffee
karantena *sam.* quarantine
karaoke *sam.* karaoke
karat *sam.* carat
karate *sam.* karate
karavana *sam.* caravan
karbonat *prid.* carbonate
kardamom *sam.* cardamom
kardinal *sam.* cardinal
kardiograf *sam.* cardiograph
kardiologija *sam.* cardiology
kari *sam.* curry
kariera *sam.* career
karikatura *sam.* caricature
karizma *sam.* charisma
karizmatičen *prid.* charismatic
karkoli *zaim.* anything
karma *sam.* karma
karmin *sam.* carmine
karneval *sam.* carnival

karnisa *sam.* pelmet
karta *sam.* chart
kartel *sam.* cartel
kartica *sam.* card
karton *sam.* cardboard
kartoteka *sam.* file
kaseta *sam.* tape
kaskada *sam.* cascade
kasneje *prisl.* after
kasnejši *prid.* posterior
kasta *sam.* caste
kastrirati *gl.* castrate
kaša *sam.* mush
kašljati *gl.* cough
kašmir *sam.* cashmere
kataklizma *sam.* cataclysm
katalizator *sam.* catalyst
katalizirati *gl.* catalyse
katalog *sam.* catalogue
katarakt *sam.* cataract
katarza *sam.* catharsis
katastrofa *sam.* disaster
katastrofalen *prid.* disastrous
katedrala *sam.* cathedral
kategoričen *prid.* categorical
kategorija *sam.* category
kategorizirati *gl.* categorize
katekizem *sam.* catechism
kateri *zaim.* & *prid.* which
kateri koli *zaim.* whichever
katoliški *prid.* catholic
katran *sam.* tar
kava *sam.* coffee
kava moka *sam.* mocha
kavalir *sam.* gentleman
kavalirski *prid.* cavalier
kavarna *sam.* café
kavbojke *sam.* jeans
kavč *sam.* couch
kavdranje *gl.* gobble
kavelj *sam.* hook
kavkaški *prid.* Caucasian

kavsniti *gl.* peck
kazalec *sam.* cursor
kazalec (anat.) *sam.* forefinger
kazalen *prid.* indicative
kazalnik *sam.* indicator
kazalo *sam.* index
kazen *sam.* punishment
kazenski *prid.* penal
kazino *sam.* casino
kaznovati *gl.* punish
kdo *zaim.* who
kdorkoli *zaim.* anyone
kebab *sam.* kebab
kečap *sam.* ketchup
kegelj *sam.* skittle
kelih *sam.* chalice
keltski *prid.* Celtic
kemija *sam.* chemistry
kemijski *prid.* chemical
kemik *sam.* chemist
kemoterapija *sam.* chemotherapy
kenguru *sam.* kangaroo
kenguru (majhen) *sam.* wallaby
kepa *sam.* lump
ker *vez.* because
keramičen *sam.* ceramic
kerozin *sam.* kerosene
kesanje *sam.* remorse
ki ima hodulje *prid.* stilted
ki izhaja *prid.* resultant
ki je napisan pod čim *prid.* subscript
ki krči tkivo ali žile *prid.* styptic
ki nevtralizira *prid.* antacid
ki predstavlja *prid.* representative
ki se ga da dobiti *prid.* obtainable
ki se nenadoma spremeni *gl.* mutative
ki se redno ponavlja *prid.* periodic
ki se tiče *prid.* germane
ki skoti naenkrat več mladičev *prid.* multiparous
ki straši *prid.* haunted
ki zadržuje *prid.* retentive
ki žre les *prid.* xylophilous
kiberprostor *sam.* cyberspace
kičast *prid.* tawdry
kihati *gl.* sneeze
kikiriki *sam.* peanut
kila *sam.* kilo
kila (med.) *sam.* hernia
kilobajt *sam.* kilobyte
kilometer *sam.* kilometre
kilt *sam.* kilt
kimati *gl.* nod
kimono *sam.* kimono
kinetičen *prid.* kinetic
kinin *sam.* quinine
kino *sam.* cinema
kiosk *sam.* takeaway
kipar *sam.* sculptor
kipariti *gl.* sculpt
kiparski *prid.* sculptural
kiparstvo *sam.* sculpture
kipec *sam.* statuette
kirurg *sam.* surgeon
kirurški nožič *sam.* lancet
kis *sam.* vinegar
kisel *prid.* sour
kisik *sam.* oxygen
kislina *sam.* acid
kislost *sam.* acidity
kit *sam.* whale
kita *sam.* plait
kitajska paličica *sam.* chopstick
kitara *sam.* guitar
kitica *sam.* stanza
kitolovec *sam.* whaler
kje;kam *prisl.* where
klada *sam.* block
kladivo *sam.* hammer
klan *sam.* clan

klančina *sam.* ramp
klasičen *prid.* classic
klasificirati *gl.* classify
klateški *prid.* roving
klatež *sam.* ranger
klatež *sam.* rover
klatiti se *gl.* stray
klavir *sam.* piano
klavnica *sam.* shambles
klavrn *prid.* wretched
klavstrofobija *sam.* claustrophobia
klavzula *sam.* proviso
klečati *gl.* kneel
klečeplazen *prid.* servile
klečeplazenje *sam.* servility
klečeplaziti *gl.* cringe
Klementina *sam.* Clementine
klepetati *gl.* chat
klesati *gl.* gouge
klešče *sam.* tongs
klet *sam.* basement
kletev *sam.* malediction
kletka *sam.* cage
kleveta *sam.* obloquy
klevetniški spis *sam.* libel
klica *sam.* germ
klicanje po imenih *sam.* roll-call
klicati *gl.* call
klif *sam.* cliff
klik *sam.* click
klin *sam.* wedge
kljub *predl.* despite
kljubovalen *prid.* wayward
kljubovanje *sam.* defiance
ključ *sam.* key
ključavnica *sam.* lock
ključen *prid.* vital
kljukast *prid.* hooked
kljukica *sam.* peg
kljun *sam.* beak

klobasa *sam.* sausage
klobčič *sam.* hank
klobučar *sam.* milliner
klobuk *sam.* hat
klokotati *gl.* gurgle
klon *sam.* clone
kloniti *gl.* succumb
klop *sam.* bench
klop (zool.) *sam.* tick
klor *sam.* chlorine
kloroform *sam.* chloroform
klovn *sam.* clown
klub *sam.* club
kmalu *prisl.* soon
kmečki *prid.* rustic
kmečko prebivalstvo *sam.* peasantry
kmet *sam.* peasant
kmetavz *sam.* hob
kmetija *sam.* farm
kmetijski *prid.* agricultural
kmetijstvo *sam.* agriculture
knjiga *sam.* book
knjiga v trdi vezavi *sam.* hardback
knjigotržec *sam.* bookseller
književen *prid.* literary
književnost *sam.* literature
knjižica *sam.* booklet
knjižni znak *sam.* bookmark
knjižnica *sam.* library
knjižničar *sam.* librarian
ko *prisl.* when
koalicija *sam.* coalition
kobacati se *gl.* toddle
kobalt *sam.* cobalt
kobila *sam.* mare
kobilica *sam.* grasshopper
kobra *sam.* cobra
kocina *sam.* bristle
kocka *sam.* cube
kockar *sam.* gambler

kockast *prid.* cubical
koča *sam.* cottage
kočija *sam.* carriage
kočljiv *prid.* delicate
kočnik *sam.* molar
kod; kje *prisl.* whereabouts
kod;kam *prisl.* whither
koder *sam.* tress
koder na čelu *sam.* quiff
kodirati *gl.* encode
kodrati *gl.* curl
koedukacija *sam.* co-education
koeficient *sam.* coefficient
koga; komu; komur *zaim.* whom
kokain *sam.* cocaine
kokakola *sam.* coke
kokarda *sam.* cockade
kokodakanje *sam.* cackle
kokos *sam.* coconut
kokosovo vlakno *sam.* coir
kokoš *sam.* hen
koktajl *sam.* cocktail
kol *sam.* picket
kolacionirati *gl.* collate
kolaček *sam.* muffin
kolcanje *sam.* hiccup
kolebav *prid.* halting
koledar *sam.* calendar
kolega *sam.* fellow
kolektiven *prid.* collective
koleno *sam.* knee
kolenska tetiva *sam.* hamstring
kolera *sam.* cholera
kolesar *sam.* cyclist
kolesnica *sam.* rut
koliba *sam.* hovel
količek *sam.* stake
količina *sam.* quantity
količinski *prid.* quantitative
količnik *sam.* quotient
kolidž *sam.* college
kolika *sam.* colic

kolk *sam.* hip
kolo *sam.* bicycle
kolo *sam.* wheel
kolona *sam.* row
kolonialen *prid.* colonial
kolonija *sam.* colony
kolosalen *prid.* strapping
kolotečina *sam.* track
kolovratiti *gl.* straggle
koma *sam.* coma
komaj *prisl.* barely
komaj zadosten *prid.* scanty
komandos *sam.* commando
komar *sam.* mosquito
komarček *sam.* fennel
kombajn *sam.* harvester
kombi *sam.* van
kombinacija *sam.* combination
kombinirati *gl.* combine
komedija *sam.* comedy
komedijant *sam.* mime
komentar *sam.* commentary
komentator *sam.* commentator
komet *sam.* comet
komičen *prid.* comic
komik *sam.* comedian
komisar *sam.* commissioner
komisija *sam.* commission
komolec *sam.* elbow
komornik *sam.* chamberlain
kompas *sam.* compass
kompleks *sam.* premises
komplementaren *prid.* complementary
komplet *sam.* set
komplirati *gl.* compile
kompost *sam.* compost
kompozit *prid.* composite
kompresor *sam.* supercharger
kompromis *sam.* compromise
komuna *sam.* commune
komunikacija *sam.*

communication
komunizem *sam.* communism
koncert *sam.* concert
koncesija *sam.* concession
končanje *sam.* termination
končati *sam.* conclude
končen *prid.* final
končevati *gl.* terminate
končna postaja *sam.* terminus
končni rok *sam.* deadline
končno *prisl.* eventually
kondenzator *sam.* capacitor
kondom *sam.* condom
konec *sam.* end
konec koncev *prisl.* ultimately
konferansjé *sam.* compere
konfiguracija *sam.* configuration
konglomerat *sam.* conglomerate
kongres *sam.* congress
konica *sam.* tip
konica kopja *sam.* spearhead
koničast *prid.* spiky
koničast zvonik *sam.* spire
konj *sam.* horse
konj (jezdni) *sam.* steed
konjederec *gl.* knacker
konjenica *sam.* cavalry
konjenik *sam.* trooper
konjiček *sam.* hobby
konjska dirka z zaprekami *sam.* steeplechase
konjska moč *sam.* horsepower
konjska vprega *sam.* harness
konjuktiven *prid.* subjunctive
konservatorij *sam.* conservatory
konserviranje *sam.* preservation
konservirati *gl.* preserve
konsistenca *sam.* consistency
kontracepcija *sam.* contraception
kontracepcijski *sam.* contraceptive
kontrast *sam.* contrast

kontrolirati *gl.* survey
konvencija *sam.* convention
konvoj *sam.* convoy
konzerva *sam.* can
konzervans *sam.* preservative
konzola *gl.* console
konzorcij *sam.* consortium
konzul *sam.* consul
konzularen *sam.* consular
konzulat *sam.* consulate
kopati *gl.* dig
kopati se *gl.* bathe
kopel *sam.* bath
kopenski *prid.* inland
kopica sena *sam.* rick
kopičiti *gl.* agglomerate
kopičiti *sam.* hoarding
kopija *sam.* copy
kopirati *gl.* copy
kopito *sam.* hoof
kopje *sam.* lance
kopno *sam.* land
kopriva *sam.* nettle
koprneč *prid.* wishful
koprneti *gl.* pine
koracati *gl.* waddle
korajžen *prid.* gutsy
korak *sam.* step
korakanje *sam.* march
korakati *gl.* march
korakoma jahati *gl.* amble
korala *sam.* coral
koralda *sam.* bead
korenina *sam.* root
korenit *prid.* radical
korenje *sam.* carrot
koriander *sam.* coriander
korinta *sam.* currant
korist *sam.* benefit
koristen *prid.* advantageous
koristiti *gl.* avail
koristolovski *prid.* utilitarian

koriščenje *sam.* utilization
korito *sam.* manger
kornet *sam.* cornet
korporacija *sam.* corporation
korpus *sam.* corps
kortizon *sam.* cortisone
koruza *sam.* corn
kos *sam.* piece
kosa *sam.* scythe
kosem *sam.* wisp
kosilo *sam.* lunch
kositi *gl.* mow
kosmat *prid.* hairy
kosmata surova svila *sam.* floss
kosmič *sam.* flake
kosmiči *sam.* cereal
kosmulja *sam.* gooseberry
kost *sam.* bone
kostanj *sam.* chestnut
kostanjeva barva *sam.* maroon
kostum *sam.* costume
košara *sam.* basket
košat *prid.* bushy
košatenje *gl.* swank
koščen *prid.* bony
košer *prid.* kosher
kot *sam.* angle
kot *prisl.* as
kot *predl.* like
kot kamen trd *prid.* adamant
kotaliti se *gl.* trundle
kotel *sam.* cauldron
kotiček *sam.* nook
kotlet *sam.* cutlet
kotlina *sam.* basin
kotomer *sam.* protractor
kovač *sam.* blacksmith
kovanec *sam.* coin
kovanje denarja *sam.* coinage
koven *prid.* malleable
kovina *sam.* metal
kovinski *prid.* metallic

koza *sam.* goat
kozarec *sam.* jar
koze *sam.* smallpox
kozmetičen *prid.* cosmetic
kozmetik *sam.* beautician
kozmetika *sam.* cosmetic
kozmičen *prid.* cosmic
kozmologija *sam.* cosmology
koža *sam.* skin
kragulj *sam.* hawk
kraj *sam.* place
kraja *sam.* theft
kraja v trgovini *sam.* shoplifting
krajeven *prid.* local
krakati *sam.* croak
kralj *sam.* king
kraljestvo *sam.* realm
kraljevina *sam.* kingdom
kraljevski *prid.* regal
kraljica *sam.* queen
krama *sam.* junk
krasota *sam.* splendour
krasotec *sam.* stunner
krasta *sam.* scab
kraste *sam.* ringworm
kratek *prid.* short
kratkotrajen *prid.* passing
kratkoviden *prid.* myopic
kratkovidnost *sam.* myopia
krava *sam.* cow
kraval *sam.* uproar
kravata *sam.* tie
kravji hlev *sam.* byre
krcniti *gl.* flick
krč *sam.* spasm
krčen *prid.* varicose
krčevit *prid.* spasmodic
krčma *sam.* tavern
krdelo *sam.* pack
kreda *sam.* chalk
kredenca *sam.* cupboard
kreg *sam.* wrangle

kreker *sam.* cracker
krematorij *sam.* crematorium
kremen *sam.* flint
krempelj *sam.* claw
kreniti proti *gl.* wend
krepak *prid.* robust
krepost *sam.* virtue
kreposten *prid.* chaste
krepostnost *sam.* chastity
kres *sam.* bonfire
krhek *prid.* fragile
kri *sam.* blood
kričati *gl.* scream
kričeč *prid.* vociferous
krik *sam.* yell
kriket *sam.* cricket
krilo *sam.* skirt
kriminologija *sam.* criminology
kripta *sam.* crypt
kristal *sam.* crystal
Kristus *sam.* Christ
kritičen *prid.* critical
kritik *sam.* critic
kritika *sam.* criticism
kritina *sam.* roofing
kritizirati *gl.* criticize
kriv *prid.* guilty
kriva prisega *sam.* perjury
krivda *sam.* guilt
krivec *sam.* culprit
krivica *sam.* injustice
krivičen *prid.* unfair
krivo priseči *gl.* forswear
krivulja *sam.* curve
kriza *sam.* crisis
križ *sam.* cross
križarjenje *gl.* cruise
križarka *sam.* cruiser
križarska vojna *sam.* crusade
križati *gl.* intersect
križišče *sam.* junction
križni hodnik *sam.* cloister

krma *sam.* fodder
krmariti *gl.* navigate
krmilna ročica *sam.* tiller
krmilo *sam.* helm
krog *sam.* circle
krogla *sam.* orb
kroglica *sam.* pellet
krogotok *sam.* circuit
krohot *sam.* guffaw
krojač *sam.* tailor
krojaški *prid.* sartorial
krokar *sam.* raven
krokarija *sam.* binge
krokodil *sam.* crocodile
krom *sam.* chrome
krompir *sam.* potato
krompir (sladki) *sam.* yam
krona *sam.* crown
kronanje *sam.* coronation
kroničen *prid.* chronic
kronika *sam.* chronicle
kronograf *sam.* chronograph
kronologija *sam.* chronology
kronski *gl.* crown
krošnjar *sam.* pedlar
krotek *prid.* tame
krotko *prisl.* tamely
krov *sam.* deck
krožen *prid.* circular
kroženje *sam.* rotation
krožišče *sam.* roundabout
krožiti *gl.* rotate
krožniček *sam.* saucer
krožnik *sam.* plate
krpa *sam.* shred
krpa za prah *sam.* duster
krpast *prid.* patchy
krpati *gl.* darn
krst *sam.* baptism
krsta *sam.* coffin
krstiti *gl.* baptize
krščanski *prid.* Christian

krščanstvo *sam.* Christianity
krščenec *sam.* godchild
kršitev *sam.* violation
kršiti *gl.* breach
krtača *sam.* brush
kruh *sam.* bread
kruliti *gl.* grunt
krut *prid.* cruel
kruto *prisl.* cruelty
krvav *prid.* bloody
krvaveti *gl.* bleed
krvavi mleček *sam.* celandine
krvavitev *sam.* haemorrhage
krvno maščevanje *sam.* vendetta
krvoločen *prid.* ferocious
krvoločen *prid.* sanguinary
krvoskrunstvo *sam.* incest
krzno *sam.* fur
kržljav *prid.* puny
ksenofobija *sam.* xenophobia
ksenon *sam.* xenon
ksilofon *sam.* xylophone
kuga *sam.* plague
kuhar *sam.* cook
kuhati *gl.* cook
kuhinja *sam.* kitchen
kujati se *gl.* mope
kukati *gl.* peek
kukavica *sam.* cuckoo
kul *prid.* funky
kulinaričen *prid.* culinary
kulisa *sam.* backdrop
kult *sam.* cult
kultura *sam.* culture
kulturen *prid.* cultural
kumara *sam.* cucumber
kumina *sam.* cumin
kuna zlatica *sam.* mink
kung fu *sam.* kung fu
kup *sam.* pile
kupe *sam.* coupe
kupec *sam.* buyer

kupiti *gl.* buy
kuplet *sam.* couplet
kupola *sam.* dome
kupon *sam.* coupon
kurir *sam.* courier
kurjač *sam.* stoker
kurkuma *sam.* turmeric
kurtizana *sam.* courtesan
kurziven *prid.* italic
kustos *sam.* curator
kuščar *sam.* lizard
kutina *sam.* quince
kužek *sam.* puppy
kužna bolezen *sam.* pestilence
kvačkanje *sam.* crochet
kvadrant *sam.* quadrant
kvadrat *sam.* square
kvalificirati *gl.* qualify
kvalifikacija *sam.* qualification
kvalitativen *prid.* qualitative
kvantum *sam.* quantum
kvarilec *sam.* spoiler
kvariti *gl.* taint
kvark *sam.* quark
kvarta *sam.* quart
kvartet *sam.* quartet
kvas *sam.* yeast
kvasilo *gl.* ferment
kvašenje *sam.* fermentation
kvazi nevladna organizacija
    sam. quango
kveker *sam.* Quaker
kvintesenca *sam.* quintessence
kvorum *sam.* quorum
kvota *sam.* quota

labirint *sam.* labyrinth

labod *sam.* swan
laboratorij *sam.* laboratory
lačen *prid.* hungry
ladijska oprema *sam.* rigging
ladijski blagajnik *sam.* purser
ladijski trup *sam.* hull
ladja *sam.* ship
ladjedelnica *sam.* shipyard
ladjevje *sam.* shipping
lagoden *prid.* leisurely
lagodje *sam.* leisure
laguna *sam.* lagoon
lahek *prid.* easy
lahen drnec *sam.* canter
lahkomiselnost *sam.* levity
lahkota *sam.* ease
lahkoveren *prid.* gullible
lahkovernež *sam.* jay
lahkovernost *prisl.* credulity
laik *sam.* layman
lajanje *sam.* woof
lajež *sam.* bark
lajšanje *sam.* alleviation
lajšati *gl.* alleviate
lak *sam.* lacquer
lakaj *sam.* lackey
lakomnost *sam.* cupidity
lakoničen *prid.* laconic
lakota *sam.* hunger
lamete *sam.* tinsel
laminat *gl.* laminate
laneno platno *sam.* linen
laneno seme *sam.* linseed
lapor *sam.* marl
laser *sam.* laser
lasje *sam.* hair
laskanje *sam.* adulation
laskati *gl.* flatter
lasten *prid. & zaim.* own
lastiti si *gl.* arrogate
lastnik *sam.* owner
lastnik licence *sam.* licensee

lastnik prodajalne *sam.* shopkeeper
lastnina *sam.* possession
lastninski *prid.* proprietary
lastniško stanovanje *sam.* condominium
lastništvo *sam.* ownership
lastnost *sam.* trait
lastovka *gl.* swallow
lasulja *sam.* wig
latenten *prid.* latent
laterna *sam.* lantern
latovščina *sam.* lingo
latrina *sam.* latrine
lava *sam.* lava
lazanja *sam.* lasagne
lazar *sam.* slug
laziti *gl.* creep
laž *gl.* lie
lažen *prid.* bogus
lažnivec *sam.* liar
lebdeč *prid.* afloat
lebdeti *gl.* float
leča *sam.* lentil
led *sam.* ice
leden *sam.* icy
ledena gora *sam.* iceberg
ledena sveča *sam.* icicle
ledenik *sam.* glacier
ledeniška groblja *sam.* moraine
ledeniški *prid.* glacial
ledenomrzel *prid.* frosty
ledina *prid.* fallow
ledje *sam.* loin
ledvica *sam.* kidney
legenda *sam.* legend
legendaren *prid.* legendary
legija *sam.* legion
lekarna *sam.* pharmacy
lekcija *sam.* lesson
leksikalen *prid.* lexical
leksikon *sam.* lexicon

lektorirati *gl.* subedit
len *prid.* lazy
lenariti *gl.* dally
lenoben *prid.* indolent
lenoben *prid.* lethargic
lenobnost *sam.* lethargy
lenta *sam.* cordon
lenuh *sam.* idler
leopard *sam.* leopard
lep *prid.* beautiful
lepilo *sam.* glue
lepljenka *sam.* collage
lepljiv *prid.* sticky
lepo oblikovan *prid.* shapely
lepopisje *sam.* calligraphy
leposlovje *sam.* fiction
lepota *sam.* beauty
lepotica *sam.* belle
les *sam.* wood
lesen *prid.* wooden
leseno kladivo *sam.* mallet
lesk *sam.* gloss
lesketajoč *prid.* brilliant
lesketanje *gl.* glitter
lesketati se *gl.* gleam
lesni črv *prid.* xylophages
lestenec *sam.* chandelier
lestev *sam.* ladder
lestvica *sam.* scale
let *sam.* flight
letak *sam.* leaflet
letališče *sam.* aerodrome
letalo *sam.* aeroplane
letalska steza *sam.* runway
letalski *sam.* aerospace
letalstvo *sam.* aviation
letargičen *prid.* torpid
leten *prid.* annual
leteti *gl.* fly
letev *sam.* lath
leto *sam.* year
letopisi *sam.* annals

letovišče *sam.* resort
letvica *sam.* slat
lev *sam.* lion
lev (v zodiaku) *sam.* Leo
leva stran *sam.* left
levičar *sam.* leftist
leviti se *gl.* moult
lezbijka *sam.* lesbian
ležak (pivo) *sam.* lager
liberalen *prid.* liberal
libido *sam.* libido
lice *sam.* cheek
licenca *sam.* licence
licitacija *sam.* auction
liči *sam.* lychee
ličilo *sam.* make-up
ličinka *sam.* larva
lična stran *sam.* obverse
liga *sam.* league
ligenj *sam.* squid
lijak *sam.* funnel
lilija *sam.* lily
limfa *sam.* lymph
limona *sam.* lemon
limonada *sam.* lemonade
limuzina *sam.* limousine
linčanje *sam.* lynch
liposukcija *sam.* liposuction
lira *sam.* lyre
liričen *sam.* lyric
lirik *sam.* lyricist
lirski *prid.* lyrical
lisavost *sam.* mottle
lisica *sam.* fox
lisice *sam.* handcuff
lisičji *prid.* vulpine
list *sam.* leaf
listek *sam.* tag
listi *sam.* foliage
listina *sam.* document
listina o pravicah *sam.* muniment
listnica *sam.* wallet

liter *sam.* litre
liturgično oblačilo *sam.* vestment
livarna *sam.* foundry
lizati *gl.* lick
lizika *sam.* lollipop
ljubek *prid.* lovely
ljubezen *sam.* love
ljubezenski *prid.* amorous
ljubezni vreden *prid.* lovable
ljubezniv *prid.* affectionate
ljubimec *sam.* lover
ljubitelj *sam.* amateur
ljubiteljski *prid.* amateurish
ljubkost *sam.* prettiness
ljubkovati *gl.* caress
ljubkujoč *prid.* cuddly
ljubljen *prid.* beloved
ljubljenec *sam.* darling
ljubosumen *prid.* jealous
ljubosumje *sam.* jealousy
ljudje *sam.* people
ljudožerec *sam.* cannibal
ljudski jezik *sam.* vernacular
lobanja *sam.* skull
ločen *prid.* discrete
ločenec *sam.* divorcee
ločila postaviti *gl.* punctuate
ločilo *sam.* punctuation
ločitev *sam.* divorce
ločiti se *gl.* diverge
ločnica *sam.* boundary
logaritem *sam.* logarithm
logičen *prid.* logical
logika *sam.* logic
logistika *sam.* logistics
logotip *sam.* logo
loj *sam.* tallow
lojalist *sam.* loyalist
lok *sam.* arc
lokacija *sam.* location
lokalizirati *gl.* localize
lokati *gl.* swipe

lokav *prid.* shifty
lokomotiva *sam.* locomotive
lokostrelec *sam.* archer
lolek *sam.* Wally
lomljenje *sam.* refraction
lončarska peč *sam.* kiln
lončenina *sam.* pottery
lonec *sam.* pot
lopa *sam.* shed
lopar za tenis *sam.* racket
lopata *sam.* shovel
lopatica *sam.* vane
lopniti *gl.* slap
lopov *sam.* knave
lopovski *prid.* roguish
lopovščina *sam.* roguery
loputa *sam.* hatch
losjon *sam.* lotion
losos *sam.* salmon
loščilo *sam.* polish
loterija *sam.* lottery
lotiti se *gl.* attempt
lotos *sam.* lotus
Louvre *sam.* Louvre
lov na kite *sam.* whaling
lovec *sam.* hunter
lovilec *sam.* captor
lovišče kuncev *sam.* warren
loviti *gl.* hunt
loviti sapo *gl.* gasp
lovorika *sam.* laurel
lovski pes *sam.* hound
lubenica *sam.* watermelon
lučaj *sam.* pitch
luknja *sam.* hole
luksuzen *prid.* deluxe
lump *sam.* varlet
luna *sam.* moon
lunaren *prid.* lunar
lupiti *gl.* pare
luščina *sam.* husk
luščinast *prid.* husky

lutka *sam.* doll
lutka *sam.* puppet
lutnja *sam.* lute
luža *sam.* puddle

macola *sam.* sledgehammer
maček *sam.* hangover
mačističen *prid.* macho
mačji *sam.* catty
mačka *sam.* cat
madež *sam.* blot
mafija *sam.* Mafia
magnet *sam.* magnet
magneten *prid.* magnetic
magnetizem *sam.* magnetism
magnituda *sam.* magnitude
mah *sam.* moss
mahagonovec *sam.* cashew
mahagonovina *sam.* mahogany
mahati (z repom) *gl.* waggle
maj *sam.* May
majanje *sam.* swag
majati se *gl.* wobble
majhen *prid.* small
majhna pasteta *sam.* patty
majica brez rokavov *sam.* singlet
majoneza *sam.* mayonnaise
maksima *sam.* maxim
maksimizirati *gl.* maximize
maksimum *sam.* maximum
malajsko barvanje blaga *sam.* batik
malarija *sam.* malaria
malček *sam.* toddler
malenkost *sam.* trifle
malenkosten *prid.* petty

malenkostnež *sam.* stickler
mali voz *sam.* cynosure
malica *sam.* snack
malina *sam.* raspberry
malo *prid.* few
malo verjeten *prid.* unlikely
malodušen *prid.* dispirited
malodušnež *sam.* defeatist
malomaren *prid.* careless
malopriden *prid.* reprehensible
malopridnež *sam.* rascal
malta *sam.* mortar
maltretirati *gl.* maltreat
mami *sam.* mum
mamut *sam.* mammoth
mana *sam.* manna
mandarina *sam.* tangerine
mandat *sam.* mandate
mandelj *sam.* almond
mandelj (anat.) *sam.* tonsil
mandolat *sam.* nougat
manever *sam.* manoeuvre
mangan *sam.* manganese
mango *sam.* mango
manifest *sam.* manifesto
manifestacija *sam.* manifestation
manija *sam.* mania
manikira *sam.* manicure
manipulacija *sam.* manipulation
manipulirati *gl.* manipulate
manirizem *sam.* mannerism
manj *prid. & zaim.* less
manjkajoč *prid.* missing
manjšanje *sam.* diminution
manjši *prid.* lesser
manjšina *sam.* minority
mansarda *sam.* attic
manšeta *sam.* cuff
mantra *sam.* mantra
maraton *sam.* marathon
marcipan *sam.* marzipan
marelica *sam.* apricot

margarina *sam.* margarine
marina *sam.* marina
marinada *sam.* marinade
marinirati *gl.* marinate
marioneta *sam.* marionette
marjetica *sam.* daisy
marksizem *sam.* Marxism
marljiv *prid.* industrious
marmelada *sam.* marmalade
marmor *sam.* marble
Mars *sam.* Mars
maršal *sam.* marshal
marža *sam.* margin
masaker *sam.* carnage
masaža *sam.* massage
masažna kad *sam.* Jacuzzi
maser *sam.* masseur
masiven *prid.* massive
maska *sam.* mask
maskara *sam.* mascara
maskota *sam.* mascot
maslo *sam.* butter
mast *sam.* grease
maščevalen *prid.* vengeful
maščevanje *sam.* revenge
maščevati *gl.* avenge
maščoba *sam.* fat
mašilec *sam.* stopper
mašilo *sam.* gag
maškarada *sam.* masquerade
matador *sam.* matador
matematičen *prid.* mathematical
matematik *sam.* mathematician
matematika *sam.* mathematics
materialen *sam.* material
materializem *sam.* materialism
materinski *prid.* maternal
materinstvo *sam.* motherhood
maternica *sam.* womb
mati *sam.* mother
matičar *sam.* registrar
matična knjiga *sam.* registry

matična plošča *sam.* motherboard
matineja *sam.* matinee
matriarh *sam.* matriarch
matrica *sam.* matrix
matrona *sam.* matron
mavec *sam.* plaster
mavrica *sam.* rainbow
mavzolej *sam.* mausoleum
mazaško zdravilo *sam.* nostrum
mazaštvo *sam.* quackery
mazilo *sam.* ointment
mazivo *sam.* lubricant
mazohizem *sam.* masochism
meč *sam.* sword
mečkati se *gl.* smooch
med *predl.* among
med *prisl.* between
med *sam.* honey
medalja *sam.* medal
medaljon *sam.* medallion
meddržaven *sam.* interstate
medel *prid.* dim
medenica *sam.* pelvis
medenina *sam.* brass
medica *sam.* mead
medigra *sam.* interlude
medij *sam.* medium
mediji *sam.* media
meditacija *sam.* mediation
meditativen *prid.* meditative
meditirati *gl.* meditate
mednaroden *prid.* international
medprostor *sam.* mesh
medrasen *prid.* interracial
medtem *prisl.* meantime
medtem ko *vez.* whilst
meduza *sam.* jellyfish
medved *sam.* bear
megabajt *sam.* megabyte
megafon *sam.* megaphone
megaherc *sam.* megahertz
megalit *sam.* megalith

megapiksel *sam.* megapixel
megla *sam.* fog
meglen *prid.* misty
meglica *sam.* mist
meglitski *prid.* megalithic
meh *sam.* bellows
mehak *prid.* soft
mehanik *sam.* mechanic
mehanika *sam.* mechanics
mehanizem *sam.* mechanism
mehanski *prid.* mechanical
mehko vezana knjiga *sam.* paperback
mehkužen *prid.* soppy
mehur *sam.* bladder
mehurček *sam.* bubble
meja *sam.* border
mejiti *gl.* abut
mejnik *sam.* milestone
melamin *sam.* melamine
melanholija *sam.* melancholy
melasa *sam.* molasses
melodičen *prid.* melodic
melodija *sam.* melody
melodiozen *prid.* melodious
melodrama *sam.* melodrama
melodramatičen *prid.* melodramatic
melona *sam.* melon
membrana *sam.* membrane
mene;me;meni;mi *zaim.* me
meni *sam.* menu
menih *sam.* monk
meningitis *sam.* meningitis
meništvo *sam.* monasticism
meniti *gl.* deem
menjati *gl.* alternate
menjavati *gl.* exchange
menopavza *sam.* menopause
menstruacijski *prid.* menstrual
mentol *sam.* peppermint
mentor *sam.* mentor

mera *a.* measure
mera za žlahtne kovine *sam.* troy
merilni instrument *sam.* gauge
merilo *sam.* criterion
meriti *gl.* measure
merjasec *sam.* boar
merjenje *sam.* measurement
merlan *sam.* whiting
mesar *sam.* butcher
mesec *sam.* month
mesečen *prid.* monthly
mesečina *sam.* moonlight
mesečnik *sam.* somnambulist
mesečno perilo *sam.* menstruation
mesečnost *sam.* somnambulism
mesija *sam.* messiah
mesna juha *sam.* broth
meso *sam.* meat
mesojedec *sam.* carnivore
mesten *prid.* urban
mesto *sam.* city
mešalnik *sam.* blender
mešan *prid.* miscellaneous
mešanec *sam.* mongrel
mešanica *sam.* medley
mešati *gl.* mix
meščan *sam.* commoner
meta *sam.* mint
metafizičen *prid.* metaphysical
metafizika *sam.* metaphysics
metafora *sam.* metaphor
metaforika *sam.* imagery
metalec *sam.* pitcher
metalurgija *sam.* metallurgy
meteor *sam.* meteor
meteorski *prid.* meteoric
meter *sam.* metre
metla *sam.* broom
metoda *sam.* method
metodičen *prid.* methodical

metodologija *sam.* methodology
metričen *prid.* metrical
metropola *sam.* metropolis
metropolitanski *prid.*
  metropolitan
metrski *prid.* metric
metulj *sam.* butterfly
mezanin *sam.* mezzanine
mezda *sam.* wage
mežikati *gl.* blink
mi sami;nas same;se;si *zaim.*
  ourselves
mi;me;nam;nas *zaim.* we
miazma *sam.* miasma
migati *gl.* wiggle
migljati *gl.* twinkle
migrant *sam.* migrant
migrena *sam.* migraine
mijavkanje *sam.* mews
mijavkati *gl.* mew
mikaven *prid.* quaint
mikavno *prisl.* quaintly
mikrobiologija *sam.*
  microbiology
mikročip *sam.* microchip
mikrofilm *sam.* microfilm
mikrofon *sam.* microphone
mikrokirurgija *sam.*
  microsurgery
mikrometer *sam.* micrometer
mikroprocesor *sam.*
  microprocessor
mikroskop *sam.* microscope
mikroskopski *prid.* microscopic
mikrovalovka *sam.* microwave
mil *prid.* mild
milica *sam.* militia
miligram *sam.* milligram
milijarda *sam.* billion
milijarder *sam.* billionaire
milije *sam.* milieu
milijon *sam.* million

milijonar *sam.* millionaire
milimeter *sam.* millimetre
milina *sam.* grace
milja *sam.* mile
miljarina *sam.* mileage
milnat *prid.* soapy
milnica *sam.* lather
milo *sam.* soap
milo za drago *sam.* retaliation
milostljiv *prid.* gracious
miloščina *sam.* alms
mimični igralec *sam.* mime
mimik *sam.* mimic
mimoidoči *sam.* bystander
minaret *sam.* minaret
mineral *sam.* mineral
mineralogija *sam.* mineralogy
mineštra *sam.* minestrone
mini *prid.* mini
mini avto (taksi) *sam.* minicab
mini krilo *sam.* miniskirt
miniaturen *prid.* miniature
minibus *sam.* minibus
minimalen *prid.* minimal
minimalizirati *gl.* minimize
minimum *sam.* minimum
minister *sam.* minister
ministrski *prid.* ministerial
ministrski predsednik *prid.*
  premier
ministrstvo *sam.* ministry
miniti *gl.* elapse
minljiv *prid.* transient
minul *prid.* prior
minuli *prid.* past
minus *predl.* minus
minuta *sam.* minute
mir *sam.* peace
mira *sam.* myrrh
miren *prid.* calm
miriada *sam.* myriad
miroljuben *prid.* peaceable

mirovni sodnik *sam.* magistrate
mirta *sam.* myrtle
mirujoč *prid.* stagnant
misija *sam.* mission
misijonar *sam.* missionary
mislec *sam.* thinker
misliti *gl.* think
mističen *prid.* mystical
mističnost *sam.* mystique
mistificirati *gl.* mystify
mistik *sam.* mystic
mistika *sam.* mysticism
miš *sam.* mouse
mišica *sam.* muscle
mišičnat *prid.* muscular
mišični revmatizem *sam.* myalgia
mit *sam.* myth
mitičen *prid.* mythical
mitnina *sam.* octroi
mitologija *sam.* mythology
mitološki *prid.* mythological
mitra *sam.* mitre
miza *sam.* table
mlačen *prid.* lukewarm
mlad *prid.* young
mladenič *sam.* youngster
mladič *sam.* cub
mladika *sam.* sapling
mladina *sam.* youth
mladinski hotel *sam.* hostel
mladoleten *prid.* juvenile
mladosten *prid.* youthful
mladostnik *prid.* adolescent
mlahav *prid.* flabby
mlajši *prid.* junior
mlajši (od dveh) *sam.* junior
mlečen *prid.* milky
mlečni napitek *sam.* milkshake
mlečni sladkor *sam.* lactose
mlekarna *sam.* dairy
mleko *sam.* milk

mlin *sam.* mill
mlin na veter *sam.* windmill
mlinček *sam.* grinder
mnenja biti *gl.* reckon
mnenjski *sam.* opinion
mnogi *prid.* many
mnogo *zaim.* much
mnogoboštvo *sam.* polytheism
mnogobožen *prid.* polytheistic
mnogokraten *prid.* multiple
mnogomoštvo *sam.* polyandry
mnogoter *prid.* manifold
mnogoterost *sam.* multiplicity
mnogovrsten *prid.* multifarious
množenje *sam.* multiplication
množica *sam.* crowd
množica ljudi *sam.* throng
množinski *prid.* plural
mobilizirati *gl.* mobilize
mobilni telefon *sam.* cell phone
mocarela *sam.* mozzarella
moč *sam.* power
moč (električna) *sam.* wattage
močan *prid.* powerful
moči *gl.* might
močno se potiti *gl.* swelter
močno začinjen *prid.* piquant
močvirje *sam.* swamp
močvirnik *sam.* wader
moda *sam.* fashion
modalnost *sam.* modality
model *sam.* model
modem *sam.* modem
moden *prid.* fashionable
moder *prid.* blue
moder (človek) *prid.* wise
moderator *sam.* moderator
modernizem *sam.* modernism
modernizirati *gl.* modernize
modo *sam.* testicle
modrček *sam.* bra
modrec *sam.* sage

modrica *sam.* bruise
modrost *sam.* wisdom
modul *sam.* module
modulirati *gl.* modulate
mogoče *prisl.* perhaps
mogočen *prid.* mighty
moj *zaim.* mine
moj *prid.* my
mojstrovina *sam.* masterpiece
mojstrsko delo *sam.* feat
moka *sam.* flour
mokast *prid.* mealy
moker *prid.* wet
mokrota *sam.* wetness
molčeč *prid.* silent
molčečnost *sam.* stillness
moledovati *gl.* supplicate
molekula *sam.* molecule
molekulski *prid.* molecular
molitev *sam.* prayer
moliti *gl.* pray
molj *sam.* moth
molk *sam.* silence
momljati *gl.* mutter
monarh *sam.* monarch
monarhija *sam.* monarchy
monetarizem *sam.* monetarism
mono *sam.* mono
monofoničen *prid.* monophonic
monogamija *sam.* monogamy
monografija *sam.* monograph
monogram *sam.* monogram
monolit *sam.* monolith
monopol *sam.* monopoly
monopolist *sam.* monopolist
monopolizirati *gl.* monopolize
monoteist *sam.* monotheist
monoteizem *sam.* monotheism
monotono cerkveno petje *sam.* chant
monsun *sam.* monsoon
montaža *sam.* montage

montažen *prid.* prefabricated
moped *sam.* moped
mora *sam.* nightmare
morala *sam.* morale
moralen *prid.* moral
moralist *sam.* moralist
moralističen *prid.* sententious
moralizirati *gl.* moralize
moralnost *sam.* morality
morati *gl.* must
morbiden *prid.* morbid
morbidnost *prisl.* morbidity
morda *prisl.* maybe
morfin *sam.* morphine
morganatičen *prid.* morganatic
morija *sam.* bloodshed
morilec *sam.* murderer
morje *sam.* sea
mornar *sam.* sailor
mornarica *sam.* navy
morska deklica *sam.* mermaid
morska trava *sam.* wrack
morski *prid.* marine
morski pes *sam.* shark
morski užiten polž *sam.* winkle
Moskovčan *sam.* muscovite
most *sam.* bridge
mostič *sam.* gangway
mošeja *sam.* mosque
moški *sam.* male
moški *prid.* masculine
moškost *sam.* manhood
moštvo *sam.* multitude
mošus *sam.* musk
motek *sam.* spool
motel *sam.* motel
moten *prid.* nebulous
motiti *gl.* disturb
motiti se *gl.* err
motiv *sam.* motif
motivacija *sam.* motivation
motivirati *gl.* motivate

motnja *sam.* impediment
motnost *sam.* opacity
motor *sam.* engine
motor *sam.* motor
motorno kolo *sam.* motorcycle
mozaik *sam.* mosaic
mozolj *sam.* pimple
mož *sam.* husband
možača *sam.* virago
možat *prid.* manly
možen *prid.* prospective
možgani *sam.* brain
možganski *prid.* cerebral
možnost *sam.* possibility
mračen *prid.* gloomy
mrak *sam.* dusk
mravlja *sam.* ant
mrčes *sam.* vermin
mrestiti *gl.* spawn
mreža *sam.* net
mreženje *sam.* netting
mrgoleti *gl.* teem
mrk *prid.* dreary
mrk *sam.* eclipse
mrlič *sam.* cadaver
mrliški oglednik *sam.* coroner
mrliški voz *sam.* hearse
mrmrati *gl.* murmur
mrož *sam.* walrus
mršav *prid.* skinny
mrščenje *sam.* scowl
mrtev *prid.* dead
mrtva točka *sam.* deadlock
mrtvaški oder *sam.* bier
mrtvaški prt *sam.* shroud
mrtvašnica *sam.* morgue
mrtvorojen *sam.* stillborn
mrtvouden *prid.* apoplectic
mrvica *sam.* whit
mrzel *prid.* parky
mržnja *sam.* rancour
muca *sam.* puss

mucka *sam.* kitten
mučen *prid.* awkward
mučenec *sam.* martyr
mučeništvo *sam.* martyrdom
mučenje *sam.* torture
mučitelj *sam.* tormentor
mučiti se *gl.* struggle
muditi se *gl.* linger
muha *sam.* whimsy
muhast *prid.* whimsical
muhavost *sam.* whim
mukati *gl.* moo
muke *sam.* throes
mula *sam.* mule
mula (naziv) *sam.* mullah
mulat *sam.* mulatto
mulj *sam.* slime
multikulturen *prid.* multicultural
multipleks *sam.* multiplex
mumificirati *gl.* mummify
mumija *sam.* mummy
mumps *sam.* mumps
mungo *sam.* mongoose
murva *sam.* mulberry
musliman *sam.* Muslim
muslin *gl.* muslin
mustang *sam.* mustang
mušica *sam.* gnat
mušketa *sam.* musket
mušketir *sam.* musketeer
mutacija *sam.* mutation
muza *sam.* muse
muzati se *gl.* smirk
muzej *sam.* museum

na *predl.* on
na drugi strani *prisl.* overleaf

na kopno *prisl.* ashore
na krmi *prisl.* aft
na krovu *prisl.* aboard
na mestu *prisl.* straightway
na mrtvi točki *prid.* becalmed
na novo *prisl.* newly
na pol poti *prisl.* midway
na pretek *prid.* superfluous
na prostem *prid.* outdoor
na stran *prisl.* aside
na tleh *prid.* aground
na voljo *prid.* tenable
na zunaj *prisl.* outwardly
na zunanji strani palube *prid.* outboard
na žaru peči *gl.* grill
nabirati *gl.* glean
naboj *sam.* cartridge
naborek *sam.* frill
nabrati *gl.* ruffle
nabrekel *prid.* tumescent
nabreklina *sam.* tubercle
nabrekniti *gl.* bloat
nabrežje *sam.* quay
nabrusiti *gl.* sharpen
nacho *sam.* nacho
nacionalističen *sam.* nationalist
nacionalizem *sam.* nationalism
načelnik *sam.* chieftain
načelo *sam.* principle
način *sam.* manner
načitan *prid.* erudite
načrt *sam.* plan
načrtovati *gl.* contrive
nad *predl.* above
nadaljevanje *sam.* continuation
nadaljevati *gl.* continue
nadangel *sam.* archangel
nadarbina *sam.* benefice
nadarjen *prid.* gifted
nadčloveški *prid.* superhuman
nadelan *prid.* woozy

nadev *sam.* stuffing
nadgraditi *gl.* upgrade
nadir *sam.* nadir
nadlegovanje *sam.* harassment
nadlegovati *gl.* harass
nadloga *sam.* nuisance
nadnaraven *prid.* supernatural
nadnaravno bitje *sam.* troll
nadoknaditi *gl.* recoup
nadomestek *sam.* surrogate
nadomestitev *sam.* replacement
nadomestiti *gl.* compensate
nadomestne volitve *sam.* by-election
nadpražnik *sam.* lintel
nadstropje *sam.* storey
nadškof *sam.* archbishop
nadurno delo *sam.* overtime
nadut *prid.* vainglorious
nadvlada *sam.* hegemony
nadvladati *gl.* overpower
nadvladovati *gl.* surmount
nadvoz *sam.* overpass
nadziranje *sam.* superintendence
nadzirati *gl.* supervise
nadzor *sam.* supervision
nadzornik *sam.* supervisor
nadzornik pri izpitu *sam.* invigilator
nadzorovati *gl.* superintend
nadzorovati študente *gl.* invigilate
nadzvočen *prid.* ultrasonic
nadzvok *sam.* ultrasound
nafta *a.* oil
naftalin *sam.* naphthalene
naganjati *gl.* urge
nagel *prid.* speedy
nagibati se *gl.* tend
naglas *sam.* accent
naglas *prisl.* aloud

naglasiti *gl.* accentuate
naglašati *gl.* stress
naglica *sam.* haste
naglo osvetliti *gl.* flash
nagniti *gl.* tilt
nagniti se *gl.* incline
nagnjen *prid.* prone
nagnjenje *sam.* tendency
nagnusen *prid.* nauseous
nagobčnik *sam.* muzzle
nagonski *prid.* instinctive
nagrada *sam.* prize
nagrajenec *sam.* laureate
nagroben *prid.* sepulchral
nagrobni napis *sam.* epitaph
nahrbtnik *sam.* backpack
naivnež *sam.* gull
naivnost *sam.* naivety
naj;bi *gl.* shall
najbližji *prid.* nearest
najbolj oddaljeni *prid. & sam.* uttermost
najboljše *prid.* best
najdlje *prid.& prisl.* furthest
najem *sam.* tenancy
najemnik *sam.* tenant
najemnina *sam.* rental
najemniško stanovanje *sam.* tenement
najeti *gl.* hire
najgloblji *prid.* innermost
najljubše opravilo *sam.* fad
najljubši *prid.* favourite
najlon *sam.* nylon
najmanj *prid.& zaim.* least
najnotranjejši *prid.* inmost
najslabši *prid.* worst
najstnik *sam.* teenager
najstniška leta *prid.* teens
najtežji del *sam.* brunt
najti *gl.* find
najvišji *prid.* paramount
najvišji služabnik *sam.* butler
nakana *sam.* intent
nakazilo denarja *sam.* remittance
nakit *sam.* jewellery
naklep *sam.* premeditation
naklepati *gl.* premeditate
naklestiti *gl.* flog
naključen *prid.* random
naključje *sam.* coincidence
naklon *sam.* cant
naklonjen *prid.* favourable
naklonjenost *sam.* endearment
nakopati si na glavo *gl.* incur
nakopičen *prid.* cumulative
nakovalo *sam.* anvil
nakupovalno središče *sam.* mall
nakupovanje *sam.* shopping
nalagati *gl.* download
nalepka *sam.* sticker
nalezljiv *prid.* contagious
naliti *gl.* pour
naloga *sam.* task
naložba *sam.* investment
namakanje *sam.* irrigation
namakati *gl.* soak
namazati *gl.* smear
namen *sam.* intention
namenoma *prisl.* purposely
namera *sam.* contemplation
nameravati *gl.* intend
nameren *prid.* intentional
namestitev *sam.* installation
namestiti *gl.* install
namestnik *sam.* substitute
namesto *prisl.* instead
namesto koga *sam.* lieu
namig *sam.* hint
namigniti *gl.* allude
namigovanje *sam.* allusion
namigovati *gl.* imply
namišljen *prid.* imaginary

namrščiti se *gl.* frown
nanašati se na *gl.* relate
nanesti *gl.* apply
nanožni obroček *sam.* anklet
naokoli *prisl.* about
napačen *prid.* wrong
napačna predstava *sam.* misconception
napačno brati *gl.* misread
napačno citirati *gl.* misquote
napačno črkovati *gl.* misspell
napačno izračunati *gl.* miscalculate
napačno mnenje *sam.* misbelief
napačno namestiti *gl.* misplace
napačno nasloviti *gl.* misdirect
napačno obvestiti *gl.* misinform
napačno poimenovanje *sam.* misnomer
napačno presoditi *gl.* misjudge
napačno prikazati *gl.* misrepresent
napačno razložiti *gl.* misinterpret
napačno razumeti *gl.* misunderstand
napačno si predstavljati *gl.* misconceive
napačno si razlagati *gl.* misconstrue
napad *gl.* attack
napadalec *sam.* aggressor
napadalen *prid.* aggressive
napaka *sam.* mistake
napaka v računu *sam.* miscalculation
napasti *gl.* assail
napasti nenadoma *gl.* swoop
napasti zopet *gl.* recharge
napeljati *gl.* suborn
napenjajoč *prid.* flatulent
napet *prid.* tense
napeti *gl.* tighten

napetost *sam.* tension
napetost električnega toka *sam.* voltage
napev *sam.* tune
napihniti *gl.* inflate
napihnjenje *sam.* inflation
napis *sam.* inscription
napisan nad *prid.* superscript
naplavine *sam.* wreck
napolniti ponovno *gl.* refill
napolniti z dvomom *gl.* misgive
napolnjen *prid.* replete
naporen *prid.* trying
napotitev *sam.* reference
napotiti *gl.* refer
napoved *sam.* prediction
napovedati *gl.* predict
naprava *sam.* device
napraviti kopijo *gl.* replicate
napredek *sam.* progress
napreden *prid.* progressive
napredovanje *sam.* advance
naprej *prisl.* ahead
naprej *prisl. & prid.* forward
naprezati se *gl.* exert
naprsna ruta *sam.* wimple
naprstnik *sam.* thimble
narava *sam.* nature
naraven *prid.* natural
naravno *prisl.* naturally
naravoslovec *sam.* naturalist
narazen *prisl.* asunder
narcisa *sam.* daffodil
narcizem *sam.* narcissism
narečje *sam.* dialect
narediti priljubljenega *gl.* endear
narediti vtis *gl.* impress
narednik *sam.* sergeant
narek *sam.* dictation
narkotik *sam.* narcotic
narkotikum *sam.* anaesthetic

naročilo po pošti *sam.* mail order
naročiti *gl.* instruct
naročiti se *gl.* subscribe
naročje *sam.* lap
naročnina *sam.* subscription
narod *sam.* nation
naroden *prid.* national
naselitev *sam.* settlement
naseliti *gl.* settle
naseljenec *sam.* settler
nasesti *gl.* strand
nasičenje *sam.* saturation
nasilen *prid.* violent
nasilje *sam.* violence
nasilnež *sam.* bully
nasip *sam.* embankment
nasititi *gl.* saturate
naslajati se *gl.* gloat
naslednik *sam.* successor
naslednji *prid.* next
naslednji dan *sam.* morrow
nasledstvo *sam.* succession
naslikati *gl.* depict
nasloniti *gl.* recline
naslov *sam.* address
naslovljen *prid.* titled
naslovljenec *sam.* addressee
naslovna vrstica *sam.* headline
nasproten *prid.* opposite
nasprotje *sam.* opposition
nasprotnik *sam.* opponent
nasprotovanje *sam.* contradiction
nasprotovati *gl.* contradict
nastajajoč *prid.* nascent
nastanitev *sam.* accommodation
nastaniti *gl.* accommodate
nastop *sam.* accession
nastopen *prid.* inaugural
nasvet *sam.* advice
naš *prid.* our
našitek *sam.* chevron

našteti *gl.* recite
natakar *sam.* waiter
natakarica *sam.* waitress
nataknjen *prid.* waspish
natančen *prid.* precise
natančno določiti *gl.* pinpoint
natančno pregledati *gl.* overhaul
natančnost *sam.* precision
nategniti *gl.* strain
natezen *prid.* tensile
natis *gl.* imprint
natlačiti *gl.* tamp
nato *prisl.* then
natovorjen *prid.* fraught
natrpati *gl.* cram
naturalizacija *sam.* naturalization
naturalizirati *gl.* naturalize
naturizem *sam.* naturism
naučen *prid.* learned
naučiti se *gl.* learn
nauk *sam.* lore
navada *sam.* habit
navaden *prid.* ordinary
navaditi se *gl.* accustom
navadno *prisl.* ordinarily
navajen *prid.* accustomed
navdih *sam.* inspiration
navdihniti *gl.* inspire
navdušen *prid.* overjoyed
navdušenje *sam.* enthusiasm
navdušiti *gl.* enamour
navedba *sam.* allegation
navedba avtorja članka *sam.* by-line
naveličan *prid.* jaded
navesti *gl.* adduce
navezanost *sam.* attachment
navidezen *prid.* illusory
navigator *sam.* navigator
navihan *prid.* astute
navlažiti *gl.* moisten
navodilo *sam.* instruction

navpičen *prid.* vertical
navtičen *prid.* nautical
navzgornji *prisl.* upward
navznoter *prid.* inward
navzočnost *sam.* presence
nazadnjaški *prid.* reactionary
nazadovati *gl.* regress
nazadujoč *prid.* retrograde
nazaj *prisl.* aback
nazaj *sam.* back
nazaj datirati *gl.* backdate
nazaj obrnjen *prid.* backward
naznanitev *sam.* indication
naznaniti *gl.* portend
nazobčan *prid.* serrated
nazoren *prid.* graphic
ne *prisl.* not
ne dovoliti *gl.* disallow
ne marati *gl.* dislike
ne meneč se *prid.* oblivious
ne odobravati *gl.* disapprove
ne prenesti *gl.* abominate
ne strinjati se *gl.* disagree
ne ubogati *gl.* disobey
ne upoštevati *gl.* disregard
ne zaupati *gl.* mistrust
ne zavedajoč se *prid.* unaware
neben *prid.* palatal
nebesa *sam.* heaven
nebesen *prid.* celestial
nebesno telo *sam.* luminary
nebeški *prid.* heavenly
nebo *sam.* sky
neciviliziran *prid.* savage
neciviliziranost *sam.* savagery
nečak *sam.* nephew
nečakinja *sam.* niece
nečist *prid.* impure
nečistoča *sam.* impurity
nečitljiv *prid.* illegible
nečitljivost *sam.* illegibility
nečloveški *prid.* inhuman

nedaven *prid.* recent
nedavno *prisl.* recently
nedejaven *prid.* inactive
nedejavnost *sam.* inaction
nedelja *sam.* Sunday
nedeljiv *prid.* indivisible
nedelujoč *prid.* inoperative
nediplomiran študent *sam.* undergraduate
nedisciplina *sam.* indiscipline
nedokončan *prid.* incomplete
nedoločen *prid.* indefinite
nedolžen *prid.* innocent
nedolžnost *sam.* innocence
nedonošen *prid.* abortive
nedopusten *prid.* intolerable
nedostatek *sam.* shortcoming
nedostojen *prid.* scurrilous
nedostojnost *sam.* indecency
nedotakljiv *prid.* untouchable
nedotaknjen *prid.* intact
nedovoljen *prid.* illicit
nedružaben *prid.* unsocial
neenaka zveza *sam.* misalliance
neenakost *sam.* inequality
neformalen *prid.* informal
nega *sam.* care
negativen *prid.* negative
negativnost *sam.* negativity
negiben *prid.* quiescent
negoden *prid.* callow
negostoljuben *prid.* inhospitable
negotov *prid.* uncertain
negotovost *sam.* insecurity
negovan *prid.* sleek
nehati *gl.* cease
nehvaležen *prid.* ungrateful
nehvaležnost *sam.* ingratitude
neiskren *prid.* insincere
neiskrenost *prisl.* insincerity
neizbežen *prid.* inescapable
neizčrpen *prid.* inexhaustible

neizenačen *prid.* unequalled
neizkušenost *sam.* inexperience
neizmeren *prid.* immeasurable
neizogiben *prid.* inevitable
neizpodbiten *prid.* undeniable
neizprosen *prid.* stern
neizrazit *prid.* bland
neizrečen *prid.* untold
neizrekljiv *prid.* unutterable
neizvedljiv *prid.* impracticable
nejasen *prid.* vague
nejasno izgovarjati *gl.* slur
nejasnost *sam.* vagueness
nekaj *sam.* couple
nekaj *prid.* some
nekaj *zaim.* something
nekaj časa *prisl.* awhile
nekako *prisl.* somehow
nekam *prisl.* somewhere
nekaznovanost *sam.* impunity
nekdanji *prid.* former
nekdo *zaim.* somebody
neki *prid.* any
nekoliko *prisl.* somewhat
nekonvencionalen *prid.* unorthodox
nekoristen *prid.* useless
nekritičen *prid.* indiscriminate
nekropola *sam.* necropolis
nektar *sam.* nectar
nektarina *sam.* nectarine
nekvalificiran *prid.* unqualified
nelagodje *sam.* malaise
neljub *prid.* disagreeable
neločljiv *prid.* inseparable
neločljivo povezan z *prid.* inherent
nelogičen *prid.* illogical
nem *prid.* dumb
nemaren *prid.* negligent
nemarnica *sam.* slattern
nemarnost *sam.* negligence

nematerialen *prid.* unworldly
nemil *prid.* scathing
nemir *sam.* unrest
nemiren *prid.* restive
nemočen *prid.* helpless
nemogoč *prid.* impossible
nemoralen *prid.* immoral
nemoralnost *sam.* immorality
nemožnost *sam.* impossibility
nemški; nemščina; Nemec; Nemka *sam.* German
nemudoma *prisl.* forthwith
nenaden *prid.* sudden
nenadoma *prisl.* suddenly
nenadoma nastopiti *gl.* supervene
nenadomestljiv *prid.* irreplaceable
nenaklonjen *prid.* averse
nenaklonjenost *sam.* aversion
nenapolnjen *prid.* vacuous
nenaraven *prid.* unnatural
nenaravno se smejati *gl.* simper
nenaseljen *prid.* uninhabited
nenasiten *prid.* insatiable
nenatančen *prid.* inexact
nenavaden *prid.* unusual
nenehen *prid.* continuous
neobetaven *prid.* inauspicious
neobičajen *prid.* uncommon
neoborožen *prid.* unarmed
neobrobljen *prid.* seamless
neobrzdan *prid.* turbulent
neobstoj *sam.* nonentity
neobvezen *prid.* optional
neobvladljiv *prid.* intractable
neobziren *prid.* inconsiderate
neodgovoren *prid.* irresponsible
neodkupljiv *prid.* irredeemable
neodločen *prid.* undecided
neodločnost *sam.* indecision
neodobravanje *sam.* disapproval

neodvisen *prid.* substantive
neodvisnost *sam.* independence
neofit *sam.* neophyte
neoklasicističen *prid.* neoclassical
neokusen *prid.* insipid
neolikan *prid.* crude
neolikanec *sam.* boor
neolitski *prid.* Neolithic
neoluščen riž *sam.* paddy
neomahljiv *prid.* staunch
neomajen *prid.* obdurate
neomajnost *sam.* obduracy
neomejen *prid.* unlimited
neomiljen *prid.* unmitigated
neon *sam.* neon
neoporečen *prid.* unexceptionable
neopravičljiv *prid.* inexcusable
neopravljen *prid.* undone
neoseben *prid.* impersonal
neotesan *prid.* rude
neotesanec *sam.* yokel
neotipljiv *prid.* intangible
neozdravljiv *prid.* incurable
nepazljiv *prid.* inattentive
nepet *prid.* unsung
nepismen človek *sam.* illiterate
nepismenost *sam.* illiteracy
neploden *prid.* infertile
nepoboljšljiv *prid.* incorrigible
nepodkupljiv *prid.* incorruptible
nepogrešljiv *prid.* indispensable
nepojmljiv *prid.* unthinkable
nepoklican *prid.* uncalled
nepokoren *prid.* insubordinate
nepokorščina *sam.* insubordination
nepomemben *prid.* insignificant
nepomembnost *sam.* insignificance
nepomešan *prid.* unalloyed

nepomirljiv *prid.* implacable
neponarejen *prid.* unadulterated
nepopisen *prid.* indescribable
nepopoln *prid.* imperfect
nepopolnost *sam.* imperfection
nepopustljiv *prid.* relentless
neposlušen *prid.* unruly
neposnemljiv *prid.* inimitable
neposreden *prid.* direct
neposredno *prisl.* directly
nepošten *prid.* dishonest
nepotizem *sam.* nepotism
nepotreben *prid.* unnecessary
nepotrpežljiv *prid.* impatient
nepovezan *prid.* incoherent
nepovraten *prid.* irreversible
nepozaben *prid.* unforgettable
nepoznan *prid.* strange
nepraktičen *prid.* impractical
nepravičen *prid.* unjust
nepravilen *prid.* irregular
nepravilnost *sam.* irregularity
neprebavljiv *prid.* indigestible
neprecenljiv *prid.* priceless
neprediren *prid.* impenetrable
nepredušen *prid.* hermetic
nepredviden *prid.* unforeseen
neprehoden *prid.* impassable
neprekinjen *prid.* nonstop
nepreklicen *prid.* irrevocable
nepremagljiv *prid.* invincible
nepremaknjen *prid.* unmoved
nepremičen *prisl.* immovable
nepremišljen *prid.* thoughtless
nepremišljenost *sam.* temerity
nepremočljiv *prid.* waterproof
nepremostljiv *prid.* insurmountable
neprepusten *prid.* watertight
nepreviden *prid.* improvident
nepričakovan *prid.* unexpected
nepričakovan razplet *sam.*

bathos
nepridiprav *sam.* scamp
neprijateljski *prid.* inimical
neprijazen *prid.* unkind
neprijeten *prid.* unpleasant
neprikladen *prid.* inopportune
nepriljubljen *prid.* unpopular
nepriljubljenost *sam.* odium
neprimeren *prid.* inappropriate
neprimerljiv *prid.* incomparable
neprimernost *sam.* impropriety
nepripravljen *prid.* unprepared
neprisiljen *prid.* unceremonious
nepristranski *prid.* impartial
nepristranskost *sam.* impartiality
neprišteven *prid.* insane
neprostovoljen *prid.* involuntary
Neptun *sam.* Neptune
neranljiv *prid.* invulnerable
neraven *prid.* uneven
nerazložljiv *prid.* inexplicable
nerazpoložen *prid.* indisposed
nerazrešljiv *prid.* inextricable
nerazumen *prid.* irrational
nerazumljiv *prid.* inarticulate
nered *sam.* disorder
neresen *prid.* frivolous
nerešen *prid.* pending
nergati *gl.* whinge
nergav *prid.* querulous
neroden *prid.* clumsy
nerojen *prid.* unborn
nervozen *prid.* uneasy
nesebičen *prid.* selfless
nesebičnost *sam.* altruism
neskladen *prid.* inconsistent
neskončen *prid.* infinite
neskončnost *sam.* infinity
neskromen *sam.* immodest
neskromnost *a.* immodesty
neslišen *prid.* inaudible
neslužben *prid.* privy

nesmisel *sam.* nonsense
nesmiseln *prid.* absurd
nesmiselnost *sam.* absurdity
nesmrten *prid.* immortal
nesmrtnost *sam.* immortality
nesnažen *prid.* sordid
nesnoven *prid.* immaterial
nesorazmeren *prid.* disproportionate
nespameten *prid.* foolish
nespodoben *prid.* indecent
nespodobno se vesti *gl.* misbehave
nespodobno vedenje *sam.* misbehaviour
nespolen *prid.* asexual
nesporazum *sam.* misunderstanding
nesposoben *prid.* incapable
nesposobnost *sam.* incapacity
nespoštovanje *sam.* disrespect
nespremenljiv *prid.* invariable
nespreten *prid.* ungainly
nesramen *prid.* insolent
nesramnost *sam.* insolence
nesreča *sam.* accident
nesrečen *prid.* unhappy
nesrečnež *sam.* wretch
nestabilen *prid.* unstable
nestabilnost *sam.* instability
nestrinjanje *sam.* disagreement
nestrokoven *prid.* unprofessional
nestrpen *prid.* intolerant
neškodljiv *prid.* harmless
neštevilen *prid.* innumerable
netakten *prid.* indiscreet
netaktnost *sam.* indiscretion
netivo *sam.* tinder
netočen *prid.* inaccurate
netopir *sam.* bat
netopljiv *prid.* insoluble
neubogljiv *prid.* disobedient

neubran *prid.* discordant
neučinkovit *prid.* ineffective
neudoben *prid.* uncomfortable
neugodje *sam.* discomfort
neujemanje *sam.* mismatch
neumen *prid.* stupid
neumnost *sam.* stupidity
neupogljiv *prid.* inflexible
neuporaben *prid.* inapplicable
neupoštevajoč *prid.* irrespective
neupravičen *prid.* ineligible
neuravnotežen *prid.* unbalanced
neuravnovešenost *sam.* imbalance
neurejen *prid.* untidy
neusmiljen *prid.* ruthless
neuspeh *sam.* failure
neuspešen *sam.* failing
neusposobljen *prid.* unskilled
neustavljivo privlačen *prid.* irresistible
neustrašen *prid.* fearless
neutemeljen *prid.* groundless
neutešljiv *prid.* disconsolate
neutolažljiv *prid.* inconsolable
neutruden *prid.* tireless
neuvrščenost *sam.* nonalignment
nevaren *prid.* dangerous
nevarnost *sam.* danger
nevarovan *prid.* unguarded
nevede *prisl.* unwittingly
neveden *prid.* ignorant
nevednež *sam.* ignoramus
nevednost *sam.* ignorance
neveljaven *prid.* null
neverjeten *prid.* unbelievable
nevesta *sam.* bride
nevestina oprema *sam.* trousseau
neviden *prid.* invisible
nevihta *sam.* storm
nevihten *prid.* stormy

nevljuden *prid.* impolite
nevolja *sam.* tantrum
nevpadljiv *prid.* inconspicuous
nevreden *prid.* unworthy
nevreden omembe *prid.* unmentionable
nevrolog *sam.* neurologist
nevrologija *sam.* neurology
nevrotičen *prid.* neurotic
nevroza *sam.* neurosis
nevšečnost *sam.* inconvenience
nevtralen *prid.* neutral
nevtralizirati *gl.* neutralize
nevtron *sam.* neutron
nezadosten *prid.* inadequate
nezadovoljen *prid.* disaffected
nezadovoljstvo *sam.* discontent
nezadržan *prid.* unreserved
nezahtevan *prid.* unsolicited
nezajamčen *prid.* unwarranted
nezakonit *prid.* illegal
nezakonski *prid.* illegitimate
nezanesljiv *sam.* unreliable
nezaposljiv *prid.* unemployable
nezaslišan *prid.* outrageous
nezaupanje *sam.* distrust
nezaupljivo *prisl.* askance
nezavedajoč se *prid.* insensible
nezavesten *prid.* unconscious
nezaželen *prid.* undesirable
nezdrav *prid.* unhealthy
nezdružljiv *prid.* incompatible
nezgoda *sam.* misadventure
nezmeren *prid.* immoderate
nezmotljiv *prid.* unfailing
nezmožen *prid.* unfit
nezmožen plačila *prid.* bankrupt
nezmožnost *sam.* disability
neznan *prid.* unknown
neznanec *sam.* stranger
neznanski *prid.* tremendous
neznosen *prid.* insupportable

nezrel *prid.* immature
nezrelost *sam.* immaturity
nezvest *prid.* unfaithful
nezvestoba *sam.* infidelity
neželena e-pošta *sam.* spam
nežen *prid.* gentle
nežgana opeka *sam.* adobe
neživ *prid.* inanimate
niansa *sam.* nuance
nič *sam.* nil
nič *zaim.* nothing
nič manj *prisl.* nonetheless
ničeln *prid.* zero
ničev *prid.* inane
ničevost *sam.* bauble
ničla *sam.* nought
nihalo *sam.* pendulum
nihanje *sam.* oscillation
nihati *gl.* fluctuate
nihče *zaim.* nobody
nihilizem *sam.* nihilism
nikamor *prisl.* nowhere
nikelj *sam.* nickel
nikoli *prisl.* never
nikotin *sam.* nicotine
nimfa nymph
nirvana *sam.* nirvana
niša *sam.* niche
nit *sam.* thread
niti *vez.& prisl.* nor
nitka *sam.* filament
niz *sam.* range
nizek *prid.* low
nizek krvni tlak *sam.* hypotension
nizkoten *prid.* ignoble
nizkotnež *sam.* miscreant
nizkotonec *sam.* woofer
njega;ga;njemu;mu *zaim.* him
njegov *prid.* his
njen *zaim.* hers
njihov *prid.* their

njo;jo;njen *zaim.* her
njuhati *gl.* snuff
nobeden *prid.* neither
nobeden *zaim.* none
nobel *prid.* posh
noben *prid.* no
nocoj *prisl.* tonight
noč *sam.* night
nočen *prid.* nocturnal
noga *sam.* leg
nogavica *sam.* sock
nogavice *sam.* hosiery
nogavice (ženske) *sam.* stocking
nogomet *sam.* football
nogomet (am.) *sam.* soccer
noht *sam.* nail
noj *sam.* ostrich
nomad *sam.* nomad
nomadski *prid.* nomadic
nomenklatura *sam.* nomenclature
nominacija *sam.* nomination
nominalen *prid.* nominal
nominiranec *sam.* nominee
nonšalanca *sam.* nonchalance
nor *prid.* crazy
norčav *prid.* ludicrous
nordijski *prid.* Nordic
norec *sam.* maniac
noreti *gl.* rave
norma *sam.* norm
normalen *prid.* normal
normalizirati *gl.* normalize
normalnost *sam.* normalcy
normativen *prid.* normative
norost *sam.* craze
nos *sam.* nose
noseč *prid.* pregnant
nosečnost *sam.* pregnancy
nosen *prid.* nasal
nosilec *sam.* carrier
nosilnica *sam.* stretcher

nositi *gl.* carry
nositi (na sebi) *gl.* wear
nosnica *sam.* nostril
nosorog *sam.* rhinoceros
nošenje *sam.* portage
notacija *sam.* notation
notar *sam.* notary
notesnik *sam.* notebook
notno črtovje *sam.* stave
notranje dvorišče *sam.* quad
notranji *prid.* inner
notranjost *sam.* inside
nov *prid.* new
novačiti *gl.* recruit
november *sam.* November
novica *sam.* news
novice *sam.* tidings
novinar *sam.* journalist
novinarstvo *sam.* journalism
novinec *sam.* novice
novost *sam.* novelty
nož *sam.* knife
nožen *sam.* pedal
nožnica *sam.* vagina
nožnica (za meč) *sam.* scabbard
nudist *sam.* nudist
nuditi *gl.* provide
nujen *prid.* necessary
nujen primer *sam.* emergency
nujno *prisl.* necessarily
nujnost *sam.* necessity
nula *sam.* zilch
nuna *sam.* nun
nunski samostan *sam.* nunnery

oaza *sam.* oasis
oba *prid. & zaim.* both

oba *prisl.* either
obala *sam.* shore
obcestni jarek *sam.* gutter
občasno *prisl.* occasionally
občina *sam.* municipality
občinski *prid.* municipal
občinstvo *sam.* audience
občudovanje *sam.* admiration
občudovati *gl.* admire
občutek *sam.* feeling
občutljiv *prid.* queasy
obdariti *gl.* endow
obdati *gl.* surround
obdavčenje *sam.* taxation
obdavčljiv *prid.* taxable
obdelati *gl.* belabour
obdelovalen *prid.* arable
obdobje *sam.* period
obdolženec *sam.* defendant
obdolževanje (medsebojno) *sam.* recrimination
obdržati *gl.* retain
obdukcija *sam.* autopsy
obednik *sam.* diner
obedovati *gl.* dine
obesek *sam.* pendant
obesiti *gl.* suspend
obešalnik *sam.* hanger
obešanka *sam.* padlock
obešenje *sam.* hanging
obetaven *prid.* promising
obglaviti *gl.* behead
običajen *prid.* usual
običaji *sam.* ethos
obilen *prid.* abundant
obilje *sam.* abundance
obilovati *gl.* abound
obiskati *gl.* visit
obiskovalec *sam.* visitor
obiskovanje *sam.* visitation
obiti *gl.* obviate
objava *sam.* announcement

objaviti *gl.* publish
objaviti v nadaljevanjih *gl.* serialize
objektiv *sam.* lens
objektiven *prid.* objective
objektivno *prisl.* objectively
objesten *prid.* saucy
objeti *gl.* hug
objokavati *gl.* bemoan
obkladek *gl.* compress
obkrožiti *gl.* ring
oblačen *prid.* cloudy
oblačila *sam.* clothes
oblačilo *sam.* apparel
oblajst *sam.* woad
oblak *sam.* cloud
oblast *sam.* authority
oblat *sam.* wafer
oblatiti *gl.* sully
oblaziniti *gl.* upholster
oblečen *prid.* clad
obleči *gl.* clothe
obleganje *sam.* siege
oblegati *gl.* besiege
obleka *sam.* attire
obleka *sam.* dress
obletnica *sam.* anniversary
oblika *sam.* shape
oblikoslovje *sam.* morphology
oblikovanje *sam.* design
obliti *gl.* suffuse
obljuba *sam.* promise
obmetavati *gl.* pelt
obnašanje *sam.* behaviour
obnašati se *gl.* behave
obnova *sam.* renewal
obnovitev *prid.* restoration
obnoviti *gl.* restore
obod *sam.* rim
obogatiti *gl.* enrich
obok *sam.* arch
oborožitev *sam.* armament

obotavljajoč *prid.* hesitant
obotavljanje *sam.* reluctance
obotavljati se *gl.* hesitate
oboževalec *sam.* fan
oboževanje *sam.* adoration
oboževati *gl.* adore
obrabljen *prid.* effete
obračanje *sam.* turning
obračun *sam.* tally
obramba *sam.* defence
obramben *prid.* defensive
obrat *sam.* vicissitude
obraten *prid.* inverse
obratno *prisl.* vice-versa
obraz *sam.* face
obrazen *prid.* facial
obred *sam.* rite
obredno umivanje *sam.* ablutions
obrekljiv *prid.* slanderous
obrekovanje *sam.* gossip
obrekovati *gl.* vilify
obremenitev *sam.* strain
obremeniti *gl.* encumber
obrezati *gl.* lop
obrezati (med.) *gl.* circumcise
obris *sam.* outline
obrisati *gl.* wipe
obrit *prid.* shaven
obrniti *gl.* invert
obrniti se *gl.* turn
obrnljiv *prid.* reversible
obroben *prid.* marginal
obrobje *sam.* outskirts
obroč *sam.* ring
obročasta zapestnica *sam.* bangle
obroček *sam.* ringlet
obrok *sam.* instalment
obrok (hrane) *sam.* meal
obrtnik *sam.* tradesman
obrv *sam.* brow
obsedenec *sam.* nerd

obsedenost *sam.* obsession
obseg *sam.* extent
obsegati *gl.* encompass
observatorij *sam.* observatory
opsesti *gl.* obsess
obsevati *gl.* irradiate
obsežen *prid.* voluminous
obsodba *sam.* condemnation
obsoditi *gl.* convict
obsojenec *sam.* convict
obstajati *gl.* exist
obstoj *sam.* existence
obstoječ *prid.* extant
obstranec *sam.* outsider
obstreljevanje *sam.*
 bombardment
obstreljevati *gl.* bombard
obtok *sam.* circulation
obtožba *sam.* accusation
obtožen *gl.* accused
obtoženec *sam.* respondent
obtožiti *gl.* accuse
obtožnica *sam.* indictment
obubožan *prid.* destitute
obubožati *gl.* impoverish
obup *sam.* despair
obupan *prid.* desperate
obvarovati *gl.* protect
obvestilo *sam.* notice
obvestiti *gl.* apprise
obveščevalec *sam.* communicant
obveza *sam.* commitment
obvezan *prid.* obligated
obvezati se pred sodiščem *gl.*
 recognize
obvezen *prid.* obligatory
obveznica *sam.* debenture
obveznost *sam.* obligation
obvladanost *sam.* composure
obvladati *gl.* dominate
obvladljiv *prid.* manageable
obvoz *sam.* detour

obzidati *gl.* immure
obzidje *sam.* rampart
obzir *sam.* sake
obziren *prid.* considerate
obzorje *sam.* horizon
obžalovanja poln *prid.* rueful
obžalovanja vreden *prid.*
 regrettable
obžalovanje *sam.* regret
obžalovati *gl.* repent
obžalujoč *prid.* repentant
ocean *sam.* ocean
oceanski *prid.* oceanic
ocena *sam.* assessment
ocenitev *sam.* valuation
oceniti *gl.* estimate
oceniti ponovno *gl.* reassess
octov cvet *sam.* mother
ocvreti *gl.* fry
očarati *gl.* enchant
očarljiv *prid.* charming
oče *sam.* father
očesen *prid.* optic
očesna mrežnica *sam.* retina
očetomor *sam.* patricide
očetovski *prid.* paternal
očetovstvo *sam.* paternity
očiščenje *sam.* purgation
očiščevališče *sam.* purgatory
očitati *gl.* reproach
očiten *prid.* obvious
očividec *sam.* eyewitness
očividen *prid.* unmistakable
očka *sam.* dad
od *predl.* of
od daleč *prisl.* afar
od kod *prisl.* whence
od tam *prisl.* thence
oda *sam.* ode
odbijač *sam.* bumper
odbijati se *gl.* bounce
odbitek *sam.* deduction

odbiti *gl.* repulse
odbiti se *gl.* rebound
odbojen *prid.* repulsive
odbojnik *sam.* buffer
odbor *sam.* committee
odcepitev *sam.* detachment
odcepiti *gl.* detach
odcepiti se *gl.* secede
oddajati *gl.* broadcast
oddajati po televiziji *gl.* televise
oddajnik *sam.* transmitter
oddajnik in sprejemnik *sam.* transceiver
oddaljen *prid.* distant
oddaljen od obale *prid.* offshore
oddaljiti se *gl.* deviate
oddelek *sam.* department
oddeliti *gl.* separate
oddeljiv *prid.* separable
odeja *sam.* blanket
oder *sam.* stage
oderuštvo *sam.* usury
odgnati *gl.* relegate
odgoditev *sam.* suspense
odgoditi *gl.* reprieve
odgovor *sam.* answer
odgovoren *prid.* responsible
odgovoriti *gl.* reply
odgovornost *sam.* responsibility
odhajajoč *prid.* outgoing
odhod *sam.* departure
odisejada *sam.* odyssey
odjekniti *gl.* resound
odklon *sam.* aberration
odklonilen *prid.* dismissive
odklonitev *sam.* refusal
odkloniti *gl.* refuse
odklonski *prid.* deviant
odkrit *prid.* frank
odkriti *gl.* discover
odkritje *sam.* discovery
odkrito *prisl.* openly

odkritosrčen *prid.* candid
odkritost *sam.* candour
odkrivanje *sam.* showdown
odkršek *sam.* splinter
odkup *sam.* redemption
odkupiti *gl.* redeem
odkupnina *sam.* ransom
odlagališče *sam.* repository
odlašanje *sam.* procrastination
odlašati *gl.* defer
odličen *prid.* excellent
odličnost *sam.* excellence
odlitek *sam.* casting
odločba *sam.* writ
odločen *prid.* decided
odločilen *prid.* decisive
odločitev *sam.* decision
odločiti se *gl.* decide
odločnost *sam.* determination
odlog *sam.* respite
odlok *sam.* decree
odlomek *sam.* fragment
odložitev *sam.* adjournment
odložiti *gl.* adjourn
odmerek *sam.* dose
odmeriti *gl.* mete
odmerjen *prid.* measured
odmev *sam.* echo
odmevati *gl.* resonate
odmor *sam.* recess
odmrzniti *gl.* defrost
odnos *sam.* attitude
odobravati *gl.* acclaim
odobritev *sam.* approval
odobriti *gl.* approve
odpadek *sam.* trash
odpadki *sam.* refuse
odpadnik *sam.* renegade
odpenjanje *sam.* undoing
odpeti *gl.* undo
odplačati *gl.* repay
odplačilo *sam.* repayment

odplaka *sam.* sewage
odpoklicati *gl.* recall
odpor *sam.* repulsion
odporen *prid.* resistant
odposlanec *sam.* deputy
odposlanstvo *sam.* deputation
odpoved *sam.* abdication
odpovedati *gl.* misfire
odpovedati se *gl.* renounce
odprava *sam.* expedition
odpraviti se *gl.* depart
odpreti komu oči *gl.* undeceive
odprt *prid.* open
odprt avto *sam.* roadster
odprtina *sam.* aperture
odprtina ključavnice *sam.*
  keyhole
odpustiti *gl.* forgive
odpustljiv *prid.* pardonable
odpuščanje *sam.* remission
odrasel *sam.* adult
odražati *gl.* reverberate
odreči se *gl.* disclaim
odredba *sam.* injunction
odrešitelj *sam.* saviour
odrešiti *gl.* release
odrevenel *prid.* numb
odrezati *gl.* snip
odrezek *sam.* counterfoil
odriniti *gl.* spurn
odročen *prid.* remote
odsekan *prid.* terse
odsekati *gl.* sever
odsev *sam.* reflection
odsevati *gl.* reflect
odseven *prid.* reflective
odskočiti *gl.* recoil
odslej *prisl.* henceforth
odsoten *prid.* absent
odsotnost *sam.* absence
odstavek *sam.* paragraph
odstavek v listini z 'whereas' (z
  ozirom) *sam.* whereas
odstaviti *gl.* depose
odstop *sam.* resignation
odstopiti *gl.* resign
odstotek *sam.* percentage
odstranitev *sam.* removal
odstraniti *gl.* remove
odstranljiv *prid.* removable
odškodnina *sam.* compensation
odškodovati *gl.* recompense
odšteti *gl.* deduct
odštevanje *sam.* subtraction
odtegniti *gl.* detract
odtenek *sam.* tint
odtihotapiti se *gl.* slink
odtujen *prid.* estranged
odtujiti *gl.* alienate
oduren *prid.* repellent
odvajalo *sam.* laxative
odvečen *prid.* redundant
odvečnost *sam.* redundancy
odvetnik *sam.* lawyer
odveza *sam.* absolution
odvisen *prid.* dependent
odvisnost *sam.* dependency
odviti *gl.* unwind
odvodni kanal *sam.* sewer
odvraten *prid.* repugnant
odvratnost *sam.* repugnance
odvreči *gl.* discard
odvrniti *gl.* respond
odvržen predmet *sam.* waif
odvzeti *gl.* dispossess
odvzeti pooblastila *gl.*
  disempower
odziv *sam.* response
odzvati se *gl.* react
odzvati se čustveno *gl.* overreact
ofsajd *prid.* offside
ogaben *prid.* hideous
ogenj *sam.* fire
oglas *sam.* advertisement

oglas na ovitku knjige *sam.* blurb
oglasna deska *sam.* noticeboard
oglaševati *gl.* advertise
oglat *prid.* angular
ogled *sam.* tour
ogledovanje znamenitosti *sam.* sightseeing
oglje *sam.* charcoal
ogljik *sam.* carbon
ogljikov hidrat *sam.* carbohydrate
oglodati *gl.* gnaw
oglušujoč *prid.* deafening
ognjen *prid.* fiery
ognjenik *sam.* volcano
ognjeniški *prid.* volcanic
ognjevit *prid.* vehement
ognjišče *sam.* hearth
ognojek *sam.* abscess
ogoliti *gl.* denude
ogoljufati *gl.* defraud
ogorčen *prid.* indignant
ogorčenje *sam.* indignation
ogorek *sam.* stub
ograda *sam.* fencing
ograja *sam.* fence
ograjen prostor *sam.* precinct
ogrc *sam.* whelk
ogrevanje *sam.* heating
ogrinjalo *sam.* mantle
ogrlica *sam.* necklace
ogrodje *sam.* framework
ogromna stvar *sam.* whopper
ogroziti *gl.* endanger
oguljen *prid.* shabby
ohišje *sam.* casing
ohlapen *prid.* loose
ohlapnost *sam.* laxity
ohol *prid.* stiff
ohranitev *sam.* conservation
ohraniti *gl.* keep
ohromelost *sam.* palsy
ohromiti *gl.* paralyse
ojačanje *sam.* amplification
ojačati *gl.* amplify
ojačevalec *sam.* amplifier
ojaloviti *gl.* spay
ojoj *vez.* alas
okamneti *gl.* petrify
okel *sam.* tusk
okleniti *gl.* cling
oklep *sam.* armour
oklepaj *sam.* bracket
oknica *sam.* shutter
oknjak *sam.* mullion
okno *sam.* window
oko *sam.* eye
okobal *predl.* astride
okoli *predl.* about
okoli *prisl.* around
okolica *sam.* surroundings
okoliški *prid.* ambient
okolje *sam.* environment
okoren *prid.* cumbersome
okoren *prid.* slothful
okornež *sam.* hulk
okornost *sam.* sloth
okosteneti *gl.* ossify
okov *sam.* shackle
okovi *sam.* handcuff
okraj *sam.* district
okrajek *sam.* skirting
okrajšati *gl.* abbreviate
okrajšava *sam.* abbreviation
okras *sam.* decor
okrasek *sam.* decoration
okrasen *prid.* decorative
okrasitev *sam.* ornamentation
okrasiti *gl.* decorate
okrasiti z žeblji *gl.* stud
okrasni naborek *sam.* valance
okrepitev *sam.* reinforcement
okrepiti *gl.* reinforce

okrepiti se *gl.* strengthen
okrevanje *sam.* recovery
okrevati *gl.* recover
okrilje *sam.* aegis
okrniti *gl.* curtail
okrogel *prid.* rounded
okroglo *prisl.* roundly
okrožje *sam.* township
okruten *prid.* brutal
okrutnež *sam.* brute
oksid *sam.* oxide
oktav *sam.* octavo
oktava *sam.* octave
oktober *sam.* October
okultno *sam.* occult
okupacija *sam.* occupation
okus *sam.* taste
okusen *prid.* tasteful
okusiti *gl.* taste
okužba *sam.* infection
okužiti *gl.* infect
okvara *sam.* handicap
okvarjen *prid.* defective
okvir *sam.* frame
olajšanje *sam.* relief
olajšati *gl.* relieve
oligarhija *sam.* oligarchy
olikan *prid.* urbane
olikanost *sam.* urbanity
olimpijski *prid.* Olympic
oliva *sam.* olive
olje *sam.* oil
oljnat *prid.* oily
oltar *sam.* altar
olupek *sam.* peel
omaka *sam.* gravy
omalovaževati *gl.* belittle
omama *sam.* stupor
omamiti *gl.* stupefy
omamljen *prid.* besotted
omara *sam.* closet
omarica s ključavnico *sam.*

locker
omedlevica *sam.* qualm
omehčati *gl.* soften
omehčati se *gl.* relent
omejen *prid.* limited
omejen *prid.* obtuse
omejevalen *prid.* restrictive
omejevanje *sam.* restrict
omejitev *sam.* restriction
omejiti *gl.* bound
omela *sam.* mistletoe
omembe vreden *prid.* noteworthy
omeniti *gl.* mention
omleta *sam.* omelette
omnibus *sam.* omnibus
omočiti *gl.* dabble
omogočiti *gl.* enable
omot *sam.* truss
omotičen *prid.* giddy
omrežje *sam.* network
on *zaim.* he
on sam;sebe;se *zaim.* himself
ona *zaim.* she
ona sama;se *zaim.* herself
onečastiti *sam.* dishonour
onemel *prid.* speechless
onemogel *prid.* prostrate
onemoglost *sam.* prostration
onemogočiti *gl.* disable
onemogočiti koga *gl.* stymie
onesnaženje *sam.* pollution
onesnažiti *gl.* pollute
onesvestiti se *gl.* swoon
oni *zaim.* they
oni sami;sebe;sebi;si *zaim.*
  themselves
oniks *sam.* onyx
ono *zaim.* it
ono samo;se;sebi *zaim.* itself
onomatopija *sam.*
  onomatopoeia
onstran *prisl.* beyond

onstranski *prid.* ulterior
ontologija *sam.* ontology
opal *sam.* opal
opat *sam.* abbot
opatija *sam.* abbey
opazen *prid.* noticeable
opazovalec *sam.* onlooker
opazovališče *sam.* perch
opazovanje *sam.* observation
opazovati *gl.* observe
opazujoč *prid.* observant
opaž *sam.* wainscot
opaž letala *sam.* fairing
opažen *prid.* noted
opehariti *gl.* dupe
opeka *sam.* brick
opekač *sam.* toaster
opera *sam.* opera
operacija *sam.* surgery
operativen *prid.* operational
opica *sam.* monkey
opij *sam.* opium
opilki *sam.* filings
opis *sam.* description
opisati *gl.* describe
opiti *gl.* intoxicate
opitost *sam.* intoxication
opleniti *gl.* maraud
opogumiti *gl.* encourage
opogumljajoč *prid.* heartening
opojen *prid.* heady
opoldanski počitek *sam.* siesta
opolzek *prid.* obscene
opolzkost *sam.* obscenity
opomniti *gl.* admonish
oponašanje *sam.* impersonation
oponašati *gl.* imitate
opora *sam.* backing
oporekati *gl.* contravene
oporišče *sam.* fulcrum
opornica *sam.* splint
opornik *sam.* strut

oporoka *sam.* testament
opotekajoč se *prid.* staggering
opotekanje *sam.* lurch
opotekati se *gl.* stagger
opozorilo *sam.* caution
opravek *sam.* errand
opravičilo *sam.* apology
opravičiti *gl.* excuse
opravičiti se *gl.* apologize
opravljanje *sam.* tattle
oprema *sam.* equipment
opremiti *gl.* equip
opremiti ladjo *gl.* rig
oprezen *prid.* cautious
oprezno *prisl.* gingerly
opreznost *sam.* vigilance
oproda *sam.* squire
oprostitev *sam.* acquittal
oprostiti *gl.* acquit
optični čitalnik *sam.* scanner
optik *sam.* optician
optimalen *prid.* optimum
optimist *sam.* optimist
optimističen *prid.* optimistic
optimizem *sam.* optimism
optimizirati *gl.* optimize
opustel *prid.* desolate
opustiti *gl.* desert
opustošenje *sam.* havoc
opustošiti *gl.* devastate
opustošujoč *prid.* truculent
opuščaj *sam.* apostrophe
orač *sam.* ploughman
orbita *sam.* orbit
orbitalen *prid.* orbital
oreh *sam.* walnut
orel *sam.* eagle
organ *sam.* organ
organizacija *sam.* organization
organizem *sam.* organism
organizirati *gl.* organize
organski *prid.* organic

orgazem *sam.* orgasm
orgija *sam.* orgy
orhideja *sam.* orchid
orient *sam.* orient
orientalski *prid.* oriental
orientirati se *gl.* orientate
origami *sam.* origami
orkan *sam.* hurricane
orkester *sam.* orchestra
orkestralen *prid.* orchestral
orodje *sam.* tool
oropati *gl.* rob
orožarna *sam.* armoury
orožje *sam.* weapon
ortopedija *sam.* orthopaedics
os *sam.* axis
osa *sam.* wasp
osamel *prid.* lone
osamiti *gl.* isolate
osamljen *prid.* lonely
osamljenost *sam.* loneliness
osat *sam.* thistle
oseben *prid.* personal
osebje *sam.* staff
osebni predmeti *sam.*
  paraphernalia
osebni služabnik *sam.* valet
osebno *prisl.* bodily
osebno ime *sam.* forename
osebnost *sam.* personality
oseka *sam.* ebb
osel *sam.* donkey
osem *prid. & sam.* eight
osemdeset *prid. & sam.* eighty
osemnajst *prid. & sam.* eighteen
osemstopična vrstica *sam.*
  octogenarian
oskrbeti *gl.* cater
oskrbovanje *sam.* sustenance
oskrbovati *gl.* purvey
oskruniti *gl.* besmirch
oslabeti *gl.* weaken

oslabiti *gl.* debilitate
oslabljenost *sam.* debility
osladen *prid.* cloying
osmerokotnik *sam.* octagon
osmešiti *gl.* stultify
osmoditi *gl.* singe
osmrtnica *sam.* obituary
osnova *sam.* base
osnoven *sam.* basic
osnutek *sam.* draft
osoren *prid.* brusque
osovražen *prid.* hateful
osramočen *prid.* ashamed
osrednji *prid.* central
osrednji *sam.* core
osredotočenost *sam.*
  concentration
osredotočiti se *gl.* concentrate
ostanek *sam.* residue
ostanki *sam.* remains
ostarel *prid.* aged
ostati *gl.* stay
ostekleniti *gl.* vitrify
osteopatija *sam.* osteopathy
oster *prid.* sharp
ostrgati *gl.* scrape
ostriga *sam.* oyster
ostroga *sam.* spur
ostroumen *prid.* sagacious
ostroumnost *sam.* sagacity
osumljenec *sam.* suspect
osupel *prid.* nonplussed
osupiti *gl.* astound
osuplost *sam.* astonishment
osupniti *gl.* bewilder
osušen *prid.* wizened
osušiti *gl.* sear
osvetliti *gl.* illuminate
osvežilo *sam.* refreshment
osvežiti *gl.* refresh
osvoboditelj *sam.* liberator
osvoboditev *sam.* liberation

osvoboditev od suženjstva *sam.* manumission
osvoboditi *gl.* liberate
osvojitev *sam.* conquest
ošaben *prid.* smug
oškodovati *gl.* impair
oškropiti *gl.* splash
ošpice *sam.* measles
ošpičast *prid.* measly
ošteti *gl.* berate
oteči *gl.* swell
otekel *prid.* puffy
oteklina *sam.* swelling
oteklost *sam.* swell
otežitev *sam.* aggravation
otežiti *gl.* aggravate
otipavati *gl.* grope
otipljiv *prid.* tangible
otoček *sam.* islet
otok *sam.* island
otomana *sam.* ottoman
otoški *prid.* insular
otovorjen *sam.* laden
otožen *prid.* cheerless
otožnost *sam.* melancholia
otrditi *gl.* stiffen
otrdljiv *prid.* thermosetting
otroček *sam.* tot
otročiček *sam.* babe
otročje lahek *prid.* foolproof
otročji *prid.* childish
otrok *sam.* child
otroška posteljica *sam.* cot
otroška soba *sam.* nursery
otroške jasli *sam.* creche
otroški voziček *sam.* pram
otroški vrtec *sam.* kindergarten
otroštvo *sam.* childhood
otvoritev *sam.* opening
ovacija *sam.* ovation
ovadba *sam.* denunciation
ovaditi *gl.* denounce

ovaduh *sam.* informer
ovalen *prid.* oval
ovca *sam.* sheep
ovčetina *sam.* mutton
ovekovečiti *gl.* immortalize
oven *sam.* ram
ovenčati *gl.* wreathe
oveniti *gl.* wither
overitev oporoke *sam.* probate
overiti *gl.* certify
overljiv *prid.* certifiable
oves *sam.* oat
ovinkast *prid.* sinuous
ovira *sam.* obstacle
ovirajoč *prid.* obstructive
ovirati *gl.* obstruct
oviti *gl.* wrap
ovlažiti *gl.* moisturize
ovoj *sam.* wrapper
ovojnica *sam.* envelope
ovratna ruta *sam.* shawl
ovratnik *sam.* collar
ovreči *gl.* disprove
ovrednotiti *gl.* appraise
ovrednotiti ponovna *sam.* reappraisal
ovržba *sam.* refutation
ovsena kaša *sam.* oatmeal
ovulirati *gl.* ovulate
ozadje *sam.* background
ozdravljiv *prid.* curable
ozek *prid.* narrow
ozemeljski *prid.* territorial
ozemlje *sam.* territory
ozke moške hlače *sam.* pantaloon
ozmerjati *gl.* revile
označiti *gl.* denote
oznaka *sam.* mark
ozon *sam.* ozone
ozračje *sam.* atmosphere
oženiti se *gl.* espouse

ožgati *gl.* scorch
oživenje *sam.* wiring
ožina *sam.* strait
oživeti *gl.* vivify
oživitev *a.* resurgence
oživiti *gl.* resurrect
oživljanje preteklosti *sam.* revivalism

pacient *sam.* patient
Pacifik *sam.* pacific
pacifist *sam.* pacifist
padalec *sam.* parachutist
padalo *sam.* parachute
padavine *sam.* rainfall
padec *sam.* downfall
paglavec *sam.* toad
pagoda *sam.* pagoda
pahniti *gl.* plunge
pajčevina *sam.* cobweb
pajek *sam.* spider
paket *sam.* parcel
pakt *sam.* pact
palača *sam.* palace
palačinka *sam.* pancake
palčnik (rokavica) *sam.* mitten
palec *sam.* thumb
palec (cola) *sam.* inch
paleta *sam.* palette
palica *sam.* stick
palisada *sam.* stockade
pamflet *sam.* pamphlet
pamfletist *sam.* pamphleteer
panaceja *sam.* panacea
panda *sam.* panda
pandemonij *sam.* pandemonium
panel *sam.* panel

panika *sam.* panic
panorama *sam.* panorama
panteist *prid.* pantheist
panteizem *sam.* pantheism
panter *sam.* panther
pantomima *sam.* pantomime
papeški *prid.* papal
papeštvo *sam.* papacy
papež *sam.* pope
papiga *sam.* parrot
papir *sam.* paper
papirnat zmaj *sam.* kite
papirničar *sam.* stationer
paprika *sam.* capsicum
par *sam.* pair
para *sam.* steam
parabola *sam.* parable
parada *sam.* parade
paradižnik *sam.* tomato
parafin *sam.* paraffin
parafrazirati *gl.* paraphrase
paralelogram *sam.* parallelogram
paralitičen *prid.* paralytic
paraliza *sam.* paralysis
parameter *sam.* parameter
parcela *sam.* plot
parfum *sam.* perfume
parija *sam.* pariah
park *sam.* park
parlament *sam.* parliament
parlamentaren *prid.* parliamentary
parnik *sam.* steamer
parodija *sam.* parody
parodontoza *sam.* pyorrhoea
parožek *sam.* antler
partner *sam.* partner
partnerstvo *sam.* partnership
pas *sam.* belt
pas (anat.) *sam.* waist
pasiven *prid.* passive
pasji *prid.* canine

past *sam.* trap
pastel *sam.* pastel
pasteriziran *prid.* pasteurized
pasteta *sam.* pasty
pasti *gl.* fall
pasti nazaj *gl.* relapse
pasti se *gl.* graze
pastila *sam.* lozenge
pastir *sam.* shepherd
pastor *sam.* pastor
pastoralen *prid.* pastoral
pašnik *sam.* pasture
patent *sam.* patent
patologija *sam.* pathology
patos *sam.* pathos
patriarh *sam.* patriarch
patrimonij *sam.* patrimony
patronizirati *gl.* patronize
patruljirati *gl.* patrol
pav *sam.* peacock
pavica *sam.* peahen
pavijan *sam.* baboon
paviljon *sam.* pavilion
paziti na *gl.* heed
paziti se *gl.* beware
pazljiv *prid.* watchful
paznik *sam.* warder
pecelj *sam.* stem
pecivo *sam.* pastry
pečat *sam.* cachet
pečenka *gl.* roast
pečica *sam.* oven
pedagog *sam.* pedagogue
pedagogika *sam.* pedagogy
pedal *sam.* treadle
pediater *sam.* paediatrician
pediatrija *sam.* paediatrics
pedikura *sam.* pedicure
pedofil *sam.* paedophile
pedometer *sam.* pedometer
pega *sam.* freckle
pegast *gl.* dapple

pegica *sam.* speckle
pehota *sam.* infantry
pek *sam.* baker
peka *sam.* batch
pekarna *sam.* bakery
pekel *sam.* hell
peklenski *prid.* infernal
pelikan *sam.* pelican
pelin *sam.* wormwood
pelod *sam.* pollen
pena *sam.* foam
pendrek *sam.* truncheon
peneč se *prid.* fizzy
peni *sam.* penny
penica *sam.* marshmallow
penis *sam.* penis
pepel *sam.* ash
pereč *prid.* acute
periodičen *prid.* periodical
perjanica *sam.* panache
perje *sam.* feather
pero *sam.* plume
perspektiva *sam.* perspective
perut *sam.* wing
perutnina *sam.* poultry
perverzen *prid.* perverse
perverznež *gl.* pervert
perverznost *sam.* perversity
pes *sam.* dog
pes gonič *sam.* beagle
pesa *sam.* beet
pesek *sam.* sand
pesem *sam.* song
pesimist *sam.* pessimist
pesjak *sam.* kennel
pesnik *sam.* poet
pesniti *gl.* versify
pesnjenje *sam.* versification
pest *sam.* fist
pester *prid.* variegated
pesticid *sam.* pesticide
pestiti *gl.* beset

peš *prisl.* afoot
peščen *prid.* sandy
peščenjak *sam.* grit
peščica *sam.* handful
pešec *sam.* pedestrian
pet *prid. & sam.* five
peta *sam.* heel
petarda *sam.* banger
petdeset *prid. & sam.* fifty
petek *sam.* Friday
petelin *sam.* rooster
peterokotnik *sam.* pentagon
peti *gl.* sing
peticija *sam.* petition
petnajst *prid. & sam.* fifteen
petoliznik *sam.* sycophant
pevec *a.* singer
pianist *sam.* pianist
pica *sam.* pizza
pičel *prid.* scant
piedestal *sam.* pedestal
pigmejec *sam.* pigmy
pigment *sam.* pigment
pihati *gl.* blow
pihljaj *sam.* whiff
pijača *sam.* beverage
pijan *prid.* groggy
pijančevati *gl.* guzzle
pijanec *prid.* drunkard
pijavka *sam.* leech
pika *sam.* dot
pikapolonica *sam.* ladybird
piker *prid.* trenchant
pikica *sam.* speck
piknik *sam.* picnic
pikolovec *sam.* pedant
pikolovski *prid.* pedantic
pikrost *sam.* acrimony
piktogram *sam.* pictograph
pilot *sam.* pilot
pilotska kabina *sam.* cockpit
pinceta *sam.* tweezers

pingvin *sam.* penguin
pinja *gl.* churn
pinta *sam.* pint
pionir *sam.* pioneer
pipa *sam.* tap
pipeta *sam.* pipette
piramida *sam.* pyramid
pirat *sam.* pirate
piratstvo *sam.* piracy
piromanija *sam.* pyromania
pisalna miza *sam.* desk
pisalne potrebščine *sam.* stationery
pisalo *sam.* pen
pisan *prid.* motley
pisanje *sam.* writing
pisar *sam.* scribe
pisariti *gl.* scribble
pisarna *sam.* office
pisati *gl.* write
pisava *sam.* font
pisava za slepe *sam.* Braille
pisec *sam.* writer
pisec pesmi *sam.* songster
pisemce *sam.* chit
pisk *sam.* beep
piskač *sam.* winder
pismen *prid.* literate
pismo *sam.* letter
pismonoša *sam.* postman
pisna zaprisežena izjava *sam.* affidavit
piš *sam.* gust
piš vetra *sam.* squall
piščal *sam.* whistle
pišče *sam.* chicken
piškot *sam.* cookie
pištola *sam.* pistol
pita *sam.* pie
piti *gl.* drink
piton python
pivarska kad *sam.* tun

pivnica *sam.* pub
pivo *sam.* beer
pivovarna *sam.* brewery
pižama *sam.* pyjamas
plača *sam.* salary
plačati *gl.* pay
plačilna nesposobnost *sam.* insolvency
plačilna sposobnost *sam.* solvency
plačilno nesposoben *prid.* insolvent
plačilno sposoben *sam.* solvent
plačilo *sam.* payment
plačljiv *sam.* payable
pladenj *sam.* tray
plah *prid.* timid
plahta *sam.* tarpaulin
plakat *sam.* placard
plaketa *sam.* plaque
plamen *sam.* blaze
plamenski *sam.* flame
planet *sam.* planet
planeten *prid.* planetary
planinec *sam.* mountaineer
planinski *prid.* alpine
planiti na *gl.* pounce
planota *sam.* plateau
plantaža *sam.* plantation
plapolati *gl.* flicker
plast *sam.* layer
plastičen *sam.* plastic
plastika *sam.* statuary
plašč *sam.* coat
plašiti se *gl.* dread
plašljiv *prid.* skittish
plašnice *sam.* blinkers
plašnost *sam.* timidity
platana *sam.* sycamore
platforma *sam.* platform
platina *sam.* platinum
platno *sam.* canvas

platonski *prid.* platonic
plavajoč *prid.* buoyant
plavajoči led *sam.* floe
plavalec *sam.* swimmer
plavanje *sam.* flotation
plavati *gl.* swim
plavolas *prid.* blonde
plavut *sam.* fin
plaz *sam.* avalanche
plazilec *sam.* reptile
plazilka *sam.* creeper
plaziti se *gl.* crawl
plaža *sam.* beach
plebejec *sam.* vulgarian
plebejski *prid.* plebeian
plebiscit *sam.* plebiscite
plehek *prid.* banal
pleme *sam.* tribe
plemenit *prid.* noble
plemenski *prid.* tribal
plemič *sam.* nobleman
plemištvo *sam.* peerage
plemstvo *sam.* aristocracy
plen *sam.* prey
plenica *sam.* diaper
plenilec *sam.* predator
pleniti *gl.* plunder
plesalec *sam.* dancer
plesati *gl.* dance
plesniv *prid.* musty
plesti *gl.* knit
plešast *prid.* bald
plevel *sam.* weed
plezati *gl.* climb
plima *sam.* tide
plimski *prid.* tidal
plimsko *sam.* tidally
plin *sam.* gas
plise *sam.* pleat
pliš *sam.* fleece
plitev *prid.* shallow
plitvina *sam.* shoal

pljuča *sam.* lung
pljučnica *sam.* pneumonia
pljunek *sam.* spittle
pljuskati *gl.* splatter
pljuvalnik *sam.* spittoon
pljuvanje *sam.* spit
pločevinasta škatla *sam.* canister
pločevinka *sam.* tin
pločnik *sam.* pavement
plodonosen *prid.* seminal
ploha *sam.* downpour
plombirati *gl.* lead
plosek *prid.* flat
ploskanje *sam.* applause
ploskati *gl.* applaud
ploščica *sam.* tile
plot *sam.* paling
ploton *sam.* platoon
plovba *sam.* navigation
ploven *prid.* navigable
plovilo *sam.* vessel
plovka *sam.* buoy
plovnost *sam.* buoyancy
plug *sam.* plough
plundra *sam.* slush
plundrast *prid.* slushy
pluralnost *sam.* plurality
pnevmatika *sam.* tyre
pnevmatski *prid.* pneumatic
po *predl.* after
po hitrem postopku *prisl.* summarily
po meri narejen *sam.* custom
po navadi *prisl.* usually
po prstih hoditi *gl.* tiptoe
poantilizem *gl.* stipple
pobesneti *prisl.* amok
pobitost *sam.* dejection
pobočje *sam.* declivity
poboljševalen *prid.* corrective
pobotanje *sam.* rapprochement
pobotati *gl.* reconcile

pobotati se *gl.* conciliate
pobožen *prid.* devout
poboževati *gl.* deify
pobožnjakar *sam.* bigot
pobožnjakarstvo *sam.* bigotry
pobožnost *sam.* piety
pobuda *sam.* initiative
poceni *prid.* cheap
poceniti *gl.* cheapen
pocestnica *sam.* strumpet
pocukati *gl.* tweak
počakati *gl.* wait
počasen *prid.* slow
počasi *prisl.* slowly
počasnež *sam.* laggard
počasnost *sam.* slowness
počastiti *gl.* dignify
počepniti *gl.* squat
počistiti *gl.* cleanse
počitek *sam.* repose
počiti *gl.* burst
počitnice *sam.* vacation
počivati *gl.* rest
počlovečiti *gl.* humanize
počrniti *gl.* blacken
pod *predl.* below
pod *prisl.* beneath
podaljšanje *sam.* prolongation
podaljšati *gl.* prolong
podariti *gl.* donate
podatek *sam.* datum
podatki *sam.* data
podceniti *gl.* underrate
podcenjevati *gl.* underestimate
podčrtati *gl.* underline
poddaja *sam.* podcast
podedovan *prid.* inbred
podedovati *gl.* inherit
podel *prid.* vile
podeliti *gl.* bestow
podeželski *prid.* rural
podgana *sam.* rat

podhod *sam.* underpass
podhranjenost *sam.* malnutrition
podiplomski študent *sam.* postgraduate
poditi se *gl.* scud
podjarmiti *gl.* subjugate
podjarmljenje *sam.* subjugation
podjetnik *sam.* entrepreneur
podjetnost *sam.* enterprise
podkralj *sam.* viceroy
podkrepitev *sam.* substantiation
podkrepiti *gl.* substantiate
podkupiti *gl.* bribe
podkupljiv *prid.* venal
podkupljivost *sam.* venality
podlaga *sam.* footing
podlaket *sam.* forearm
podlasica *sam.* weasel
podlež *sam.* scoundrel
podloga *sam.* lining
podložek *sam.* underlay
podmazanje *sam.* lubrication
podmazati *gl.* lubricate
podminirati *gl.* undermine
podmornica *sam.* submarine
podnaslov *sam.* subtitle
podnebje *sam.* climate
podoba *sam.* image
podoben *prid.* similar
podobnost *sam.* similarity
podolgovat *prid.* oblong
podpazduha *prid.* underarm
podpičje *sam.* semicolon
podpirati *gl.* abet
podpirati *gl.* support
podpis *sam.* signature
podpisanec *sam.* undersigned
podpisnik *sam.* signatory
podpora *sam.* support
podpovršinski tok *sam.* undercurrent
podpreti *gl.* endorse

podrejen *prid.* inferior
podrejen *sam.* subaltern
podrejena oseba *sam.* underling
podrejenost *sam.* inferiority
podreti *gl.* demolish
podrgniti se *gl.* nuzzle
podrobno *prisl.* minutely
podrobnost *sam.* detail
področje *sam.* area
podržaviti *gl.* nationalize
podržavljenje *sam.* nationalization
podstavek *sam.* coaster
podstrešje *sam.* loft
podveza *sam.* garter
podvig *sam.* venture
podvojiti se *gl.* redouble
podvreči *gl.* subdue
podvrženost *sam.* subjection
podzavesten *prid.* subconscious
podzemen *prid.* underground
podzemlje *sam.* underworld
podzemna železnica *sam.* subway
podzvočen *prid.* subsonic
poedin *prid.* singular
poedinost *sam.* singularity
poenostavitev *sam.* simplification
poenostaviti *gl.* simplify
poezija *sam.* poetry
pogajalec *sam.* negotiator
pogajanje *sam.* negotiation
pogajati se *gl.* negotiate
pogan *sam.* pagan
poganjati *gl.* propel
poganjek *sam.* offshoot
pogasiti *gl.* extinguish
pogin *sam.* decease
poglavje *sam.* chapter
pogled *sam.* look
pogledati *gl.* look
pogledati v svojo notranjost *gl.*

introspect
pognati *gl.* actuate
pognati se *gl.* spring
pognojiti *gl.* fertilize
pogodba *sam.* contract
pogodben *prid.* contractual
pogodbena listina *sam.* indenture
pogodbenik *sam.* contractor
pogoditi se *gl.* stipulate
pogojen *prid.* conditional
pogojna kazen *sam.* probation
pogojni izpust *sam.* parole
pogojno izpuščen kaznjenec *sam.* probationer
pogost *prid.* frequent
pogosten *prid.* rife
pogosto *prisl.* often
pogostost *sam.* incidence
pogovarjati se *gl.* converse
pogovor *sam.* conversation
pogovoren *prid.* colloquial
pogozdovanje *sam.* afforestation
pograbiti *gl.* tackle
pograd *sam.* bunk
pograjati *gl.* chasten
pogreb *sam.* funeral
pogrebnik *sam.* undertaker
pogrešljiv *prid.* dispensable
poguba *sam.* doom
poguben *prid.* pernicious
pogum *sam.* courage
pogum vzeti *gl.* deject
pogumen *prid.* courageous
pohabiti *gl.* mutilate
pohabljenec *sam.* cripple
pohabljenje *sam.* mutilation
pohajkovati *gl.* ramble
pohištvo *sam.* furniture
pohiteti *gl.* hasten
pohlep *sam.* greed
pohlepen *prid.* greedy
pohleven *prid.* meek

pohod *sam.* hike
pohoten *prid.* lustful
pohoten *prid.* voluptuous
pohotnež *sam.* voluptuary
pohvala *sam.* commendation
pohvaliti *gl.* commend
poizvedba *sam.* inquiry
poizvedovati *gl.* pry
pojasnilo *sam.* clarification
pojasniti *gl.* explain
pojav *sam.* phenomenon
pojava *sam.* countenance
pojaviti se *gl.* emerge
pojaviti se spet *gl.* reappear
pojecljavati *gl.* stutter
pojedina *sam.* feast
pojem *sam.* concept
pojemati *gl.* dwindle
pojmovanje *sam.* conception
pok *sam.* bang
pokal *sam.* goblet
pokarati *gl.* rebuke
pokazati *gl.* show
poker *sam.* poker
poklic *sam.* profession
poklicati pred sodišče *gl.* appeal
poklicen *prid.* professional
poklicen človek *sam.* practitioner
poklon *sam.* compliment
poklonitev *sam.* homage
pokloniti se *gl.* bow
pokojni *prid.* deceased
pokojnina *sam.* pension
pokol *sam.* massacre
pokončen *prid.* upright
pokopališče *sam.* cemetery
pokora *sam.* penance
pokoren *prid.* subservient
pokornost *sam.* subservience
pokrajina *sam.* landscape
pokriti *gl.* cover
pokrov *sam.* cover

pokrov krste *sam.* pall
pokrovača *sam.* scallop
pokrovitelj *sam.* sponsor
pokroviteljstvo *sam.* sponsorship
pokukati *gl.* peep
pokvariti *gl.* spoil
pokvarjen *prid.* corrupt
pokvarjenost *sam.* corruption
pokvarljiv *prid.* perishable
pokvečiti *gl.* stunt
polaren *prid.* polar
poldan *sam.* noon
poldnevnik *sam.* meridian
poleg *prisl.* abreast
poleg tega *prisl.* furthermore
polemičen *sam.* polemic
polemika *sam.* controversy
poletje *sam.* summer
poležavati *gl.* lounge
polica *sam.* shelf
polica nad kaminom *sam.* mantel
policija *sam.* police
policijska ura *sam.* curfew
policist *sam.* policeman
poligamen *prid.* polygamous
poligamija *sam.* polygamy
poliglotski *prid.* polyglot
poligraf *sam.* polygraph
politehnika *sam.* polytechnic
politi *gl.* spill
političen *prid.* political
politični sistem *sam.* polity
politik *sam.* politician
politika *sam.* politics
poljedelec *sam.* farmer
poljedelstvo *sam.* husbandry
poljska vrana *sam.* rook
poljščina *sam.* crop
poljuben *prid.* arbitrary
poljubiti *gl.* kiss
polk *sam.* regiment

polkovnik *sam.* colonel
polkrog *sam.* semicircle
polleten *prid.* biannual
polmer *sam.* radius
polmesec *sam.* crescent
polmrak *sam.* gloom
poln *prid.* full
poln jam *prid.* bumpy
poln nezaželenih stvari *prid.* riddled
poln orehov *prid.* nutty
poln šivov *prid.* seamy
polna žlica *sam.* spoonful
polnilnik *sam.* charger
polnilo *sam.* filler
polniti *gl.* fill
polnoč *sam.* midnight
polo *sam.* polo
polobla *sam.* hemisphere
polog *sam.* deposit
polomija *sam.* fiasco
polomiti *gl.* snap
pološčiti *gl.* glaze
polotok *sam.* peninsula
polovinka *sam.* minim
položaj *sam.* position
položiti *gl.* put
položiti na polico *gl.* shelve
polslep *prid.* purblind
polt *sam.* complexion
polzek *prid.* slick
polž *sam.* snail
pomaganje *sam.* helping
pomagati *gl.* help
pomanjkanje *sam.* shortage
pomaranča *sam.* orange
pomehkuženec *sam.* sissy
pomemben *prid.* important
pomembnost *sam.* importance
pomen *sam.* meaning
pomeniti *gl.* signify
pomenljiv *prid.* telling

pomerjanje *sam.* fitting
pomešati *gl.* stir
pometač *sam.* sweeper
pometati *gl.* sweep
pomežikniti *gl.* wink
pomigniti *gl.* beckon
pomije *gl.* swill
pomilostitev *sam.* amnesty
pomilovanja vreden *prid.* woeful
pomilovati *gl.* commiserate
pomiriti *gl.* pacify
pomirjevalo *sam.* sedative
pomislek *sam.* misgiving
pomivalno korito *sam.* sink
pomivalno omelo *sam.* mop
pomladen *prid.* vernal
pomladitev *sam.* rejuvenation
pomladiti *gl.* rejuvenate
pomoč *sam.* assistance
pomoč v sili *sam.* succour
pomočiti *gl.* dip
pomočnik *sam.* assistant
pomol *sam.* pier
pomorski *prid.* naval
pomožen *prid.* auxiliary
pomp *sam.* pomp
pompozen *prid.* pompous
pompoznost *sam.* pomposity
ponaredek *sam.* forgery
ponareditev *sam.* adulteration
ponarediti *gl.* forge
ponarejati *gl.* adulterate
ponarejen *prid.* fake
ponatisniti *gl.* reprint
ponavljanje *sam.* reiteration
ponavljati *gl.* iterate
ponedeljek *sam.* Monday
ponev *sam.* pan
poneverba *gl.* misappropriation
poneveriti *gl.* misappropriate
poni *sam.* pony
ponižanje *sam.* indignity

ponižati *gl.* humiliate
ponižen *prid.* humble
poniževati se *gl.* demean
ponižnost *sam.* humility
ponos *sam.* pride
ponosen *prid.* proud
ponositi *gl.* fray
ponovitev *sam.* repetition
ponoviti *gl.* repeat
ponovno predvajanje *gl.* replay
ponovno sojenje *sam.* retrial
ponudba *gl.* offer
ponuditi *gl.* bid
ponudnik *sam.* bidder
ponujanje *sam.* offering
poobedek *sam.* dessert
pooblastiti *gl.* accredit
pooblaščen *prid.* accredited
poosebiti *gl.* personify
poostriti *gl.* intensify
popackati *gl.* daub
popačenost *sam.* deformity
popadek *sam.* contraction
popariti *gl.* scald
popek *sam.* bud
poper *sam.* pepper
popis *sam.* inventory
popiti na dušek *gl.* quaff
popivanje *sam.* jamboree
popkov *prid.* umbilical
poplačati *gl.* reimburse
poplava *sam.* flood
poplaviti *gl.* inundate
poplin *sam.* poplin
popoln *prid.* perfect
popolnost *sam.* perfection
poprava *sam.* correction
popravek *sam.pl.* amendment
popraviti *gl.* correct
popraviti ponovno *gl.* readjust
popravljiv *prid.* amenable
populacija *sam.* population

popularizirati *gl.* popularize
popust *sam.* discount
popustiti *gl.* unbend
popustljiv *prid.* indulgent
popuščanje *sam.* indulgence
popuščati komu *gl.* indulge
por *sam.* leek
pora *sam.* pore
poraba *sam.* consumption
porabiti *gl.* consume
porast *sam.* increment
porasti *gl.* increase
poravnati dolg *gl.* liquidate
poravnava dolga *sam.* liquidation
porazdelitev *sam.* cahoots
poraziti *gl.* defeat
porcelan *sam.* porcelain
poreden *prid.* naughty
poredkoma *prisl.* seldom
poreklo *sam.* origin
poriniti *gl.* push
porivati *gl.* jostle
pornografija *sam.* pornography
poróčen *prid.* bridal
poročilo *gl.* report
poročiti *gl.* wed
poročiti se *gl.* marry
poročnik *sam.* lieutenant
poročno potovanje *sam.* honeymoon
porogljiv *prid.* sardonic
porok *sam.* guarantor
poroka *sam.* wedding
poroštvo *sam.* collateral
porota *sam.* jury
porotnik *sam.* juror
portal *sam.* portal
portfelj *sam.* portfolio
portret *sam.* portrait
portretiranje *sam.* portraiture
portretirati *gl.* portray

posadka *sam.* crew
posamezen *prid.* individual
posameznik *sam.* person
posebej *prisl.* singularly
poseben *prid.* special
posebnež *sam.* maverick
posebnost *sam.* idiosyncrasy
posejati *sam.* sow
posekati *gl.* hew
posekati drevesa *gl.* deforest
posel *sam.* business
posesiven *prid.* possessive
posestnica *sam.* landlady
posestvo *sam.* estate
posiliti *gl.* rape
posip *sam.* topping
poskakovati *gl.* frisk
poskočen ples *sam.* jig
poskrbeti za *gl.* ensure
poskus *sam.* experiment
poskusen *prid.* tentative
poskusiti *gl.* try
poskušalec *sam.* Trier
poslabšati *gl.* worsen
poslanec *sam.* parliamentarian
poslanica *sam.* missive
poslanik *sam.* envoy
poslastica *sam.* delicacy
poslati *gl.* send
posledica *sam.* consequence
posledičen *prid.* consecutive
posledično *prisl.* consecutively
poslovanje *sam.* transaction
poslovati s kom *gl.* transact
poslušalec *sam.* listener
poslušati *gl.* listen
posmeh *sam.* mockery
posmehljiv *prid.* ironical
posmehovanje *sam.* irony
posmehovati se *gl.* jeer
posmrten *prid.* posthumous
posnemanje *sam.* imitation

posnemati *gl.* emulate
posnemovalec *sam.* imitator
posneti *gl.* skim
posoda *sam.* container
posoda za urin *sam.* urinal
posoditi *gl.* lend
posodobiti *gl.* update
posojilo *sam.* credit
pospeševalec *sam.* accelerator
pospešiti *gl.* accelerate
posplošiti *gl.* generalize
posreden *prid.* indirect
posrednik *sam.* intermediary
posredovalec v pogajanjih *sam.* trouble-shooter
posredovanje *sam.* intervention
posredovati *gl.* intervene
postaja *sam.* station
postajati zastarel *prid.* obsolescent
postan *prid.* stale
postanost *sam.* staleness
postati *gl.* become
postava *sam.* physique
postavitev *sam.* placement
postaviti *gl.* set
postaviti navpično *gl.* plumb
postavljanje *sam.* setting
postekleniti *gl.* glass
postelja *sam.* bed
posteljnina *sam.* bedding
poster *sam.* poster
postopač *sam.* sluggard
postopanje *sam.* treatment
postopati *gl.* potter
postopek *sam.* procedure
postopen *prid.* gradual
postopoma *prisl.* piecemeal
postrani *prisl.* askew
postranski *prid.* incidental
postranski dohodek *sam.* perquisite

postrešček *sam.* porter
postrv *sam.* trout
posušiti *gl.* shrivel
posuti *gl.* sprinkle
posvariti *gl.* warn
posvečen *prid.* sacred
posvet *sam.* consultation
posveten *prid.* profane
posvetilo *sam.* dedication
posvetitev *sam.* sanctification
posvetiti *gl.* dedicate
posvetovanje *sam.* conference
posvetovati se *gl.* confer
posvojen *prid.* adoptive
posvojitev *sam.* adoption
pošast *sam.* monster
pošasten *sam.* monstrous
poševen *prid.* cursive
poševnik *sam.* bevel
poševno *prisl.* awry
poševno iti *gl.* skew
poševno položiti *gl.* splay
pošiljka *sam.* consignment
poširati *gl.* poach
poškodba *sam.* injury
poškodovati *gl.* hurt
poškropiti *gl.* spatter
pošta *sam.* mail
pošten *prid.* postal
pošten (človek) *prid.* honest
poštenost *sam.* honesty
poštna kočija *sam.* stagecoach
poštna številka *sam.* postcode
poštni upravnik *sam.* postmaster
poštni urad *sam.* post office
poštnina *sam.* postage
pot *sam.* way
potegavščina *sam.* hoax
potegniti *gl.* pull
potegniti nazaj *gl.* retract
potegovati se *gl.* solicit
potek *sam.* devolution

potem ko *vez.* after
potemniti *gl.* darken
potencialen *prid.* potential
potencialnost *sam.* potentiality
potenten *prid.* potent
potentnost *sam.* potency
poteptati *gl.* trample
potepuh *sam.* bum
potepuški *prid.* errant
potešen *prid.* sated
potešiti *gl.* quench
potisniti koga *gl.* thrust
potlačitev *sam.* suppression
potlačiti *gl.* repress
potni list *sam.* passport
potnik *sam.* passenger
potnik (po morju) *sam.* voyager
potoček *sam.* streamlet
potok *sam.* creek
potolažiti *gl.* reassure
potomec *sam.* descendant
potomstvo *sam.* progeny
potoniti *gl.* sink
potopis *sam.* travelogue
potopitev *sam.* immersion
potopiti *gl.* immerse
potopiti (rastline) *gl.* submerse
potopiti se *gl.* submerge
potopljen *prid.* sunken
potopljiv *prid.* submersible
potovalka *sam.* holdall
potovanje (po kopnem) *sam.* journey
potovanje (po morju) *sam.* voyage
potovati *gl.* travel
potratiti *gl.* squander
potratnost *sam.* profligacy
potrdilo *sam.* confirmation
potrditev *sam.* affirmation
potrditi *gl.* confirm
potrditi ponovno *gl.* reaffirm

potreben *prid.* needful
potrebna lastnost *sam.* requisite
potrebovati *gl.* need
potrepljati *gl.* dab
potres *sam.* earthquake
potresen *prid.* seismic
potresti *gl.* jiggle
potrošna dobrina *sam.* commodity
potrošnik *sam.* consumer
potrpežljiv *prid.* patient
potrpežljivost *sam.* patience
potrt *prid.* wistful
potuhnjen *prid.* underhand
poučen *prid.* didactic
poudarek *sam.* emphasis
poudariti *gl.* emphasize
poulični prodajalec *sam.* hawker
poustvariti *gl.* recreate
povabilo *sam.* invitation
povabiti *gl.* invite
povečati *gl.* enlarge
povečevati *gl.* heighten
povedati komu *gl.* impart
povedek *sam.* predicate
poveličevan *prid.* vaunted
poveličevanje *sam.* glorification
poveljnik *sam.* commander
poveljstvo *sam.* captaincy
povesiti *gl.* droop
povesiti se *gl.* sag
povesmo (volne) *sam.* skein
povest *sam.* novelette
povezan *prid.* coherent
povezanost *sam.* cohesion
povezati *gl.* connect
povezati med seboj *gl.* interconnect
povezati se *gl.* liaise
povezava *sam.* connection
povišanje *sam.* promotion
povišati *gl.* promote

poviti v plenice *gl.* swaddle
povod *sam.* inducement
povodec *sam.* leash
povodenj *sam.* spate
povohati *gl.* sniff
povoj *sam.* bandage
povpraševanje *sam.* enquiry
povpraševati *gl.* enquire
povprečen *prid.* mediocre
povprečnost *sam.* mediocrity
povračilo *sam.* remuneration
povratek *sam.* return
povrhnjica *sam.* epidermis
povrniti *gl.* render
površen *prid.* superficial
površina *sam.* surface
površnik *sam.* overcoat
površno znanje *sam.* smattering
površnost *sam.* superficiality
povrtalo *prid.* broach
povsem *prisl.* altogether
povzdigniti *gl.* elevate
povzemati *gl.* recap
povzetek *sam.* summary
povzeti *gl.* summarize
povzpeti se *gl.* ascend
povzpetnik *sam.* upstart
povzročitelj *sam.* agent
pozaba *sam.* oblivion
pozabiti *gl.* forget
pozabljiv *prid.* forgetful
pozdrav *sam.* greeting
pozdraviti *sam.* greet
pozdravljanje *sam.* salutation
pozen *prid.* late
pozibavati se *gl.* bob
pozitiven *prid.* positive
poziv (uraden) *sam.* requisition
pozlačen *prid.* gilt
poznanstvo *sam.* acquaintance
poznejši *prid.* subsequent
pozoren *prid.* attentive

pozornost *sam.* attention
pozvati *gl.* summon
požarni zid *sam.* firewall
poželenje *sam.* desire
poženščiti *gl.* womanize
požig *sam.* arson
požiralnik *sam.* gullet
požirati *gl.* gulp
poživilo *sam.* stimulant
poživiti *gl.* stimulate
požrešen *prid.* voracious
požrešnež *sam.* glutton
požrešnost *sam.* gluttony
požreti *gl.* devour
pradaven *prid.* archaic
prag *sam.* threshold
pragmatičen *prid.* pragmatic
pragmatizem *sam.* pragmatism
prah *sam.* dust
praksa *sam.* practice
praktičen *prid.* practical
pralec *sam.* washer
pralen *prid.* washable
pralina *sam.* praline
pralnica *sam.* launderette
pranje *sam.* washing
prapor *sam.* banner
praprot *sam.* fern
prasec *sam.* bastard
prasica *sam.* bitch
praska *sam.* skirmish
praskanje *sam.* grating
praskati *gl.* scratch
prasketati *gl.* crackle
prašič *sam.* pig
prašnik *sam.* stamen
prati *gl.* wash
prati in likati perilo *gl.* launder
prav gotovo *prisl.* verily
pravda *sam.* litigation
pravdar *sam.* litigant
pravdati se *gl.* litigate

praven *prid.* legal
pravi *prid.* right
pravica *sam.* right
pravičen *prid.* righteous
pravičnost *sam.* justice
pravilen *prid.* correct
pravilo *sam.* rule
pravljičen *prid.* fabulous
pravna veda *sam.* jurisprudence
pravni zastopnik *sam.* attorney
pravnik *sam.* jurist
pravo *sam.* law
pravočasen *prid.* timely
pravokoten *prid.* rectangular
pravokotnik *sam.* rectangle
pravosodje *sam.* judiciary
pravoveren *prid.* orthodox
pravovernost *sam.* orthodoxy
prazen *prid.* empty
prazen hrup *sam.* fuss
prazničen *prid.* festive
praznik *sam.* holiday
praznina *sam.* vacancy
praznovalec *sam.* celebrant
praznovanje *sam.* celebration
praznovati *gl.* celebrate
preambula *sam.* preamble
prebava *sam.* digestion
prebaven *prid.* peptic
prebavljati *gl.* digest
prebavne motnje *sam.* indigestion
prebijati se *gl.* bumble
prebitek *sam.* superfluity
prebivalec *sam.* resident
prebivati (stalno) *gl.* reside
prebod *sam.* puncture
prebosti *gl.* pierce
prebrisan *prid.* crafty
prebrskati *gl.* scour
prebuditi se *gl.* awaken
prebunkati *gl.* wallop

precedenčni primer *sam.* precedent
precej *prisl.* fairly
precejati *gl.* leach
precejšen *prid.* considerable
preceniti *gl.* overestimate
prečen *prid.* transverse
prečistiti *gl.* purify
prečiščevanje *sam.* purification
prečka *sam.* rung
prečkati *gl.* traverse
prečni tram *sam.* joist
prečrkovati *gl.* transliterate
pred *prisl.* before
predal *sam.* drawer
predalnik *sam.* commode
predavanje *sam.* lecture
predavatelj *sam.* lecturer
preddverje *sam.* lobby
predel *sam.* section
predelati *gl.* retouch
predestinacija *sam.* predestination
predgovor *sam.* foreword
predhoden *prid.* preliminary
predhodnik *sam.* predecessor
predhodno znanje *sam.* precognition
predigra *sam.* foreplay
predikament *sam.* predicament
predilec *sam.* spinner
predjed *sam.* appetizer
predlagati *gl.* suggest
predlog *sam.* suggestion
predloga *sam.* template
predložiti *gl.* submit
predmesten *prid.* suburban
predmestje *sam.* suburb
predmestni prebivalci *sam.* suburbia
predmet *sam.* object
prednik *sam.* ancestor

predniški *prid.* ancestral
prednja noga *sam.* foreleg
prednji *prid.* foregoing
prednji odred *sam.* vanguard
prednost *sam.* advantage
prednosten *prid.* preferential
predogled *sam.* preview
predpasnik *sam.* apron
predpis *sam.* prescription
predpisati *gl.* prescribe
predpogoj *sam.* precondition
predpona *sam.* prefix
predporočen *prid.* premarital
predpostaviti *gl.* presume
predpostavka *sam.* presumption
predpostavljanje *sam.*
   supposition
predrugačitev *sam.*
   transformation
predrzen *prid.* arrogant
predrznost *sam.* arrogance
predsednik *sam.* president
predsedniški *prid.* presidential
predsedovati *gl.* preside
predsodek *sam.* prejudice
predstava *sam.* performance
predstavitev *sam.* presentation
predstaviti *gl.* introduce
predstavljanje *sam.*
   representation
predstavljati *gl.* represent
predstavljati si *gl.* imagine
predstavnik *sam.* spokesman
predstojnik *sam.* principal
predstraža *sam.* outpost
predtakt *prid.* upbeat
predujem *sam.* retainer
predvajati po televiziji *gl.*
   telecast
predvečer *sam.* eve
predvideti *gl.* foresee
predvidevanje *sam.*
   foreknowledge
predzadnji *prid.* penultimate
predzgodovinski *prid.* prehistoric
prefekt *sam.* prefect
preferenca *sam.* preference
prefinjen *prid.* sophisticated
prefinjen človek *sam.*
   sophisticate
prefinjenost *sam.* sophistication
preganjanje *sam.* persecution
preganjati *gl.* persecute
pregib *sam.* ply
pregled *sam.* overview
pregnati *gl.* ostracize
pregovor *sam.* proverb
pregovoren *prid.* proverbial
pregovoriti *gl.* wheedle
pregreha *sam.* vice
pregrešek *sam.* demerit
prehajanje *sam.* transition
prehiteti *gl.* overtake
prehiteti v teku *gl.* outrun
prehod *sam.* passage
prehod čez ograd *sam.* stile
prehod za pešce *sam.* zebra
   crossing
prehoden *prid.* passable
prehoditi *gl.* perambulate
prehrana *sam.* nutrition
preiskava *sam.* investigation
preiskovati *gl.* investigate
preizkus *sam.* trial
prej *prisl.* beforehand
prej se zgoditi *gl.* antedate
prej zasesti *gl.* preoccupy
preja *sam.* yarn
prejahati *gl.* override
prejemnik *sam.* recipient
prejemnik plačila *sam.* payee
prejeti *gl.* receive
prejšnji *prid.* previous
prek morja *prisl.* overseas

prek noči *prisl.* overnight
prekaditi *gl.* fumigate
prekajeni slanik *sam.* bloater
prekanjen *prid.* cunning
prekašati *gl.* excel
prekinitev *sam.* interruption
prekiniti *gl.* interrupt
prekinjati *gl.* heckle
preklast *prid.* gangling
preklati *gl.* rive
prekleti *gl.* damn
prekletnik *sam.* reprobate
prekletstvo *sam.* curse
preklic *sam.* revocation
preklicati *gl.* revoke
preklicen *prid.* revocable
preklopno stikalo *sam.* toggle
preko; po *predl.* via
prekoračitev *sam.* overdraft
prekoračiti *gl.* overstep
prekosati *gl.* outbid
prekositi *gl.* outdo
prekrivati *gl.* overlap
prekršek *sam.* misdemeanour
prekršiti *gl.* violate
prelat *sam.* prelate
preliv *sam.* dressing
preložitev *sam.* postponement
preložiti *gl.* postpone
preluknjati *gl.* perforate
premaganec *sam.* underdog
premagati *gl.* overthrow
premagovati *gl.* vanquish
premakljiv delovni čas *sam.* flexitime
premakniti *gl.* shift
premalo navesti *gl.* understate
premamiti *gl.* tempt
premaz *sam.* coating
premer *sam.* diameter
premestiti *gl.* transfer
premešati *gl.* shuffle

premet *sam.* somersault
premetavati *gl.* rummage
premičen *prid.* movable
premičnina *sam.* chattel
premičnost *sam.* mobility
premiera *sam.* premiere
premija *sam.* premium
premikanje *sam.* motion
premikati *gl.* move
preminutje *sam.* demise
premirje *sam.* truce
premisa *sam.* premise
premislek *sam.* deliberation
premisliti *gl.* cogitate
premisliti ponovno *gl.* rethink
premišljati *gl.* ponder
premlatiti *gl.* thresh
premočen *prid.* sopping
premog *sam.* coal
premogovnik *sam.* colliery
premor *sam.* pause
premost *sam.* rectitude
prenagliti se *gl.* overshoot
prenapet *prid.* overwrought
prenapeti *gl.* overdraw
prenasičenost *sam.* surfeit
prenašanje *sam.* transmission
prenašati *gl.* bear
prenehanje *sam.* cession
prenesen *adj* figurative
prenesti *gl.* convey
prenos *sam.* conveyance
prenosen *prid.* portable
prenosljiv *prid.* transferable
preobilen *prid.* superabundant
preobilica *prid.* superabundance
preobilje *sam.* glut
preobleka *gl.* disguise
preoblikovalec *sam.* transformer
preoblikovati *gl.* transform
preobrat *sam.* turnover
preobrazba *sam.* metamorphosis

preobraziti *gl.* transfigure
preobraženje *sam.*
  transfiguration
preobremenitev *sam.* surcharge
preobremeniti *gl.* overburden
preostal *prid.* residual
preostanek *sam.* remainder
preostati *gl.* remain
prepad *sam.* abyss
prepajati *gl.* souse
prepasnica *sam.* sash
prepečenec *sam.* toast
prepelica *sam.* quail
prepereti *gl.* moulder
prepih *sam.* draught
prepir *sam.* quarrel
prepirati se *gl.* bicker
prepirljiv *prid.* quarrelsome
prepirljivka *sam.* termagant
prepis *sam.* transcript
prepisati *gl.* transcribe
prepisovanje *sam.* transcription
preplah *sam.* alarm
preplaviti *gl.* overflow
prepojiti *gl.* drench
prepoloviti *gl.* halve
prepona *sam.* midriff
preporod *sam.* revival
preporoditi *gl.* revive
prepoved *sam.* prohibition
prepovedati *gl.* prohibit
prepovedovalen *prid.* prohibitive
prepoznanje *sam.* recognition
prepozno spoznanje *sam.*
  hindsight
preprečevati *gl.* thwart
preprečitev *sam.* prevention
preprečiti *gl.* prevent
prepreka *sam.* snag
prepričanje *sam.* conviction
prepričati *gl.* convince
prepričevalnost *sam.* stringency

prepričevanje *sam.* persuasion
prepričljiv *prid.* stringent
prepričljivost *sam.* eloquence
preprodajalec *sam.* trafficker
preprodajanje *sam.* trafficking
preprodajati *gl.* peddle
preproga *sam.* carpet
preprost *prid.* simple
prepusten *prid.* permeable
prepuščanje *sam.* leakage
prepuščen toku *prid.* adrift
preračunljivost *sam.*
  opportunism
prerasti *gl.* outgrow
preraščen *prid.* overgrown
prerekanje *sam.* argument
prerekati se *gl.* argue
prerivanje *sam.* scrimmage
preročišče *sam.* oracle
prerok *sam.* prophet
prerokba *sam.* prophecy
prerokovati *gl.* prophesy
preroški *prid.* prophetic
presadek *sam.* graft
presaditi *gl.* transplant
presegati *gl.* exceed
presejati *gl.* sift
presekan *sam.* cleft
presekati *gl.* cleave
preseliti *gl.* relocate
presenečenje *sam.* surprise
presenetljiv *prid.* striking
presežek *sam.* excess
presežnik *prid.* superlative
preskočiti *gl.* skip
preskrba *sam.* provision
preskrbovanje *sam.*
  procurement
preskušati *gl.* canvass
presledek *sam.* interval
preslepiti *gl.* bluff
presnova *sam.* metabolism

presoditi *gl.* evaluate
presoja *sam.* judgement
presta *sam.* pretzel
prestati *gl.* undergo
prestava *sam.* gear
prestaviti *gl.* transpose
presti *gl.* purr
prestiž *sam.* prestige
prestižen *prid.* prestigious
prestol *sam.* throne
prestopek *sam.* malpractice
prestopnik *prid.* delinquent
prestrašiti *gl.* frighten
prestreči *gl.* intercept
prestrezanje *sam.* interception
presvetliti *gl.* enlighten
prešernost *sam.* mirth
prešit *prid.* quilted
prešita odeja *sam.* quilt
prešteti *gl.* enumerate
preštevati *gl.* recount
prešuštvo *sam.* adultery
preteči koga *gl.* outstrip
pretegniti *gl.* wrick
pretehtati *gl.* reconsider
pretentati *gl.* outwit
pretep *sam.* brawl
pretepati *gl.* whack
pretihotapiti *gl.* smuggle
pretiran *prid.* extravagant
pretirano uslužen *prid.* officious
pretiranost *sam.* extravagance
pretirati *gl.* exaggerate
pretiravanje *sam.* exaggeration
pretiravati *gl.* overact
pretkan *prid.* tricky
pretkana poteza *sam.* stratagem
pretočiti *gl.* decant
pretok *sam.* flux
pretres možganov *sam.* concussion
pretresljiv *prid.* shattering
pretrgati *gl.* rupture
pretvarjati se *gl.* pretend
pretveza *sam.* pretext
pretvorba *sam.* conversion
pretvoriti *gl.* transmute
preučitev *sam.* perusal
preučiti *gl.* peruse
preudaren *prid.* staid
preudariti *gl.* envisage
preurediti *gl.* rearrange
preusmeriti *gl.* divert
prevara *sam.* deception
prevažati *gl.* transport
preveč *prisl.* too
preveč razcveten *prid.* overblown
preveč zaračunati *gl.* overcharge
prevelik *prid.* outsize
prevelik odmerek *sam.* overdose
preventiven *prid.* preventive
preveriti *gl.* check
preverjati *gl.* calibrate
prevesa *sam.* preponderance
prevesiti *gl.* preponderate
prevesti *gl.* translate
preveza za oči *gl.* blindfold
prevezati (rano) *gl.* redress
previden *prid.* careful
previdnost *sam.* precaution
previdnosten *prid.* precautionary
prevlada *sam.* predominance
prevladati *gl.* predominate
prevladovanje *sam.* prevalence
prevladujoč *prid.* predominant
prevod *sam.* translation
prevoz *sam.* transportation
prevoznik *sam.* transporter
prevrat *sam.* upheaval
prevratniški *prid.* subversive
prevrniti *gl.* capsize
prevrteti *gl.* rewind
prevzet *prid.* rapt

prevzeten *prid.* overweening
prevzeti *gl.* engross
prevzetnost *sam.* vanity
prevzetost *sam.* rapture
prezgoden *prid.* premature
prezgodnji *prid.* untimely
prezimiti *gl.* hibernate
prezirati *gl.* despise
prezračevanje *sam.* ventilation
prezračevati *gl.* ventilate
prezreti *gl.* overlook
prežati *gl.* lurk
prežeti *gl.* pervade
preživeti *gl.* survive
preživetje *sam.* survival
preživljanje *sam.* livelihood
preživnina *sam.* alimony
prežvekovalec *sam.* ruminant
prežvekovanje *sam.* rumination
prežvekovati *gl.* ruminate
prha *sam.* shower
prhanje *sam.* snort
prhljaj *sam.* dandruff
prhutati *gl.* flutter
pri *predl.* at
pribežališče *sam.* recourse
približen *prid.* approximate
približevati se *gl.* near
priča *sam.* witness
pričakovanje *sam.* anticipation
pričakovati *gl.* expect
pričakujoč *prid.* expectant
pričati *gl.* testify
pričeska *sam.* hairstyle
pričevanje *sam.* testimony
pričkanje *sam.* squabble
pričvrstiti *gl.* staple
prid *sam.* stead
pridevnik *sam.* adjective
pridiga *sam.* sermon
pridigar *sam.* preacher
pridigati *gl.* preach

pridih *sam.* tinge
pridobitev *sam.* acquisition
pridobiti *gl.* acquire
pridružiti *gl.* affiliate
pridružiti se zopet *gl.* rejoin
pridušiti *gl.* muffle
prihajajoč *prid.* upcoming
prihod *sam.* arrival
prihodki *sam.* revenue
prihodnost *sam.* future
prihraniti *gl.* save
prihranki *sam.* savings
prihuliti se *gl.* cower
priimek *sam.* surname
prijatelj *sam.* friend
prijatelji *sam.* kith
prijateljski *prid.* neighbourly
prijateljstvo *sam.* amity
prijava *sam.* application
prijazen *prid.* amiable
prijazno *prisl.* kindly
prijeten *prid.* pleasant
prijeti *gl.* grab
prikaz *sam.* portrayal
prikazati *gl.* present
prikazati se *gl.* appear
prikazen *sam.* wraith
prikazovanje *sam.* ostentation
prikladen *prid.* apposite
prikleniti *gl.* captivate
priključitev *sam.* annexation
priključiti *gl.* annex
prikolica *sam.* trailer
prikrajšati *gl.* deprive
prikrasti se *gl.* sneak
prikritost *sam.* stealth
prikupen *prid.* winsome
prilagoditev *sam.* adjustment
prilagoditi *gl.* adjust
prilagoditi zahodu *gl.* westernize
prilastitev *sam.* appropriation

prilastiti si *gl.* usurp
prilaščati si *gl.* pre-empt
prileten *prid.* elderly
priležnica *sam.* concubine
prilizovanje *sam.* sycophancy
priljubljen *prid.* popular
priljubljenost *sam.* popularity
priljuden *prid.* affable
priloga *sam.* appendix
priložiti *gl.* enclose
priložnost *sam.* opportunity
priložnosten *prid.* occasional
priložnostno delo *gl.* char
primanjkljaj *sam.* shortfall
primat *sam.* primate
primer *sam.* example
primera *sam.* simile
primerek *sam.* specimen
primeren *prid.* appropriate
primeren za bivanje *prid.* habitable
primerjalen *prid.* comparative
primerjati *gl.* compare
primerjava *sam.* comparison
primerno *prisl.* duly
primitiven *prid.* primitive
primorje *sam.* seaside
prinašalec (pes) *sam.* retriever
princ *sam.* prince
princesa *sam.* princess
princip *sam.* rationale
prinčevski *prid.* princely
prinesti *gl.* bring
prioriteta *sam.* priority
pripadati *gl.* entitle
pripadnost *sam.* affiliation
pripis *sam.* postscript
pripisati *gl.* ascribe
pripisovati *gl.* attribute
pripomba *sam.* comment
pripomniti *gl.* remark
pripona *sam.* suffix

pripor *sam.* detention
pripornik *sam.* detainee
priporočila *sam.* credentials
priporočilo *sam.* recommendation
priporočiti *gl.* recommend
priporočljiv *prid.* advisable
pripoved *sam.* tale
pripovedka *sam.* narrative
pripovedovalec *sam.* narrator
pripovedovanje *sam.* narration
pripovedovati *gl.* narrate
priprava *sam.* preparation
pripraviti se *gl.* prepare
pripravljalen *prid.* preparatory
pripravljen *prid.* ready
pripravljen za boj *prid.* embattled
pripravnik *sam.* trainee
pripreti *gl.* detain
priprt *prisl.* ajar
prirasti *gl.* accrue
prirejevalec *sam.* fitter
priročen *prid.* convenient
priročnik *sam.* handbook
priročnost *sam.* convenience
prirojen *prid.* inborn
prisega *sam.* oath
prisekati *gl.* truncate
priseliti se *gl.* immigrate
priseljenec *sam.* immigrant
priseljevanje *sam.* immigration
prisilen *prid.* forcible
prisiliti *gl.* compel
prisilno izseliti *gl.* evict
priskrbeti *gl.* procure
priskuten *prid.* fulsome
prislov *sam.* adverb
prisluškovati *gl.* overhear
prismojen *prid.* zany
prisoditi *gl.* adjudge
prisoten *prid.* present
prispeti *gl.* arrive

prispevati *gl.* contribute
prispevek *sam.* contribution
prispodoba *sam.* allegory
prisrkavati *gl.* adsorb
pristajanje *sam.* landing
pristan *sam.* harbour
pristanišče *sam.* port
pristen *prid.* genuine
pristnost *sam.* authenticity
pristojen *prid.* pertinent
pristojnosti *sam.* remit
pristop *gl.* approach
pristopiti *gl.* accost
pristranski *prid.* prejudicial
pristranskost *sam.* partiality
pristrešek *sam.* penthouse
prišteven *prid.* sane
prištevnost *sam.* sanity
pritajen *prid.* stealthy
pritajeno *prisl.* stealthily
pritegniti *gl.* attract
priti *gl.* come
pritisk *sam.* pressure
pritisniti *gl.* press
pritlikavec *sam.* midget
pritok *sam.* influx
pritožba *sam.* complaint
pritoževati se *gl.* complain
pritrdilen *prid.* affirmative
pritrditi *gl.* attach
privabiti *gl.* entice
privajanje *sam.* habitation
privajati na *gl.* habituate
privatizirati *gl.* privatize
privesek *sam.* appendage
privez *sam.* berth
privezati *gl.* adjoin
privezati žival *gl.* tether
priveznik *sam.* bollard
priveznina *sam.* wharfage
privid *sam.* mirage
privilegij *sam.* privilege

priviti se *gl.* snuggle
privlačen *prid.* attractive
privlačnost *sam.* attraction
privolitev *sam.* acquiescence
privolitev *sam.* consent
privoliti *gl.* consent
privoščiti si *gl.* afford
privrženec *sam.* follower
prizadeti *gl.* inflict
prizadevanje *sam.* pursuit
prizadevati si *gl.* pursue
prizanesljiv *prid.* lenient
prizanesljivost *sam.* leniency
prizma *sam.* prism
priznanje *sam.* confession
priznati *gl.* confess
prizor *sam.* scene
prizorišče *sam.* venue
prizvok *sam.* overtone
prižnica *sam.* rostrum
proaktiven *prid.* proactive
problem *sam.* problem
problematičen *prid.* problematic
proces *sam.* process
procesija *sam.* procession
proč *prisl.* away
prod *sam.* gravel
prodaja *sam.* sale
prodaja na debelo *sam.*
   wholesale
prodajalec *sam.* salesman
prodajalna *sam.* shop
prodajati *gl.* vend
prodajen *prid.* saleable
prodajni pult *sam.* counter
prodati *gl.* sell
prodnik *sam.* pebble
prodreti *gl.* penetrate
produktiven *prid.* productive
profesor *sam.* professor
profil *sam.* profile
proga *sam.* streak

proga (barvasta) *sam.* stripe
progast *prid.* streaky
program *sam.* programme
proizvajati *gl.* manufacture
proizvesti *gl.* fabricate
proizvodnja *sam.* production
projekcija *sam.* projection
projekt *sam.* project
projektil *sam.* projectile
projektor *sam.* projector
proklamacija *sam.* proclamation
proklamirati *gl.* proclaim
prolaps *sam.* prolapse
prolog *sam.* prologue
promenada *sam.* promenade
promet *sam.* traffic
prometen *prid.* vehicular
prometnica *sam.* thoroughfare
prominenca *sam.* prominence
prominenten *prid.* prominent
promiskuiteten *prid.* promiscuous
pronicati *gl.* seep
pronicljiv *prid.* incisive
propadajoč *prid.* dilapidated
propadati *gl.* perish
propaganda *sam.* propaganda
propasti *gl.* slump
propeler *sam.* propeller
proporcija *sam.* proportion
proporcionalen *prid.* proportional
proračun *sam.* budget
prosilec *sam.* suitor
prositi *gl.* beg
proslavljati *gl.* solemnize
proso *sam.* millet
prosojen *prid.* translucent
prospekt *sam.* prospectus
prostata *sam.* prostate
prostitucija *sam.* prostitution
prostitutka *sam.* prostitute

prostor *sam.* space
prostoren *prid.* spacious
prostornina *sam.* volume
prostorski *prid.* spatial
prostovoljec *sam.* volunteer
prostovoljen *prid.* voluntary
prostovoljno *prisl.* voluntarily
prostran *prid.* vast
prostranost *sam.* expanse
prošnja *sam.* request
prošnjik *sam.* suppliant
protagonist *sam.* protagonist
protektorat *sam.* protectorate
protest *sam.* protest
proti *predl.* contra
proti jugu *prid.* southerly
proti;k *predl.* towards
protimera *sam.* reprisal
protin *sam.* gout
protipomenka *sam.* antonym
protipraven *prid.* wrongful
protisloven *prid.* paradoxical
protislovje *sam.* paradox
protistrup *sam.* antidote
protitelo *sam.* antibody
protiudarec *sam.* riposte
protje *sam.* wattle
protokol *sam.* protocol
protokoli *sam.* proceedings
prototip *sam.* prototype
provinca *sam.* province
provincialen *prid.* provincial
provocirati *gl.* provoke
provokacija *sam.* provocation
provokativen *prid.* provocative
proza *sam.* prose
prozaičen *prid.* prosaic
prožen *prid.* supple
prsen *prid.* mammary
prsi *sam.* bosom
prsnica *sam.* sternum
prst *sam.* soil

prst (anat.) *sam.* finger
prst na nogi *sam.* toe
prsten *prid.* earthen
pršec *sam.* drizzle
pršica *sam.* mite
prtiček *sam.* napkin
prtljaga *sam.* luggage
pručka *sam.* stool
prva pomoč *sam.* first aid
prvak *sam.* champion
prvenstvo *sam.* primacy
prvi *prid. & sam.* first
prvi pogoj *sam.* prerequisite
prvinski *prid.* primal
prvobiten *prid.* primeval
prvoten *prid.* primary
prvotno *prisl.* primarily
prvovrsten *prid.* prime
psalm *sam.* psalm
psevdonim *sam.* pseudonym
psiček *sam.* pup
psiha *sam.* psyche
psihiater *sam.* psychiatrist
psihiatrija *sam.* psychiatry
psihičen *prid.* psychic
psiholog *sam.* psychologist
psihologija *sam.* psychology
psihološki *prid.* psychological
psihopat *sam.* psychopath
psihoterapija *sam.* psychotherapy
psihoza *sam.* psychosis
psovanje *sam.* vituperation
psovati *gl.* rap
pšenica *sam.* wheat
pšeničen *prid.* wheaten
ptič *sam.* bird
ptičja gripa *sam.* bird flu
ptičje perje *sam.* plumage
ptičje strašilo *sam.* scarecrow
ptičji mladič *sam.* nestling
ptičnica *sam.* aviary
puberteta *sam.* puberty

publikacija *sam.* publication
puding *sam.* pudding
puh *sam.* fluff
puhel *prid.* vapid
pulover *sam.* sweater
pulzar *sam.* pulsar
pumparice *sam.* breeches
punč *sam.* shrub
punt *sam.* sedition
puntarski *prid.* seditious
puran *sam.* turkey
purist *sam.* purist
puritanec *sam.* puritan
puritanski *prid.* puritanical
pust *prid.* bleak
pustiti *gl.* leave
pustiti nezasedeno *gl.* vacate
pustolovski *prid.* adventurous
pustolovščina *sam.* escapade
puščati *gl.* leak
puščavnik *sam.* hermit
puščica *sam.* arrow
puška *sam.* gun

Quinn *sam.* Quinn

rabat *sam.* rebate
raca *sam.* duck
racati *gl.* shamble
racija *sam.* raid
racionalen *prid.* rational
racionalizem *sam.* rationalism

racionalizirati *gl.* rationalize
račun *sam.* invoice
računalnik *sam.* computer
računalo *sam.* calculator
računati *gl.* calculate
računovodja *sam.* accountant
računovodstvo *sam.* accountancy
računstvo *sam.* arithmetic
radar *sam.* radar
rade volje *prisl.* readily
radij *sam.* radium
radio *sam.* radio
radioaktiven *prid.* radioactive
radiografija *sam.* radiography
radiologija *sam.* radiology
radodaren *prid.* generous
radodarnost *sam.* generosity
radost *sam.* glee
radosten *prid.* joyful
radovati se *gl.* rejoice
radoveden *prid.* curious
radovednost *sam.* curiosity
rafinerija *sam.* refinery
rafiniranje *sam.* refinement
rafinirati *gl.* refine
ragbi *sam.* rugby
rahel *prid.* slight
rahitičen *prid.* rickety
rahitis *sam.* rickets
rahlo *prisl.* slightly
raj *sam.* paradise
raja *sam.* populace
rajnki *prid.* defunct
rak *sam.* crab
rak (med.) *sam.* cancer
raketa *sam.* rocket
rama *sam.* shoulder
rana *sam.* wound
ranč *sam.* ranch
ranljiv *prid.* vulnerable
rapir *sam.* rapier
rapsodija *sam.* rhapsody

rasa *sam.* race
rasen *prid.* racial
rasizem *sam.* racialism
raskav *prid.* rough
rast *sam.* growth
rasti *gl.* grow
rastlina *sam.* plant
rastlinska rja *sam.* blight
rastlinska sluz *sam.* mucilage
rastlinstvo *sam.* flora
rašpa *sam.* rasp
ratan *sam.* wicker
ratificirati *gl.* ratify
raven *sam.* level
raven *prid.* straight
ravnanje *sam.* bearing
ravnatelj *sam.* headmaster
ravnati s kom *gl.* treat
ravnina *sam.* plane
ravnodušen *prid.* indifferent
ravnotežje *sam.* balance
ravnovesje *sam.* poise
ravs *sam.* tussle
razbesneti *gl.* enrage
razbitine *sam.* wreckage
razbojnik *sam.* bandit
razbremeniti *gl.* unburden
razburiti *gl.* agitate
razburjen *prid.* upset
razburjenje *sam.* excitement
razburjeno govoriti *gl.* splutter
razburljiv *prid.* hectic
razcapan *prid.* scruffy
razcepiti *gl.* split
razcvet *sam.* boom
razčistiti *gl.* clarify
razčleniti *gl.* parse
razčlovečiti *gl.* dehumanize
razdalja *sam.* distance
razdediniti *gl.* disinherit
razdejati *gl.* vandalize
razdeliti *gl.* divide

razdiralec *sam.* wrecker
razdor *sam.* discord
razdražen *prid.* edgy
razdražljiv *prid.* irritable
razdražljivost *sam.* temper
razdrtje *sam.* severance
razdvojiti *gl.* sunder
razen *predl.* except
razen če *vez.* unless
razen tega *prisl.* moreover
razgibavati *gl.* limber
razglasiti *gl.* promulgate
razgled *sam.* view
razgledni stolp *sam.* gazebo
razglednica *sam.* postcard
razgraditi *sam.* decompose
razgradnja *gl.* decomposition
razgrajač *sam.* yob
razgrajaški *prid.* rowdy
razgrajati *gl.* roister
razgrniti *gl.* spread
razhajanje *sam.* discrepancy
razigran *prid.* exuberant
raziskati *gl.* explore
raziskava *sam.* research
razjasniti *gl.* demystify
razjeda *sam.* abrasion
razjedanje *sam.* corrosion
razjedati *gl.* corrode
razjeden *prid.* corrosive
razjedljiv *prid.* abrasive
razjeziti *gl.* exasperate
razkačen *prid.* rabid
razkačiti *gl.* infuriate
razklati *gl.* dissect
razkol *sam.* schism
razkoračiti se *gl.* straddle
razkosati *gl.* mangle
razkošen *prid.* luxurious
razkošje *sam.* luxury
razkošna prireditev *sam.* extravaganza

razkrečiti *gl.* sprawl
razkrinkati *gl.* unmask
razkriti *gl.* reveal
razkužilen *prid.* antiseptic
razkužiti *gl.* disinfect
razlagati *gl.* annotate
razlastiti *gl.* expropriate
različen *prid.* different
različica *sam.* variant
razlika *sam.* difference
razlikovati *gl.* distinguish
razlikovati se *gl.* differ
razlitek *sam.* overspill
razliti *gl.* diffuse
razlitje *sam.* spillage
razločen *prid.* distinct
razlog *sam.* reason
razložiti *gl.* construe
razmahnjen *prid.* rampant
razmajan *prid.* ramshackle
razmejitev *sam.* demarcation
razmera *sam.* circumstance
razmerje *sam.* ratio
razmnoževanje *sam.* propagation
razmnožiti *gl.* multiply
razmočen *prid.* soggy
razmršiti *gl.* tousle
raznoličen *prid.* various
raznolik *prid.* diverse
raznolikost *sam.* diversity
raznovrsten *prid.* heterogeneous
razočarati *gl.* disappoint
razodetje *sam.* revelation
razorožitev *sam.* disarmament
razorožiti *gl.* disarm
razpadajoč *prid.* ruinous
razpadati *gl.* decay
razparati *gl.* rip
razpasti *gl.* implode
razpoditi *gl.* disperse
razpoka *sam.* crack
razpolaganje *sam.* disposal

razpoloženje *sam.* mood
razpoložljiv *prid.* available
razpon *sam.* span
razporeditev *sam.* assortment
razporediti se *gl.* rank
razporejen *prid.* assorted
razposajen *prid.* boisterous
razposlati *gl.* dispatch
razprava *sam.* discussion
razpravljati *gl.* discuss
razpredelnica *sam.* spreadsheet
razpršilo *sam.* spray
razpršiti *gl.* dispel
razpustiti *gl.* disband
razrasti se *gl.* proliferate
razred *sam.* class
razredčiti *gl.* dilute
razrezati *gl.* bisect
razsežnost *sam.* dimension
razsipati *gl.* dissipate
razsipavati *gl.* waste
razsodba *sam.* verdict
razsoden *prid.* prudential
razsoditi *gl.* arbitrate
razsodnik *sam.* arbitrator
razstava *sam.* exhibition
razstaviti *gl.* display
razstreliti *gl.* explode
razstrupljati *gl.* detoxify
razsvetlitev *sam.* lighting
razsvetliti *gl.* lighten
razsvetljava *sam.* illumination
razširiti *gl.* expand
razširiti se *gl.* dilate
razširjen na široko *prid.* widespread
raztegniti *gl.* stretch
raztegovanje *sam.* stretch
raztopiti *gl.* dissolve
raztovoriti *gl.* unload
raztresen *prid.* sparse
raztresti *gl.* scatter

raztreščiti *gl.* shatter
raztrgati *gl.* tear
raztrobiti *gl.* divulge
razum *sam.* intellect
razumen *prid.* reasonable
razumeti *gl.* understand
razumevanje *sam.* understanding
razumljiv *prid.* comprehensible
razumljivost *prid.* perspicuous
razumnost *sam.* wit
razuzdan *prid.* licentious
razvajati *gl.* pamper
razvalina *sam.* ruin
razvedrilo *sam.* pastime
razvejenost *sam.* ramification
razvejiti se *gl.* ramify
razveljavitev *sam.* nullification
razveljaviti *gl.* annul
razveseliti *gl.* gladden
razveza *sam.* separation
razviti *gl.* develop
razviti se *gl.* evolve
razvlečen *prid.* tedious
razvlečenost *sam.* tedium
razvnemati *gl.* arouse
razvnet *prid.* impassioned
razvoj *sam.* development
razvozlati *gl.* disentangle
razvpit *prid.* infamous
razvpitost *sam.* infamy
razvrat *sam.* debauchery
razvrednotiti *gl.* devalue
razvrstitev *sam.* classification
raženj *sam.* barbecue
rdeč *prid.* red
rdeča pesa *sam.* beetroot
rdečilo *sam.* blusher
rdečkast *prid.* reddish
reakcija *sam.* backlash
reaktivno letalo *sam.* jet
reaktor *sam.* reactor
realističen *prid.* realistic

realizem *sam.* realism
rebro *sam.* rib
recenzija *sam.* review
recepcija *sam.* reception
recept *sam.* recipe
receptiven *prid.* receptive
receptor *sam.* receptionist
recesija *sam.* recession
recesiven *prid.* recessive
reciklirati *gl.* recycle
recital *sam.* recital
rečen *prid.* fluvial
reči *gl.* tell
rečica *sam.* runnel
red *sam.* order
redek *prid.* rare
reden *prid.* regular
redilen *prid.* nutritious
redka malta *sam.* grout
redkev *sam.* radish
redkobeseden *prid.* taciturn
rednost *sam.* regularity
referendum *sam.* referendum
refleks *sam.* reflex
refleksiven *prid.* reflexive
refleksologija *sam.* reflexology
reflektor *sam.* limelight
reformacija *sam.* reformation
reformator *sam.* reformer
reformirati *gl.* reform
regeneriranje *sam.* regeneration
regenerirati *gl.* regenerate
regent *sam.* regent
reggae *sam.* reggae
regija *sam.* region
regionalen *prid.* regional
register *sam.* register
registracija *sam.* registration
regrat *gl.* dandelion
regulacija *sam.* regulation
regularizirati *gl.* regularize
regulator *sam.* regulator

regulirati *gl.* regulate
rehabilitacija *sam.* rehabilitation
rehabilitirati *gl.* rehabilitate
rejen *prid.* plump
reka *sam.* river
rekapitulirati *gl.* recapitulate
reklama *sam.* publicity
reklamacija *sam.* reclamation
reklamirati *gl.* reclaim
reklamni listek *sam.* handbill
rekonstruirati *gl.* reconstruct
rekord *sam.* record
rekreacija *sam.* recreation
rektum *sam.* rectum
rekviem *sam.* requiem
relativen *prid.* relative
relativnost *sam.* relativity
rele *sam.* relay
relikvarij *sam.* shrine
relikvija *sam.* relic
rémi *sam.* rummy
reminiscenca *gl.* reminiscence
remont *gl.* refit
renčati *gl.* snarl
renesansa *sam.* renaissance
renovacija *sam.* renovation
renovirati *sam.* renovate
rentgenski žarek *sam.* x-ray
reorganizirati *gl.* reorganize
rep *sam.* tail
repa *sam.* turnip
replika *sam.* rejoinder
reportaža *sam.* reportage
reporter *sam.* reporter
reprodukcija *sam.* reproduction
reprodukcijski *prid.* reproductive
republika *sam.* republic
republikanski *prid.* republican
resa *sam.* heather
resen *prid.* serious
resnica *sam.* truth
resnicoljuben *prid.* veracious

resničen *prid.* real
resnično *prisl.* really
resničnost *sam.* reality
resnoben *prid.* prim
resnost *sam.* gravitas
resolucija *sam.* resolution
resonanca *sam.* resonance
resonančen *prid.* resonant
respirator *sam.* respirator
restavracija *sam.* restaurant
restavrater *sam.* restaurateur
restitucija *sam.* restitution
rešetka *sam.* trellis
reševalec *sam.* paramedic
rešilni avtomobil *sam.* ambulance
rešitev *sam.* solution
rešiti *gl.* solve
retorta *gl.* retort
retro *prid.* retro
retroaktiven *prid.* retroactive
retrospekcija *sam.* retrospect
retrospektiven *prid.* retrospective
reven *prid.* poor
revež *sam.* pauper
revidirati *gl.* revise
revija *sam.* magazine
revizija *sam.* revision
revmatičen *prid.* rheumatic
revmatizem *sam.* rheumatism
revolucija *sam.* revolution
revolucijski *prid.* revolutionary
revolucionirati *gl.* revolutionize
revolver *sam.* revolver
revsniti na koga *gl.* snarl
revščina *sam.* poverty
revulzija *sam.* revulsion
rezanci *sam.* noodles
rezanje *sam.* cutting
rezati *gl.* cut
rezerva *sam.* reservation
rezervirati *gl.* reserve
rezervoar *sam.* reservoir
rezgetanje *sam.* whinny
rezgetati *sam.* neigh
rezilo *sam.* blade
rezina *sam.* slice
rezljati *gl.* whittle
rezultat *sam.* result
reža *sam.* slot
režati se *gl.* grin
reženj *sam.* lobe
režim *sam.* regime
riba *sam.* fish
ribati *gl.* scrub
ribič *sam.* fisherman
ribič, ki lovi z vlečno mrežo *sam.* trawler
ribištvo *sam.* fishery
ribji *prid.* fishy
ribnik *sam.* pond
ricinusovo olje *a.* castor oil
rigati *gl.* bray
rikša *sam.* rickshaw
rilčkar *sam.* weevil
rilec *sam.* snout
rima *sam.* rhyme
ris papirja *sam.* ream
risalni žebljiček *sam.* tack
risba *sam.* drawing
rit *sam.* ass
ritem *sam.* rhythm
ritmičen *prid.* rhythmic
riž *sam.* rice
rja *sam.* rust
rjast *prid.* rusty
rjav *sam.* brown
rjovenje *sam.* roar
rjoveti *gl.* roar
rjuha *sam.* sheet
rob *sam.* edge
roba *sam.* ware
robec *sam.* handkerchief
robidnica *sam.* blackberry

robnik *sam.* kerb
robot *sam.* robot
ročaj *sam.* haft
ročen *prid.* manual
ročica *gl.* crank
ročna prtljaga *sam.* valise
rodeo *sam.* rodeo
rodij *sam.* rhodium
rodoviten *prid.* fertile
rodovitnost *sam.* fertility
rodovnik *sam.* pedigree
rog *sam.* horn
roganje *sam.* taunt
rogati se *gl.* scoff
rogljič *sam.* croissant
rogonosec *sam.* cuckold
rogoznica *sam.* mat
roj *sam.* swarm
rojak *sam.* compatriot
rojalist *sam.* royalist
rojen *prid.* born
rojsten *prid.* natal
rojstvo *sam.* birth
roka *sam.* hand
rokav *sam.* sleeve
rokavica *sam.* glove
rokoborec *sam.* wrestler
rokodelec *sam.* craftsman
rokodelstvo *sam.* handicraft
rokopis *sam.* manuscript
rokovati s čim *gl.* handle
rola *sam.* scroll
rolka *sam.* skateboard
roman *sam.* novel
romanca *sam.* romance
romanje *sam.* pilgrimage
romanopisec *sam.* novelist
romantičen *prid.* romantic
romar *sam.* pilgrim
romb *sam.* rhombus
rop *sam.* robbery
ropar *sam.* robber

roparski pohod *sam.* foray
ropot *sam.* din
ropotati *gl.* rumble
rosa *sam.* dew
rotacijski *prid.* rotary
rotitev *gl.* entreaty
rotiti *gl.* beseech
rotor *sam.* rotor
rovka *sam.* shrew
rozeta *sam.* rosette
rozina *sam.* raisin
roženica *sam.* cornea
rožljati *gl.* rattle
rožnat *prid.* pink
rožni venec *sam.* rosary
rt *sam.* cape
rubin *sam.* ruby
rubrika *sam.* rubric
ruda *sam.* ore
rudar *sam.* miner
rudiment *sam.* rudiment
rudimentaren *prid.* rudimentary
rudnik *sam.* mine
ruleta *sam.* roulette
rum *sam.* rum
rumen *prid.* yellow
rumenjak *sam.* yolk
ruša *sam.* turf
rušenje *sam.* destruction
ruševine *sam.* debris
rušilec *sam.* destroyer
ruta *sam.* kerchief
rutina *sam.* routine
ruvanje *sam.* scuffle
rž *sam.* rye

s podpisom jamčiti *gl.* underwrite

s silo *prisl.* perforce
s tem *prisl.* hereby
s;z *predl.* with
sabat *sam.* Sabbath
sablja *sam.* sabre
sabotirati *gl.* sabotage
sadist *sam.* sadist
sadizem *sam.* sadism
sadje *sam.* fruit
sadni kolač *sam.* tart
sadovnjak *sam.* orchard
safari *sam.* safari
safir *sam.* sapphire
saga *sam.* saga
saharin *sam.* saccharin
saksofon *sam.* saxophone
salo *sam.* flab
salon *sam.* salon
salonar *sam.* stiletto
salsa *sam.* salsa
salva *sam.* salvo
sam *prisl.* alone
sam sebe;sebi;se *zaim.* oneself
Samaritan *sam.* Samaritan
samec *sam.* bachelor
samo *prisl.* only
samo;sam *prid.* mere
samodejen *prid.* automatic
samoglasnik *sam.* vowel
samogovor *sam.* monologue
samoljubje *sam.* egotism
samomor *sam.* suicide
samomorilen *prid.* suicidal
samoodpoved *sam.* renunciation
samopostrežna restavracija *sam.* cafeteria
samorastnik *prid.* self-made
samostalnik *sam.* noun
samostan *sam.* monastery
samostanski *prid.* monastic
samostojen *prid.* independent
samota *sam.* solitude
samotar *sam.* loner
samoten *prid.* solitary
samovlada *sam.* autocracy
samovladar *sam.* autocrat
samovoljen *prid.* autocratic
samozadovoljen *prid.* complacent
samozadovoljevati se *gl.* masturbate
samozavest *sam.* aplomb
samska oseba *sam.* singleton
samski *prid.* celibate
sanatorij *sam.* sanatorium
sandala *sam.* sandal
sandalovina *sam.* sandalwood
sani *sam.* sleigh
sanitaren *prid.* sanitary
sanjarjenje *sam.* reverie
sanjav *prid.* fanciful
sanje *sam.* dream
sankcionirati *gl.* sanction
sanke *sam.* sledge
sari *sam.* sari
sarkastičen *prid.* sarcastic
sarkazem *sam.* sarcasm
sarkofag *sam.* sarcophagus
satan *sam.* Satan
satanizem *sam.* Satanism
satanski *prid.* satanic
satelit *sam.* satellite
saten *sam.* satin
satira *sam.* satire
satiričen *prid.* satirical
satirik *sam.* satirist
satovje *sam.* honeycomb
savna *sam.* sauna
scenarij *sam.* scenario
sebičen *prid.* selfish
sečen *prid.* urinary
sedacija *sam.* sedation
sedan *sam.* sedan
sedanji *prid.* current

sedanjost *sam.* present
sedeč *prid.* sedentary
sedem *prid. & sam.* seven
sedemdeset *prid. & sam.* seventy
sedemdeseti *prid. & sam.*
   seventieth
sedemnajst *prid. & sam.*
   seventeen
sedemnajsti *prid. & sam.*
   seventeenth
sedenje *sam.* sitting
sedeti *gl.* sit
sedež *sam.* seat
sedež (podjetja) *sam.*
   headquarters
sedežni red *sam.* seating
sedlar *sam.* saddler
sedlo *sam.* saddle
sedmerokotnik *sam.* heptagon
sedmi *prid. & sam.* seventh
sef *sam.* safe
segment *sam.* segment
segregacija *sam.* segregation
segregirati *gl.* segregate
seja *sam.* session
sejem *sam.* market
sekač *sam.* chopper
sekalec *sam.* cutter
sekati *gl.* hack
sekira *sam.* axe
sekirica *sam.* hatchet
sekljati *gl.* chop
sekretar *sam.* secretary
sekretariat *sam.* secretariat
seksizem *sam.* sexism
sekta *sam.* sect
sektaški *prid.* sectarian
sektor *sam.* sector
sel *sam.* messenger
selitev *sam.* migration
seliti se *gl.* migrate
seljenje *sam.* transmigration

semantičen *prid.* semantic
seme *sam.* seed
semenast *prid.* seedy
semester *sam.* semester
seminar *sam.* seminar
semiš *sam.* suede
semitski *prid.* Semitic
semkaj *prisl.* hither
senat *sam.* senate
senator *sam.* senator
senatorski *prid.* senatorial
senca *sam.* shadow
senčen *prid.* shady
sendvič *sam.* sandwich
senilen *prid.* senile
senilnost *sam.* senility
seno *sam.* hay
sentimentalen *prid.* sentimental
senzacija *sam.* sensation
senzacionalen *prid.* sensational
senzacionalizirati *gl.*
   sensationalize
senzibilen *prid.* sensible
senzibilizirati *gl.* sensitize
senzibilnost *sam.* sensibility
senzitiven *prid.* sensitive
senzor *sam.* sensor
senzualen *prid.* sensuous
separatist *sam.* separatist
sepsa *sam.* sepsis
september *sam.* September
septičen *prid.* septic
serija *sam.* series
serijski *prid.* serial
servieta *sam.* serviette
servirni pladenj *sam.* salver
serž *sam.* serge
sesalec *sam.* mammal
sesalnik *sam.* Hoover
sesek *sam.* teat
sesekljati *gl.* mince
sestanek *sam.* appointment

sestava *sam.* composition
sestaven *prid.* constituent
sestavina *sam.* ingredient
sestaviti *gl.* compose
sestavljati *gl.* comprise
sestavni del *sam.* component
sestra *sam.* sister
sestradan *prid.* famished
sestrski *prid.* sisterly
sestrstvo *sam.* sisterhood
seter *sam.* setter
sever *sam.* north
severen *prid.* northern
sezam *sam.* sesame
seznam *sam.* list
seznaniti *gl.* inform
seznanjen *prid.* conversant
sezona *sam.* season
sezonski *prid.* seasonal
seženj (cca 183 cm) *sam.* fathom
shajališče *gl.* haunt
shema *sam.* scheme
shematičen *prid.* schematic
shiran *prid.* emaciated
shizofrenija *sam.* schizophrenia
shladiti *gl.* refrigerate
shod *sam.* rally
sholastičen *prid.* scholastic
shramba *sam.* pantry
shraniti *gl.* enshrine
shujšan *prid.* haggard
sibarit *sam.* sybarite
sičniški *prid.* sibilant
sidrišče *sam.* anchorage
sidro *sam.* anchor
sifon *sam.* siphon
sigmatizirati *gl.* stigmatize
signal *sam.* signal
sij *sam.* aura
sijaj *sam.* glamour
sijajen *prid.* flamboyant
sijajen prizor *sam.* pageantry

sijoč *prid.* shiny
sikanje *sam.* zing
sikati *gl.* hiss
sila *sam.* force
silfida *sam.* sylph
silhueta *sam.* silhouette
silicij *sam.* silicon
silogizem *sam.* syllogism
silovit *prid.* forceful
silovit napad *sam.* onslaught
simbioza *sam.* symbiosis
simbol *sam.* symbol
simbolen *prid.* symbolic
simbolizem *sam.* symbolism
simbolizirati *gl.* symbolize
simetričen *prid.* symmetrical
simetrija *sam.* symmetry
simfonija *sam.* symphony
simpatičen *prid.* sympathetic
simpatija *sam.* sympathy
simpozij *sam.* symposium
simptom *sam.* symptom
simptomatičen *prid.* symptomatic
sin *sam.* son
sindikalist *sam.* unionist
sindikat *sam.* union
sindrom *sam.* syndrome
sinekura *sam.* sinecure
sinergija *sam.* synergy
sinhron *prid.* synchronous
sinhronizirati *gl.* synchronize
sinopsis *sam.* synopsis
sintetičen *prid.* synthetic
sintetizirati *gl.* synthesize
sinteza *sam.* synthesis
sinus *sam.* sinus
sir *sam.* cheese
sirena *sam.* siren
sirota *sam.* orphan
sirotišnica *sam.* orphanage
sirotka *sam.* whey

sirup *sam.* syrup
sistem *sam.* system
sistematičen *prid.* systematic
sistemizirati *gl.* systematize
sistemski *prid.* systemic
siten *prid.* stroppy
sitnež *sam.* frump
sitnost *sam.* hassle
sito *sam.* sieve
sitost *sam.* satiety
situacija *sam.* situation
siva barva *sam.* grey
sivka *sam.* lavender
skakalec *sam.* jumper
skakljati *gl.* hop
skala *sam.* rock
skalnat *prid.* rocky
skalp *sam.* scalp
skedenj *sam.* barn
skelet *sam.* skeleton
skenirati *gl.* scan
skeptičen *prid.* sceptical
skeptik *sam.* sceptic
skica *sam.* sketch
skicen *prid.* sketchy
skicirati *gl.* delineate
sklad *sam.* fund
skladatelj *sam.* composer
skladen *prid.* harmonious
skladišče *sam.* warehouse
skladnja *sam.* syntax
skladnost *sam.* conformity
sklanjati *gl.* inflect
skleda *sam.* bowl
sklenina *sam.* enamel
sklep *sam.* inference
sklepati *gl.* deduce
sklicanje *sam.* convocation
sklicati *gl.* convene
skljuËeno se držati *gl.* slouch
skloniti se *gl.* stoop
sklopka *gl.* clutch

skočiti *gl.* jump
skodelica *sam.* cup
skodla *sam.* shingle
skomigniti *gl.* shrug
skop *prid.* niggardly
skoparen *prid.* skimp
skopariti *gl.* scrimp
skopiti *gl.* emasculate
skopuh *sam.* niggard
skoraj *prisl.* almost
skorja *sam.* crust
skovikanje *sam.* hoot
skozi *predl. & prisl.* through
skrajen *prid.* arrant
skrajni *prid.* utmost
skrajnost *sam.* limit
skrajšati *gl.* shorten
skrb *sam.* providence
skrb vzbujajoč *prid.* worrisome
skrben *prid.* provident
skrbeti *gl.* worry
skrbnik *sam.* caretaker
skrbništvo *sam.* custody
skrčenje *sam.* shrinkage
skrčiti *gl.* shrink
skreniti *gl.* yaw
skrilavec *sam.* slate
skrinja *sam.* cist
skrinjica *sam.* casket
skriti *gl.* hide
skriti se *gl.* abscond
skrivališče *sam.* cache
skriven *prid.* secret
skriven *prid.* surreptitious
skrivljen *prid.* crooked
skrivnost *sam.* mystery
skrivnosten *prid.* mysterious
skromen *prid.* modest
skromnost *sam.* modesty
skrunilec *sam.* rapist
skuhati *gl.* concoct
skupaj *prisl.* together

skupaj živeti *gl.* cohabit
skupek *sam.* conglomeration
skupen *prid.* total
skupina *sam.* group
skupna blagajna *sam.* kitty
skupno število *sam.* total
skupnost *sam.* community
skušnjava *sam.* temptation
skušnjavec *sam.* tempter
skuta *sam.* curd
skuter *sam.* scooter
skvoš *gl.* squash
sla *sam.* lust
slab *prid.* bad
slaba vlada *sam.* misrule
slabič *sam.* weakling
slabo *prisl.* badly
slabo delovati *gl.* malfunction
slabo gospodarjenje *sam.* mismanagement
slabo ravnati *gl.* mishandle
slabo stanje *sam.* disrepair
slabo vodenje *sam.* maladministration
slabo vodstvo *sam.* misconduct
slabokrvnost *sam.* anaemia
slabost *sam.* weakness
slaboten *prid.* infirm
slabotnost *sam.* infirmity
slabšalen *prid.* pejorative
slabši *prid.* worse
slačiti *gl.* strip
slad *sam.* malt
sladek *prid.* sweet
sladica *sam.* sweetmeat
sladilo *sam.* sweetener
sladkati *gl.* sweeten
sladkor *sam.* sugar
sladkoren *prid.* saccharine
sladkorna bolezen *sam.* diabetes
sladkorni obliv *sam.* icing
sladkorni sok *sam.* treacle

sladkosnednež *sam.* gourmand
sladkost *sam.* sweetness
sladokusec *sam.* gourmet
sladoled *sam.* ice-cream
sladoledna kupa *sam.* sundae
slamica *sam.* straw
slamnata streha *sam.* thatch
slamnjača *sam.* pallet
slan *prid.* salty
slanica *sam.* brine
slanik *sam.* herring
slanina *sam.* bacon
slanost *sam.* salinity
slap *sam.* waterfall
slast *gl.* delight
slasten *prid.* delicious
slaščica *sam.* candy
slaščičar *sam.* confectioner
slaščičarna *sam.* confectionery
slava *sam.* fame
slavec *sam.* nightingale
slaven *prid.* famous
slavje *sam.* jubilation
slavnost *sam.* festivity
sleči *gl.* disrobe
sleči obleko *gl.* undress
sled živali *sam.* spoor
sledeč *prid.* consequent
sledenje *sam.* tracing
sledilec *sam.* sleuth
slediti *gl.* follow
slediti nazaj *gl.* retrace
slednji *prid.* latter
sleme *sam.* ridge
sleng *sam.* slang
slep *prid.* blind
slepa ulica *sam.* impasse
slepa zaljubljenost *sam.* infatuation
slepar *sam.* imposter
sleparija *sam.* trickery
slepilen *prid.* specious

slepiti *gl.* dazzle
slepota *sam.* blindness
slika *sam.* painting
slikar *sam.* painter
slikoven *prid.* pictorial
slikovit *prid.* picturesque
slikovna pika *sam.* pixel
slina *sam.* saliva
slinček *sam.* bib
sliniti se *gl.* slobber
slišati *gl.* hear
slišen *prid.* audible
sliva *sam.* plum
sljuda *sam.* mica
sloga *sam.* concord
slogan *sam.* slogan
slon *sam.* elephant
sloneč *prid.* recumbent
slonovina *sam.* ivory
slovar *sam.* dictionary
sloves *sam.* renown
slovesen *prid.* ceremonious
slovesno ustoličiti *gl.* inaugurate
slovesnost *sam.* ceremony
slovnica *sam.* grammar
slovo *excl.* goodbye
slovo *sam.* parting
slučajen *prid.* accidental
sluh *sam.* hearing
slušalka *sam.* headphone
slutnja *sam.* portent
sluz *sam.* mucus
sluzast *prid.* mucous
služabnik *sam.* servant
služabniški *prid.* menial
služba *sam.* job
službena doba *sam.* innings
službovanje *sam.* stint
služiti *gl.* serve
služkinja *sam.* maid
smaragd *sam.* emerald
smeh *sam.* laughter

smehljati se *gl.* smile
smejati se *gl.* laugh
smejav *prid.* risible
smer *sam.* direction
smernica *sam.* directive
smešen *prid.* funny
smešiti *gl.* satirize
smetana *sam.* cream
smeti *sam.* garbage
smeti *gl.* may
smetišče *sam.* dump
smetnjak *sam.* bin
smirkov papir *sam.* sandpaper
smisel *sam.* sense
smog *sam.* smog
smoking *sam.* tuxedo
smola *sam.* jinx
smotrn *prid.* expedient
smrad *sam.* stench
smrčanje *sam.* snore
smrdeti *gl.* stink
smrdljiv *prid.* smelly
smrkati *gl.* sniffle
smrt *sam.* death
smrt v družini *sam.* bereavement
smrten *prid.* deadly
smrtna žrtev *sam.* fatality
smrtonosen *prid.* lethal
smučka *sam.* ski
smukec *sam.* talc
smúti *sam.* smoothie
snaha *sam.* daughter-in-law
sneg *sam.* snow
snemati *gl.* tape
snežen *prid.* snowy
snežna kepa *sam.* snowball
snežni metež *sam.* blizzard
snob *sam.* snob
snobizem *sam.* snobbery
snobovski *prid.* snobbish
snop *sam.* sheaf
snov *sam.* stuff

snoven *prid.* substantial
snovno *prisl.* substantially
snubitev *sam.* proposal
soba *sam.* room
sobesedilo *sam.* context
sobivati *gl.* coexist
sobota *sam.* Saturday
socialist;socialističen *sam. & prid.* socialist
socializem *sam.* socialism
sociologija *sam.* sociology
sočasen *prid.* simultaneous
sočen *prid.* juicy
sočustvovati *gl.* sympathize
sočuten *prid.* pitiful
sočutje *sam.* compassion
sod *sam.* barrel
sodar *sam.* cooper
sodavica *sam.* soda
sodček *sam.* keg
sodelavec *sam.* colleague
sodelovanje *sam.* cooperation
sodelovati *gl.* cooperate
sodelujoč *prid.* cooperative
soden *prid.* judicial
sodišče *sam.* court
sodna oblast *sam.* jurisdiction
sodna preiskava *sam.* inquest
sodni nalog *sam.* warrant
sodni postopek *sam.* prosecution
sodni poziv *sam.* summons
sodnijski sluga *sam.* bailiff
sodnik *sam.* judge
sodnik (šport) *sam.* referee
sodniški *prid.* magisterial
sodnomedicinski *prid.* forensic
sodoben *prid.* contemporary
sodobnost *sam.* modernity
sodomija *sam.* sodomy
sodra *sam.* sleet
sodrga *sam.* rabble

sofist *sam.* sophist
sofizem *sam.* sophism
soglasen *prid.* unanimous
soglasje *sam.* consensus
soglasnik *sam.* consonant
soglasnost *sam.* concordance
soglašati *gl.* accede
sogovornik *sam.* interlocutor
soimenjak *sam.* namesake
sok *sam.* juice
sokol *sam.* falcon
sokrivec *sam.* accomplice
sol *sam.* salt
solaren *prid.* solar
solata *sam.* salad
solicitacija *sam.* solicitation
solidarnost *sam.* solidarity
solist *sam.* soloist
solo *sam.* solo
solza *sam.* tear
solzen *prid.* tearful
somestje *sam.* conurbation
somrak *sam.* twilight
sonce *sam.* sun
sončen *prid.* sunny
sončiti s *gl.* sun
sončiti se *gl.* bask
sončnik *sam.* parasol
sonda *sam.* probe
sonet *sam.* sonnet
soočenje *sam.* confrontation
soočiti se *gl.* confront
soodnosnost *sam.* correlation
soodvisen *prid.* interdependent
soparen *prid.* sultry
sopomenka *sam.* synonym
sopomenski *prid.* synonymous
sopsti *gl.* pant
sorazmeren *prid.* proportionate
sorbet *sam.* sorbet
sorodna duša *sam.* soul mate
sorodnost *sam.* kinship

sorojenec *sam.* sibling
sorta *sam.* sort
sosed *sam.* neighbour
sosednji *prid.* adjacent
soseščina *sam.* neighbourhood
sostorilstvo *sam.* complicity
soteska *sam.* canyon
sotočje *sam.* confluence
sova *sam.* owl
sovpadati *gl.* coincide
sovraštvo *sam.* hostility
sovražen *prid.* hostile
sovražiti *gl.* hate
sovražnik *sam.* enemy
sozvezdje *sam.* constellation
sozvočje *sam.* assonance
sožalje *sam.* condolence
sožalovati *gl.* condole
sožitje *sam.* coexistence
spačen *prid.* monstrous
spačenost *sam.* malformation
spačiti *gl.* contort
spadati *gl.* belong
spajka *sam.* solder
spalec *sam.* sleeper
spalna srajca *sam.* nightie
spalnica *sam.* dormitory
spanje *sam.* sleep
spastičen *prid.* spastic
specialist *sam.* specialist
specialiteta *sam.* speciality
specializacija *sam.* specialization
specializiran trgovec *sam.* stockist
specializirati se *gl.* specialize
specificirati *gl.* specify
specifičen *prid.* specific
specifikacija *sam.* specification
speč *prid.* asleep
speči *gl.* bake
spektakel *sam.* spectacle
spektakularen *prid.* spectacular

spekter *sam.* spectrum
spektralen *prid.* spectral
speljati *gl.* mislead
speljati na krivo pot *gl.* misguide
spenjač *sam.* stapler
sperma *sam.* sperm
spet *prisl.* again
spiralen *prid.* spiral
spiranje *sam.* elusion
spiritualist *sam.* spiritualist
spiritualnost *sam.* spirituality
spisek *sam.* roster
splakniti *gl.* rinse
splakovati *gl.* flush
splav *sam.* raft
splav (med.) *sam.* abortion
splaviti *gl.* abort
splesti *gl.* splice
splet *sam.* web
spleten *comb.* cyber
spletkariti *gl.* conspire
spletna stran *sam.* webpage
spletni dnevnik *sam.* blog
spletno mesto *sam.* website
sploščiti *gl.* flatten
splošen *prid.* general
splošna blaginja *sam.* commonwealth
splošno znana resnica *sam.* truism
spočeti *gl.* beget
spodbosti *gl.* prompt
spodbuda *sam.* incentive
spodbuditi *gl.* boost
spodbujati *gl.* cheer
spodjesti *gl.* erode
spodkopati *gl.* undercut
spodkopavati *gl.* subvert
spodleteti *gl.* fail
spodnje hlače *sam.* underpants
spodnje krilo *sam.* petticoat
spodnje perilo *sam.* underwear

spodnji *prid.* lower
spodoben *prid.* decent
spodobnost *sam.* decency
spodrsljaj *sam.* lapse
spodrsniti *gl.* slip
spogledljiv *prid.* cocky
spogledljivka *sam.* minx
spogledovati se *gl.* flirt
spoj kosti *sam.* suture
spojitev *sam.* linkage
spojiti *gl.* interlink
spokojen *prid.* tranquil
spokojnost *sam.* tranquillity
spokoriti *gl.* atone
spokoriti se *gl.* expiate
spokorniški *prid.* penitent
spol *sam.* gender
spolen *prid.* sexual
spolno občevanje *sam.* intercourse
spolno privlačen *prid.* sexy
spolnost *sam.* sexuality
spolzek *prid.* slippery
spomenik *sam.* monument
spomeniški *prid.* monumental
spomin *sam.* memory
spomin na *sam.* memento
spominek *sam.* souvenir
spominjajoč na *prid.* reminiscent
spominjanje *sam.* remembrance
spominjati se *gl.* commemorate
spominska slovesnost *sam.* commemoration
spominska svečanost *sam.* memorial
spomniti *gl.* remind
spomniti se *gl.* remember
sponka *sam.* clip
spontan *prid.* spontaneous
spontani splav *sam.* miscarriage
spontanost *sam.* spontaneity
spopasti se (v rokoborbi) *gl.* wrestle
spoprijateljiti se *gl.* befriend
spor *sam.* conflict
sporadičen *prid.* sporadic
sporazum *sam.* agreement
sporazumen *prid.* agreeable
sporen *prid.* controversial
sporno vprašanje *sam.* issue
sporočilo *sam.* message
sporočiti *gl.* communicate
sporočljiv *prid.* communicable
sposoben *prid.* capable
sposobnost *sam.* capability
spoštljiv *prid.* respectful
spoštljivost *sam.* deference
spoštovan *prid.* respectable
spoštovanja poln *prid.* reverential
spoštovanja vreden *prid.* honourable
spoštovanje *sam.* respect
spotakniti se *gl.* stumble
spoznavanje *sam.* cognizance
sprat *sam.* sprat
sprava *sam.* reconciliation
spraviti *gl.* propitiate
spraviti na slab glas *gl.* discredit
spraviti v dobro stanje *gl.* recondition
spraviti v nered *gl.* disarrange
spraviti v zadrego *gl.* embarrass
sprednja stran *sam.* front
sprednji *prid.* fore
spregati *gl.* conjugate
spregledanje *sam.* oversight
sprehajalna palica *sam.* cane
sprehajati se *gl.* stroll
sprejem *sam.* acceptance
sprejemljiv *prid.* acceptable
sprejemnica *sam.* parlour
sprejeti *gl.* accept
sprememba *sam.* modification

spremeniti *gl.* alter
spremeniti barvo *gl.* discolour
spremenljiv *prid.* variable
spremljajoč *prid.* concomitant
spremljati *gl.* accompany
spremljava *sam.* accompaniment
spremljevalec *sam.* companion
spremljevalec na konju *sam.* outrider
spremstvo *sam.* entourage
spreobrniti *gl.* convert
spreobrnjenec *sam.* convert
spreten *prid.* skilful
spretnost *sam.* skill
sprevod *sam.* cavalcade
sprevrženje *sam.* perversion
sprhneti *gl.* disintegrate
spričevalo *sam.* certificate
spriditi *gl.* vitiate
sprijemljiv *sam.* adhesive
sprijen *prid.* untoward
sprintati *gl.* sprint
sprinter *sam.* sprinter
sprostitev *sam.* relaxation
sprostiti *gl.* unleash
sprostiti se *gl.* relax
sprožilec *sam.* trigger
sprožiti *gl.* activate
spust *sam.* descent
spustiti *gl.* alight
spustiti se *gl.* descend
srajca *sam.* shirt
sraka *sam.* magpie
sram *sam.* shame
sramen *prid.* pubic
sramežljiv *prid.* shy
sramežljivec *sam.* prude
sramota *sam.* disgrace
sramoten *prid.* shameful
sramotilni spis *gl.* lampoon
sramotiti koga *gl.* traduce
sramotni madež *sam.* stigmata

srbeč *prid.* itchy
srbeti *gl.* itch
srce *sam.* heart
srček *sam.* sweetheart
srčen *prid.* cardiac
srčen udarec *sam.* fluke
srčkan *prid.* dainty
srčna bolečina *sam.* heartache
srd *sam.* wrath
srdit *prid.* grim
srebati *gl.* slurp
srebro *sam.* silver
sreča *sam.* happiness
srečanje *sam.* meeting
srečati *gl.* meet
srečelov *sam.* raffle
srečen *prid.* lucky
sreda *sam.* Wednesday
sredi *prid.* midst
sredina poletja *prid.* midsummer
središče *sam.* center
srednjega spola *prid.* neuter
srednjeveški *prid.* medieval
srednji *prid.* middle
Sredozemlje *prid.* Mediterranean
sredstvo *sam.* means
srhljiv *prid.* scary
srhljivka *sam.* thriller
srkljati *gl.* sip
srna *sam.* doe
srp *sam.* sickle
sršen *sam.* hornet
srž *sam.* crux
stabilen *prid.* stable
stabilizacija *sam.* stabilization
stabilizirati *gl.* stabilize
stabilnost *sam.* stability
stadion *sam.* stadium
stagnacija *sam.* stagnation
stagnirati *gl.* stagnate
stalen *prid.* constant
stališče *sam.* standpoint

stalna pravica *sam.* tenure
stalni dohodek *sam.* stipend
stalni gost *sam.* habitue
stalnost *sam.* continuity
standard *sam.* standard
standardizacija *sam.* standardization
standardizirati *gl.* standardize
stanje *sam.* condition
stanodajalec *sam.* landlord
stanovanje *sam.* apartment
stanovanjski *prid.* residential
stanoviten *prid.* steadfast
stanovitnost *sam.* perseverance
star *prid.* old
stara devica *sam.* spinster
starejši *prid.* elder
starešinstvo *sam.* seniority
stari vek *sam.* antiquity
starinski *prid.* antiquarian
starodaven *prid.* ancient
starokopiten *prid.* conservative
starost *sam.* age
starš *sam.* parent
starševski *prid.* parental
stas *sam.* stature
stati *gl.* cost
statičen *prid.* static
statično *prisl.* statically
statističen *prid.* statistical
statistik *sam.* statistician
statistika *sam.* statistics
stativ *sam.* tripod
status *sam.* status
statut *sam.* statute
statve *sam.* loom
stava;staviti *sam. & gl.* wager
stavba *sam.* building
stavbni mizar *sam.* joiner
stavec *sam.* compositor
stavek *sam.* sentence
staviti *gl.* bet

staviti vrh česa *gl.* superimpose
stavni stroj *sam.* typesetter
steber *sam.* pillar
stebrišče *sam.* portico
stečaj *sam.* bankruptcy
stegno *sam.* thigh
stehtati *gl.* weigh
stekanje *sam.* concourse
stekati se *gl.* converge
steklar *sam.* glazier
steklen *prid.* vitreous
stekleni balon *sam.* carboy
steklenica *sam.* bottle
steklenička *sam.* vial
steklina *sam.* rabies
stelja *sam.* litter
stena *sam.* wall
stenj *sam.* wick
stenograf *sam.* stenographer
stenografija *sam.* stenography
stenska podoba *sam.* mural
stepa *sam.* steppe
stepati *gl.* whisk
stereo *sam.* stereo
stereofonski *prid.* stereophonic
stereoskopski *prid.* stereoscopic
stereotip *sam.* stereotype
sterilen *prid.* sterile
sterilizacija *sam.* sterilization
sterilizirati *gl.* sterilize
sterilnost *sam.* sterility
steroid *sam.* steroid
stetoskop *sam.* stethoscope
stevard *sam.* steward
steza *sam.* path
stičen *prid.* contiguous
stigma *sam.* stigma
stihijski *prid.* unbridled
stik *sam.* contact
stikalo *sam.* switch
stil *sam.* style
stilist *sam.* stylist

stilističen *prid.* stylistic
stiliziran *prid.* stylized
stimulus *sam.* stimulus
stisk *sam.* compression
stisk roke *sam.* handshake
stiska *sam.* distress
stisniti *gl.* squeeze
sto *prid. & sam.* hundred
stoik *sam.* stoic
stojalo *sam.* rack
stoječa voda *sam.* backwater
stojišče *sam.* stance
stojnica *sam.* booth
stok *sam.* moan
stokati *gl.* groan
stol *sam.* chair
stoletje *sam.* century
stoletnica *sam.* centenary
stolica *sam.* trestle
stolnica *sam.* minster
stolp *sam.* tower
stolpič *sam.* pinnacle
stolpnica *sam.* skyscraper
stonoga *sam.* centipede
stopalo *sam.* foot
stopati *gl.* tread
stopati po isti poti *gl.* retread
stopicati *gl.* trip
stopinja *sam.* degree
stopljen *prid.* molten
stopnica *sam.* stair
stopničasta vrsta *sam.* tier
stopnišče *sam.* staircase
stopniščna ograja *sam.* banisters
stopnja *sam.* rate
stopnjevanje *sam.* gradation
stopnjevati se *gl.* escalate
storilec *sam.* offender
storilnost *sam.* productivity
storitev *sam.* service
storiti *gl.* do
storiti krivico *gl.* injure

stostopinjski *prid.* centigrade
stožčast *prid.* conical
stožec *sam.* cone
stradanje *sam.* starvation
stradati *gl.* starve
strah *sam.* fear
strahopetec *sam.* coward
strahopeten *prid.* dastardly
strahopetnost *sam.* cowardice
strahospoštovanje *sam.* awe
strahovit *prid.* swingeing
stran *prisl.* off
stran *sam.* side
stranišče *sam.* toilet
stranka *sam.* client
strankar *sam.* partisan
stranska proga *sam.* sideline
stransko poslopje *sam.* outhouse
strast *sam.* passion
strasten *prid.* passionate
strašanski *prid.* horrendous
strašen *prid.* horrible
strašilo *sam.* bogey
strateg *sam.* strategist
strategija *sam.* strategy
strateški *prid.* strategic
stratificirati *gl.* stratify
straža *sam.* sentinel
stražar *sam.* sentry
stražarski *sam.* constabulary
stražiti *gl.* guard
stražnik *sam.* constable
strdek *sam.* clot
strditi *gl.* harden
streha *sam.* roof
strelivo *sam.* ammunition
streljanje *sam.* shooting
streljati *gl.* shoot
strelski jarek *sam.* trench
streme *sam.* stirrup
stremeti k *gl.* aspire
stres *sam.* stress

stresti *gl.* wag
stresti jezo *gl.* wreak
strešno okno *sam.* skylight
strežnik *sam.* server
strgalnik *sam.* grater
strgati *gl.* grate
stric *sam.* uncle
stričevski *prid.* avuncular
striči *gl.* shear
striktura *sam.* stricture
strinjati se *gl.* agree
striptizeta *sam.* stripper
striženje las *sam.* haircut
strjena kri *sam.* gore
strm *prid.* steep
strmeti *gl.* stare
strnišče *sam.* stubble
strnjen *prid.* compendious
stroboskop *sam.* strobe
strog *prid.* strict
strog predstojnik *sam.* martinet
strogo *prisl.* strictly
strogost *sam.* rigour
stroj *sam.* machine
strojar *sam.* tanner
strojarna *sam.* tannery
stroji *sam.* machinery
strok *sam.* clove
strokovnjak *sam.* expert
strokovnjak za dietetiko *sam.* dietician
strokovno znanje *sam.* expertise
strop *sam.* ceiling
strošek *sam.* expense
strpen *prid.* tolerant
strpnost *sam.* tolerance
strugar *sam.* turner
struktura *sam.* structure
strukturen *prid.* structural
strumen *prid.* stalwart
strup *sam.* poison
strupen *prid.* poisonous

stružnica *sam.* lathe
stržek *sam.* wren
Stuart *prid.* Stuart
studenec *sam.* well
studio *sam.* studio
stvar *sam.* thing
stvaritev *sam.* creation
subjektiven *prid.* subjective
subliminaren *prid.* subliminal
sublimirati *gl.* sublimate
substanca *sam.* substance
subtilen *prid.* subtle
subtropski *prid.* subtropical
subvencija *sam.* subsidy
subvencionirati *gl.* subsidize
subverzija *sam.* subversion
sudoku *sam.* Sudoku
sugestibilen *prid.* suggestible
sugestiven *prid.* suggestive
suh *prid.* dry
suha sliva *sam.* prune
sukanec *sam.* twine
sukati *gl.* twist
suličar *sam.* lancer
sultanka *sam.* sultana
sum *sam.* suspicion
sumiti *gl.* suspect
sumničav *prid.* suspicious
sunek *sam.* jerk
suniti *gl.* jolt
sunkovit *prid.* fitful
super *prid.* super
superga *sam.* sneaker
superioren *prid.* superior
superiornost *sam.* superiority
supermarket *sam.* superstore
surov *prid.* raw
surovež *sam.* thug
surovo zlato ali srebro *sam.* bullion
surrealen *prid.* surreal
surrealizem *sam.* surrealism

suspenzija *sam.* suspension
suša *sam.* drought
sušilni stroj *sam.* dryer
suverenost *sam.* sovereignty
suženj *sam.* slave
suženj (služabnik) *sam.* thrall
suženjski *prid.* slavish
suženjstvo *sam.* slavery
svarilec *sam.* monitor
svarilen *prid.* cautionary
svarilo *sam.* warning
svatben *prid.* nuptial
sveča *sam.* candle
svečan *prid.* ceremonial
svečano izjavljanje *sam.* protestation
svečano kosilo *sam.* luncheon
svečanost *sam.* solemnity
svečka *sam.* suppository
svet *prid.* holy
svet *sam.* world
svet (pol.) *sam.* council
svetel *prid.* bright
sveti spisi *sam.* scripture
svetilka *sam.* lamp
svetilna raketa *sam.* flare
svetilnik *sam.* beacon
svetilno olje *sam.* petroleum
svetišče *sam.* temple
svetiti *gl.* shine
svetlikati se *gl.* shimmer
svetlo pivo *sam.* ale
svetloba *sam.* light
svetlobni signal *sam.* blip
svetnik *sam.* saint
svetnik (pol.) *sam.* councillor
svetniški *prid.* saintly
svetniški sij *sam.* nimbus
sveto mesto *sam.* sanctum
svetohlinski *prid.* sanctimonious
svetost *sam.* sanctity
svetovalec *sam.* counsellor
svetovati *gl.* counsel
svetovljanski *prid.* cosmopolitan
svetovni popotnik *sam.* globetrotter
svetovni splet *sam.* internet
svež *prid.* fresh
svila *sam.* silk
svilen *prid.* silken
svilnat *prid.* silky
sviloprejka *sam.* silkworm
svinčen *prid.* leaden
svinčnica *gl.* plummet
svinčnik *sam.* pencil
svinec *sam.* lead
svinja *sam.* swine
svinjak *sam.* piggery
svinjina *sam.* pork
svoboda *sam.* freedom
svoboda *sam.* liberty
svoboden *prid.* free
svobodna volja *sam.* volition
svobodnjak *sam.* yeoman
svojeglav *prid.* obstinate
svojeglavost *sam.* obstinacy
svojevrsten *prid.* queer
svojski *prid.* peculiar
šablona *sam.* stencil
šah *sam.* chess
šah-mat *sam.* checkmate
šakal *sam.* jackal
šal *sam.* scarf
šala *sam.* joke
šaljiv *prid.* humorous
šaljiva pesmica *sam.* limerick
šaljivec *sam.* joker
šampanjec *sam.* champagne
šampon *sam.* shampoo
šapa *sam.* paw
šarast *prid.* gaudy
šarenica *sam.* iris
šarlatan *sam.* charlatan
šarm *sam.* charm

šarnir *sam.* hinge
šasija *sam.* chassis
šatulja *sam.* coffer
ščebetati *gl.* tweet
ščemenje *sam.* tingle
ščipati *gl.* pinch
ščit *sam.* shield
ščitnica *sam.* thyroid
ščuka *sam.* pike
ščurek *sam.* cockroach
še neplačan *prid.* owing
še vedno *prid.* still
še vedno *prisl.* yet
šef *sam.* boss
šelesteti *gl.* rustle
šepanje *gl.* hobble
šepati *gl.* limp
šepetalec *sam.* prompter
šepetati *gl.* whisper
šest *prid.& sam.* six
šestdeset *prid. & sam.* sixty
šestdeseti *prid. & sam.* sixtieth
šesti *prid. & sam.* sixth
šestnajst *prid. & sam.* sixteen
šestnajsti *prid. & sam.* sixteenth
šestorček *sam.* sextuplet
šeškati *gl.* spank
šiba *sam.* wand
šibek *prid.* weak
šifra *sam.* code
šifrirati *gl.* encrypt
šik *prid.* snazzy
šilček *sam.* sharpener
šimpanz *sam.* chimpanzee
šipa *sam.* pane
širina *sam.* width
širok *prid.* wide
širokoustiti se *gl.* swagger
širom *predl.* throughout
šiv *sam.* seam
šiv (med.) *sam.* stitch
šivanka *sam.* needle

šivati *gl.* sew
šivati (med.) *gl.* stitch
škandal *sam.* scandal
škandalizirati *gl.* scandalize
škarje *sam.* scissors
škarpa *sam.* scarp
škatla *sam.* box
škiliti *gl.* squint
škoda *sam.* damage
škodljiv *prid.* harmful
škodno dejanje *sam.* tort
škof *sam.* bishop
školjka *sam.* shell
školjka (zool.) *sam.* mussel
škorec *sam.* startling
škorenj *sam.* boot
škorpijon *sam.* scorpion
Škot *gl.* Scot
škrat *sam.* dwarf
škrbast *prid.* jagged
škripanje *sam.* creak
škripati *gl.* creak
škripec *sam.* pulley
škrjanec *sam.* lark
škrlat *sam.* scarlet
škrlaten *sam.* crimson
škrlatna barva *sam.* magenta
škrob *sam.* starch
škroben *prid.* starchy
škropilnik *sam.* sprinkler
škropljenje *sam.* sprinkling
škrt *prid.* stingy
škrtati *gl.* scrunch
škrtež *sam.* scrooge
šoba *sam.* nozzle
šok *sam.* shock
šokanten *prid.* shocking
šokirati *gl.* shock
šola *sam.* school
šolnina *sam.* tuition
šolska tabla *sam.* blackboard
šop *sam.* bunch

šopek *sam.* bouquet
šopiriti se *gl.* perk
šotor *sam.* tent
šovinist;šovinističen *sam. & prid.*
 chauvinist
šovinizem *sam.* chauvinism
Španec;Španka *sam.* Spaniard
španjel *sam.* spaniel
španski bezeg *sam.* lilac
španščina *sam.* Spanish
špecerist *sam.* grocer
špekulacija *sam.* speculation
špekulirati *gl.* speculate
špica *sam.* spoke
špila *sam.* skewer
špinača *sam.* spinach
šport *sam.* sport
športen *prid.* sporting
športne hlače *sam.* bloomers
športnik *sam.* sportsman
šrapnel *sam.* shrapnel
štedilnik *sam.* stove
šterling *sam.* sterling
šteti *gl.* count
števec *sam.* numerator
številčen *prid.* numerical
številčnica *sam.* dial
številčno prekašati *gl.* outnumber
številen *prid.* numerous
številka *sam.* number
števka *sam.* digit
števnik *sam.* numeral
štipendija *sam.* scholarship
štiri *prid.& sam.* four
štirideset *prid.& sam.* forty
štirikraten *prid.* quadruple
štirinajst *prid.& sam.* fourteen
štirinožec *sam.* quadruped
štola *sam.* stole
štor *sam.* stump
štorast *prid.* gawky
štorklja *sam.* stork

štrleti *gl.* protrude
študent *sam.* student
študij *sam.* study
študijski *prid.* studious
študirati *gl.* study
štuk *sam.* stucco
šumeti *gl.* fizz
šunka *sam.* ham
šušmariti *gl.* bungle
šuštenje *sam.* lisp
švigniti *gl.* whiz

T

ta;to *zaim.& prid.* this
tabelaričen *prid.* tabular
tabelaričen prikaz *sam.*
 tabulation
tabelarno urediti *gl.* tabulate
tabla *sam.* board
tableta *sam.* pill
tablica *sam.* tablet
tabloid *sam.* tabloid
tabor *sam.* camp
tabu *sam.* taboo
tabulator *gl.* tabulator
tahometer *sam.* tachometer
tajati se (odjuga) *gl.* thaw
tajen *prid.* undercover
tajfun *sam.* typhoon
tajkun *sam.* tycoon
tajnost *sam.* secrecy
tako *prisl.* so
takojšen *prid.* immediate
taksi *sam.* taxi
taksonomija *sam.* taxonomy
takšen *prid.* such
takt *sam.* tact
taktičen *prid.* tactical

taktik *sam.* tactician
taktika *sam.* tactic
taktirka *sam.* baton
talar *sam.* cassock
talec *sam.* hostage
talent *sam.* talent
talentiran *prid.* talented
talilna peč *sam.* furnace
talisman *sam.* talisman
taliti *gl.* melt
taljenje *sam.* fusion
tam *prisl.* there
tamarinda *sam.* tamarind
tamburin *sam.* tambourine
tamkajšnji *prid.* yonder
tampon *sam.* tampon
tančica *sam.* veil
tandem *sam.* tandem
tanek *prid.* thin
tanek kot vreteno *prid.* spindly
tangenta *sam.* tangent
tangice *sam.* thong
tank *sam.* tank
tanka sveča *gl.* taper
tanka tkanina *sam.* voile
tanker *sam.* tanker
tanko platno *sam.* cambric
tapas *sam.* tapas
tapetništvo *sam.* upholstery
tapiserija *sam.* tapestry
tarča *sam.* target
tarifa *sam.* tariff
tarnajoč *prid.* plaintive
tarnanje *sam.* wail
tarot *sam.* tarot
tartar *sam.* tartar
tašča *sam.* mother-in-law
tat *sam.* thief
tavati *gl.* roam
tečaj *sam.* course
tečajast *prid.* pivotal
tečen *prid.* pettish

teči *gl.* run
tečnariti *gl.* grumble
teden *sam.* week
tedenski *prid.* weekly
tegoba *sam.* plight
tehničen *prid.* technical
tehnično stanje *sam.* technicality
tehnik *sam.* technician
tehnika *sam.* technique
tehnolog *sam.* technologist
tehnologija *sam.* technology
tehnološki *prid.* technological
tehten *prid.* weighty
tehtnica (v zodiaku) *sam.* Libra
teizem *sam.* theism
tek *sam.* appetite
tek (šport) *sam.* run
tekač *sam.* runner
tekalna steza *sam.* treadmill
tekma *sam.* contest
tekmec *sam.* rival
tekmovalec *sam.* contestant
tekmovalen *prid.* competitive
tekmovalnost *sam.* rivalry
tekmovanje *sam.* competition
tekmovati *gl.* compete
tekoč *prid.* fluent
tekoče stopnice *sam.* escalator
tekočina *sam.* liquid
tekstil *sam.* textile
tekstualen *prid.* textual
tekstura *sam.* texture
tele *sam.* calf
teleban *sam.* bumpkin
telebniti *gl.* tumble
telefon *sam.* telephone
telegraf *sam.* telegraph
telegrafija *sam.* telegraphy
telegrafski *prid.* telegraphic
telegram *sam.* telegram
telekomunikacije *sam.*

telecommunications
telepat *sam.* telepathist
telepatija *sam.* telepathy
telepatski *prid.* telepathic
teleprinter *sam.* teleprinter
teleskop *sam.* telescope
telesni stražar *sam.* bodyguard
teletekst *sam.* teletext
teletina *sam.* veal
televizija *sam.* television
telo *sam.* body
telovadec *sam.* gymnast
telovaden *sam.* gymnastic
telovadnica *sam.* gymnasium
telovnik *sam.* vest
temà *sam.* darkness
téma *sam.* theme
temačen *prid.* murky
tematski *prid.* thematic
teme *sam.* vertex
temelj *sam.* foundation
temeljit *prid.* thorough
temeljito preiskovanje *sam.* scrutiny
temeljito preiskovati *gl.* scrutinize
temen *prid.* dark
temnolaska *sam.* brunette
temnopolt *prid.* swarthy
temperatura *sam.* temperature
tempo *sam.* tempo
tenis *sam.* tennis
tenor *sam.* tenor
teodolit *sam.* theodolite
teokracija *sam.* theocracy
teolog *sam.* theologian
teologija *sam.* theology
teoretičen *prid.* theoretical
teoretik *sam.* theorist
teoretizirati *gl.* theorize
teorija *sam.* theory
teozofija *sam.* theosophy

terakota *sam.* terracotta
terapevt *sam.* therapist
terapevtski *prid.* therapeutic
terapija *sam.* therapy
terasa *sam.* terrace
terciaren *prid.* tertiary
teren *sam.* terrain
terier *sam.* terrier
terjalec *sam.* claimant
terjati *gl.* claim
termalen *prid.* thermal
terminologija *sam.* terminology
terminološki *prid.* terminological
termit *sam.* termite
termodinamika *sam.* thermodynamics
termostat *sam.* thermostat
termovka *sam.* thermos
teror *sam.* terror
terorist *sam.* terrorist
terorizem *sam.* terrorism
terpentin *sam.* turpentine
tesar *sam.* carpenter
tesarstvo *sam.* carpentry
tesen *prid.* tight
tesnilno sredstvo *sam.* sealant
tesnilo *sam.* gasket
tesnoba *sam.* anguish
test *sam.* test
testenine *sam.* pasta
testis *sam.* testis
testo *sam.* dough
testosteron *sam.* testosterone
teta *sam.* aunt
tetiva *sam.* tendon
tetovaža *sam.* tattoo
teza *sam.* thesis
teža *sam.* weight
težak *prid.* difficult
težava *sam.* trouble
težaven *prid.* onerous
težek *prid.* heavy

težka preizkušnja *sam.* ordeal
težnost *sam.* gravity
ti sam;vi sami *zaim.* yourself
ti;tebe;tebi;vi;vas;vam *zaim.* you
tiara *sam.* tiara
tičati *gl.* languish
tifus *sam.* typhus
tifusen *sam.* typhoid
tiger *sam.* tiger
tih *prid.* quiet
tihotapec *sam.* smuggler
tihotapstvo *sam.* contraband
tikovina *sam.* teak
tiktakanje *sam.* ticking
tilnik *sam.* nape
tinktura *sam.* tincture
tip *sam.* bloke
tip *sam.* type
tipalka *sam.* tentacle
tipati *gl.* fumble
tipen *prid.* tactile
tipičen *prid.* typical
tipizirati *gl.* typify
tipkar *sam.* typist
tipkovnica *sam.* keyboard
tirada *sam.* tirade
tiran *sam.* tyrant
tiranija *sam.* tyranny
tiranizirati *gl.* tyrannize
tisa *sam.* yew
tiskalnik *sam.* printer
tiskarski škrat *sam.* misprint
tiskati *gl.* print
tisoč *prid. & sam.* thousand
tisočletje *sam.* millennium
tisti, ki je odsoten *sam.* absentee
tisti, ki spodbuja *sam.* booster
tisti;ta;to *zaim. & prid.* that
tišina *sam.* quietetude
titanski *prid.* titanic
titularen *prid.* titular
tjakaj *prisl.* thither

tjulenj *sam.* seal
tkalec *sam.* weaver
tkati *gl.* weave
tkivo *sam.* tissue
tkivu podoben *prid.* webby
tla *sam.* floor
tlačan *sam.* serf
tlačiti *gl.* mash
tlakovati *gl.* pave
tleskanje *sam.* smack
tleti *gl.* smoulder
toaletna vodica *sam.* cologne
toaletne potrebščine *sam.* toiletries
tobak *sam.* tobacco
toča *sam.* hail
točen *prid.* punctual
točilnica *sam.* saloon
točka *sam.* spot
točnost *sam.* punctuality
tog *prid.* stark
toga *sam.* toga
togoten *prid.* ebullient
tok *sam.* current
tok za samokres *sam.* holster
token *sam.* token
toksikologija *sam.* toxicology
toksin *sam.* toxin
tolažba *sam.* consolation
tolažiti *gl.* comfort
tolči *gl.* beat
tolči s pestmi *gl.* pummel
toleriranje *sam.* toleration
tolmač *sam.* interpreter
tolmačiti *gl.* interpret
tolpa *sam.* gang
ton *sam.* tone
tona *sam.* ton
tona (metrična) *sam.* tonne
tonaža *sam.* tonnage
toner *sam.* toner
tonik *sam.* tonic

tonzura *sam.* tonsure
top *prid.* blunt
top *sam.* cannon
topaz *sam.* topaz
topel *prid.* warm
topen *prid.* soluble
topiarij *sam.* topiary
toplice *sam.* spa
toplomer *sam.* thermometer
toplota *sam.* warmth
topništvo *sam.* artillery
topnost *sam.* solubility
topoglav *prid.* muzzy
topograf *sam.* topographer
topografija *sam.* topography
topografski *prid.* topographical
topol *sam.* poplar
topot *sam.* stomp
topotati *gl.* tramp
torba *sam.* bag
torba s poklopcem *sam.* satchel
torbica *sam.* handbag
torej *prisl.* accordingly
torek *sam.* Tuesday
tornado *sam.* tornado
torpedo *sam.* torpedo
torta *sam.* cake
torzija *sam.* torsion
totalitaren *prid.* totalitarian
tovariš *sam.* comrade
tovarištvo *sam.* camaraderie
tovarna *sam.* factory
tovarna orožja *sam.* arsenal
tovor *sam.* freight
tovorna ladja *sam.* freighter
tovorni voz *sam.* wain
tovornjak *sam.* truck
tožba *sam.* suit
tožilec *sam.* prosecutor
tožiti *gl.* prosecute
tožljiv *prid.* actionable
tožnik *sam.* plaintiff

tračnica *sam.* rail
tračnice *sam.* railing
tradicija *sam.* tradition
tradicionalen *prid.* traditional
tradicionalist *sam.* traditionalist
tragedija *sam.* tragedy
tragičen *prid.* tragic
tragik *sam.* tragedian
trajanje *sam.* duration
trajati dlje kot *gl.* outlast
trajekt *sam.* ferry
trajektorija *sam.* trajectory
trajen *prid.* permanent
trajnost *sam.* permanence
trajnosten *prid.* sustainable
trak *sam.* band
trakt *sam.* tract
traktor *sam.* tractor
trampolin *sam.* trampoline
tramvaj *sam.* tram
transcendentalen *prid.* transcendental
transcendenten *prid.* transcendent
transfuzija *sam.* transfusion
transfuzijo napraviti *gl.* transfuse
transparenten *prid.* transparent
transparentnost *sam.* transparency
transseksualec *sam.* transsexual
transvestit *sam.* transvestite
tranzistor *sam.* transistor
trapast *prid.* asinine
trapez *sam.* trapeze
trata *sam.* lawn
tratenje *sam.* wastage
trava *sam.* grass
travestija *sam.* travesty
travma *sam.* trauma
travnik *sam.* meadow
trčen *prid.* wacky

trčenje *sam.* collision
trčiti *gl.* crash
trd *prid.* hard
trden *prid.* solid
trdi disk *sam.* hard drive
trditi *gl.* assert
trdnjava *sam.* fortress
trdnjavski jarek *sam.* moat
trdno speti *gl.* interlock
trdoživ *prid.* resilient
trebuh *sam.* abdomen
trebušen *a.* abdominal
trebušna slinavka *sam.* pancreas
trend *sam.* trend
trendovski *prid.* trendy
trener *sam.* trainer
treniranje *sam.* training
trenirati *gl.* train
trenirka *sam.* tracksuit
treniti *gl.* wince
trenje *sam.* friction
trenutek *sam.* moment
trenuten *prid.* momentary
trepetati *gl.* quaver
trepljati *gl.* pat
tresorepka *sam.* wagtail
tresti *gl.* shake
tresti se *gl.* tremble
treščiti *gl.* smash
tretji *prid.* third
trezen *prid.* sober
treznost *sam.* sobriety
trg *sam.* borough
trgatev *sam.* vintage
trgati *gl.* pluck
trgovanje *sam.* trade
trgovati *gl.* deal
trgovec *sam.* trader
trgovec na debelo *sam.* wholesaler
trgovec na drobno *sam.* retailer
trgovina *sam.* commerce

trgovina na drobno *sam.* retail
trgovina z živili *sam.* grocery
trgovski *prid.* commercial
trgovsko blago *sam.* merchandise
trgovsko središče *sam.* mart
trhel *prid.* putrid
tri *prid. & sam.* three
triatlon *sam.* triathlon
tribarvnica *sam.* tricolour
tribuna *sam.* scaffold
tribut *sam.* tribute
triceps *sam.* triceps
tricikel *sam.* tricycle
tridelen *prid.* tripartite
trideset *prid. & sam.* thirty
trideseti *prid. & sam.* thirtieth
trigonometrija *sam.* trigonometry
trik *sam.* trick
trikoten *prid.* triangular
trikotnik *sam.* triangle
trikrat *prisl.* thrice
trikraten *prid.* treble
trikratnost *sam.* triple
triljon *adj & sam.* trillion
trilogija *sam.* trilogy
trinajst *prid. & sam.* thirteen
trinajsti *prid. & sam.* thirteenth
trinožnik *sam.* trivet
trio *sam.* trio
triptih *sam.* triptych
trivialen *prid.* trivial
trivialnost *sam.* trivia
trizob *sam.* trident
trkati *gl.* knock
trmast *prid.* stubborn
trn *sam.* thorn
trnast *prid.* thorny
trobenta *sam.* trumpet
trobezljati *gl.* maunder
trobiti *gl.* blare
trofeja *sam.* trophy

trojček *sam.* triplet
trojen *prid.* triplicate
trojica *sam.* trinity
trombocit *sam.* platelet
tropi *sam.* tropic
tropski *prid.* tropical
tros *sam.* spore
trosilec peska *sam.* sander
trošarina *sam.* excise
trpek *prid.* acerbic
trpeti *gl.* suffer
trpežen *prid.* tough
trpežnost *sam.* toughness
trpinčiti *gl.* tantalize
trpljenje *sam.* sufferance
trpotec *sam.* plantain
trta *sam.* vine
trud *sam.* effort
truma *sam.* troop
trup *sam.* torso
truplo *sam.* corpse
trušč *sam.* rumpus
trzaj *sam.* bobble
trzniti *gl.* flinch
tržen *prid.* negotiable
tržnica *sam.* plaza
tržništvo *sam.* marketing
tu nekje *prisl.* hereabouts
tuberkuloza *sam.* tuberculosis
tudi *prisl.* also
tuj *prid.* foreign
tujec *sam.* foreigner
tukaj *prisl.* here
tul *sam.* sheath
tulipan *sam.* tulip
tuljava *sam.* reel
tuljenje *sam.* howl
tumor *sam.* tumour
tunel *sam.* tunnel
tunika *sam.* tunic
turban *sam.* turban
turbina *sam.* turbine

turbinski polnilnik *sam.* turbocharger
turbulenca *sam.* turbulence
turist *sam.* tourist
turizem *sam.* tourism
turkiz *sam.* turquoise
turnir *sam.* tournament
turnus *sam.* rota
turoben *prid.* gaunt
tutor *sam.* tutor
tutorstvo *sam.* tutelage
tvegan *prid.* risky
tveganje *sam.* risk
tvid *sam.* tweed
tvoj;vaš *prid.* your
tvor *sam.* blain
tvorba *sam.* formation
tvoren *prid.* constructive

ubeseditev *sam.* wording
ubesediti *gl.* verbalize
ubežati *gl.* flee
ubiti *gl.* kill
ubiti koga *gl.* zap
ubog *prid.* miserable
ubogati *gl.* obey
ubogljiv *prid.* obedient
ubogljivost *sam.* obedience
uboj *sam.* homicide
ubožen *prid.* needy
ubraniti *gl.* defend
učbenik *sam.* textbook
učenec *sam.* pupil
učenjak *sam.* scholar
učenjakarski *prid.* bookish
učenjaški *prid.* scholarly
učenje *sam.* learning

učinkovit *prid.* efficient
učinkovitost *sam.* efficiency
učitelj *sam.* teacher
učiti *gl.* teach
učna ura *sam.* tutorial
učni načrt *sam.* curriculum
ud *sam.* limb
udarec *sam.* stroke
udariti *gl.* strike
udariti bekend *sam.* backhand
udariti s pestjo *gl.* punch
udarjač *sam.* striker
udarjanje morja ob obalo *sam.* surf
udarjen *prid.* stricken
udarnina *sam.* contusion
udeležba *sam.* attendance
udeleženec *sam.* participant
udeležiti se *gl.* attend
udoben *prid.* comfortable
udobje *sam.* comfort
ugajati komu *gl.* please
uganka *sam.* enigma
ugibati *gl.* guess
uglajen *prid.* genteel
uglajenost *sam.* gentility
uglaševalec *sam.* tuner
ugled *sam.* reputation
ugleden *prid.* eminent
ugnezditi se *gl.* nestle
ugotoviti *gl.* determine
ugovarjati *gl.* counter
ugovor *sam.* objection
ugrabitev *sam.* abduction
ugrabiti *gl.* abduct
ugrizniti *gl.* bite
uho *sam.* ear
ujemati se *gl.* correspond
ujeti *gl.* capture
ujeti ponovno *gl.* recapture
ujeti v past *gl.* entrap
ujetnik *sam.* captive

ujetništvo *sam.* captivity
ujetost *sam.* toils
ukana *sam.* ruse
ukaz *sam.* behest
ukazovati *gl.* command
ukinitev *gl.* abolition
ukiniti *gl.* abolish
uklonitev *sam.* submission
uklonljiv *prid.* submissive
ukoreninjen *prid.* rooted
ukoriti *gl.* reprimand
ukrasti *gl.* steal
ukvarjati se z *gl.* engage
ulica *sam.* street
ulomek *sam.* fraction
uloviti *gl.* catch
ultimat *sam.* ultimatum
ultra *pref.* ultra
ultramarin *sam.* ultramarine
um *sam.* mind
umakniti *gl.* withdraw
umakniti se *gl.* cede
umazan *prid.* dirty
umazanija *sam.* dirt
umazano perilo *sam.* laundry
umazati *gl.* defile
umbra *sam.* umber
umeten *prid.* artificial
umetnije z letalom *sam.* aerobatics
umetnik *sam.* artist
umetniški *prid.* artistic
umetnost *sam.* art
umeven *prid.* conceivable
umik *sam.* withdrawal
umirajoč *prid.* moribund
umiriti *gl.* defuse
umiriti se *gl.* hush
umirjen *prid.* sedate
umivalnica *sam.* lavatory
umor *sam.* murder
umor kralja *sam.* regicide

umor matere *sam.* matricide
umreti *gl.* die
umrljivost *sam.* mortality
unča *sam.* ounce
uničenje *sam.* annihilation
uničiti *gl.* destroy
univerza *sam.* university
univerzalen *prid.* universal
univerzalnost *prisl.* universality
univerzitetno naselje *sam.* campus
upad *gl.* decrement
upadanje *gl.* decrease
upadati *gl.* subside
upadljiv *prid.* showy
upajoče *prisl.* hopefully
upanje *sam.* hope
upepelitev *sam.* cremation
upepeliti *gl.* cremate
upnik *sam.* creditor
upočasniti *gl.* decelerate
upogljiv *prid.* flexible
upogniti *gl.* flex
upogniti *gl.* bend
upognjen *prid.* bent
upokojenec *sam.* pensioner
upokojitev *sam.* retirement
upokojiti se *gl.* retire
upokojujoč *prid.* retiring
upor *sam.* rebellion
uporaba *sam.* usage
uporaben *prid.* useful
uporabiti ponovno *gl.* reuse
uporabljati *gl.* use
uporabljiv *prid.* usable
uporabnik *sam.* user
upornik *sam.* insurgent
uporniški *prid.* rebellious
upoštevanje *sam.* consideration
upoštevati *gl.* regard
upravičen *prid.* justifiable
upravičevanje *sam.* vindication

upravičiti *gl.* justify
upravičiti kaj *gl.* vindicate
upravitelj *prid.* administrator
upravljač *sam.* operator
upravljanje *sam.* administration
upravljati *gl.* administer
upreti se *gl.* rebel
uprizoriti *gl.* perform
ura *sam.* clock
ura (čas) *sam.* hour
uraden *prid.* official
uradni list *sam.* gazette
uradnik *sam.* officer
uradno *prisl.* officially
uradovati *gl.* officiate
urediti *gl.* trim
urediti s stransko pogodbo *gl.* subcontract
urediti se *gl.* smarten
urednik *sam.* editor
uredniški *prid.* editorial
urejati *gl.* edit
urejati se *gl.* titivate
urejen *prid.* tidy
urejenost *sam.* tidiness
urejevalec *sam.* trimmer
urejevanje *sam.* trimming
uren *prid.* brisk
uresničitev *sam.* realization
uresničiti *gl.* realize
urin *sam.* urine
urinirati *gl.* urinate
urjenje *sam.* drill
urnik *sam.* schedule
urnost *sam.* alacritous
usedlina *sam.* sediment
uskladitev *sam.* coordination
uskladiti *gl.* coordinate
uslužen *prid.* complaisant
uslužnost *sam.* compliance
usmerjenost *sam.* gravitation
usmiljen *prid.* merciful

usmiljenja vreden *prid.* piteous
usmiljenje *sam.* mercy
usmrtiti z električnim tokom *gl.* electrocute
usnje *sam.* leather
usoda *sam.* destiny
usoden *prid.* fatal
uspavalen *prid.* soporific
uspavanka *sam.* lullaby
uspavati *gl.* lull
uspeh *sam.* success
uspešen *prid.* successful
uspeti *gl.* succeed
uspevati *gl.* thrive
usposobljenost *sam.* proficiency
usta *sam.* mouth
ustalitev *sam.* fixation
ustanova *sam.* institution
ustanovitelj *sam.* founder
ustanovitev *sam.* establishment
ustanovno pismo *sam.* charter
ustava *sam.* constitution
ustaven *prid.* constitutional
ustavitev *sam.* stoppage
ustaviti *gl.* stop
usten *prid.* oral
ustnica *sam.* lip
ustničen *prid.* labial
ustnik *sam.* spout
ustno *prisl.* orally
ustoličiti *gl.* enthrone
ustrahovanje *sam.* intimidation
ustrahovati *gl.* intimidate
ustrezati *gl.* befit
ustrezen *prid.* suitable
ustreznost *sam.* suitability
ustrežljiv *prid.* compliant
ustvariti *gl.* create
ustvarjalec *sam.* creator
ustvarjalen *prid.* creative
uš *sam.* louse
uščipniti *gl.* nip

ušiv *prid.* lousy
uta *sam.* bower
uteha *sam.* solace
utekočiniti *gl.* liquefy
utelešen *prid.* incarnate
utelešenje *gl.* embodiment
utemeljenost *sam.* justification
utopičen *prid.* utopian
utopija *sam.* utopia
utopiti se *gl.* drown
utrdba *sam.* fort
utrditev *sam.* consolidation
utrditi *gl.* consolidate
utrditi se *gl.* toughen
utrip *sam.* pulse
utripanje *sam.* palpitation
utripati *gl.* pulsate
utrjen *prid.* hardy
utrudljiv *prid.* wearisome
utrujati *gl.* tire
utrujen *prid.* tired
utrujenost *sam.* fatigue
uvažati *gl.* import
uvedba *sam.* imposition
uveljaviti *gl.* enforce
uvertura *sam.* overture
uvod *sam.* introduction
uvoden *prid.* introductory
uvoznik *sam.* importer
uvrstiti *gl.* align
uzakoniti *gl.* legalize
uzda *sam.* bridle
uzurpacija *sam.* usurpation
užaljenost *sam.* pique
užalostiti *gl.* bereaved
užaloščen *prid.* bereft
užaloščenje *sam.* affliction
užiten *prid.* edible
uživanje *sam.* delectation
uživati *gl.* enjoy

V

v *predl.* in
v bodoče *prisl.* hereafter
v glavnem *prisl.* chiefly
v hitrem tempu *prid.* spanking
v kratkem *prisl.* shortly
v plamenih *prisl.* ablaze
v postopku *prid.* subjudice
v presledkih *prid.* intermittent
v težavah *prid.* beleaguered
v tujini *prisl.* abroad
v zadnjem času *prisl.* lately
vaba *sam.* bait
vabljiv *prid.* inviting
vadi *sam.* wadi
vaditi *gl.* practise
vafelj *gl.* waffle
vagabund *sam.* vagabond
vagon *sam.* wagon
vaja *sam.* rehearsal
vajenec *sam.* apprentice
vajet *sam.* rein
vakuum *sam.* vacuum
valček *sam.* waltz
valenca *sam.* valency
valiti *gl.* incubate
valj *sam.* cylinder
valjar *sam.* roller
valjati se *gl.* wallow
valovanje *sam.* ripple
valovati *gl.* wave
valovit *prid.* wavy
valoviti *gl.* undulate
valovje *sam.* surge
valuta *sam.* currency
vamp *sam.* paunch
vampir *sam.* vampire
vandal *sam.* vandal
varčen *prid.* economical

varčevanje *sam.* retrenchment
varčnost *sam.* parsimony
varen *prid.* safe
variti *gl.* brew
varnost *sam.* safety
varovalka *gl.* fuse
varovalo *sam.* safeguard
varovan *prid.* guarded
varstvo *sam.* keeping
varščina *sam.* bail
varuh *sam.* guardian
varuška *sam.* nanny
vas *sam.* village
vasica *sam.* hamlet
vaskularen *prid.* vascular
vaščan *sam.* villager
vat *sam.* watt
vaza *sam.* vase
vazal *sam.* vassal
vazektomija *sam.* vasectomy
vbočen *prid.* concave
vbodna žaga *sam.* jigsaw
vbrizg *sam.* injection
vbrizgati *gl.* inject
vcepiti *gl.* inculcate
včeraj *prisl.* yesterday
vdaja *sam.* surrender
vdanost *sam.* devotion
vdati se *gl.* acquiesce
vdati se *gl.* surrender
vdihniti *gl.* inhale
vdor *sam.* penetration
vdova *sam.* widow
vdovec *sam.* widower
vdreti *gl.* invade
več *sam.* more
več *predl.* plus
več let *sam.* yonks
večen *prid.* eternal
večer *sam.* evening
večerja *sam.* supper
večerna obleka *sam.* gown

večina *sam.* majority
večleten *prid.* perennial
večnost *sam.* eternity
večpredstavnost *sam.* multimedia
večstranski *prid.* multilateral
vedenjsko moten *prid.* maladjusted
veder *prid.* cheerful
vedeti *gl.* know
vedeževalec *sam.* palmist
vedeževanje z dlani *sam.* palmistry
vedno *prisl.* always
vedoželjen *prid.* inquisitive
vedrina *sam.* serenity
vedro *sam.* bucket
vedrost *sam.* alacrity
vegan *sam.* vegan
vegetacija *sam.* vegetation
vegetarijanec *sam.* vegetarian
vegetativen *prid.* vegetative
vegetirati *gl.* vegetate
veja *sam.* branch
vejati *gl.* winnow
vejica *sam.* twig
vejica (lingv.) *sam.* comma
vek *sam.* aeon
vektor *sam.* vector
veleblagovnica *sam.* supermarket
veleposlanik *sam.* ambassador
veleposlaništvo *sam.* embassy
velesila *sam.* superpower
veličanstvo *sam.* majesty
veličasten *prid.* glorious
velikost *sam.* grandeur
velik *prid.* big
velik kos *sam.* hunk
velik šotor *sam.* marquee
velik val *gl.* billow
velika noč *sam.* Easter
velikan *sam.* giant
velikanski *prid.* enormous

veliko *zaim.* lot
velikodušen *prid.* munificent
velikodušnost *sam.* largesse
velikost *sam.* size
veljak *sam.* magnate
veljaven *prid.* valid
veljavnost *sam.* validity
velur *sam.* velour
vena *sam.* vein
vendar *prisl.* nevertheless
venec *sam.* wreath
venski *prid.* venous
ventil *sam.* valve
ventilator *sam.* ventilator
vera *sam.* religion
veranda *sam.* porch
verifikacija *sam.* verification
veriga *sam.* chain
verižica *sam.* necklet
verjeten *prid.* probable
verjeti *gl.* believe
verjetno *prisl.* probably
verjetnost *sam.* probability
verodostojen *prid.* credible
veroizpoved *sam.* creed
verolomnost *sam.* treason
verski *prid.* religious
verz *sam.* verse
verzija *sam.* version
ves *prid.* all
vesel *prid.* happy
veselica *sam.* spree
veseljačiti *gl.* revel
veselje *sam.* joy
veselo *prisl.* gaily
veselost *prisl.* joviality
veslo *sam.* paddle
vesolje *sam.* universe
vest *sam.* conscience
vesten *prid.* painstaking
vešč *prid.* skilled
veščina *sam.* sleight

veter *sam.* wind
veteran *sam.* veteran
veterinarski *prid.* veterinary
veto *sam.* veto
vetrič *sam.* breeze
vetrolov *sam.* vestibule
vetroven *prid.* windy
veverica *sam.* squirrel
vez *sam.* bond
vezaj *sam.* hyphen
vezalka *sam.* shoestring
vezenina *sam.* embroidery
vezljiv *prid.* cohesive
vgravirati *gl.* engrave
vhod *sam.* entry
viabilen *prid.* viable
viadukt *sam.* viaduct
vibracija *sam.* vibration
vibrafon *sam.* vibraphone
vibrator *sam.* vibrator
vibrirati *gl.* vibrate
vice *sam.* limbo
vid *sam.* eyesight
viden *prid.* visible
video *sam.* video
videti *gl.* see
videz *sam.* appearance
vidik *sam.* aspect
vidljivost *sam.* visibility
vidra *sam.* otter
vihar *sam.* gale
viharen *prid.* tempestuous
vihteti *gl.* brandish
vihteti kaj *gl.* wield
vijačni ključ *sam.* spanner
vijak *sam.* screw
vijolica *sam.* violet
vijolična barva *sam.* purple
vijugati *gl.* meander
vijugati se *gl.* wriggle
Viking *sam.* Viking
vikont *sam.* viscount

vikontesa *sam.* viscountess
vila *sam.* fairy
vila (arhit.) *sam.* villa
vilice *sam.* fork
vilinec *sam.* elf
vime *sam.* udder
vinilna plošča *sam.* vinyl
vinjak *sam.* brandy
vinjen *sam.* tipsy
vinjeta *sam.* vignette
vino *sam.* wine
vinogradnik *sam.* vintner
vinogradništvo *sam.* viticulture
vinska klet *sam.* winery
violina *sam.* violin
violinist *sam.* violinist
vir *sam.* provenance
vir (sredstev) *sam.* resource
virulenca *sam.* virulence
virulenten *prid.* virulent
virus *sam.* virus
virusen *prid.* viral
viseč *prid.* pendent
viseča mreža *sam.* hammock
viseti *gl.* hang
viski *sam.* whisky
viskoza *sam.* viscose
viskozen *prid.* viscid
vislice *sam.* gallows
visok *prid.* tall
visok krvni tlak *sam.* hypertension
visok svečenik *sam.* pontiff
visoko *prisl.* aloft
visokoleteč *prid.* grandiose
visokost *sam.* Highness
visokotonski zvočnik *sam.* tweeter
vist *sam.* whist
višavje *sam.* wold
višek *sam.* acme
višina *sam.* height

vitalnost *sam.* vitality
vitamin *sam.* vitamin
vitek *prid.* slim
vitel *sam.* winch
viteški *prid.* chivalrous
viteštvo *sam.* knighthood
vitez *sam.* knight
viti se *gl.* waft
vitrina *sam.* showcase
vivarij *sam.* vivarium
vizionarski *prid.* visionary
vizir *sam.* visor
vizualen *prid.* visual
vizualizirati *gl.* visualize
vizum *sam.* visa
vklesati *gl.* carve
vkljub *predl.* notwithstanding
vključevati v sebi *gl.* subsume
vključitev *sam.* inclusion
vključiti *gl.* incorporate
vkrcanje *sam.* shipment
vkrcati *gl.* embark
vlačiti se *gl.* traipse
vlačuga *sam.* whore
vlačugarski *prid.* meretricious
vlada *sam.* government
vladanje *sam.* governance
vladar *sam.* ruler
vladati *gl.* govern
vlaga *sam.* dampness
vlak *sam.* train
vlak smrti *sam.* rollercoaster
vlakno *sam.* fibre
vlažen *prid.* damp
vleči *gl.* drag
vleči koga *gl.* delude
vleči se *gl.* trudge
vleka *sam.* traction
vliti *gl.* infuse
vlivanje *sam.* infusion
vljuden *prid.* polite
vljudnost *sam.* politeness

vloga *sam.* role
vlom *sam.* burglary
vlomilec *sam.* burglar
vložek *sam.* input
vložiti *gl.* invest
vmes vreči *gl.* interject
vmesen *prid.* intermediate
vmesni stavek *sam.* parenthesis
vmesnik *sam.* interface
vmešati se *gl.* interfere
vmešavanje *sam.* interference
vmešavati se *gl.* tamper
vnaprej določiti *gl.* predetermine
vnaprej obsoditi *gl.* prejudge
vnema *sam.* fervour
vnet *prid.* fervent
vneten *prid.* inflammatory
vneti se *gl.* inflame
vnetje *sam.* inflammation
vnetje očesne veznice *sam.* conjunctivitis
vnetje slepiča *sam.* appendicitis
vnetljiv *prid.* flammable
vneto *prisl.* avidly
vnos *sam.* intake
vod *sam.* duct
voda *sam.* water
voda za izpiranje oči *sam.* eyewash
voden *prid.* watery
vodenje *gl.* conduct
vodič *sam.* guidebook
vodik *sam.* hydrogen
vodilen *prid.* foremost
vodilna osebnost *sam.* mastermind
voditi *sam.* conduct
vodja *sam.* leader
vodljiv *prid.* tractable
vodna površina *sam.* water
vodni *prid.* aqueous
vodni tok *sam.* stream

vodni žig *sam.* watermark
vodnik *sam.* guide
vodomet *sam.* fountain
vodoraven *prid.* horizontal
vodovodar *sam.* plumber
vodstven *prid.* managerial
vodstveni odbor *sam.* directory
vodstvo *sam.* management
vodvil *sam.* vaudeville
vogal *sam.* corner
vohljati *gl.* snuffle
vohun *sam.* spy
vohunstvo *sam.* espionage
vojak *sam.* soldier
vojaški *prid.* military
vojaški tabor *sam.* cantonment
vojaško bodalo *sam.* bayonet
vojna *sam.* war
vojska *sam.* army
vojskovanje *sam.* warfare
vojščak *sam.* warrior
vok *sam.* wok
vokalično izgovoriti *gl.* vocalize
vokalist *sam.* vocalist
vol *sam.* ox
volilen *prid.* elective
volilna enota *sam.* constituency
volilna pravica *sam.* suffrage
volilno telo *sam.* electorate
volitev *sam.* election
volitve *sam.* poll
volja *gl.* will
voljan *prid.* willing
voljnost *prid.* willingness
volk *sam.* wolf
volna *sam.* wool
volnast *prid.* woolly
volnen *prid.* woollen
volovski *prid.* bullish
volt *sam.* volt
vonj *sam.* smell
vonjav *prid.* redolent

vosek *sam.* wax
voščenka *sam.* crayon
voščilo *sam.* congratulation
votel *prid.* hollow
votiven *prid.* votive
votlina *sam.* cavity
voz *sam.* cart
vozel *sam.* knot
vozen *prid.* roadworthy
voziček *sam.* buggy
voziček prekucnik *sam.* trolley
vozilo *sam.* vehicle
voziti *gl.* drive
voziti se s taksijem *gl.* taxi
voznik *sam.* driver
voznik tovornjaka *sam.* trucker
voznina *sam.* fare
vpad *sam.* invasion
vpeljati *gl.* induct
vpeljati novosti *gl.* innovate
vpis na univerzo *sam.* matriculation
vpisati *gl.* enrol
vpisati se na univerzo *gl.* matriculate
vpiti *gl.* shout
vplesti *gl.* implicate
vplesti se *gl.* involve
vpleten *prid.* implicit
vpletenost *sam.* implication
vpliv *sam.* influence
vpliven *prid.* influential
vpogled *sam.* insight
vpoklicati *gl.* enlist
vpoklicati v vojsko *gl.* levy
vprašalnik *sam.* questionnaire
vprašanje *sam.* question
vprašati *gl.* ask
vprašati o *gl.* inquire
vprašujoč *prid.* interrogative
vrabec *sam.* sparrow
vračajoč se *prid.* recurrent

vračanje *sam.* recurrence
vračati *gl.* reciprocate
vrag *sam.* fiend
vrana *sam.* crow
vranica *sam.* spleen
vraničen *prid.* splenetic
vranični prisad *sam.* anthrax
vranje gnezdo *sam.* rookery
vrat *sam.* neck
vrata *sam.* door
vratar *sam.* goalkeeper
vratca *sam.* wicket
vraten *prid.* cervical
vraža *sam.* superstition
vraževeren *prid.* superstitious
vrba *sam.* willow
vrbova šiba *sam.* withe
vrč *sam.* jug
vrček *sam.* mug
vreča *sam.* sack
vrečar *sam.* marsupial
vreči *gl.* throw
vreči dol *gl.* precipitate
vreči s prestola *gl.* dethrone
vreči s sedeža *gl.* unseat
vrečka *sam.* pouch
vrečka z dišavo *sam.* sachet
vreden *prid.* worth
vreden truda *prid.* worthwhile
vrednost *sam.* value
vrednotenje *sam.* appreciation
vreme *sam.* weather
vremenoslovje *sam.* meteorology
vresje *sam.* heath
vreščanje *sam.* screech
vreščati *gl.* shriek
vreščav *prid.* shrill
vretence *sam.* vertebra
vretenčar *sam.* vertebrate
vreteno *sam.* spindle
vreti *gl.* boil
vreti rahlo *gl.* simmer

vrh *sam.* peak
vrh gore *sam.* tor
vrhoven *prid.* supreme
vrhovno sodišče *sam.* Chancery
vrhunec *sam.* climax
vrisk *sam.* whoop
vriskač *sam.* howler
vrnitev v domovino *sam.* repatriation
vrniti denar *gl.* refund
vrniti milo za drago *gl.* retaliate
vrniti se *gl.* return
vrniti se v domovino *gl.* repatriate
vroč *prid.* hot
vročekrven *prid.* impulsive
vročičen *prid.* febrile
vročina *sam.* heat
vročina (med.) *sam.* fever
vrsta *sam.* queue
vrsta (zool.) *sam.* species
vrstnik *sam.* peer
vrša *sam.* weir
vrt *sam.* garden
vrtalo *sam.* wimble
vrteti *gl.* spin
vrteti se *gl.* revolve
vrtiljak *sam.* whirligig
vrtinčast veter *sam.* whirlwind
vrtinčiti se *gl.* swirl
vrtinec *sam.* vortex
vrtna uta *sam.* arbour
vrtnar *sam.* gardener
vrtnica *sam.* rose
vrtoglav *prid.* vertiginous
vrtoglavica *sam.* vertigo
vrv *sam.* rope
vrv za jadro *sam.* halyard
vrvež *gl.* bustle
vrvica *sam.* string
vrzel *sam.* gap
vsadek *gl.* implant

vsak *prid.* each
vsak;več *prid. & zaim.* several
vsakdanji *prid.* casual
vsakodneven *prid.* daily
vsakoleten *prisl.* yearly
vsebina *sam.* containment
vsebovati *gl.* contain
vsemogočen *prid.* omnipotent
vsemogočnost *sam.* omnipotence
vseprisoten *prid.* omnipresent
vseprisotnost *sam.* omnipresence
vsestranski *prid.* versatile
vsestranskost *sam.* versatility
vseveden *prid.* omniscient
vsevednost *sam.* omniscience
vsiliti *gl.* intrude
vsiljevanje *sam.* intrusion
vsiljevati *gl.* obtrude
vsiljiv *prid.* intrusive
vsiljivec *sam.* interloper
vsota *sam.* sum
vsrkati *gl.* absorb
vstaja *sam.* insurrection
vstajanje *sam.* uprising
vstajnik *prid.* resurgent
vstati *gl.* rise
vstaviti *gl.* insert
vstavljanje *sam.* insertion
vstop *sam.* entrance
vstopiti *gl.* enter
vstopna odprtina v kanal *sam.*
  manhole
vstopnica *sam.* ticket
všečen *prid.* likeable
všit pas *sam.* waistband
vštet *prid.* inclusive
vtič *sam.* plug
vtičnica *sam.* socket
vtihotapiti *gl.* infiltrate
vtikati se *gl.* encroach
vtis *sam.* impression
vtiskati *gl.* emboss

vudu *sam.* voodoo
vulgaren *prid.* vulgar
vulgarnost *sam.* vulgarity
vulkanizirati *gl.* vulcanize
vzajemen *prid.* reciprocal
vzajemno delovati *gl.* interact
vzajemno učinkovanje *sam.*
  interplay
vzbuditi *gl.* evoke
vzburiti se *gl.* excite
vzdevek *sam.* nickname
vzdihniti *gl.* sigh
vzdolž *predl.* alongside
vzdražiti *gl.* titillate
vzdržati *gl.* endure
vzdržati se *gl.* abstain
vzdrževana oseba *sam.*
  dependant
vzdrževanje *sam.* maintenance
vzdrževati *gl.* maintain
vzdrževati pritisk *gl.* pressurize
vzdržljivost *sam.* stamina
vzdržnost *sam.* abstinence
vzeti *gl.* take
vzeti pogum *gl.* discourage
vzeti sapo *gl.* stun
vzgajati *gl.* nurture
vzgled *sam.* paragon
vzhod *sam.* east
vzhoden *prid.* eastern
vzklik *sam.* outcry
vzklikniti *gl.* exclaim
vzmetnica *sam.* mattress
vznejevoljiti *gl.* displease
vznemiriti *gl.* unsettle
vznemiriti se *gl.* agonize
vznemirjajoč *prid.* troublesome
vznemirjenje *sam.* agitation
vznevoljiti *gl.* vex
vzorčasto blago *sam.* paisley
vzorčno vezenje *sam.* sampler
vzorec *sam.* sample

vzpenjati se *gl.* mount
vzpon *sam.* ascent
vzporednica *sam.* parallel
vzpostavitev *sam.* reinstatement
vzpostaviti *gl.* reinstate
vzročen *prid.* causal
vzročnost *sam.* causality
vzrok *sam.* cause
vztrajanje *sam.* insistence
vztrajati *gl.* insist
vztrajen *prid.* insistent
vztrajnost *sam.* persistence
vzvalovanje *sam.* upsurge
vzvišen *prid.* pre-eminent
vzvišenost *sam.* pre-eminence
vzvod *sam.* lever
vžgati se *gl.* ignite
vžig *sam.* ignition
vžigalica *sam.* match
vžigalka *sam.* primer
vžigalnik *sam.* lighter

Z

z dobrim namenom *prid.* bonafide
z drugim imenom *prisl.* alias
z opravo opremiti *gl.* caparison
z računalnikom računati *gl.* computerize
z velikimi šivi zašiti *gl.* baste
z zazobkom *prid.* barbed
za *predl.* for
za razliko od *predl.* unlike
za vedno *prisl.* forever
zabava *sam.* amusement
zabavati *gl.* amuse
zabeležiti *gl.* jot
zabloda *sam.* delusion

zaboj *sam.* hutch
zabosti *gl.* stab
zabrisati *gl.* blur
zabrisati stran *gl.* thrash
začaran *prid.* spellbound
začarati *gl.* bewitch
začasen *prid.* temporary
začasni namestnik *sam.* locum
začasno bivališče *sam.* billet
začetek *sam.* beginning
začeten *prid.* initial
začeti *gl.* begin
začetna poteza *sam.* gambit
začetnik *sam.* originator
začimba *sam.* spice
začiniti *gl.* savour
začinjanje *sam.* seasoning
začinjen *prid.* savoury
začuditi se *gl.* appal
zadah *sam.* halitosis
zadaj *predl.* behind
zadavitev *sam.* strangulation
zadaviti *gl.* strangle
zadeva *sam.* matter
zadevati se *gl.* concern
zadirčen *prid.* biting
zadnji *prid.* last
zadnji del *sam.* rear
zadnjica *sam.* backside
zadnjik *sam.* anus
zadolžen *prid.* beholden
zadolžiti *gl.* depute
zadosten *prid.* sufficient
zadostnost *sam.* sufficiency
zadostovati *gl.* suffice
zadovoljavajoč *prid.* satiable
zadovoljen *prid.* content
zadovoljitev *sam.* satisfaction
zadovoljiti *gl.* satisfy
zadovoljiv *prid.* satisfactory
zadovoljstvo *sam.* contentment
zadrega *sam.* quandary

zadrga *sam.* zip
zadržan *prid.* demure
zadržanje *sam.* retention
zadržati *gl.* withhold
zadrževanje *sam.* inhibition
zadrževati *gl.* inhibit
zadrževati se *gl.* refrain
zadušitev *sam.* suffocation
zadušiti *gl.* stifle
zadušiti se *gl.* suffocate
zadušljiv *prid.* frowsty
zaganjalnik *sam.* starter
zagledanje *sam.* sighting
zagledati *gl.* behold
zagledati se *gl.* peer
zagon *sam.* momentum
zagorelost (kože) *sam.* tan
zagotovilo *sam.* assurance
zagotoviti *gl.* assure
zagotoviti si *prid.* bespoke
zagotovljen *prid.* assured
zagovarjati *gl.* advocate
zagovarjati se *gl.* plead
zagovornik *sam.* advocate
zagrabiti *gl.* snatch
zagreniti *gl.* embitter
zagrenjen *prid.* bitter
zagrešiti *gl.* offend
zagroziti *gl.* threaten
zahod *sam.* west
zahoden *prid.* western
zahodnjak *sam.* westerner
zahodnjaški *prid.* occidental
zahodno *prisl.* westerly
zahrbten *prid.* devious
zahteva *sam.* requirement
zahtevati *gl.* require
zahteven *prid.* demanding
zahvaliti se *gl.* thank
zaigran *prid.* spurious
zaimek *sam.* pronoun
zajahati *gl.* bestride

zajčja ustnica *sam.* harelip
zajec *sam.* rabbit
zajedalec *sam.* parasite
zajedljiv *prid.* caustic
zajedljivost *sam.* asperity
zajemalka *sam.* ladle
zajeti *gl.* engulf
zajezitev *sam.* barrage
zajtrk *sam.* breakfast
zajtrk in kosilo *sam.* brunch
zakaj *prisl.* why
zaklad *sam.* treasure
zakladnica *sam.* treasury
zakladnik *sam.* treasurer
zaklati *gl.* slay
zaklepišče *sam.* breech
zaklinjati *gl.* conjure
zaključek *sam.* conclusion
zaklonišče *sam.* shelter
zaklopec *sam.* tab
zakon *sam.* matrimony
zakonec *sam.* spouse
zakonit *prid.* legitimate
zakonito oporočno *prid.* testate
zakonitost *sam.* legitimacy
zakonodaja *sam.* legislation
zakonodajalec *sam.* legislator
zakonodajen *prid.* legislative
zakonodajno telo *sam.* legislature
zakonski *prid.* lawful
zakonski stan *sam.* wedlock
zakopati *gl.* bury
zakoten *prid.* obscure
zakotnost *sam.* obscurity
zakovica *sam.* rivet
zakrament *sam.* sacrament
zakrilce *gl.* flap
zakristija *sam.* vestry
zakrpati *gl.* revamp
zakup *sam.* lease
zakupodajalec *sam.* lessor
zalega *sam.* brood

zalesketati se *gl.* glisten
zaletav *prid.* rash
zalezovalec *sam.* stalker
zalezovanje *sam.* stalk
zaliv *sam.* bay
zalivček *sam.* cove
zaljubljen pogled *gl.* ogle
zaloga *sam.* stock
zalogaj *sam.* morsel
zalotiti *gl.* nab
založiti *gl.* mislay
založnik *sam.* publisher
zalučati *gl.* toss
zamahniti *gl.* slash
zamakniti *gl.* indent
zamaknjenost *sam.* trance
zamašek *sam.* cork
zamašen *prid.* congested
zamašiti *gl.* jam
zamazati *gl.* stain
zamena *sam.* permutation
zamenjati *gl.* replace
zamenjavati *gl.* barter
zamera *sam.* resentment
zameriti *gl.* resent
zametek *sam.* inception
zamisel *sam.* idea
zamišljen *prid.* pensive
zamolčati *gl.* dissimulate
zamolkel zvok *sam.* thud
zamomljati *gl.* mumble
zamotiti *gl.* distract
zamrzniti *gl.* freeze
zamrzovalnik *sam.* freezer
zanamstvo *sam.* posterity
zanašanje *sam.* reliance
zanemarjati *gl.* neglect
zanemarjen *prid.* dingy
zanesljiv *prid.* reliable
zanesti se *gl.* rely
zaničevalen *prid.* contemptuous
zaničevanje *sam.* contempt
zaničevati *gl.* condescend
zaničljiv *prid.* scornful
zanikanje *sam.* denial
zanikati *gl.* deny
zanimanje *sam.* interest
zanimiv *prid.* interesting
zanka *sam.* loop
zanos *sam.* verve
zaobljen *prid.* round
zaobljuba *sam.* vow
zaobljubnik *sam.* votary
zaodrski *prisl.* backstage
zaostajanje *sam.* retardation
zaostajati *gl.* retard
zaostal *prid.* retarded
zaostanek *sam.* backlog
zaostanki *sam.* arrears
zapackati *gl.* smudge
zapadel *prid.* overdue
zapah *sam.* bolt
zapeljati na stranski tir *gl.* shunt
zapeljevanje *sam.* seduction
zapeljevati *gl.* seduce
zapeljiv *prid.* seductive
zapesten *prid.* carpal
zapestje *sam.* wrist
zapestnica *sam.* bracelet
zapisnikar *sam.* recorder
zaplata *sam.* patch
zaplemba *sam.* confiscation
zapleniti *gl.* confiscate
zaplesti *gl.* complicate
zaplesti v ribiško mrežo *gl.* trammel
zaplet *sam.* complication
zapleten *prid.* complex
zapletenost *sam.* complexity
zapletenost *sam.* imbroglio
zaponka *sam.* buckle
zapor *sam.* jail
zapora *sam.* blockade

zaporeden *prid.* sequential
zaporednost *sam.* sequence
zapornica (vodna) *sam.* sluice
zapornik *sam.* prisoner
zaporniški *sam.* prison
zaposlen *prid.* busy
zaposleni *sam.* employee
zaposlenost *sam.* preoccupation
zaposliti *gl.* employ
zapostavljen *prid.* underprivileged
zapoved *prid.* dictate
zapovrsten *prid.* successive
zapoznel *prid.* belated
zapravljanje časa *sam.* dalliance
zapravljati *gl.* fritter
zapravljiv *prid.* wasteful
zapredek *sam.* cocoon
zaprepadenost *sam.* dismay
zapreti *gl.* shut
zaprtje *sam.* closure
zaprtje (med.) *sam.* constipation
zapustiti *gl.* abandon
zapustiti taborišče *gl.* decamp
zapuščina *sam.* legacy
zaračunati *gl.* charge
zardel *prid.* blowsy
zardeti *gl.* blush
zares *prisl.* indeed
zareza *sam.* notch
zarezati *gl.* score
zarja *sam.* dawn
zaročenec *sam.* fiance
zarodek *sam.* embryo
zaroka *sam.* engagement
zarota *sam.* conspiracy
zarotnik *sam.* conspirator
zarotniški *prid.* complicit
zaseben *prid.* private
zasebnost *sam.* privacy
zaseda *sam.* ambush
zaseg *sam.* seizure

zasenčen *prid.* shadowy
zasenčiti *gl.* overshadow
zasesti *gl.* occupy
zasidrati se *gl.* entrench
zaskrbljen *prid.* worried
zaskrbljenost *sam.* anxiety
zaskrbljenost *sam.* solicitude
zasledovanje *sam.* pursuance
zaslišati *gl.* interrogate
zaslon *sam.* screen
zasluga *sam.* merit
zaslužen *prid.* meritorious
zaslužiti *gl.* earn
zaslužiti si *gl.* deserve
zasmehovanje *sam.* raillery
zasmehovati se *gl.* mock
zasnubiti *gl.* propose
zaspan *prid.* sleepy
zastarel *prid.* outdated
zastava *sam.* flag
zastavica *sam.* streamer
zastavljalničar *sam.* pawnbroker
zastavljena stvar *sam.* pawn
zastoj *sam.* standstill
zastopnik *sam.* proxy
zasuti *gl.* whelm
zasužnjiti *gl.* enslave
zasvojen *prid.* addicted
zasvojenec *sam.* addict
zasvojenost *sam.* addiction
zaščita *sam.* protection
zaščiten *prid.* protective
zaščitna rokavica *sam.* gauntlet
zaščitna znamka *sam.* brand
zašelesteti *gl.* sough
zatekati se *gl.* betake
zatemnitev *sam.* blackout
zatikalnik *sam.* ratchet
zatiralec *sam.* oppressor
zatiralen *prid.* oppressive
zatiranje *sam.* oppression
zatirati *gl.* oppress

zatočišče *sam.* refuge
zatohel *prid.* stuffy
zatorej *prisl.* thus
zatreti *gl.* quell
zaupanje *sam.* trust
zaupati *gl.* entrust
zaupen *prid.* confidential
zaupljiv *prid.* trustful
zaupnik *sam.* trustee
zavajajoč *prid.* deceptive
zavarovan *prid.* secure
zavarovanje *sam.* insurance
zavarovati *gl.* insure
zavesa *sam.* curtain
zavesten *prid.* conscious
zavetišče *sam.* housing
zavezati *gl.* tie
zavezati se *gl.* commit
zaveznik *sam.* ally
zavezniški *prid.* allied
zavezništvo *sam.* alliance
zavidljiv *prid.* enviable
zavihati *gl.* tuck
zavist *sam.* envy
zavisten *prid.* envious
zavitek *sam.* package
zavitek *sam.* strudel
zaviti *gl.* enfold
zaviti nenadno *gl.* swerve
zavlačevati *gl.* delay
zavojček *sam.* packet
zavora *sam.* brake
zavračati *gl.* repudiate
zavreči *gl.* dispose
zavrnitev *sam.* rejection
zavrniti *gl.* reject
zavrteti *gl.* twiddle
zavzet *prid.* vigorous
zavzetost *sam.* vigour
zazijati *gl.* gape
zaznamek *sam.* memorandum
zaznamovalec *sam.* marker

zaznamovanje *sam.* marking
zaznati *gl.* perceive
zaznavajoč *prid.* percipient
zaznaven *prid.* perceptible
zazobek *sam.* barb
zaželen *prid.* desirable
zažgati *gl.* burn
zbadanje *sam.* twinge
zbadati *gl.* tease
zbadljiv *prid.* quizzical
zbadljivec *sam.* quiz
zbadljivka *sam.* quirk
zbankrotiran *prid.* broke
zbegan *prid.* bemused
zbegati *gl.* confuse
zbežati *gl.* escape
zbijati šale *gl.* frolic
zbiranje *sam.* accumulation
zbirati *gl.* collect
zbirka *sam.* collection
zbirka podatkov *sam.* database
zbledeti *gl.* fade
zbodljaj *sam.* pang
zbogom *medm.* farewell
zbor *sam.* assembly
zborovanje *sam.* assemblage
zborovski *prid.* choral
zbrati *gl.* gather
zbrati se *gl.* muster
zbrisati *gl.* raze
zbuditi *gl.* rouse
zbuditi se *gl.* awake
zdaj *prisl.* now
zdesetkati *gl.* decimate
zdeti se *gl.* seem
zdraha *sam.* strife
zdrav *prid.* healthy
zdravilen *prid.* medicinal
zdravilo *sam.* medicine
zdraviti *gl.* cure
zdravje *sam.* health
zdravljenje *sam.* medication

zdravnik *sam.* doctor
zdravniški *prid.* medical
zdravstvene razmere *sam.* sanitation
zdrobiti *gl.* crumble
združen *prid.* conjunct
združitev *sam.* conjunction
združiti *gl.* join
združiti se *gl.* federate
združiti se zopet *gl.* reunite
združljiv *prid.* compatible
zdrveti *gl.* zoom
zebra *sam.* zebra
zediniti *gl.* unify
zedinjenje *sam.* unification
zehati *gl.* yawn
zelen *prid. & sam.* green
zelena meta *sam.* spearmint
zelenec *sam.* stripling
zelenjadar *sam.* greengrocer
zelenjava *sam.* vegetable
zelenje *gl.* greenery
zeleno-modra *sam.* cyan
zelišče *sam.* herb
zelje *sam.* cabbage
zelo *prisl.* very
zelo fin *prid.* superfine
zelo globok *prid.* abysmal
zelo majhen *prid.* minute
zelo smešen *prid.* hilarious
zelo visok *prid.* lofty
zemeljski *prid.* earthly
zemljepis *sam.* geography
zemljepisec *sam.* geographer
zemljepisen *prid.* geographical
zemljepisna dolžina *sam.* longitude
zemljepisna širina *sam.* latitude
zemljevid *sam.* map
zenit *sam.* zenith
zet *sam.* stickleback
zgaga *sam.* heartburn

zgniti *gl.* fester
zgodba *sam.* story
zgoditi se *gl.* happen
zgodnji *prid.* early
zgodovina *sam.* history
zgodovinar *sam.* historian
zgodovinski *prid.* historical
zgoraj *prisl.* above
zgoraj brez *prid.* topless
zgostiti *gl.* thicken
zgovoren *prid.* talkative
zgrabiti *gl.* grip
zgradba *sam.* edifice
zgraditi *gl.* construct
zgraditi ponovno *gl.* rebuild
zgrešiti *gl.* miss
zgroziti se *gl.* horrify
zgrožen *prid.* aghast
zgruditi se *gl.* collapse
zguban *prid.* corrugated
zgubljen *prid.* forlorn
zibanje *sam.* vacillation
zibati *gl.* sway
zibati se *gl.* teeter
zibelka *sam.* cradle
zidar *sam.* mason
zidarska žlica *sam.* trowel
zidarstvo *sam.* masonry
zijati *gl.* gaze
zima *sam.* winter
zimski *prid.* wintry
zlahka *prisl.* lightly
zlajnan *prid.* trite
zlasti *prisl.* especially
zlat *prid.* golden
zlata jama *sam.* bonanza
zlatar *sam.* goldsmith
zlatenica *sam.* jaundice
zlato *sam.* gold
zlato zrno *sam.* nugget
zlikovec *sam.* villain
zliti *gl.* conflate

zlitina *sam.* alloy
zlo *sam.* harm
zloba *sam.* malice
zloben *prid.* evil
zločest *prid.* malignant
zločin *sam.* crime
zločinski *sam.* criminal
zlog *sam.* syllable
zlogoven *prid.* syllabic
zlom *sam.* breakage
zlomiti *gl.* break
zlomljen *prid.* broken
zloraba *gl.* misuse
zloraben *prid.* abusive
zlorabljati *gl.* abuse
zloveščč *prid.* ominous
zlovoljen *prid.* petulant
zlovoljnost *sam.* petulance
zloženec *sam.* swab
zloženka *sam.* casserole
zložiti *gl.* fold
zložljiva postelja *sam.* couchette
zmaga *sam.* victory
zmagati *gl.* win
zmagoslaven *prid.* triumphal
zmagoslavje *sam.* triumph
zmagovalec *sam.* winner
zmagovit *prid.* triumphant
zmaj *sam.* dragon
zmakniti *gl.* pilfer
zmanjšanje *sam.* reduction
zmanjšati *gl.* reduce
zmanjšati (izdatke) *gl.* retrench
zmanjševalen *prid.* reductive
zmečkati *gl.* rumple
zmeda *sam.* confusion
zmeden *prid.* disorganized
zmedenost *sam.* perplexity
zmenek *sam.* rendezvous
zmeren *prid.* moderate
zmerjati *gl.* scold
zmernost *sam.* moderation

zmes *sam.* mixture
zmesti *gl.* disorientate
zmešan *prid.* demented
zmešati *gl.* blend
zmešati karte *gl.* reshuffle
zmešati komu glavo *gl.* infatuate
zmešnjava *sam.* jumble
zmočen *prid.* dank
zmogljivost *sam.* capacity
zmota *sam.* fallacy
zmoten *prid.* mistaken
zmotiti *gl.* disrupt
zmotljiv *prid.* fallible
zmožen *prid.* apt
zmožnost *sam.* aptitude
zmrcvariti *gl.* maul
zmrzal *sam.* frost
značaj *sam.* character
značilen *prid.* characteristic
značilnost *sam.* feature
značka *sam.* badge
znak "&" *sam.* ampersand
znamenje *sam.* sign
znamenje (anat.) *sam.* mole
znana osebnost *sam.* celebrity
znanilec *sam.* precursor
znanje *sam.* knowledge
znanost *sam.* science
znanstven *prid.* scientific
znanstvenik *sam.* scientist
znati *gl.* can
znebitev *sam.* riddance
znebiti se *gl.* rid
znižati pritisk *gl.* decompress
znoj *sam.* sweat
znojenje *sam.* perspiration
znosen *prid.* tolerable
znotraj *predl.* within
znova *prisl.* anew
zob *sam.* tooth
zobec *sam.* dent
zoben *prid.* dental

zobna krema *sam.* toothpaste
zobna proteza *sam.* denture
zobobol *sam.* toothache
zobotrebec *sam.* toothpick
zobozdravnik *sam.* dentist
zodiak *sam.* zodiac
zofa *sam.* sofa
zombi *sam.* zombie
zoolog *sam.* zoologist
zoologija *sam.* zoology
zoološki *prid.* zoological
zoper *predl.* against
zoperstaviti se *gl.* withstand
zoprn *prid.* nasty
zoreti *gl.* ripen
zoženje zenice *sam.* myosis
zožiti *gl.* straiten
zračen *prid.* airy
zračnik *sam.* vent
zrahljati *gl.* slacken
zrak *sam.* air
zraven *predl.* beside
zravnati *gl.* straighten
zrcalo *sam.* mirror
zrel *prid.* mature
zrelost *sam.* maturity
zrezek *sam.* steak
zrklo *sam.* eyeball
zrno *sam.* grain
zunaj *prisl.* out
zunaj *sam.* outside
zunanji *prid.* external
zunanjost *prid.* exterior
zvabiti *gl.* lure
zvar *gl.* weld
zvarek *sam.* concoction
zver *sam.* beast
zverinski *prid.* beastly
zvest *prid.* loyal
zvestoba *prid.* fidelity
zveza *sam.* relation
zvezan *prid.* tied

zvezda *sam.* star
zvezden *prid.* stellar
zvezdica *sam.* starlet
zvezdnat *prid.* starry
zvezek *sam.* tome
zvezen *prid.* federal
zvezna država *sam.* federation
zvijača *sam.* wile
zvijačen *prid.* wily
zvijati *gl.* writhe
zvijati se *gl.* squirm
zvišati *gl.* raise
zvit *prid.* artful
zvitek *sam.* roll
zviti *gl.* roll
zvočen *prid.* sonic
zvočno izoliran *prid.* soundproof
zvočnost *sam.* sonority
zvok *sam.* sound
zvon *sam.* bell
zvončkljanje *sam.* jingle
zvonjenje *sam.* chime
zvračati *gl.* topple
žaba *sam.* frog
žad *sam.* jade
žafran *sam.* saffron
žaga *sam.* saw
žagati *gl.* saw
žagovina *sam.* sawdust
žalitev *sam.* invective
žaliti *gl.* insult
žalost *sam.* grief
žalosten *prid.* sad
žalostinka *sam.* monody
žalovanje *sam.* mourning
žalovati *gl.* mourn
žaltav *prid.* rancid
žalujoči *sam.* mourner
žamet *sam.* velvet
žameten *prid.* velvety
žametnica *sam.* marigold
žanjec *sam.* reaper

žar *gl.* glow
žara *sam.* urn
žarčenje (radioaktivno) *sam.* radiation
žareč *prid.* radiant
žarek *sam.* ray
žarenje *sam.* radiance
žareti *gl.* radiate
žargon *sam.* jargon
žarkast *prid.* radial
žarnica *sam.* bulb
žaromet *sam.* headlight
že *prisl.* already
žeja *sam.* thirst
žejen *prid.* thirsty
želatina *sam.* jelly
želeti si *gl.* wish
železna plošča *sam.* griddle
železnica *sam.* railway
železo *sam.* iron
željan *prid.* desirous
želo *sam.* sting
želod *sam.* acorn
želodčen *prid.* gastric
želodec *sam.* stomach
želva *sam.* tortoise
žena *sam.* wife
ženin *sam.* bridegroom
ženitni posrednik *sam.* matchmaker
ženska *sam.* woman
ženski *prid.* female
žensko spodnje perilo *sam.* lingerie
ženskost *sam.* womanhood
ženstven *prid.* feminine
žep *sam.* pocket
žerjav *sam.* crane
žetev *sam.* harvest
žeti *gl.* reap
žezlo *sam.* sceptre
žgana pijača *sam.* liquor

žgečkati *gl.* tickle
žgečkljiv *prid.* ticklish
žgoč *prid.* torrid
žica *sam.* wire
židek *prid.* viscous
žig *sam.* stamp
žigosati *gl.* stamp
žilav *prid.* stringy
žilavost *sam.* tenacity
žirafa *sam.* giraffe
žiro *sam.* giro
žitnica *sam.* granary
živ *prid.* alive
živa meja *sam.* hedge
živahen *prid.* vivacious
živahnost *sam.* vivacity
žival *sam.* animal
živalski vrt *sam.* zoo
živalstvo *sam.* fauna
živčen *prid.* nervous
živčen (anat.) *prid.* neural
živčnost *sam.* jitters
živec *sam.* Nerve
živeti *gl.* live
živež *sam.* viands
živina *sam.* cattle
življenje *sam.* life
življenje na deželi *sam.* rusticity
življenjepis *sam.* biography
življenjski prostor *sam.* habitat
živo rdeča barva *sam.* vermillion
živo srebro *sam.* mercury
živosrebrn *prid.* mercurial
životec *sam.* bodice
živžav *sam.* hubbub
žleb *sam.* gully
žleza *sam.* gland
žlica *sam.* spoon
žlindra *sam.* slag
žlobudranje *sam.* rigmarole
žlobudrati *gl.* chatter

žlobudrav *prid.* garrulous
žoga *sam.* ball
žoga za badminton *sam.* shuttlecock
žolč *sam.* gall
žongler *sam.* juggler
žonglirati *gl.* juggle
žrebec *sam.* stallion
žrebec plemenski *sam.* stud
žrtev *sam.* victim
žrtven *prid.* sacrificial
žrtvovanje *sam.* sacrifice
žrtvovati *gl.* sacrifice

žulj *sam.* weal
žuljav *prid.* callous
župan *sam.* mayor
župnija *sam.* parish
župnijski *prid.* parochial
župnik *sam.* parson
žuželka *sam.* insect
žvečiti *gl.* munch
žvenket *sam.* clink
žvenketati *gl.* clash
žveplo *sam.* sulphur
žveplova kislina *sam.* vitriol
žvrgoleti *gl.* twitter